ARCHIVES DE LA FRANCE MONASTIQUE
VOL. VII

ABBAYES ET PRIEURÉS
DE L'ANCIENNE FRANCE

Recueil historique des Archevêchés, Évêchés, Abbayes et Prieurés de France
Par Dom BEAUNIER

TOME DEUXIÈME

PROVINCES ECCLÉSIASTIQUES
d'Aix, Arles, Avignon et Embrun

PAR
Le R. P. Dom J.-M. BESSE

ABBAYE DE LIGUGÉ
CHEVETOGNE (PAR LEIGNON, BELGIQUE)

PARIS
LIBRAIRIE Vve CH. POUSSIELGUE
15, RUE CASSETTE, 15

1909

ABBAYES ET PRIEURÉS
DE L'ANCIENNE FRANCE

II

Provinces ecclésiastiques d'Aix, Arles, Avignon et Embrun

ARCHIVES DE LA FRANCE MONASTIQUE
VOL. VII

ABBAYES ET PRIEURÉS
DE L'ANCIENNE FRANCE

Recueil historique des Archevêchés, Évêchés, Abbayes et Prieurés de France
Par Dom BEAUNIER

TOME DEUXIÈME

PROVINCES ECCLÉSIASTIQUES
d'Aix, Arles, Avignon et Embrun

PAR

Le R. P. Dom J.-M. BESSE

ABBAYE DE LIGUGÉ	PARIS
CHEVETOGNE (PAR LEIGNON, BELGIQUE)	LIBRAIRIE Vᵛᵉ CH. POUSSIELGUE
	15, RUE CASSETTE, 15

1909

PRÉFACE

Les quatre provinces ecclésiastiques réunies dans ce volume correspondent à une division historique de la France, la Provence. On comprendra que nous ayons voulu en faire un tout. Une modification typographique a permis d'accumuler dans un nombre de pages inférieur un texte plus abondant. L'ouvrage est moins volumineux; le lecteur n'y perdra rien cependant.

Un changement de titre a semblé nécessaire. Le recueil de Dom Beaunier ne forme qu'une partie bien faible du présent ouvrage. Il en était de même du premier volume; il en sera ainsi de ceux qui suivront. L'*Introduction*, publiée il y a deux ans, est tout entière notre œuvre. Ce n'est donc pas une réédition de Beaunier que nous donnons au public. Il y avait lieu de mettre les choses au point dans le titre. C'est chose faite.

Je dois un témoignage de reconnaissance à ceux qui m'ont aidé à préparer les éléments de ce volume sur la Provence monastique. Ma pensée va tout d'abord à un défunt, M. le chanoine Espitalier, curé de Gonfaron et historiographe du diocèse de Fréjus; ses notes manuscrites m'ont beaucoup servi pour ce diocèse et celui de Toulon. J'unis dans un même sentiment de gratitude M. Mireur, archiviste du département du Var, qui a bien voulu corriger les épreuves de la liste des prieurs de Fréjus. Je nommerai ensuite M. l'abbé Requin, qui mit à me servir à Avignon autant de dévouement que d'expérience ; M. l'abbé Chailan, curé d'Albaron, qui a choisi l'ancien diocèse d'Arles pour objet de ses études ; M. Fournier, qui est un guide précieux pour ceux qui ont des recherches à faire aux archives départementales des Bouches-du-Rhône ; M. Aude, conservateur de la Bibliothèque Méjanes à Aix ; M. de Bresc, qui m'a facilité l'accès de la riche bibliothèque provençale de son ami, M. Arbaud. Mon confrère, le R. P. Dom François Landreau, s'est chargé de dresser la table alphabétique des noms de lieux ; je lui exprime ici toute ma gratitude.

Dom J.-M. Besse.

PROVINCE ECCLÉSIASTIQUE D'AIX

I

DIOCÈSE D'AIX

[¹ *Acquensis in Provincia.* Archevêché dans la ville, capitale de la Provence ², qui fut suffragante et soumise à la métropole ecclésiastique

---

1. Nous plaçons entre crochets le texte de Dom Beaunier.
2. Chef-lieu d'arrondissement, Bouches-du-Rhône. — **Bibliographie** : Ouvrages généraux sur la Provence. L'*Histoire et chronique de Provence* de César de Nostradamus, gentilhomme provençal, où passent de temps en temps et en bel ordre les anciens poëtes, personnages et familles illustres qui ont fleuri depuis 600 ans... Comme aussi les plus signalés combats et remarquables faits d'armes qui se sont passés de temps en temps jusqu'à la paix de Vervins. Lyon, 1614, in-fol. — *La chorographie ou description de la Provence et l'histoire chronologique du même pays*, par Honoré Bouche. Aix, 1664 et 1736, 2 vol. in-fol. — *Histoire générale de Provence dédiée aux Etats*, par M. l'abbé Papon. Paris, 1777-1786, 4 vol. in-4. — *Voyage littéraire de Provence*, contenant tout ce qui peut donner une idée de l'état ancien et moderne des villes, les curiosités qu'elles renferment, la position des anciens peuples, quelques anecdotes littéraires, par Papon. Paris, 1780, in-12, et 1787, 2 vol. in-12. — *Description historique et topographique des villes, bourgs et hameaux de la Provence ancienne et moderne, du Comtat-Venaissin, de la principauté d'Orange, du comté de Nice, etc., pour servir de suite au Dictionnaire de la Provence*, par Achard. Précédé d'un discours de M. Bouche sur l'état actuel de la Provence. Aix, 1782, 2 vol. in-4.

L'état de la Provence, contenant ce qu'il y a de plus remarquable dans la police, dans la justice, dans l'église, dans la noblesse, par l'abbé Robert de Briançon. Paris, 1693, 3 vol. in-12. — *Traité du gouvernement de Provence*, par l'abbé de Coriolis. Aix, 1786, 3 vol. in-4. — *Dictionnaire géographique, historique et politique des Gaules et de la France*, par l'abbé Expilly. Amsterdam, 1768, in-fol., art. « Provence », t. V, 863-1008. — *Nouvelle description de la France*, dans laquelle on voit le gouvernement général de ce royaume et celui de chaque province en particulier, la description des villes, maisons royales, châteaux et monuments les plus remarquables, tome V, contenant la Provence, par Piganiol de la Force. Paris, 1753, in-12.

Voyage dans le midi de la France (1807-1811), par Millin. Paris, 1807, 5 vol. in-8. — *Architecture romane du midi de la France*, par H. Revoil. Paris,

d'Arles, avant de le devenir elle-même ; ce qui subsitait encore dans le sixième siècle. Elle a été la métropole civile de la seconde Narbonnaise dans l'exarchat des Gaules, avant la décadence de l'Empire romain en Occident. Mais, quoiqu'elle eût le droit de métropole par les notices romaines, elle eut de la peine à s'y maintenir jusqu'au règne

1873, 3 vol. in-fol. — *Armorial des communes de Provence*, ou Dictionnaire géographique et héraldique des villes et villages des Bouches-du-Rhône, du Var, des Basses-Alpes, de Vaucluse et des Alpes-Maritimes, par LOUIS DE BRESC, accompagné de 600 blasons gravés par REINAUD. Paris, 1866, grand in-8. — *Lou tresor dou Felibrige*, ou dictionnaire provençal-français, par FRÉDÉRIC MISTRAL, Aix, s. d., 2 vol. grand in-4.

Le *royaume d'Arles et de Vienne* (1136-1378), étude sur la formation territoriale de la France dans l'est et le sud-est, par PAUL FOURNIER. Paris, 1891, in-8. — *Le royaume de Provence sous les Carolingiens* (855-933), par RENÉ POUPARDIN. Paris, 1901, in-8. — *La Provence historique*, bibliographie générale et particulière, par R. REBOUL, dans *Bulletin du Bibliophile* (1890). — *Catalogue du fonds de Provence à la bibliothèque de Marseille*, par H. BARRÉ. Marseille, 1890-1894, 4 vol. in-8. — *Catalogue des livres rares et précieux composant la bibliothèque de J.-T. BORY*, auteur des *Origines de l'imprimerie à Marseille*. Marseille, 1875, in-8. — *Répertoire des sources historiques du moyen-âge. Topo-bibliographie*, par UL. CHEVALIER. Montbéliard, 1894-1899, art. « Provence », 2468-2473. — *Bibliographie de la Provence*, par l'abbé DUBREUIL, Bil. Aix, ms. 1204-1205.

DIOCÈSE D'AIX : *Annales de la sainte Eglise d'Aix*, à Mgr l'éminentissime cardinal Grimaldi, son archevêque..., par JEAN PITTON, Lyon, 1668, in-4. — *Gallia Christiana*. Paris, 1770, in-fol., I, 297-348 et inst. 62-73. — *Le clergé ou tableau historique et chronologique des archevêques, évêques, abbés, abbesses et chefs des chapitres principaux du royaume, depuis la fondation des Eglises jusqu'à nos jours*, par l'abbé HUGUES DU TEMPS. Paris, 1774, in-8, I, 1-25. — *La France pontificale, métropole d'Aix*, par FISQUET. Bar-le-Duc, 1868, in-8, 1-368. — *Gallia Christiana novissima. Histoire des archevêchés, évêchés et abbayes de France*, accompagnée des documents authentiques recueillis dans les archives du Vatican et les archives locales, par le chan. ALBANÈS. Montbéliard, 1896, in-fol. I, 1-172, et inst. 1-126.

Collection diocésaine. La sainte Eglise d'Aix et Arles. Aix, in-12. — *Nos madones ou le culte de la sainte Vierge dans notre diocèse*, par l'abbé MARBOT, 1881. *Notre maîtrise métropolitaine*, par LE MÊME, 1883. *Notre liturgie aixoise*, par LE MÊME. — *Notre métropole ou monographie historique et description de de la basilique métropolitaine Saint-Sauveur*, par J. MILLE, 1883. — *Nos paroisses du diocèse d'Aix, leurs souvenirs et leurs monuments*, par l'abbé CONSTANTIN, I, 1890. — *Nos Saints, la vie et le culte des Saints du diocèse d'Aix*, par l'abbé VILLEVIEILLE, 1901.

Ordonnance de Mgr l'archevêque d'Aix qui révoque la permission de prêcher et de confesser accordée aux religieux et interdit les églises de leurs monastères. Aix, MDCCC. Bib. Aix, ms. 328. — *Etat du diocèse d'Aix, par paroisses et par doyennés*. Bib. Aix, ms. 268. — *Etat, en forme de rapport, des revenus ecclésiastiques du diocèse d'Aix et de leurs charges*, dressé par messieurs les commissaires nommés par délibération du bureau diocésain, du 23 mars 1724, pour procéder à la vérification des déclarations données par les contribuables aux impositions du clergé... *Ibid.* ms. 264. Voir : *Catalogue*, 141. — *Inscriptions publiques et chrétiennes des églises, couvents, monastères et édifices*

de Charlemagne, qui en écrivit au Pape, et depuis ce temps-là elle en a joui.

Cet Archevêché est sur la petite rivière d'Arc. Si l'on en veut croire les Provençaux, l'Église d'Aix est l'une des premières des Gaules. Ils prétendent que saint Maximin et saint Célidoine, que l'on croit être l'aveugle-né, après s'être séparés, à Marseille, de Marthe et de Marie-Magdeleine, allèrent planter la foi dans la ville d'Aix, dont ils ont été les premiers évêques. Mais il y a de fort bonnes raisons pour prouver le contraire de cette tradition. Cependant je n'y insisterai point ; car les Provençaux sont si peu traitables sur cet article que le Parlement d'Aix condamna au feu un livre de M. de Launoy, où ce fameux critique combattait cette tradition [1].

L'Archevêché d'Aix a cinq suffragants, qui sont les évêques d'Apt, de Fréjus, de Riez, de Sisteron et de Gap. L'on compte jusqu'aujour-

---

publiques de la ville d'Aix, colligées et augmentées en octobre l'an MDCCL. Ibid. ms. 860. Voir catalogue, 405. — *Dictionnaire historique du département des Bouches-du-Rhône,* par A. SAUREL. Digne, 1864, in-8. — *Dictionnaire des villes, villages et hameaux du département des Bouches-du-Rhône,* orné de cartes, plans, dessins et gravures. Marseille, 1877-1879, 2 vol. in-8. — Dictionnaire de l'abbé EXPILLY, art. « Aix », I, 53-81.

Catalogue général des manuscrits des bibliothèques publiques de France. Départements XVI, Aix, par l'abbé ALBANÈS. Paris, 1894, in-8. — *Topo-bibliographie* d'UL. CHEVALIER, art. « Aix », 31-33.

1. *Dissertatio de commentitio Lazari, Maximini, Magdalenæ et Marthæ in Provinciam appulsu,* auctore JOANNE DE LAUNOY, Parisiis, 1641, in-8. Après une réponse du P. Guesnay, S. J., Launoy publia sa *Disquisitio disquisitionis de Magdalena massiliensi advena cum monumentis Magdalenæ Vezeliacensis,* Parisiis, 1643, in-8. C'est l'ouvrage qui fut censuré par l'Université d'Aix et condamné par le Parlement de Provence (17 mars 1644). A une nouvelle réponse du P. Guesnay, il opposa son *Auctuarium J. LAUNOII, theologi Parisiensis,* publié à la suite d'une seconde édition des deux ouvrages précédents. A une réfutation de Bouche, il répondit par son *Honoratus Bucheus sive dispunctio libri illius quem Bucheus ille adversus Launoii dissertationem disquisitionemque scripsit.* — *Les sentiments de M. de Launoy sur le livre du P. Guesnay intitulé : Auctuarium historicum de Magdalena Massiliensi,* Paris, 1646, in-8. — JOANNIS LAUNOII, *theologi Parisiensis, varia de commentitio Lazari et Maximini, Magdalenæ et Marthæ in Provinciam appulsu opuscula. Disquisitio disquisitionis de Magdalenæ massiliensi advena ; Magdalenæ Vezeliacensis et Sanmaximianensis monumenta. Dissertationis et disquisitionis confirmatio quadruplex.* Parisiis, 1660, in-8. La thèse de Launoy, souvent reproduite au XVIIe et au XVIIIe siècle, a été reprise récemment par Mgr Duchesne, *Fastes épiscopaux de l'ancienne Gaule,* Paris, in-8, I, 310-344. On ne lui a opposé rien de plus fort que les *Monuments inédits sur l'apostolat de sainte Madeleine en Provence et sur les autres apôtres de cette contrée : saint Lazare, saint Maximin, sainte Marthe et les saintes Marie Jacobi et Salomé,* par FAILLON, Paris, 1848, 2 vol. in-4.

d'hui (1724) soixante-treize prélats d'Aix[1]. Dans tout le diocèse, il n'y a qu'un seul chapitre, qui est celui de la cathédrale, dédiée au Sauveur transfiguré. Ce chapitre est composé de vingt chanoines, dont les quatre premiers sont le prévôt, l'archidiacre, qui sont dignités, le sacristain, qui est personat, et le capiscol, qui est ni dignité ni personat, et précède néanmoins les seize autres chanoines[2].

La cathédrale d'Aix est la plus belle église qu'il y ait en Provence ; le collatéral du côté de l'épître est plus ancien que le reste, et, si l'on en croit les chanoines, c'était l'ancienne nef de l'église. Dans ce collatéral, on voit une petite chapelle assez basse, dont la voûte est faite en forme de berceau. On prétend que saint Maximin y a communié sainte Madeleine ; elle est sans doute fort ancienne et bien des savants n'ont pas de peine à croire que c'est la première église d'Aix, qui a été enfermée dans celle que l'on voit aujourd'hui. Le frontispice de cette cathédrale est, comme tous les bâtiments gothiques, chargé de petites figures de prophètes, d'apôtres, de saints, placés sans goût et sans choix, et d'une misérable exécution. La porte est d'un bois rougi et verni ; elle est enjolivée de divers ornements assez délicats. On l'estime pour un ouvrage des plus beaux en ce genre et on a feint de la couvrir d'une contre-porte ; elle n'est découverte qu'à certaines fêtes de l'année. Sur le maître-autel est un crucifiement, où l'on verra diverses figures de bois assez estimées. On remarquera surtout à côté de cet autel le mausolée de Charles d'Anjou, dernier comte de Provence ; il est représenté en figure de marbre blanc, étendu de son long, avec divers ornements et une épitaphe. Vis-à-vis de ce tombeau est celui d'Hubert de Garde, seigneur de Vins, un des grands capitaines de son siècle, qui mourut le 20 novembre de l'an 1589 à neuf heures du matin, d'un coup de mousquet qu'il reçut au siège de la ville de Grasse. La province lui fit élever, en 1590, ce superbe mausolée, dont le

---

1. Le siège archiépiscopal d'Aix était alors occupé par Charles-Gaspard-Guillaume de Ventimille du Luc, licencié en théologie de la Faculté de Paris, prieur de Flassans, de Saint-Pierre et de Sainte-Catherine du Luc, abbé de Saint-Denis de Reims et de Belleperche. Il eut pour successeur (1729) J.-B. de Brancas, auquel succéda (1771) Raimond de Boisgelin.

2. Les chanoines avaient à se partager 6.600 livres de rente, le revenu de 20 semi-prébendes, de la mense abbatiale de Sylvacane et d'un certain nombre de prieurés. Il y avait pour le service du bas chœur et pour la musique 80 ecclésiastiques.

marbre fut tiré de la maison du prévôt de l'église cathédrale de Marseille, où l'on croit qu'il avait autrefois servi à décorer un temple de Diane.

Dans la nef on trouvera une petite chapelle voûtée très ancienne, dont l'entrée est interdite aux femmes. Tous les ans, le jour de la Transfiguration, le chapitre y vient faire l'office, et on se sert de vin muscat nouveau pour le sacrifice. Le baptistère est un morceau à voir ; c'est un octogone, avec un dôme soutenu de huit colonnes de jaspe et de granit, accompagnées de leurs chapiteaux d'ordre corinthien. Les sept autels, qui sont pratiqués dans les faces de l'octogone, ont quelques ornements ; mais les anciens peintres étaient si peu attentifs sur les circonstances de nos mystères qu'en représentant sur un tableau gothique Notre-Seigneur comme un petit enfant qui ne fait que de naître, ils lui font dès lors porter la croix. La chapelle de Notre-Dame de l'Espérance est une dévotion bien fameuse dans Aix, qui y attire en tout temps un grand concours de peuple. La Vierge est représentée tenant d'une main les clefs des huit portes de la ville. L'autel est un vieux morceau chargé de statues mal faites. On devrait bien le changer de place, parce que ceux qui sont à genoux devant cet autel, en dehors de la chapelle, tournent le dos au Saint-Sacrement, quand il est exposé sur le grand autel de la cathédrale[1].

La sacristie conserve quelques précieuses reliques. On y montre entre autres un morceau du gril qui a servi au martyre de saint Laurent et la chape de saint Louis, évêque de Toulouse ; elle est bleue et parsemée de fleurs de lys d'or. Parmi l'argenterie, on remarquera une image de la Vierge aussi grande que nature. On doit se faire montrer une rose d'or, donnée, il y a près de cinq cents ans, par Innocent IV à Raymond Bérenger, comte de Provence. Cette rose est une de celles que les Papes avaient coutume de bénir le quatrième dimanche de

---

1. *Notice historique et descriptive de l'église métropolitaine de Saint-Sauveur d'Aix*, par MAURIN. Aix, 1839, in-8. — *La sainte Église d'Aix et Arles. Notre métropole ou monographie historique et descriptive de la basilique métropolitaine de Saint-Sauveur*, par l'abbé MILLE. Aix, 1883, in-16. — *La sainte Église d'Aix et Arles. Notre maîtrise métropolitaine ; son histoire*, par l'abbé MARBOT. Aix, 1883, in-16. — Les constructions de la cathédrale d'Aix vont du Xe au XVIIIe siècle ; elle est monument historique. Son cloître est du XIIe siècle. Le portail mentionné par Beaunier est de l'année 1476 ; le baptistère, qui est du VIe siècle, a été restauré au XVIIIe.

carême pour les donner aux princes qui s'étaient signalés en rendant au Saint-Siège quelque service important [1].

Le siège épiscopal et le chapitre de la cathédrale étaient autrefois à Notre-Dame de la Seds, qui est la plus ancienne église d'Aix. On l'appelle dans les anciennes chartes *Ecclesia Nostræ Dominæ sedis episcopalis*, et c'est du mot *sedis* que par corruption on lui a donné le nom de *la Seds*. Le chapitre quitta cette église vers l'an 1000, durant le temps des guerres, et vint s'établir dans l'endroit de la ville le plus peuplé. Il a donné dans la suite l'église de la *Seds* aux Minimes, qui s'y sont établis l'an 1556. C'est une célèbre dévotion où l'on trouve un grand concours de peuple. On y voit une image de la Vierge, copiée sur celle qui est à Rome dans l'église de Sainte-Marie-Majeure [2].

Il y a eu plusieurs conciles à Aix. Celui de 1112 est imprimé dans le second tome du *Nouveau Trésor des pièces anecdotes* de Dom Martène (p. 129). Celui de 1585 est imprimé dans Labbe (xv, 1119). Enfin celui de 1612 se trouve dans Labbe (xv, 1624).

L'Archevêché, qui rapportait annuellement 30.000 livres, payait en cour de Rome une taxe de 2.400 florins [3].]

Le nombre des paroisses du diocèse était de 90, distribuées en sept archiprêtrés [4] : Aix, Brignoles, Trets, Rians, Lambesc, Pertuis, Reillane.

Il y avait dans l'intérieur et dans le voisinage de la ville un monastère de Chartreux, des couvents de Grands Carmes, de Carmes déchaussés, de Dominicains, de Trinitaires déchaussés, de Grands

---

1. *Inventaire du trésor de l'église métropolitaine d'Aix* (13 déc. 1533), publié par l'abbé Albanès, dans *Bul. comité des travaux historiques, archéologie* (1883), 149-176.

2. *Précis historique sur l'église de Notre-Dame de la Seds. Notice sur son sanctuaire, son image, et son culte*, par Amable Colomb. Aix, 1874, in-8, 125 p. — *La sainte Église d'Aix et Arles. Notre-Dame de la Seds d'Aix*, par l'abbé Marbot, Aix, 1896, in-18, 71 p. — Voir : *Bibliographie du culte local de la Vierge Marie*, par Léon Clugnet, fasc. I, 10-11.

3. Voir : *Répertoire des sources historiques du Moyen-âge. Topo-Bibliographie*, par Ul. Chevalier, 33.

4. Le chiffre de 82 est donné par l'abbé Expilly dans son *Dictionnaire géographique, historique et politique des Gaules et de la France* (Paris, 1762, in-fol.), I, 79. *L'état de la France..., extrait des mémoires dressées par les Intendants du Royaume par ordre du roi Louis XIV à la sollicitation de Mgr le duc de Bourgogne* (Londres, 1737, in-12), VI, 210, en mentionne 90. Le chiffre de 97 est donné ailleurs. Voir *Gallia Christiania novissima* par l'abbé Albanès, I, 11-12.

Augustins, Augustins déchaussés, de Cordeliers conventuels, de Cordeliers observantins, de Capucins, de Récollets, de Picpuciens ou Tertiaires de Saint-François, de religieux de la Merci, de Servites, de Minimes, une résidence et un collège de Jésuites, un collège de Pères de la Doctrine chrétienne, une maison d'Oratoriens, une Commanderie de Saint-Jean de Malte, des couvents de Dominicaines, de Clarisses, de Carmélites, d'Augustines et d'Ursulines[1]. On trouvait, en outre, à Brignoles[2] des Trinitaires déchaussés, des Grands Augustins, des Cordeliers conventuels, des Capucines et des Ursulines ; à Pertuis[3], des Grands Carmes, des Capucins, des Oratoriens, des Ursulines et des Franciscaines ; à Lambesc[4], des Trinitaires mitigés et des Ursulines ; à la Verdière[5], des religieux du même ordre ; à Saint-Quinis[6], des Trinitaires déchaussés ; à Cadenet[7], des Dominicains ; à Istres[8], des Cordeliers conventuels et des Carmes déchaussés ; à Reillane[9], à Tourves[10], à la Tour-d'Aigues[11] et à Saint-Pierre-de-Canons[12], des Franciscains de l'Observance ; à Trets[13], des Franciscains de l'Observance et des Minimes ; à Pourrières[14], des Minimes ; à Saint-Maximin[15], des Dominicains, des Capucins et des Dominicaines ; et à Notre-Dame-des-Anges[16], des Oratoriens.

Abbayes et Monastères d'Hommes et de Femmes

SILVACANE[17]. — *Sauvecane, Silvacana*. — Cette abbaye cister-

1. Voir *Dictionnaire* d'EXPILLY, I, 54-57.
2. Chef-lieu d'arr., Var.
3. Chef-lieu de cant., arr. Apt, Vaucluse.
4. Chef-lieu de cant., arr. Aix, Bouches-du-Rhône.
5. Cant. Rians, arr. Brignoles, Var.
6. Com. Camps, cant. et arr. Brignoles, Var.
7. Chef-lieu de cant., arr. Apt, Vaucluse.
8. Chef-lieu de cant., arr. Aix, Bouches-du-Rhône.
9. Chef-lieu de cant., arr. Forcalquier, Basses-Alpes.
10. Cant. et arr. Brignoles, Var.
11. Cant. Pertuis, arr. Apt, Vaucluse.
12. Com. Aurons, cant. Salon, arr. Aix, Bouches-du-Rhône.
13. Chef-lieu de cant. arr. Aix.
14. Cant. de Saint-Maximin, arr. Brignoles, Var.
15. Ibid.
16. Com. Mimet, cant. Gardanne, arr. Aix, Bouches-du-Rhône.
17. Com. La Roque-d'Anthéron, cant. Lambesc, arr. Aix, Bouches-du-Rhône. — Bibliographie : Les archives départementales des Bouches-du-Rhône possèdent 68 articles provenant de cette abbaye (XI-XVe s.), série H.

cienne, sous le vocable de Notre-Dame, fut fondée avec des moines de Morimond, avant 1145, par Raymond de Baux ; cette fondation fut autorisée et encouragée par l'Archevêque Pons de Lubières (1132-1157). Le pape Eugène IV, par bulle du 21 décembre 1443, supprima ce monastère et donna ses biens au chapitre métropolitain d'Aix ; ce que confirma le pape Callixte III (19 mai 1455). Des abbés qui la gouvernèrent, trente sont connus. La commende avait fait son apparition dans cette abbaye quelques années avant sa suppression, en la personne d'un évêque de Ross, en Écosse, pourvu de ce bénéfice par le Pape, dès 1430. On voit encore l'église, qui est classée parmi les monuments historiques, et une grande partie des édifices claustraux.

FEUILLANTS[1]. — Ce monastère fut fondé dans la ville d'Aix au début de l'épiscopat de Jérôme Grimaldi (1655).

Voir : *État général par fonds des archives départementales*, 96-97. Les titres postérieurs à la réunion au chapitre d'Aix sont dans la série G, fonds du chapitre d'Aix.
L'abbaye de Silvacane, de l'ordre de Cîteaux, au diocèse d'Aix-en-Provence, nouvelle liste de ses abbés, par le chanoine ALBANÈS. Paris, 1882, in-8, extr. *Revue des Sociétés savantes*, 7ᵉ série, VI (1882), 162-200. L'auteur publie douze chartes en appendice. C'est le meilleur travail que nous ayons sur cette maison.— *Histoire de l'abbaye cistercienne de Silvacane en Provence*, d'après les documents recueillis par le P. BERNARD D'HYÈRES, capucin, complétés et mis en ordre le vᵗᵉ D'ESTIENNE DE SAINT-JEAN. Aix, 1891, in-8, xv-179. — *Notice historique sur l'abbaye de N.-D. de Silvacane et de ses dépendances*, par FRANÇ. PORTE, résumée par ALPH. BARBE, dans *Revue Sextienne*, I (Aix, 1880, in-8), 104-111, 113-120, 129-136, 145-151, 161-166, 177-178 ; II, 1-17, 33, 49, 81. — *Inventaire de l'abbaye de Silvacane* (1289), publié par l'abbé ALBANÈS dans *Rev. des Soc. sav.* (1879), 153-156. — *Une équipée de Rivan-Corbi, co-seigneur d'Aubignan, contre l'abbaye de Silvacane en 1358*, par LUC. GAP. Avignon, 1896, in-8, ext. *Mém. Acad. de Vaucluse.*
Étude d'archéologie comparée. Trois abbayes de l'ordre de Cîteaux : l'abbaye de Silvacane, l'abbaye du Thoronet, l'abbaye de Sénanque, par L. ROSTAN, 1852, in-8, ext. *Bul. Monumental*, XVIII (1852), 107-138. — *Note sur l'abbaye de Silvacane*, par DE JESSÉ-CHARLEVAL, dans *Congrès scientifique de France*, XXXIII, II (1867), 379-82. —*Excursions en Provence*, par P. RUAT, Marseille, s. d., in-16, 5ᵉ série. — *L'abbaye de Silvacane. Architecture romane du Midi*, par P. REVOIL, II, 17-20 et pl. 17-20. — *Architecture monastique*, par ALBERT LENOIR. Paris, 1856, in-4, II, 45-46. — *Dictionnaire de l'architecture*, par VIOLLET-LE-DUC, III, 419, V, 171. — *Sceaux des abbés Gislebert (1155), Michel (1224) et Guillaume (1298)*, dans *Iconographie des sceaux et bulles conservés dans la partie antérieure à 1790 des archives départementales des Bouches-du-Rhône*, par BLANCARD. Marseille, 1860, 2 vol. in-fol. I, 217-218 ; II, pl. 89, nᵒˢ 8-10.
Gallia Christiana, I, 343-345. — BOUCHE, II, 116. — PAPON, I, 204. — ALBANÈS, I, 57, 59 ; II, 461-464. — *Nos paroisses*, par l'abbé CONSTANTIN, I, 472-498.

[1]. De leurs archives, il ne reste qu'un registre aux archives départementales des Bouches-du-Rhône. Voir : *État général des arch.* 97.

La Celle[1]. — *Arcta-Cella, Arcella, Cella sanctæ Perpetuæ*. — Ce monastère, qualifié souvent d'abbaye, fut fondé avant l'année 1160 non loin d'un prieuré dépendant de Saint-Victor de Marseille, qui

[1]. Cant. et arr. Brignoles, Var. — **Bibliographie** : *Artacellæ monasterii chartularium*, Bibl. Aix, ms. 344-345, et *Titres originaux de La Celle*. Ibid., ms. 346-352. — *Inventaire des archives des dames bénédictines de la Celle*, dressé par Joseph Garnaud (1686). Ibid., ms. 343. Voir : *Catal. bibliothèque Aix*, 175-186, et *Notice historique sur la vie et les travaux de M. Roux-Alphéran*, par Mouan. — Pièces diverses. Bibl. Aix, ms. 757. — *Arrêt du 31 mars 1705 en faveur du monastère de la Celle*. Ibid., ms. 830, n° 24. — *Mémoire pour les gens des trois Etats de Provence contre le monastère de la Celle, prieur décimateur de Cabasse*. Ibid., ms. 831, n° 13. — *Pièces relatives à la réforme (XVIIᵉ s.)*. Ibid., ms. 945-952. Bib. Avignon, ms. 1491 et 2648. — Les arch. dép. du Var sér. H. possèdent 2 liasses de titres (XIVᵉ-XVIIIᵉ s.). — *Mémoire instructif pour M. H. de Danian de Vernègues, prêtre, bachelier en théologie, vicaire perpétuel de l'église paroissiale de Saint-Pierre et Saint-Sauveur de Brignoles, intimé en appel comme d'abus de ses paroissiens et demandeur en requête du 15 oct. 1728 contre Mᵉ Joseph-André Leblanc, capiscol de Saint-Victor de Marseille, en qualité de prieur de la Celle, appelant, et les dames religieuses du monastère de la Celle et Mᵉ Pierre Colomb, prêtre du diocèse de Digne, défendeurs*. S. l. n. d. in-4. — *Consultation servant de mémoire pour les dames prieure et religieuses du monastère des Saintes-Perpétue et Félicité d'Aix, contre le chapitre de l'Eglise insigne et noble collégiale de Saint-Victor*. S. l. n. d. in-4 (1760). — *Factum pour Dom Melchior Lanon, prêtre, religieux de l'ordre de Saint-Benoît, bachelier ès-droit, prieur de Saintes-Perpétue et Félicité de la Celle, diocèse d'Aix, intimé, contre Mᵉ François de Quesnel, chanoine de Roollot, prétendant droit au même prieuré, appelant, et Dom Alexandre Flotte, religieux profès du même ordre, pourvu par dévolu du dit prieuré*. S. l. n. d., in-fol.

Une charte du roi Childebert I au sujet de la Celle-lez-Brignoles, par l'abbé J.-B. Disdier, dans *Bul. soc. ét. de Draguignan*, VII (1868), 377-386. — *Vente par le monastère de la Celle près Brignoles du capital d'une pension pour droit d'albergue (1425). Détails historiques*, par Mireur. Paris, 1886, in-8, extr. *Bul. hist. et archéol. du comité trav. hist.* (1886), 24-32. — *Le prieuré d'Artacelle et son droit de présentation à la cure de Sainte-Marie de Roquebrussane (1462)*, par le même. Ibid., 173-175. — *Journal d'une religieuse bénédictine du monastère de la Celle à Aix-en-Provence (1789-1793)*, publié par Dom L. Guilloreau. Paris, s. d., in-8, ext. *Revue du monde catholique* (1900) n° 10, 312-426 ; déc. 551-568, 669-705. — *Lettre sur la mort de Mᵐᵉ Elisabeth-Maydelaine Pin, ancienne religieuse bénédictine d'Aix, morte à Paris le 12 février 1829, prieure du monastère du Temple*. Bib. Aix, ms. 777.

Notice sur le monastère de la Celle, par Rostan. Paris, 1854, in-8, ext. *Bul. comité de la langue*, I (1853), 537-553. Travail consciencieux, accompagné de nombreux renvois aux archives du monastère. — *Notice sur la Celle*, par Raynouard. — *Notice sur Brignoles*, par le même. — *Gallia Christiana*, I, 347-348 et, parmi les *Instrumenta*, Diplôme d'Alphonse, roi d'Aragon (1167), chartes de Raymond Bérenger, comte de Provence (1179), XIV-XVI, p. 67 ; donation de l'église de Sainte-Perpétue à Saint-Victor de Marseille (1016) et charte de l'année 1306, XXIX-XXX, p. 71-79. — Honoré Bouche, I, 56, 147, 156, 185, 241, 310 et 1037. — Papon, I, 203. — Achard, I, 437-441. — *Cartulaire de Saint-Victor de Marseille*, par B. Guérard,

remontait à 1016. Les religieuses honoraient comme patronne sainte Perpétue, martyre de Carthage, dont elles possédaient les reliques. Elles suivaient la règle de Saint-Benoît et dépendaient de l'abbaye de Saint-Victor. Cette maison fut très prospère durant le XIII° siècle ; les comtes de Provence la comblèrent de bienfaits. Il y eut jusqu'à cent moniales. Le relâchement, qui se fit sentir dès le XV° siècle, causa vers la fin du XVI° quelque scandale : Rabelais crut pouvoir y placer la scène d'un de ses contes les plus plaisants (*Pantagruel*, ch. xix).

Le cardinal de Grimaldi, archevêque d'Aix, d'accord avec le cardinal Mazarin, abbé de Saint-Victor, soumit les religieuses à une réforme, inspirée du genre de vie que l'on menait dans l'abbaye parisienne du Val-de-Grâce (1658). C'est pour mieux réussir qu'il transféra leur monastère dans la ville d'Aix, où elles vécurent, rue Cardinal, jusqu'à l'époque de la Révolution. Elles avaient un revenu de 6500 livres, et leur nombre s'élevait à 40. Quelques-unes se joignirent plus tard aux Bénédictines du Saint-Sacrement du Temple, emportant avec elles les saintes reliques et des documents manuscrits. Leurs archives, après avoir appartenu à M. Roux-Alphéran, sont devenues la propriété de la bibliothèque d'Aix. Leur église de la Celle est devenue paroissiale ; elle est classée parmi les monuments historiques.

BERNARDINES D'AIX[1]. — Ce monastère, établi par la R. M. de Ponçonas (1639), appartenait à la congrégation de Saint-Bernard. La pieuse fondatrice y passa les vingt dernières années de sa vie. Elle mourut le 7 février 1657.

Un monastère de Bernardines fondé à Brignoles[2], en 1645, disparut peu de temps après, faute de ressources pour vivre.

Prieurés

ALLEINS[3], *Alignum*, *Alenum*. Saint-Pons, donné à Montmajour par

---

II, 305, 324, 616. — *Almanach du Var* (1828), 2° partie, p. 7. — *Semaine religieuse de Fréjus* (1869), n° 46 et 47. — *Les monuments de l'histoire de France*, par HENNIN, III, 278.

1. *Vie de la bienheureuse Louise-Cécile de Ponçonas, institutrice de la congrégation des Bernardines reformées de Dauphiné*, Lyon, 1675, in-8. — Arch. nat., O 618.

2. BOUCHE, I, 215.

3. Cant. Eyguières, arr. Arles, B.-du-Rh. — *Historia Montis Majoris*, par CHANTELOU, 54. — CONSTANTIN, I, 510.

Aicard et Liutgarde, sa femme (1008). — ANSOUIS, *Ansoissæ*[1]. N.-D. de Beauvoir, dépendant de Saint-André de Villeneuve. Saint-Etienne de Beauvoir et Saint-Maurin, uni au chapitre métropolitain. Saint-Pierre de Sane, *de Acana*, donné à Saint-Victor par les deux frères Pierre et Faraud (1045), *cella* en 1079. — ARTIGUES, *Artigiæ*[2]. Sainte-Foy, dépendant de Saint-Victor, qui l'avait reçu en 1093 de Pierre, archevêque d'Aix. — AURONS, *Auros*[3]. Saint-Pierre de Canons, *de Canonicis*, dépendant de Saint-André de Villeneuve, cédé à l'archevêché d'Aix et transformé en couvent de Franciscains (1516). Saint-Martin de Sonaillet, dépendant de l'archevêché.

BEAUMONT D'APT, *Bellus mons*[4]. Saint-Gervais, dépendant de Saint-André de Villeneuve, N.-D. de Villevieille, Saint-Léger et Saint-Romain. — BEAUMONT DE PERTUIS, *Bellus mons*[5]. Notre-Dame, mis par Grégoire VII au nombre des *cellæ* de Saint-Victor (1079). — BELCODÈNES, *Balcodenæ*[6]. Saint-Pierre, donné à Montmajour par Aicard et sa femme Liutgarde (1008). Saint-Jacques, donné à Saint-Victor (1020). — BESSE, *Bersa*[7]. Saint-Pierre, donné à Montmajour et à Sainte-Marie de Correns (1030). Saint-Benoît, dépendant de la même abbaye. Saint-Étienne, dépendant de Saint-Victor. Il y eut à Blanquefort un monastère de Bénédictines, qui fut détruit vers 1200 ; les moniales se joignirent à la communauté de la Celle. — BRAS, *Bracco*[8]. Saint-Eucher, donné à Saint-Victor par Pons et Baude, sa femme (1062) ; il y avait une *cella* en 1079. Prieuré rural des Saints-Médard, Achille et

---

1. Cant. Pertuis, arr. Apt, Vaucluse. — *Etude sur les abbés de Saint-André de Villeneuve*, par MÉRITAN, 24. — *Inventaire des titres de l'archevêché d'Aix*, p. 231, arch. B.-du-Rh. — *Dictionnaire des communes du département de Vaucluse*, par COURTET, 3-5. — CHANTELOU, 31. — *Cart. Saint-Victor*, I, 333-335.

2. Cant. Rians, arr. Brignoles, Var. — *Cart. Saint-Victor*, I, 251 et s. — ALBANÈS, diocèse d'Aix, inst. XXI. — *Artigues*, par O. TESSIER, br. de 7 p. — ACHARD, I, 240.

3. Cant. Salon, arr. Aix. — MÉRITAN, 37. — CONSTANTIN, I, 544-545.

4. Cant. Pertuis, arr. Apt, Vaucluse. — MÉRITAN, 25-26.

5. Cant. Pertuis, arr. Apt. — *Cart. Saint-Victor*, I, 217. — COURTET, 81-82.

6. Cant. Roquevaire, arr. Marseille, B.-du-Rh. — CHANTELOU, 64. — *Monographie des communes de Peypin, Belcodène, etc.*, par H. DE GÉRIN-RICARD, dans *Mém. acad. Vaucluse*, XIX (1900), 1-41. — ACHARD, I, 335.

7. Chef-l. cant., arr. Draguignan, Var. — CHANTELOU, 89, 92, 138. — ACHARD, I, 339-340.

8. Cant. Barjols, arr. Brignoles, Var. — *Cart. Saint-Victor*, I, 328-329. Arch. dép. B.-du-Rh., série H, 833 (1062-1790). — ACHARD, I, 356-357.

Aquilée, uni au chapitre de Saint-Victor en 1745. N.-D. de Lagrenas, attribué au capiscol de Barjols. — Bouc, *Buccum*¹. Saint-André, donné à Saint-Victor en 1027. N.-D. de Sousquières, dépendant de la même abbaye et uni à l'infirmerie. — Brignoles, *Bruniola, Briniola*². Saint-Pierre, dépendant de Saint-Victor, mis au rang des *cellæ* par Grégoire VII (1079). Notre-Dame, donné au même monastère, en 1056. Saint-Jean de Caramy ou des Vignes, dépendant de cette abbaye. Saint-Martin, Sainte-Anne, Saint-Étienne. — Brue, *Brusa*³. Saint-Étienne d'Auriac, *Auriacum*, donné à Saint-Victor par Guillaume Rainulf (1075), mis par Grégoire VII au nombre des *cellæ*. Notre-Dame de l'Assomption, dépendant du même monastère.

Cabriès, *Caprerium, Cabreria*⁴. Saint-Raphaël, dépendant de Montmajour, uni au séminaire d'Aix (1664). Saint-Victor d'Ardane, *de Adana, Edena*, donné à l'abbaye marseillaise par Amalric, archevêque d'Aix (v. 1032). — Cadenet, *Cadanelum*⁵. Saint-Jean, Saint-Étienne et Saint-Césaire, que les moines de Saint-Victor reçurent de Saint-Eusèbe d'Apt, en échange de N.-D. de Lavelan⁶ (1173). N.-D. des Anges, *de Verunis*, dépendant de Saint-André de Villeneuve. — Calas⁷. Saint-Pierre au Pin, *de Pino*, dépendant de Montmajour. — Camps, *Cami*⁸. Notre-Dame, donné à Saint-Victor par Josfred et sa femme Scocia (1017). Saint-Martin d'Argentil. — Charleval⁹, Saint-Jean de

---

1. Cant. Gardanne, arr. Aix, B.-du-Rh. — *Cart. Saint-Victor*, I, 276-281. Arch. B.-du-Rh. s. II, 832 (1578-1789). — Constantin, 1, 371-378.

2. Chef-l. arr., Var. — *Cart. Saint-Victor*, I, 353, 374, 400, voir table. — *Notes sur Brignoles*, par Raynouard. Brignoles, 1829 et 1883, in-8. — *Essai historique sur la ville de Brignoles, d'après les notes de M. Emilien Lebrun*, par G. Reboul. Marseille, 1897, in-8. — *Notes historiques sur Brignoles*, dans *Semaine religieuse de Fréjus* (1878), nᵒˢ 34 et s. — Achard, I, 362-369.

3. Cant. Barjols, arr. Brignoles. — *Cart. Saint-Victor*, I, 247, 327. Arch. B.-du-Rh. série II, 834-835 (1075-1085). — Achard, I, 370, II, 405.

4. Cant. Gardanne, arr. Aix, B.-du-Rh. — *Innocentii III opera*, dans *Pat. lat.*, CCXV, 168. — *Inv. des titres de l'archev. d'Aix*, ms. arch. B.-du-Rh., p. 233. — *Cabriès*, par Fournier, dans *Revue de Provence*, I (1895), 176-184. — Achard, I, 376. — Constantin, I, 400-403.

5. Chef-l. de cant., arr. Apt, Vaucluse. — *Cart. Saint-Victor*, II, 394-398. Arch. B.-du-Rh., II, 826-838 (1576-1789). — *Cadenet historique et pittoresque*, par Ch. Roland. Paris, 1837, in-12. — Achard, I, 377-379. — Courtet, 112-114. — Méritan, 26.

6. Com. et cant. Grimaud, arr. Draguignan, Var.

7. Cant. Gardanne. — Constantin, 404-410.

8. Cant. et arr. Brignoles, Var. — *Cart. Saint-Victor*, I, 369. — Achard, I, 398-399.

9. Cant. Lambesc, arr. Aix. — Constantin, 498-504.

Vabonnette, *Vallis bonita*, dépendant de Saint-André de Villeneuve. — CHATEAUNEUF-LE-ROUGE, *Castrum-novum*[1]. Notre-Dame, dépendant de Saint-Victor et uni à l'infirmerie du monastère. — CHATEAUVERT, *Castrum verum*[2]. Saint-Sauveur, donné à Montmajour par Rainvard et son épouse Bélilde (1004). On lui unit le prieuré rural de Saint-Pierre de Bonsel, de *Bonosa*. — CORMIÈRES, *Corberiæ*[3]. Saint-Sébastien, dépendant de Saint-André de Villeneuve et cédé à l'abbaye voisine de Valsainte. — CUCURRON, *Cucuronum*[4]. Saint-Victor donné à l'abbaye marseillaise, en 1017, et attribué plus tard au chapitre d'Alais. Saint-Cyr, uni à l'archevêché d'Aix.

EGUILLES, *Arquilla*[5], *Aculea*. Saint-Jean et Saint-Julien, dépendant de Montmajour. N.-D. de Pitié, dépendant de l'archevêché, Saint-Martin de Tralans, *de Trivolaneio*, donné à Saint-Victor par Pons Gautelm (1056). — ESPARRON DE PALLIÈRES, *Sparo*[6]. Saint-Jacques, dépendant de la même abbaye; Notre-Dame de Revest, *de Revesto*, donné à Saint-Victor par Geoffroy de Rians et sa femme Scotia (1030). L'église s'élevait sur l'emplacement d'un monastère antérieur aux invasions sarrazines. Ces mêmes personnages firent en ce lieu d'autres donations à l'abbaye. N.-D. de Revest fut uni au chapitre de Saint-Sauveur de Grignan en Dauphiné. — FUVEAU, *Affivellum, Fuiellum*[7]. Saint-Michel, dépendant de Saint-Victor, depuis le commencement du XVe s.

1. Cant. Trets, arr. Aix, B.-du-Rh. — CONSTANTIN, I, 358-360. — Arch. B.-du-Rh., II, 861-864 (1224-1790).
2. Cant. Barjols, arr. Brignoles, Var. — CHANTELOU, 76, 96. — ACHARD, I, 454.
3. Cant. Manosque, arr. Forcalquier, Basses-Alpes. — MÉRITAN, 27. — ACHARD, I, 478.
4. Cant. Cadenet, arr. Apt, Vaucluse. — *Cart. Saint-Victor*, I, 329-332. — ALBANÈS, I, 49. — ACHARD, I, 491. — COURTET, 159-160.
5. Cant. et arr. Aix. — CONSTANTIN, 264-266. — *Cart. Saint-Victor*, I, 263-265.
6. Cant. Barjols, arr. Brignoles, Var. — *Cart. Saint-Victor*, I, 288-302. — Bib. Avignon, ms. 855, p. 430. — *Esparron de Pallières*, par FERNAND CORTES, dans *Bul. soc. ét. Draguignan*, XVI (1886), 29-272.
7. Cant. Trets, arr. Aix, B.-du-Rh. — *Cart. Saint-Victor*, I, 142-143 et tables. Arch. B.-du-Rh. II, 883-887 et 894-895 (1030-1789). — *Recherches historiques et archéologiques sur Fuveau*, par CHAILLAN. Aix, 1891, in-8. — *Notes sur trois monuments mérovingiens des diocèses d'Aix et de Fréjus avec description des lieux, où ils ont été découverts*, par LE MÊME. Aix, 1903, in-8. — CONSTANTIN, I, 339-347.

GARDANNE, *Gardana*[1]. Saint-Pierre, donné à Saint-Victor en 1022 et uni à la mense conventuelle. Saint-Baudile, donné par l'archevêque Pierre à la même abbaye (1043). — GARÉOULT, *Guarildis, Gareudum*[2]. Notre-Dame et Saint-Médard, dépendant de Saint-Victor (1042), donné au prieuré de la Celle, puis uni à la mense conventuelle de cette maison (1450). Saint-Antoine et Saint-Étienne. — GRAMBOIS, *Guarimbodium*[3]. Saint-Christophe et N.-D. de Belveder, dépendant de Saint-André de Villeneuve. Saint-Pancrace, uni à l'archevêché d'Aix. Saint-Léger. — GRÉASQUE, *Gredasqua, Grezascha*[4]. Prieuré donné à Saint-Victor, par Archimbert, en 1035. — ISTRES, *Morianum, Istrium*[5]. Saint-Pierre de la Mer, dépendant de Montmajour. — JOUQUES, *Jocæ*[6], Saint-Pierre, donné par Rus et ses fils (1069) à Montmajour, qui possédait encore Saint-Julien. N.-D. de la Roque, *de Jocis*, dépendant de Saint-Victor. N.-D. de Gerles, uni à l'archevêché.

LA BARBEN, *Barbentum*[7]. Saint-Victor de Dane, *de Adana*, donné à l'abbaye marseillaise par Honorat, évêque de Marseille (965-977). — LA BASTIDE-DES-JOURDANS[8]. Saint-Pierre et N.-D. de Pomeirol. — LAMBESC, *Lambiscum*[9]. La Trinité, donné à Saint-Victor, en 1061. Saints-Gervais et Protais, dépendant de Montmajour et uni à la mense conventuelle. Saint-Michel de Goiron, dépendant de Saint-André de Villeneuve, puis de Silvacane. — LA MOTE D'AIGUES, *Mulla, Mota Aiguerii*[10].

1. Chef-l. cant., arr. Aix. — *Cart. Saint-Victor*, I, 281-283. Arch. B.-du-Rh., H, 896-899 (1550-1789). — *Gardanne*, par FOURNIER, dans *Revue de Provence*, I (1895), 31-46. — CONSTANTIN, I, 366-371.
2. Cant. La Roquebrussane, arr. Brignoles, Var. — *Cart. Saint-Victor*, I, 380-392. — Arch. du mon. de la Celle, Bib. Aix, ms. 343, 344, 356. — ALBANÈS, I, 47. — ACHARD, I, 566-567.
3. Cant. Pertuis, arr. Apt, Vaucluse. — MÉRITAN, 29. — COURTET, 174-177. — Pièces concernant ce prieuré, Bib. Avignon, ms. 858, p. 432. — *Cart. Saint-Victor*, I, 259.
4. Cant. Roquevaire, arr. Marseille, B.-du-Rh. — *Cart. Saint-Victor*, I, 152-156. Arch. B.-du-Rh., II, 906-909 (1495-1789). — *Monographie des communes de... Gréasque*, par GÉRIN-RICARD, dans *Mém. Ac. Vaucluse*, XIX, (1900), 1-41.
5. Chef-l. cant., arr. Aix. — CONSTANTIN, 546-552.
6. Cant. Peyrolles, arr. Aix, B.-du-Rh. — CONSTANTIN, I, 434-445.
7. Cant. Salon, arr. Aix. — *Cart. Saint-Victor*, I, 262-263. — Arch. B.-du-Rh., II, 805-807. — CONSTANTIN, 536.
8. Chef-l. cant., arr. Aix. — *Cart. Saint-Victor*, I, 260-262. — ACHARD, I, 630. — CONSTANTIN, I, 524-533.
9. Cant. Pertuis, arr. Apt. — ACHARD, I, 310.
10. Cant. Pertuis, arr. Apt, Vaucluse. — ACHARD, II, 160. — MÉRITAN, 29. — COURTET, 185.

Saint-Jean, dépendant de Saint-André de Villeneuve. Notre-Dame de Carrier. — Lançon, *Alansonum*[1]. Saint-Cyr, uni au chapitre métropolitain d'Aix. Notre-Dame de Calissane, dépendant du Grand Prieuré de Saint-Gilles. — La Roque d'Antheron[2]. Saint-Victor de Gontard, *Gontardum*, donné à Saint-Victor en 1046, *cella* en 1079. — La Tour d'Aigues, *Turris Ayguerii*[3]. Notre-Dame de Romegas, uni aux chanoines de Saint-Ruf (1494). Notre-Dame la Réal et Notre-Dame de l'Estang, dépendant de l'archevêché d'Aix. — Lauris, *Laurei, Lauri*[4]. Notre-Dame, dépendant de Saint-André de Villeneuve. Saint-Projet, qui appartenait à Saint-Victor au XIe s. Notre-Dame et Saint-Pierre de Mégerest. — Lourmarin, *Lucus Marinus*[5]. Saint-André et Saint-Trophime, que les moines de Saint-André de Villeneuve abandonnèrent à Cluny, dépendant enfin de Ganagobie.

Mallemort, *Mala Mors*[6]. Notre-Dame, fondé par Saint-Victor (1099) ; donné avec l'église de Saint-Michel de Bramegean à Montmajour (XIIIe s.). Notre-Dame du Plan, dépendant de Montmajour. — Mazaugues, *Masoegæ*[7]. Notre-Dame et Saint-Christophe, donné à Saint-Victor par le seigneur du lieu, Plantin, vers 1020. — Meyrargues, *Meyranicæ*[8]. Saint-André, dépendant du chapitre cathédral. — Meyreuil, *Mirolium*[9]. Saint-Marc, qui appartenait à Saint-Victor, au XIe s. — Mimet, *Mimetum*[10]. Saint-Sauveur, uni à la mense capitulaire de la métropole. L'ermitage de Notre-Dame des Anges, occupé quelque temps

---

1. Cant. Salon, arr. Aix, B.-du-Rh. — Achard, I, 630-631. — Constantin, 426-428.
2. Cant. Lambesc, arr. Aix. — *Cart. Saint-Victor*, I, 265-271.
3. Cant. Pertuis, arr. Apt, Vaucluse. — Achard, II, 508-509. — Courtet, 188-192.
4. Cant. Cadenet, arr. Apt, Vaucluse. — *Cart. Saint-Victor*, I, 332. — Méritan, 29. — Achard, I, 633. — Courtet, 192.
5. Cant. Cadenet, arr. Apt. — Achard, I, 644. — Courtet, 215. — Méritan, 31.
6. Cant. Eyguières, arr. Arles, B.-du-Rh. — *Cart. Saint-Victor*, II, 336-337. — Constantin, I, 504.
7. Cant. La Roquebrussane, arr. Brignoles, Var. — *Cart. Saint-Victor*, II, 528. — Achard, II, 115.
8. Cant. Peyrolles, arr. Aix. — Constantin, I, 450-456.
9. Chef-l. cant., arr. Aix, B.-du-Rh.— Achard, II, 126-127. — Constantin, 287-294.
10. Cant. Gardanne, arr. Aix. — *Mimet*, par Fournier, dans *Rev. de Provence* (1895), I, 121-129. — *Notice historique sur la maison et solitude de N.-D. des Anges, au territoire de Mimet*, par Ferd. André. Marseille, 1856, in-8. — Achard, II, 129. — Constantin, 386-400.

par des Camaldules, se trouvait sur cette paroisse (1603). — MIRABEAU, *Mirabellum*[1]. Saint-Michel, dépendant de Saint-André de Villeneuve et uni à l'archevêché d'Aix. Notre-Dame de l'Etang, *de Stagno*, dépendant du même monastère et uni à la Chambrerie. Saint-André du Revest, *de Revesto*, id. — MONTFURON, *Monsfuronis*[1]. Prieuré uni à celui de Villemus. — MONTMEYAN[3]. Notre-Dame, prieuré de Saint-André de Villeneuve. Saint-Michel du Castellet, *de Castelletto*, dépendant de Saint-Victor. — OLLIÈRES, *Ollariæ*, *Oliveriæ*[4]. Sainte-Anne, donné à Saint-Victor par Guillaume II, comte de Provence (1014), uni à la mense conventuelle. Notre-Dame du Bois, *de Bosco*, dépendant du même monastère. Montmajour possédait un prieuré en ce lieu.

PÉLISSANE, *Pelisana*, *Peliceana*[5]. Saint-Laurent, dépendant de Montmajour (1002) et uni à la mense abbatiale. Saint-Laurent de Cabardel, uni au séminaire d'Aix. — PERTUIS, *Pertusium*[6]. Saint-Pierre, dépendant de Montmajour qui possédait la ville de Pertuis depuis 950 ; il y eut quatre moines dans ce prieuré jusqu'au moment de la Révolution. Saint-Nicolas, uni à la mense abbatiale de Montmajour. Notre-Dame-des-Prés et Saint-Martin. — PEYNIER, *Podium nigrum*[7]. Saint-Julien, donné à Saint-Victor par Pons, évêque de Marseille (1008). — PEYROLLES[8]. Saint-Michel de Caderoche, *de Cadarocha*, dépendant de Saint-André de Villeneuve et uni à la mense conventuelle. — POURCIEUX, *Porcilii*[9]. Saint-Victor, donné à l'abbaye de Marseille par Bilielle, fille du vicomte Guillaume. Notre-Dame de Nazareth, dépendant

---

1. Cant. Pertuis, arr. Apt, Vaucluse. — MÉRITAN, 32. — ACHARD, II, 133-134. — COURTET, 231-233.
2. Cant. Manosque, arr. Forcalquier, Basses-Alpes, 12. — ACHARD, II, 148.
3. Cant. Tavernes, arr. Brignoles, Var. — *Cart. Saint-Victor*, II, 225. — ACHARD, II, 150-152.
4. Cant. Saint-Maximin, arr. Brignoles. — *Cart. Saint-Victor*, I, 137-139 ; II, 623. — *Inv. som. des arch. com. d'Ollières*, par MIREUR. Draguignan, 1889, in-8. — CHANTELOU, 70. — ACHARD, II, 186-187.
5. Cant. Salon, arr. Aix, B.-du-Rh. — ACHARD, II, 200. — CONSTANTIN, 536-541. — CHANTELOU, 50.
6. Chef-l. cant., arr. Apt, Vaucluse. — CHANTELOU, 38 et *passim*. — BOUCHE, I, 219 ; II, 54, 55, 109, 206, 245, 710. — PAPON, I, 215 ; II, preuves XII, XXXV. — ALBANÈS, I, 44. — ACHARD, II, 215-218. — COURTET, 271-278.
7. Cant. Trets, arr. Aix, B.-du-Rh. — CONSTANTIN, 354-357.
8. Chef-l. cant., arr. Aix. — MÉRITAN, 26.
9. Cant. Saint-Maximin, arr. Brignoles, Var. — *Cart. Saint-Victor*, I, 137-140 ; voir tables. — ACHARD, II, 238.

de Saint-Victor, et Notre-Dame de Mizons. — POURRIÈRES[1]. Notre-Dame du Sault, *de Saltu*, donné à Saint-Victor par Geoffroy et son épouse Richisenne (1065) ; on en fit une *cella*. Saint-Trophime, dépendant du même monastère. — PUYLOUBIER, *Podium luperium*[2]. Saint-Pons, donné à Saint-Victor par les fils du vicomte Guillaume II ; c'était une *cella* en 1079. Saint-Pancrace et Saint-Jean, remontant à la même époque (1056). Saint-Serf, dépendant de Saint-Victor, qui s'élevait au lieu où vécut un ermite de ce nom. — PUYRICARD, *Podium Richardi*[3]. Notre-Dame, uni au chapitre métropolitain. Saint-Jean de Sales, *de Salettis*, dépendant de Saint-Victor (1055), puis de Montmajour (1204). Saint-Jacques, dépendant du chapitre d'Aix.

REILLANNE, *Relania*[4]. Saint-Mitre, dépendant de Saint-Victor. Montmajour y possédait les églises de Notre-Dame, Saint-Pierre et Saint-Denis. — RIANS, *Riancium*[5]. Notre-Dame, dépendant de Saint-Victor, abandonné au chapitre d'Aix (1092). Il en fut de même de Saint-Etienne (1165), de Saint-Maurice et de Saint-Michel d'Amirat, *de Amirato*. — ROGNES, *Ronhæ*[6]. Saint-Etienne du Temple, dépendant de Montmajour, uni au chapitre d'Aix. Saint-Pierre, dépendant de Saint-André de Villeneuve. — ROQUEBRUSSANNE, *Rocabrussani*[7]. Prieuré dépendant des moniales de la Celle. Saint-Martin de Fiossac, qui dépendait du précédent. — ROUSSET, *Rosselum*[8]. Saint-Privat, mis par

1. Cant. Saint-Maximin, arr. Brignoles, Var. — *Cart. Saint-Victor*, I, 150-151. Arch. B.-du-Rh., II, 993 (1573-1789). — ACHARD, II, 238-240.
2. Cant. Trets, arr. Aix, B.-du-Rh. — *Cart. Saint-Victor*, I, 143-147. Arch. B.-du-Rh., II, 994-998 (1046-1789). — ACHARD, II, 254. — CONSTANTIN, 347-354. — *La vie de saint Serf, solitaire en Provence au Ve siècle*. Aix, 1650, in-12. — *Nos Saints*, par VILLEVIELLE, 234-244.
3. Cant. et arr. d'Aix. — *Notice sur Puyricard*, par ROUSTAN. Aix, 1857, in-12. — ACHARD, II, 408. — CONSTANTIN, 249-263.
4. Chef-l. cant., arr. Forcalquier, Basses-Alpes. — *Cart. Saint-Victor*, I, 407-418. Arch. B.-du-Rh., II, 999 (1400-1789). — ACHARD, II, 262-274. — *Souvenirs religieux des églises de la Haute-Provence*, par FÉRAUD, 29.
5. Chef-l. cant., arr. Brignoles, Var. — *Cart. Saint-Victor*, I, 238, 270. — ALBANÈS, 45, 57-58 et Inst. XI. — ACHARD, II, 278-280.
6. Cant. Lambesc, arr. Aix, B.-du-Rh. — *Notes sur trois monuments mérovingiens....* par CHAILLAN. Aix, 1903, in-8. — *Une commune de l'ancienne France. Monographie du village de Rognes*, par Mlle MARIE TAY. Marseille, 1885, in-8. — MÉRITAN, 32. — CONSTANTIN, 515-524.
7. Chef-l. cant., arr. Brignoles, Var. — *Cart. Saint-Victor*, I, 461. Arch. B.-du-Rh., H, 1112-1113 (1448-1790). — *La Roquebrussanne*, notice historique, par BRÉMOND, dans *Bul. Soc. ét. Draguignan*, X (1874), 9-39. — ACHARD, II, 246-305.
8. Cant. Trets, arr. Aix, B.-du-Rh. — *Cart. Saint-Victor*, II, 45. Arch. B.-du-Rh., II, 1035-1036 (1531-1700). — CONSTANTIN, 361-365.

Grégoire VII au nombre des *cellæ* de Saint-Victor (1079) et uni au prieuré de Trets (1266). Saint-Pierre de Favarie, donné à Saint-Victor en 1050.

Saint-Antonin, *S. Antoninus de Bayda*[1]. Donné à Saint-Victor par Geoffroy et son frère Guillaume III, vicomtes de Marseille (1065), figurant parmi les *cellæ* en 1079, uni à l'infirmerie. — Saint-Cannat, *S. Canatus*[2]. Uni à l'évêché de Marseille. Saint-André, dépendant de Saint-Victor. — Saint-Martin de Pallières[3]. Uni à la mense conventuelle de Montmajour. — Saint-Maurice de Reillane, *Reilana*[4]. Donné à Saint-Victor par Raimbaud, archevêque d'Arles (1030), mis au nombre des *cellæ* en 1079. — Saint-Maximin, *S. Maximinus*[5]. Il y eut en ce lieu un monastère primitif, qui disparut pendant les invasions sarrazines. Saint-Victor y reçut plusieurs églises de Pierre I, évêque d'Aix, et de ses frères (1038). Le prieuré fut uni à celui de Saint-Zacharie (1267). — Saint-Mitre, *S. Mitrius*[6]. Prieuré de Saint-Victor, qui était une *cella* en 1079, uni par Pie II au couvent des Dominicains de Saint-Maximin (1458). — Saint-Paul-lès-Durance[7]. Dépendant de Saint-André de Villeneuve, uni à la mense conventuelle. — Saint-Savournin, *S. Saturninus de Gardasca*[8]. *Cella* de Saint-Victor en 1079. — Sainte-Croix de la Lauze[9], *Sᵗᵃ Crux*. Dépendant de Saint-Victor (1025); inscrit par Grégoire VII parmi les *cellæ* (1079). — Seillons,

---

1. Cant. Trets, arr. Aix, B.-du-Rh. — *Cart. Saint-Victor*, I, 147-150; II, 372-375. — Constantin, 308-311.
2. Cant. Lambesc, arr. Aix. — *Cart. Saint-Victor*, II, 225. Arch. B.-du-Rh., II, 1038 (1486-1772). — Achard, II, 399-400. — *Nos Saints*, par Villevieille, 263-369.
3. Cant. Rians, arr. Brignoles. — Achard, II, 421.
4. Cant. Reillane, arr. Forcalquier, Basses-Alpes. — *Cart. Saint-Victor*, I, 409-413. Arch. B.-du-Rh., II, 999 (1400-1789).
5. Chef-l. cant., arr. Brignoles, Var. — *Cart. Saint-Victor*, I, 314-325. Arch. B.-du-Rh., II, 1046 (1459-1790). — *Documents inédits sur l'apostolat de sainte Marie-Madeleine en Provence*, par Faillon, I, 788 et s.; II, 665-687. — Voir: *Topo-Bibliographie*, par M. Chevalier, 2736-2737.
6. Cant. Saint-Maximin, arr. Brignoles. — *Cart. Saint-Victor*, II, 217. — Faillon, I, 1009-1015. — *Nos Saints*, par Villevieille, 218-233.
7. Cant. Peyrolles, arr. Aix, B.-du-Rh. — Méritan, 37. — Constantin, I, 446.
8. Cant. Roquevaire, arr. Marseille. — *Cart. Saint-Victor*, II, 217. Arch. B.-du-Rh., II, 1048 (1596-1790).
9. Cant. Reillane, arr. Forcalquier, Basses-Alpes. — *Cart. Saint-Victor*, I, 413 et s.

Sillo, Sello[1]. Saint-Pierre, donné à Saint-Victor par Isnard et Germaine, son épouse (1013), uni au séminaire d'Aix. — Senas, *Senassium*[2]. Saint-Laurent, dépendant de Saint-André de Villeneuve. — Simiane[3]. Notre-Dame et Saint-Pierre de Venel, *Venellum*, donné à Montmajour par Rambert et sa femme Wilitrude (973). Saint-Germain de Venel, donné à Saint-Victor avant 1098. Saint-Pierre de Collongue, *Caudus longa*, donné à Saint-Victor par Pons et Adalgarde, son épouse. Saint-Jean de Siège, *Segia*, donné à cette abbaye par Archimbert et sa femme Maimberge (1030).

Tourves, *Torrivi*[4], Saint-Maurice et Saint-Etienne, donné à Saint-Victor par Lambert et Laugarde, sa femme (1038). Saint-Pierre de Seyssons, *Saisini*, uni au collège des Jésuites d'Aix. Saint-Jean et Saint-Probace, uni à l'archevêché d'Aix. Notre-Dame de Gailet, *Gaillenum*, uni à la collégiale de Barjols. — Trets, *Tritum*[5]. La Trinité, prieuré conventuel dépendant de Saint-Victor, qui possédait le val de Trets. Le B. Urbain V y établit une maison d'étude (*Studium*). Saint-Jean du Puy, *de Podio*, dépendant de Saint-Victor, mentionné par Grégoire VII parmi les *cellæ* et donné aux Dominicains de Saint-Maximin (1295). Notre-Dame et Saint-Pierre, Saint-André, Sainte-Cécile, donnés à la même abbaye.

Val, *Vallis*[6]. Notre-Dame, donné à Montmajour en 981, uni à la

---

1. Cant. Barjols, arr. Brignoles, Var. — *Cart. Saint-Victor*, I, 376. — Achard, II, 355.
2. Cant. Salon, arr. Aix. B.-du-Rh. — Méritan, 28.
3. Cant. Gardanne, arr. Aix. — *Cart. Saint-Victor*, I, 251, 273-276, 280-281. Arch. B.-du-Rh., H, 1068-1069 (1030-1781). — Constantin, 379-385.
4. Cant. et arr. Brignoles, Var. — *Cart. Saint-Victor*, I et s. Arch. B.-du-Rh., H, 1090 (1298-1790). — Albanès, 45-46, 52. — Achard, II, 512-517.
5. Chef.-l. cant., arr. Aix. — *Cart. Saint-Victor*, I, 140-146, voir tables. Arch. B.-du-Rh., H, 1092-1099 (1056-1790). — *Recherches archéologiques et historiques sur Trets et sa vallée*, par l'abbé Chaillan. Marseille, 1898, in-12, viii-234 p. Cet ouvrage est à consulter pour les prieurés situés dans le canton de Trets. — Le *Studium* papale de Trets au XIVe siècle, par le même. Aix, 1896, in-8 de 148 p. Voir : art. L. Delisle dans *Journal des savants* (1898), 193-195. — *Documents nouveaux sur le « studium » du pape Urbain V à Trets*. Manosque (1364-1367), par le même. Aix, 1904, in-8 de 28 p. Voir : art. de Labande dans *Bib. Ec. chartes*, LXV, 429-431. — *Histoire de l'antique église de Marseille*, par Belsunce, II, 81, 254. — Achard, II, 528. — Constantin, I, 321-338.
6. Cant. et arr. Brignoles, Var. — *Essai historique sur le Val*, par Vidal, dans *Bul. Soc. ét. Draguignan*, II (1858), 1-18, 301-314. — *Notice historique sur l'église et les chapelles du Val*, par H. Rey, ibid. (1898), 167-178. —

mense conventuelle. — VAUGINES, *Vallis Jovina, Joyna*[1]. Prieuré uni au chapitre cathédral. — VAUVENARGUES, *Vallis veranica*[2]. Saint-Sulpice, donné à Saint-Victor par Blitger et son frère Bernard (1004). Saint-Lambert de Sambuc, *Sambucco*, attribué aux Dominicaines d'Aix. — VENELLES, *Velenna nova*[3]. Saint-Hipolyte, donné à Saint-Victor par Adalhard et son épouse, Laugarde (1014), *cella* en 1079, uni à l'infirmerie du monastère. — VENTABREN, *Ventabrunum*[4]. Saint-Denis, dépendant de Montmajour. Saint-Honorat de Roquefavour, *Rocca fraudosa, Roca Favario*, donné à Lérins par l'archevêque Robert (878), cédé à Montmajour (963).— VERDIÈRE[5]. N.-D. du Basset.— VILLELAURE, *Villa laura*[6]. Notre-Dame de Liniens, *de Allinco*, dépendant de Montmajour. Saint-Pierre de Sanes et Saint-Suffren de Raillerne. — VILLEMUS, *Villamuris*[7]. Dépendant de Montmajour. — VINON, *Vinum*[8]. Saint-Sauveur, donné à Montmajour en 1118. Notre-Dame des Tourques, *de Tuscis*, dépendant de Saint-André de Villeneuve. — VITROLLES-LÈS-LUBERON, *Vitrola*[9]. Saint-Etienne.

ACHARD, II, 546. — CHANTELOU, 102. — *Spicilegium* de D'ACHERY, VI, 443, ou III, 407.
 1. Cant. Cadenet, arr. Apt, Vaucluse.
 2. Cant. et arr. Aix. — *Cart. Saint-Victor*, I, 256-259. — *Le Cengle et ses alentours*, par CHAILLAN, Aix, 1892, in-12. — CONSTANTIN, I, 271-281.
 3. Cant. et arr. Aix, B.-du-Rh. — *Cart. Saint-Victor*, I, 284-288. — CONSTANTIN, I, 282-287.
 4. Cant. Berre, arr. Aix. — *L'ermitage de Saint-Honorat à Roquefavour*, par FÉL. VÉRANG. Marseille, 1848, in-12. — *Roquefavour, son ermitage et son aqueduc*. Marseille, 1882, in-8. — *Roquefavour et Ventabren*, dans *Revue de Marseille*, XXVIII (1882), 523 et s. — BOUCHE, I, 208. — CONSTANTIN, I, 409-419. — *Lettres de Burtin à l'abbé Blancas, prieur de Ventabren* (1735-1739). Bib. Aix, ms. 832, n° 9.
 5. Cant. Rians, arr. Brignoles.
 6. Cant. Cadenet, arr. Apt, Vaucluse. — COURTET, 389-390.
 7. Cant. Reillane, arr. Forcalquier. — ACHARD, III, 127-129, sup. ms. B. Aix.
 8. Cant. Rians, arr. Brignoles, Var. — MÉRITAN, 40. — ALBANÈS, dioc. Aix, inst. XI.
 9. Cant. Pertuis, arr. Apt, Vaucluse.

II

DIOCÈSE D'APT[1]

[*Aptensis*. Evêché de Provence, suffragant d'Aix. La ville d'Apt était de la seconde Narbonnaise dans l'exarchat de Gaules[2].

L'Evêché d'Apt reconnaît saint Auspice pour son premier évêque. Une tradition, justifiée par titres depuis le huitième siècle, porte que c'est le même Auspice dont il est parlé dans les actes de la vierge Domitille et des saints Nérée et Achillée, qu'il fut envoyé dans les Gaules par saint Clément et qu'il souffrit le martyre sous Trajan. Ce qu'il y a de certain, c'est qu'il vécut au temps des persécutions et qu'il

---

1. Chef-l. arr. Vaucluse. — Bibliographie : *Cartulaire de l'Église d'Apt*, ms. Voir: *Bibliographie générale des cartulaires*, par STEIN, n°ˢ 182-184. — *Inventaire analytique du cartul. d'Apt*, par OSCAR DE POLI ; dans *Revue hist. Provence* (1890), 156-160, 189-192, 204-205. — *Histoire ecclésiastique du diocèse d'Apt*, par DE RÉMERVILLE DE SAINT-QUENTIN. Bibl. du grand sém. d'Avignon, ms. in-fol. de 695 p. — L'abbé ALBANÈS, I, 186-187, décrit un exemplaire de cette œuvre, que possède une famille d'Apt. — La bibliothèque de Marseille, ms. 1166, en a un exemplaire, avec retouches, notes et continuation. — *Collectanea variorum diplomatum Ecclesiæ Aptensis*, par LE MÊME. Bibl. sém. Avignon. Ce recueil ne comprend pas moins de 192 documents du V⁰ au XIV⁰ siècle. — *Histoire de la ville d'Apt, où l'on voit tout ce qui s'y est passé de plus mémorable dans son estat politique depuis sa fondation jusques au règne de Louis le Grand; l'histoire des évêques qui ont gouverné l'église de cette ville et la généalogie des maisons nobles, tant des familles éteintes que de celles qui subsistent encore*, par LE MÊME. Bibl. Mazarine, ms. 3442-3445. — *Fragments de l'hist. d'Apt, pouvant servir de supplément à l'histoire de Rémerville*, par ED. CARTIER. Bibl. Avignon, ms. 1781.
Histoire de l'Eglise d'Apt, par l'abbé BOZE, Apt, 1820, in-8. L'auteur a largement mis à contribution les manuscrits de Rémerville de Saint-Quentin. — *Etudes historiques et religieuses sur le XIV⁰ siècle ou tableau de l'Eglise d'Apt sous la cour papale d'Avignon*, par l'abbé ROSE, Avignon, 1842, in-8. — *Gallia christiana*, I, 350-389, instr. 73-81. — *Le Clergé de France*, par DU TEMS, I, 25-74. — *Gallia christiana novissima*, par ALBANÈS, I, 173-304, instr. 127-142. — *La chorographie ou description de la Provence et l'histoire du même pays*, par HONORÉ BOUCHE, I, 220-225. — *Histoire générale de Provence*, par PAPON, I, 219-233. — *Dictionnaire* d'EXPILLY, I, 215-219. — *Dictionnaire des communes du département de Vaucluse*, par J. COURTET, art. Apt, 5-16.

2. *Géographie de la Gaule au VI⁰ siècle*, par LONGNON, 451-452.

cimenta de son sang l'Eglise qu'il avait fondée dans Apt[1]. Un de ses successeurs nommé Léonius souffrit le martyre lors de l'incursion que les Allemands firent dans ces contrées, sous leur roi Chrocus[2]. L'Eglise d'Apt compte aussi saint Castor parmi ses évêques les plus illustres[3]. Avant sa promotion à l'épiscopat, il avait embrassé la vie cénobitique dans un monastère qu'il fonda lui-même. On l'en tira de force pour lui donner le gouvernement de l'Eglise d'Apt, qu'il gouverna saintement, depuis l'an 400 jusqu'en 419. C'est lui à qui Cassien adressa son livre intitulé *Speculum monachorum* (pour *de Institutis cœnobitarum*), que Castor le pria de composer pour la direction de son monastère[4]. Après la mort de Castor (vers 423), Léonce, qui lui avait succédé en l'abbaye, lui succéda aussi en son évêché et laissa la conduite de ses moines à Hellade[5].

L'on compte 81 évêques d'Apt, depuis saint Castor jusqu'à aujourd'hui[6] (1725). Les évêques d'Apt prennent la qualité de prince, qui leur fut accordée par l'empereur Charles IV, vers l'an 1378[7]. On voit encore aujourd'hui de la monnaie qu'ils faisaient battre[8], et l'on y remarque la croix et la mitre. Vers le milieu du onzième siècle, l'évêque d'Apt avait juridiction sur une partie de la ville; mais, outre que l'on ne trouve point l'origine de son droit, les comtes de Provence de la maison d'Anjou réunirent le tout à leur souveraineté, en cédant à l'évêque quelques autres biens pour faire l'équivalent; de sorte que le roi est à présent seul seigneur de la ville d'Apt.

1. *La mission de saint Auspice*, par P. DE MARMET DE VALCROISSANT, Paris, 1685, in-8. — *Gallia Christiana novissima*, par ALBANÈS, I, 189-192.
2. ALBANÈS, *ouv. cit.*, 192-194.
3. Il figure en tête de la liste épiscopale publiée par DUCHESNE: *Fastes épiscopaux de l'ancienne Gaule*, I, 273-274.
4. *Johannis Cassiani. De institutis cœnobitarum et de octo principalium vitiorum remediis libri XII*, ed. M. PETSCHENIG. Vindobonœ, 1888, in-8, 1-7. Sur la vie de Castor, *Acta Sanct.* Sept. VI, 249. *Gallia Christiana*, I, inst. 73-74. ALBANÈS, I, 195-199.
5. Cette opinion, soutenue par de Rémerville de Saint-Quentin et exposée d'après lui par Dom Beaunier, n'est pas soutenable. Elle est aujourd'hui complètement abandonnée. ALBANÈS, I, 199.
6. Ce chiffre de 81 est inexact. Laurent Eon de Cély (1778-1801), dernier évêque de cette ville, n'est que le soixante-quatorzième. ALBANÈS, I, 296.
7. C'est une de ces concessions sans portée, comme il en émana tant de l'empereur Charles IV. Voir: PAUL FOURNIER, *Le royaume d'Arles et de Vienne*, 481-499.
8. GARCIN, *Examen du prétendu droit qu'auraient eu les évêques d'Apt de frapper monnaie dans leur diocèse*. Apt, 1865, in-8, 16 p.

C'est une ancienne tradition, dont on ne sait pas l'origine, que le corps de sainte Anne repose dans l'église cathédrale[1]. Ses reliques sont conservées dans une magnifique chapelle particulière, avec celles des saints Auspice, Castor et Marcian, premier abbé de l'abbaye de Saint-Eusèbe. L'on dit à Apt que, lorsqu'on détacha le cœur de saint Marcian pour l'inhumer séparément du corps, on eut le soin de ramasser dans une petite fiole de verre une eau que la nature a mise autour du cœur pour rafraîchir le péricarde, et que cette liqueur mêlée à une matière glaireuse a toujours subsisté et se conserve encore sans corruption ; ce qui ne peut se faire que par un miracle continuel, parce qu'il n'y a rien de plus corruptible, au dire de toute la médecine[2].

C'est dans le chœur de la cathédrale d'Apt que, le 19 du mois de mai de l'an 1365, l'on fit l'ouverture d'un concile provincial, qui peut passer pour national, car la Provence, ayant pour lors un souverain particulier, faisait un État séparé[3]. Il fut composé des archevêques d'Arles, d'Aix, d'Embrun et de leurs suffragants. Les abbés de Boscodon, de Saint-Pons de Nice, constitués en dignité dans l'Église, y assistèrent aussi et souscrivirent. Quelques auteurs ont avancé que ce fut l'archevêque d'Arles qui présida ; mais il est constant que ce fut Philippe de Cabassole, patriarche de Jérusalem et administrateur de l'Église de Cavaillon, comme l'assure M. de Rémerville de Saint-Quentin[4], qui a

---

1. *Inventio corporis sanctæ Annæ in ecclesia Aptensi sec. VIII*, dans *Acta Sanct. Jul.* VI, 252-253. — P. TERRIS, *Sainte Anne d'Apt, ses traditions, son histoire, d'après des documents authentiques*. Avignon, 1876, in-18, 237 p.
2. *Vita sancti Marciani*, dans MABILLON, *Act. Sanct. O. S. B.*, VI, 1, 94-96 et 2ᵉ éd. 85-87. *Acta Sanctorum*, Aug. V, 271-272.
3. MARTÈNE, *Thesaurus novus anecdot.*, II, 331 ; IV, 331-342 ; MANSI, *Amplissima collectio conciliorum*, XXVI, 445-458. HÉFÉLÉ, *Conciliengeschichte nach den Quellen bearbeitet* (Fribourg, 1890, in-8), VI, 717-718. Trad. de la première édition par DELARC (Paris, 1883, in-8), IX, 605-608.
4. Joseph-François de Rémerville, sieur de Saint-Quentin, né vers 1650 et mort à Apt le 4 juillet 1730, s'est activement occupé de l'histoire de la Provence. On lui doit, entre autres ouvrages, une *Dissertation sur l'évêque Léonce*, à qui Cassien adressa ses premières conférences. Apt, 1682. *Canons du concile tenu à Apt en 1365*. Apt, 1704. *Histoire de S. Elzéar de Sabran*, dont l'édition fut brûlée chez l'imprimeur. *Histoire religieuse d'Apt*, ms. du grand séminaire d'Avignon, et *Histoire de la ville d'Apt, contenant.... l'histoire chronologique de ses évêques*. mises largement à contribution par l'abbé Boze, *Des Notes sur le cartulaire de la ville d'Apt*, retrouvé et donné par lui à sa ville natale ; Une *Dissertation sur les reliques de sainte Anne*, restée manuscrite à Apt. Sa correspondance est conservée à la Bibliothèque de Carpentras.

vu et copié l'original de ce concile, qui était autrefois dans les archives de l'évêché de Senez.

L'église cathédrale est dédiée à la Vierge et a sainte Anne pour patronne[1]. Son chapitre est composé d'un prévôt, de douze chanoines et de treize bénéficiers ou clercs prébendés, qui ont voix au chapitre. L'archidiacre, le capiscol et le sacristain n'ont que de simples personats. Il y a aussi un chanoine théologal, un maître de musique et quatre enfants de chœur[2].

L'on compte dans le diocèse trente-trois paroisses, quatre abbayes, deux d'hommes et deux de femmes; trois autres, Vaucelles, Entrevaux et Notre-Dame du Val-Sainte-Croix, ont été supprimées et unies à d'autres par pauvreté.]

Il y avait dans la ville des couvents de Cordeliers conventuels, fondé vers 1213, dans lequel étaient conservées les reliques de saint Elzéar et de sainte Delphine; de Capucins, fondé en 1612; de Récollets, fondé en 1634; de Grands Carmes, qui remontait à 1296; de Clarisses, de Visitandines, fondé en 1631, et d'Ursulines, en 1636. Les Frères des écoles chrétiennes y furent installés en 1738. Le séminaire, créé en 1706, était dirigé par les Jésuites. Les Récollets avaient un second couvent à Bonnieux[3]. On comptait dans la ville d'Apt quatre confréries de Pénitents blancs, érigées en 1527, de Pénitents noirs, en 1554, de Pénitents bleus, en 1601, et de Pénitents gris, en 1750.

Abbayes d'hommes

Saint-Eusèbe. — *Sanctus Eusebius*[4]. — Cette abbaye, de l'ordre de

---

1. Jouve, *Notice sur l'ancienne cathédrale d'Apt*. Paris, 1859, in-8, ext. *Revue Art chrétien*, III (1859), 313-324. Il y a une double crypte des VIe et Xe siècles. Le monument lui-même est des XIe, XIVe et XVIe siècles.
2. C'est l'évêque Amalric (991) qui établit ce chapitre de douze chanoines, astreints par lui à la vie commune. *Gallia christiana*, I, instr. p. 74-76.
3. Chef-l. cant., arr. Apt, Vaucluse.
4. Com. Saignon, cant. et arr. Apt. — Bibliograhpie : *Vita sancti Martini abbatis Aptensis*, dans Mabillon, *Acta sanct.*, VI, 1, 84-87. — *Gallia christiana*, I, 376-381. — Du Tems, I, 49-53. — Bouche, I, 224; II, 56. — Papon, I, 232. — Boze, 70-85. — Mabillon, *Annales*, IV, 820, V, 369. — *Dictionnaire* de Courtet, 292-294. — *Monasticon benedictinum*, Bib. nat. ms. lat. 12669, f. 142. — Bib. Avignon, ms. 2183, f. 109 et 226.

Saint-Benoît, aurait eu pour fondateur, au huitième siècle, un saint abbé Marcien, qui est honoré le 25 août. Détruite par les Sarrazins, elle aurait été restaurée en 1004 par un certain Robert et sa femme Moigla. Cette restauration pourrait bien être une fondation véritable. Elle fut soumise, en l'année 1032, à l'abbaye de Saint-Gilles. La vie régulière se maintint dans ce monastère jusqu'à la fin, sans qu'il appartînt à une congrégation quelconque. Son église, consacrée par Urbain II (1096), est en partie conservée ; ce qui reste du monastère est transformé en ferme. Les revenus de l'abbé commendataire s'élevaient à 3000 livres, et il payait en cour de Rome une taxe de 200 florins.

Val-Sainte[1]. — *Vallis Sancta.* — Abbaye de l'ordre de Cîteaux, de la filiation de Morimond, sous le vocable de Notre-Dame, dont la fondation est antérieure à l'année 1188. Raimbaud de Simiane lui donna alors la seigneurie de Boulinette. Cette donation fut confirmée en 1191, en présence des moines de Silvacane. Les moines, à la suite d'une ruine complète, durent se réfugier dans cette dernière abbaye, à laquelle la leur fut unie en 1425. Après la destruction de Silvacane par une inondation de la Durance (1540) et son union au chapitre d'Aix, ils revinrent à Valsainte. Leur nombre se trouva désormais réduit à quatre. Après un arrangement conclu avec l'abbé commendataire, ils se fixèrent ensuite au château de Boulinette (1657). Leur ancien monastère était déjà en ruines. Le chœur (XVIIIe siècle), qui sert de grange, est encore debout. Le commendataire, taxé en cour de Rome à 33 florins et demi, percevait un revenu de 2000 livres.

Monastères disparus avant le XVIIIe siècle. — Le monastère fondé par saint Castor, avant son élévation à l'épiscopat, était situé à Manancha, que l'on identifie avec Ménerbes[2]. Il n'a laissé aucune trace. L'abbaye de Saint-Martin[3] avait été fondée antérieurement à l'invasion sarrazine ; elle fut alors détruite et ses biens furent confisqués. Le comte

1. Cant. Banon, arr. Forcalquier, Basses-Alpes. — Bibliographie: *Gallia Christiana*, I, 381-383. — Du Tems, I, 53-58. — Bouche, II, 169. — Papon, I, 232. — Boze, 121-126. — Achard, II, 556. — *Souvenirs religieux des églises de la Haute-Provence*, par Feraud, 67-71.
2. Cant. Bonnieux, arr. Apt. — Boze, 27-35. — *Dictionnaire* de Courtet, art. Ménerbes, 227-228.
3. Saint-Martin de Castillon, cant. et arr. Apt. — *Gallia Christiana*, I, instr. 74. — Boze, 86-87. — *Dictionnaire* de Courtet, 300.

d'Apt, Milo Montanus, descendant des usurpateurs, rendit ce qui en restait à l'évêque (835).

Abbayes de femmes

Sainte-Croix d'Apt. — *Sancta Crux Aptensis.* — Cette abbaye fut fondée, en 1234, par Cécile de Simiane, sur la paroisse de Roussillon[1], auprès d'une église dédiée à la sainte Croix, que lui avait donnée l'abbé de Saint-André de Villeneuve. Elle en fut la première abbesse. Après le pillage du monastère par les Tuscins (1361), le cardinal Anglicus de Grimoard, frère d'Urbain V, l'établit dans l'intérieur de la ville d'Apt (1372). L'abbaye cistercienne de Mollèges[2], au diocèse d'Arles, que les guerres et la peste avaient ruinée et dépeuplée, lui fut unie en 1435 par l'autorité du pape Eugène IV. C'est alors que les religieuses, restées bénédictines depuis leur fondation, entrèrent dans l'ordre de Cîteaux. L'abbaye de Notre-Dame du Puy, à Orange, leur fut encore unie, quelques années avant la Révolution (1760).

Sainte-Catherine d'Apt. — *Sancta Catharina Aptensis*[3]. — Cette abbaye de chanoinesses régulières, sous la règle de saint Augustin,

---

1. Cant. Gordes, arr. Apt. — **Bibliographie** : *Institutio monasterii puellaris S. Crucis in Aptensi diœcesi, seu donatio ejusdem monasterii facta ab abbate et monachis S. Andreæ Avinionensis,* dans *Spicilegium* de d'Achery, VII, 226, (1re éd.), III, 616 (2e éd.). — Les archives du département de Vaucluse, sér. II, conservent quelques documents (1531-1757). — *Mémoire pour servir à l'instance pendante au Conseil d'Etat entre les religieux de Sainte-Croix en la ville d'Apt et M. l'évêque d'Apt,* s. l. n. d., in-4. — *Mémoire pour M. l'évêque d'Apt,* demandeur en cassation d'un arrêt rendu au Parlement de Provence, le 9 avril 1699, en faveur des religieuses de l'abbaye de Sainte-Croix de l'ordre de Cîteaux, s. l. n. d., in-4. — *Mémoire instructif pour M. l'évêque d'Apt,* demandeur en cassation d'un arrêt rendu au Parlement de Provence, le 9 avril 1699, etc., s. l. n. d., in-4. — *Supplément au « Mémoire instructif » de M. l'évêque d'Apt,* s. l. n. d., in-fol. — *Second supplément au « Mémoire instructif »,* in-fol. Voir : *Catalogue des factums,* par Corda, I, 48-49.
Gallia Christiana, I, 383-387. — Du Tems, I, 58-63. — Papon, I, 233. — Boze, 137-142. — *Dictionnaire* de Courtet, art. Apt, p. 13, et Roussillon, p. 287. — *Etude sur les abbés et le monastère de Saint-André de Villeneuve,* par Marius Méritan, 36. — Correspondance de Rive, curé de Mollèges, avec l'abbesse de Sainte-Croix. Bib. Marseille, ms. 1374.
2. Cant. Orgon, arr. Arles, Bouches-du-Rhône.
3. **Bibliographie** : *Abbaye de Sainte-Catherine à Apt,* par X. Mathieu, Apt, 1863, in-8. — *Règles et constitutions de l'abbaye des Dames de Sainte-Cathe-*

fut établie par l'évêque Raymond de Bot dans sa maison paternelle (1299). Une de ses parentes, Aicarde de Bot, en fut la première abbesse. Le nombre des religieuses ne pouvait s'élever au delà de cinquante-deux. Leur monastère fut supprimé en 1748 ; ses biens furent partagés entre les Visitandines et les Ursulines de la ville, et les bâtiments, attribués à l'hôpital de Saint-Castor.

Prieurés

APT. Notre-Dame de Clermont, *Clarus Mons*, dans la banlieue, uni à la mense épiscopale (XIIe siècle). Saint-Michel dépendant de l'abbaye de Saint-Ruf (1466). Saint-Nicolas, ancien hospice desservi par des Chanoines réguliers, donné à Saint-Victor, puis à des Ursulines. Saint-Pierre-des-Tourrettes, ancienne abbaye, *Abbatia S. Petri, quæ Turrita dicitur*, ruinée par les Sarrazins, donné à la mense épiscopale. Notre-Dame-de-Roquefur, *de Rocafura*, dépendant de l'évêque[1].

AURIBEAU, *Auribellum*[2]. Sainte-Croix, dépendant de Montmajour. — BANON, *Banonum*[3]. Notre-Dame et Saint-Juste, auquel fut uni le prieuré de Monsalliers ; on forma avec ces deux bénéfices la première prébende du chapitre régulier de Cruis. On les unit, avec cette collégiale, à l'évêché de Sisteron (1456), puis au séminaire de Lure (1702). — BONNIEUX, *Bonilii, Boniletæ*[4]. Ancien monastère détruit par l'invasion sarrazine. Saint-Sauveur, donné à Saint-Victor par Laugier II, évêque d'Apt

---

rine en la ville d'Apt. Marseille, 1697, in-12. — *Obituaire de Sainte-Catherine*, dans DOM ESTIENNOT, Bib. nat. ms. lat. 12772, p. 377-383. Bibl. Avignon, ms. 3566, f. 7, 54, 55. — Arrêt du Parlement d'Aix, du 9 juin 1639, qui confirme la sentence rendue par l'évêque d'Apt, pour le rétablissement de la clôture et la réforme des religieuses de Sainte-Catherine d'Apt, dans *Abrégé des mémoires du clergé de France*, IV, 1718-1721. — *Gallia Christiana*, I, 387-389. — DU TEMS, I, 65. — BOZE, 161-166. — *Dictionnaire de* COURTET, art. « Apt », p. 13. — ALBANÈS, I, 240, 287. — *Etudes historiques sur les institutions charitables de la ville d'Apt*, par MARIUS CARDONEL, dans *Annales Soc. litt. Apt*, III (1865), 183 et suiv.

1. DU TEMS, 65, 66. — BOZE, 426-427.
2. Cant. et arr. Apt, Vaucluse. — COURTET, 19.
3. Chef-l. cant., arr. Forcalquier, Basses-Alpes. — DU TEMS, I, 66-67. — BOZE, 432. — BOUCHE, I, 224. — ACHARD, I, 281.
4. Chef-l. cant., arr. Apt, Vaucluse. — *Cart. Saint-Victor*, I, 439-440. — *L'ermitage de Saint-Symphorien à Bonnieux*, par J. DE TERRIS, Carpentras, 1882, in-12. — DU TEMS, I, 67-68. — BOZE, 437. — ACHARD, I, 344-349. — COURTET, 101-105.

(1103-1112). Saint-Marcel, uni à la mense épiscopale d'Apt, après avoir appartenu à Saint-Victor et à Montmajour. Saint-Symphorien, dépendant de Saint-Victor et devenu un simple ermitage. Saint-Pierre des Vaux, *de Vallibus*, dépendant de Saint-André-de-Villeneuve et uni au séminaire de Saint-Charles d'Avignon. — Buoux[1]. Notre-Dame de L'Espeil, *Especulum, Espilium*, dépendant de Saint-André de Villeneuve. — Carniol, *Carniolæ*[2]. Saint-Vincent, dépendant de l'évêché. — Caseneuve[3]. Notre-Dame des Aumades, *Ulmatum*, donné à Cluny par l'évêque Laugier II d'Agoult (1103). Les moines ne quittèrent le prieuré que vers 1386. — Céreste, *Cederesta*[4]. Notre-Dame de Beauvoir et Saint-Michel, donné à Saint-Victor par le même prélat (1103). Saint-Sauveur, dépendant de Saint-André de Villeneuve. Notre-Dame de Vaux, *de Valle*, à Carluec, *Carus locus*; *B. M. Cellarum*, prieuré conventuel de Montmajour, fondé au XIe siècle, au lieu et place d'un monastère plus ancien.

Gargas, *Gargacium*[5]. Saint-Pierre, uni à la mense épiscopale d'Apt. Notre-Dame de Bruoux, *de Bruolis*. — Gignac, *Gignacium*[6]. Notre-Dame, dépendant de l'évêque. Saint-Roman, uni partie à la mense épiscopale, partie à la mense capitulaire d'Apt. — La Coste, *Costa*[7]. Notre-Dame et Saint-Trophime, uni à l'abbaye de Saint-Eusèbe par Jean XXII (1325). — Le Castellet, *Castelletum*[8], Saint-Croix, dépendant de Mont-

1. Cant. Bonnieux, arr. Apt. — *Histoire du village, du château et du fort de Buoux*, par Gay, Forcalquier, 1866, in-8. — Du Tems, I, 68. — Boze, 437. — Courtet, 106-110. — Méritan, 30.
2. Cant. Banon, arr. Forcalquier, Basses-Alpes. — Du Tems, I, 68. — Boze, 433. — Bibl. Avignon. ms 2154, f. 52.
3. Cant. et arr. Apt, Vaucluse. — *Bibliotheca Cluniacensis*. 1729. — Sceau du prieur Raymond (1301), dans *Inv. des Sceaux*, par Douet d'Arcq, III, n° 9491. — Du Tems, I, 68. — Achard, I, 436. — Boze, 419. — Courtet, 137. — Albanès, I, 224.
4. Cant. Reillane, arr. Forcalquier, Basses-Alpes. — Arch. B.-du-Rh., H, 856-859 (1465-1772). — Chantelou, *Historia monasterii Montis Majoris*, 55-60. — *Souvenirs religieux de la Haute-Provence*, par Féraud, 52-53. — Du Tems, I, 60. — Achard, I, 441 et 468. — Boze, 430. — Méritan, 27. — Albanès, I, inst. cxxxiv-cxxxv.
5. Cant. et arr. Apt, Vaucluse. — Du Tems, I, 70. — Boze, 435. — Achard, I, 568.
6. Cant. et arr. Apt. — Du Tems, I, 70. — Boze, 433. — Achard, I, 574.
7. Cant. Bonnieux, arr. Apt. — Du Tems, I, 70. — Boze, 416. — Courtet, 180.
8. Cant. et arr. Apt. — *Histoire du village de Castellet-lès-Leberon, sous le rapport religieux, civil, géographique et descriptif*, par Gay. Forcalquier, 1878, in-8. — Du Tems, I, 68. — Boze, 419.

majour. — Lioux, *Leucus*[1]. Saint-Roman, dépendance de l'évêque. — Oppedette, *Oppedetta*[2]. Notre-Dame de Saint-Didier, dépendant de l'évêque. — Roussillon, *Russilio*[3]. Saints-Michel, Pierre et Serge, donné à Saint-Gilles, en 1048. — Rustrel, *Rustrellum, Rocastellum*[4]. Saint-Roman, uni partie à la mense épiscopale, partie à la mense capitulaire d'Apt. Saint-Julien, sur l'emplacement d'un ancien monastère. Saignon, *Sagnio, Sagina*[5]. Notre-Dame, uni à la mense épiscopale d'Apt. Saint-Donat et Saint-Michel d'Aubagne, *de Albania*, unis à l'abbaye de Saint-Eusèbe. — Saint-Christol, *S. Christophorus*[6]. Dépendant de Saint-André de Villeneuve, uni au séminaire d'Apt (1701) avec celui de La Garde, qui lui était déjà annexé. — Saint-Martin de Castillon, *Monasteriolum*[7], ancien monastère détruit pendant les invasions sarrazines, rendu aux évêques d'Apt par Milo Montanus (881), dans la suite prieuré uni à la mense épiscopale. Notre-Dame de Couronne, uni à la mense capitulaire. Saint-Jean de Boisset, *Buxetum*, dépendant de l'évêque. Saint-Pierre-le-Reclus, *S. Petrus reclusus*, dépendant de Psalmodi (1099). — Saint-Saturnin d'Apt[8]. Saint-Etienne, uni à la mense épiscopale (1349). Saint-Pierre d'Aniane, uni au séminaire d'Apt (1711). Saint-Maurice, dépendant de Saint-Eusèbe, donné aux Templiers pour passer ensuite aux Chevaliers de Saint-Jean. Sainte-Magdeleine, Saint-Martin et Saint-André de Croa-

---

1. Cant. et arr. Apt. — Du Tems, I, 70. — Achard, I, 640. — Boze, 436.
2. Cant. Reillane, arr. Forcalquier, Basses-Alpes. — Du Tems, I, 71. — Achard, II, 192. — Boze, 433. — Bibl. Avignon, ms. 1619. — Consultation pour J. A. Miffre de Sainte-Croix, prieur-curé d'Oppedette, contre P. Cl. de Rosset, seigneur de Saint-Quentin d'Oppedette. Aix, 1775, in-fol. — Mémoire servant de supplément à la consultation du 29 mai 1775 pour rétablir les faits altérés par M. Miffre dans sa consultation du 21 mars dernier. Aix, 1775, in-fol. — Observation sur la réponse imprimée du sieur J.-A. Miffre. Pour Mre de Rosset, contre J. A. Miffre, cy-devant prieur-curé au lieu d'Oppedette, à présent curé à celui de Rustrel. Aix, 1776, in-fol.
3. Cant. Gordes, arr. Apt. — Du Tems, I, 71. — Achard, II, 318. — Courtet, 288.
4. Cant. et arr. Apt. — Du Tems, I, 71. — Boze, 433. — Courtet, 289.
5. Cant. et arr. Apt. — Du Tems, I, 71. — Achard, II, 326. — Boze, 428. — Courtet, 293.
6. Cant. Sault, arr. Carpentras. — Courtet, 294-297. — Méritan, 36.
7. Cant. et arr. Apt. — *Charta Milonis Montani* dans *Gallia Christiana*, I, Instr. 74. — Albanès, I, 209-210. — Du Tems, I, 72. — Boze, 429. — Courtet, 13.
8. Cant. et arr. Apt. — Du Tems, I, 73. — Achard, II, 451. — Courtet, 305-308. — Boze, 434.

gnes, *Crognaci*, unis à la mense capitulaire (1442). — Sainte-Croix a Lauze, *Alauza*[1]. Dépendant de Carluec, puis de Cruis (XIVe siècle), uni enfin à l'abbaye de Montmajour (XVIe siècle). — Simiane, *Simiana*[2]. Saint-Pierre, dépendant de Saint-André de Villeneuve. Dom Pélissier, moine de cette abbaye et évêque d'Apt (1607-1628), en fut prieur.

Sivergues, *Sivergiæ, Sex virgines*[3]. Saint-Trophime, dépendant de l'évêque. — Vachères, *Vacheriæ*[4]. Saint-Christophe, dépendant de Saint-Gilles, Saint-Laurent et Sainte-Eulalie. — Viens, *Vientium, Viens*[5]. Saint-Ferréol, dépendant de Saint-André de Villeneuve. Notre-Dame de Meyrigues, *Mariccs*, dépendant de Montmajour. Saint-Laurent, Saint-Amance et Saint-Jean, unis au prieuré des Aumades. Saint-Pierre de Thoussis. — Villars, *Villarium*[6]. Notre-Dame et Saint-Jacques, dépendant de Saint-Eusèbe, uni au séminaire d'Apt (1699).

1. Cant. Reillane, arr. Forcalquier, Basses-Alpes. — Du Tems, I, 72. — Boze, 430-431.
2. Cant. Banon, arr. Forcalquier. — Du Tems, I, 74. — Achard, II, 376. Albanès, I, 285-286. — Méritan. 38.
3. Cant. Bonnieux, arr. Apt, Vaucluse, — Du Tems, I, 74. — Boze, 437. — Courtet, 332.
4. Cant. Reillane, arr. Forcalquier, Basses-Alpes. — Du Tems, II, 74. — Boze, 431.
5. Cant. et arr. Apt. — Méritan, 40. — Achard, III, 110. — Du Tems, I, 74.
6. Cant. et arr. Apt. — Du Tems, I, 74. — Achard, III, 118.

DIOCÈSE DE FRÉJUS[1]

[*Forojuliensis*. Evêché dès l'an 374, aujourd'hui sous la métropole d'Aix, situé dans la petite ville maritime de Fréjus, de la seconde Narbonnaise et de l'exarchat des Gaules en Provence[2], à une demi-lieue de la mer Méditerranée, près l'embouchure de la petite rivière d'Argens, vers le comtat de Nice, proche du golfe de Grimaud.

L'église cathédrale de Fréjus, dédiée à Notre-Dame, d'autres disent à saint Étienne[3], était autrefois un temple de faux dieux ; sa structure le fait connaître ; elle est aussi fort obscure[4]. On y descend par quelques marches et on y voit quelques tombeaux des évêques. On tient que Acceptus a été le premier évêque ; il vivait dans le IVᵉ siècle et assista au premier concile de Valence en 374, comme il paraît par la lettre de ce concile au peuple de Fréjus[5]. Saint Léonce fut le second évêque, vers l'an 390, et mourut vers le milieu du Vᵉ siècle[6]. Les îles de

---

1. Chef-l. cant., arr. Draguignan, Var. — **Bibliographie** : *Histoire de la ville et de l'Eglise de Fréjus*, par GIRARDIN, 1729, 2 vol. in-12, XXVII-278 et VI-276. — *Description historique du diocèse de Fréjus*, manuscrits de GIRARDIN et D'ANTELMY, publiés par l'abbé DISDIER. Draguignan, 1872, in-8, X-423 p., ext. Bul. Soc. Etudes, Draguignan (1870). — *Les premiers évêques de Fréjus*, par l'abbé ESPITALIER. Draguignan, 1891, in-8. — *Les évêques de Fréjus du VIᵉ au XIIᵉ siècle*, par LE MÊME. Draguignan, 1894, in-8. — *Les évêques de Fréjus du XIIIᵉ à la fin du XVIIIᵉ siècle*, par LE MÊME. Draguignan, 1898, in-8. — *Sanctuaires anciens et modernes de la Sainte-Vierge dans le diocèse de Fréjus et Toulon*, par H. FOUGEIRET. Toulon, 1891, in-16.
Gallia christiana, I, 418-447, instr. 82-85. — *Gallia christiana novissima*, par ALBANÈS, I, 305-432, instr. 193-268. — DU TEMS, I, 88-114. — BOUCHE, I, 246-260. — PAPON, I, 247-270. — *Dictionnaire* d'EXPILLY, III, 517-519. — *Bibliographie du culte local de la Vierge Marie*, par L. CLUGNET, fasc. I, 33-43.
2. LONGNON, *Géographie de la Gaule au VIᵉ s.*, 453.
3. On la désigne sous le nom de Saint-Etienne.
4. Rien n'est moins prouvé. C'est un monument qui conserve tous les caractères du XIᵉ ou du XIIᵉ siècle, malgré les remaniements qu'on lui a fait subir.
5. MANSI, *Amplissima Collectio Conciliorum*, III, 394.
6. S. *Leontius episcopus et martyr suis Forojuliensibus restitutus*, a R. P.

Lero ou de Lérins, autrement Sainte-Marguerite et Saint-Honorat, étaient alors du diocèse de Fréjus ; mais elles ont été depuis de celui d'Antibes, maintenant de Grasse. Ce fut du temps de saint Léonce que saint Honorat y fonda le fameux monastère de ce nom. Guillaume, comte d'Arles, ayant chassé les Sarrazins de Fréjus, vers 970, Riculfe, évêque de ce diocèse, rétablit alors sa ville épiscopale et la fit fermer de murailles ; ce qui engagea le comte Guillaume à donner la moitié de la ville et de son territoire à l'évêque et à l'Eglise de Fréjus. Les successeurs de Riculfe jouirent de ce droit jusqu'à l'an 1189. Ce fut alors que Bertrand, évêque de Fréjus, ayant pris le parti de son frère Boniface, seigneur de Castellane, contre Alphonse, roi d'Aragon, comte de Provence, il fit révolter la ville que ce roi prit ; il punit sévèrement cet évêque, ôta la seigneurie de Fréjus à l'Eglise et réunit ce droit à son domaine. Bertrand de Castellane n'est pas dans les catalogues communs des évêques de Fréjus ; mais il doit avoir précédé l'évêque Raymond, confesseur d'Alphonse, roi d'Aragon, comte de Provence, qui donna, en considération de ce prélat, l'an 1203, à l'Eglise de Fréjus la seigneurie entière et la justice de la ville et du territoire ; ce roi, comte de Provence, s'étant réservé et à ses successeurs la punition des crimes capitaux. Le domaine de Fréjus appartient donc entièrement à l'évêque. Tous les officiers y sont établis par lui ; il a toute justice et la ville lui paie cens et est tenue à la réparation de son palais, s'il vient à tomber. La régale n'a pas lieu dans ce diocèse, et, lorsque le siège épiscopal est vacant, le vicaire général confère tous les bénéfices qui sont à la collation de l'évêque.

Les évêques de Fréjus ont reconnu longtemps pour leurs supérieurs les archevêques d'Arles, qui avaient sous leur juridiction les pays qui sont entre le Rhône et les Alpes. Enfin dans le neuvième siècle, ils reconnurent pour métropolitains ceux d'Aix, après que ceux-ci se furent mis en possession de la dignité archiépiscopale.

Le pape Jean XXII a été évêque de Fréjus et lui accorda de très beaux privilèges.

Les habits pontificaux que porte l'évêque lors de sa première entrée sont dus au chapitre et ont été appréciés par arrêt du Parlement

Ludovico du Four S. J. Avenione, 1636, in-8. *Recherches historiques sur saint Léonce, évêque de Fréjus et patron du diocèse*, par l'abbé J.-B. Disdier. Draguignan, 1864, in-8. — *Fastes épiscopaux*..., par Duchesne, I, 276-277.

d'Aix à quatre mille huit cents livres. Le chapitre est composé d'un prévôt, d'un archidiacre, d'un capiscol, d'un sacristain, de huit chanoines, et de douze bénéficiers. Dans l'étendue de ce diocèse, il y a quatre-vingt-huit paroisses [1], parmi lesquelles il y en a cinq qui sont collégiales : Pignans, dont le chapitre est régulier de l'ordre de Saint-Augustin, Barjols [2], Aups [3], Draguignan [4] et Lorgues [5].

La cathédrale n'a rien de singulier qu'un ancien baptistère, séparé de l'église ; il est de forme octogone, soutenu par de petits piliers, entre lesquels il y a plusieurs autels. L'évêque, qui a un revenu de 22.500 livres, paie en cour de Rome une taxe de 1.300 florins.]

Le diocèse de Fréjus possédait de nombreux couvents de religieux et de religieuses : un monastère de Chartreux à la Verne [6] ; des couvents de Dominicains à Fréjus, en 1634, à Draguignan ; de Cordeliers conventuels à Draguignan, fondé en 1222 ; de Cordeliers observantins, dans la même ville, fondé en 1380, à Fréjus, qui succédèrent aux Minimes vers 1553, à Carcès, fondé en 1520 par Jean de Pontevès, et à Sainte-Catherine des Arcs ; de Capucins à Draguignan, fondé en 1604, à Saint-Tropez, en 1617, et à Lorgues, fondé en 1667 ; de Grands Augustins à Draguignan, fondé en 1256 ; d'Augustins déchaussés à Aups et à Bargemont ; de Grands Carmes au Luc, fondé avant 1380 ; de Carmes déchaussés à Barjols ; de Trinitaires à Lorgues et au Luc ; de Servites à Lorgues, en 1607 ; de Minimes à Draguignan, en 1616, et à Fayence, en 1632 ; de Jésuites à Fréjus, en 1626 ; un collège de

1. Le chan. Albanès ne parle que de 70, qui étaient distribuées en neuf doyennés : Fréjus, Draguignan, Aups, Barjols, Lorgues, Pignans, Saint-Tropez, Seillans et Bargemon. *Gallia christiana novissima*, I, 309.
2. Chef-l. cant., arr. Brignoles. L'église était sous le vocable de Notre-Dame et le chapitre se composait d'un prévôt, d'un capiscol, d'un sacristain et de huit chanoines, dont l'un était théologal. Il y avait, en outre, deux curés, un maître de musique et quelques enfants de chœur.
3. Chef-l. cant., arr. Draguignan. L'église était sous le vocable de Saint-Pancrace et le chapitre se composait d'un prévôt, d'un sacristain, de six chanoines, de six bénéficiers et de deux curés.
4. L'église était sous le vocable de Notre-Dame et de Saint-Michel et le chapitre se composait d'un doyen et de six chanoines, dont le plus ancien était sacristain et le second capiscol ; il y avait, en outre, deux curés amovibles, deux prêtres secondaires et quatre enfants de chœur.
5. Chef-l. cant., arr. Draguignan. L'église était sous le vocable de Saint-Martin et le chapitre se composait d'un doyen, d'un capiscol, d'un sacristain, de trois chanoines, dont l'un était théologal d'office, et de quelques bénéficiers.
6. Com. et cant. Collobrières, arr. Toulon.

Pères de la Doctrine chrétienne à Draguignan, une maison du même ordre à Saillans ; d'Oratoriens, à Cotignac et à Aups ; des couvents de Dominicaines, à Fréjus, fondé en 1636 ; de Visitandines, à Draguignan, fondé vers 1636 ; d'Ursulines, à Pignans, fondé vers 1637, deux à Barjols, fondés en 1635, à Aups, à Lorgues, deux à Draguignan, en 1628 ; une confrérie de Pénitents à Lorgues, deux de Pénitents blancs et noirs à Barjols, à Fréjus, à Pignans et à Saint-Tropez.

Abbaye

Le Thoronet[1]. *Thoronetum, Torundum, Floresia*. — Cette abbaye fut fondée par Raymond Bérenger, comte de Barcelone et marquis de Provence (1146), en l'honneur de Notre-Dame, à Floriège[2], et transférée, quarante années plus tard, à quelques lieues de là, au Thoronet. Les premiers moines vinrent de l'abbaye de Mazan. Fouquel ou Foulques, abbé de ce monastère (1170), poète estimé avant sa profession monastique, fut élevé sur le siège épiscopal de Toulouse (1174), où il combattit énergiquement les Albigeois. Les reliques du B. Guillaume, religieux de cette abbaye au XIIe siècle, y étaient l'objet d'une grande vénération. On conserve l'église, le cloître, le chapitre et

---

1. Cant. Lorgues, arr. Draguignan. — **Bibliographie** : On conserve aux archives départementales du Var 148 liasses de documents (XVIe-XVIIIe s.) provenant de cette abbaye : Bulles, privilèges, fondations, terriers, titres de propriété, comptes et procédures. Voir : *Etat par fonds des archives*, 743. — Pièces diverses concernant l'abbaye du Thoronet. *Bib. nat. ms. fr.* 15720, fol. 457. — *Arbitrage d'Adalbert de Moriers en faveur de la Celle contre le Thoronet* (1179), dans *Artacellæ cartularium, Bib. Aix ms.* 344, n° 9 ; autre pièce du 18 juin 1218. *Ibid. ms.* 350, n° 1.
Etude historique et archéologique sur l'abbaye du Thoronet, par l'abbé Bérard. Avignon, 1884, in-8, 39 p., ext. *Bul. hist. et archéol. Vaucluse*, VI, (1884). Voir : *Bul. Soc. Et. Draguignan*, XV (1884), xxvi-xxix. — *Etude d'archéologie comparée. Trois abbayes de l'ordre de Cîteaux : l'abbaye de Silvacane, l'abbaye du Thoronet, l'abbaye de Senanque*, par L. Rostan. Paris, 1852, in-8. Ext. *Bul. mon.*, XVIII, 111-121. — *Excursions en Provence*, par P. Ruat, 6e série. *L'abbaye du Thoronet*. Marseille, s. d., in-16.
Gallia christiana, I, 448-453. — Du Tems, I, 112-114. — Bouche, I, 250, 258 ; II, 120. — *Description historique du diocèse de Fréjus*, par Disdier, 133-138. — Achard, II, 498, 511. — Violet-le-Duc, III, 419 ; V, 193 ; VI, 170. — Revoil, II, 14, 15, pl. 14-16. — *Notre-Dame de Floriège*, dans *Sanctuaires... de la Sainte-Vierge dans dioc. Fréjus*, 121-129. — Espitalier, *Les évêques de Fréjus du VIe au XIIIe s.*, 163.

2. Com. Tourtour, cant. Salernes, arr. Draguignan.

le cellier du monastère bâti à cette époque ; les autres constructions ont été remaniées au XVe et au XVIIe siècle. L'abbé commendataire percevait un revenu de 3000 livres et payait en cour de Rome une taxe de 300 florins.

Chapitre de Chanoines réguliers

Pignans[1], *Piniacum*. — Une tradition locale faisait remonter jusqu'au sixième siècle les origines de ce chapitre. Il fut soumis dans la suite à la règle de saint Augustin. Son église était sous le vocable de l'Assomption de Notre-Dame. Le chapitre se composait d'un prévôt, d'un doyen, d'un sacristain, d'un camérier, d'un primicier, d'un capiscol et de douze chanoines. Le pape Clément IX les sécularisa en l'année 1668. Un certain nombre de prieurés lui avaient été unis.

Monastères de Femmes

Bénédictines de Fréjus. — Barthélemy Camelin, qui avait installé dans sa ville épiscopale un couvent de Dominicains et une résidence de Jésuites, fonda un monastère de Bénédictines avec des religieuses venues de Tarascon (1631). Elles quittèrent peu après l'ordre de Saint-Benoît pour entrer dans celui de Saint-Dominique (1635)[2].

Bernardines de Fréjus. — Pierre Camelin, évêque de Fréjus, successeur de Barthélemy, fonda dans sa ville épiscopale un monastère

---

1. Cant. Besse, arr. Brignoles. — **Bibliographie** : On conserve aux archives départementales de Draguignan un fonds assez considérable provenant de ce chapitre (1128-1788), sér. G. On y voit une copie de la charte apocryphe relatant la fondation en l'année 517. Voir : *Etat par fonds des archives*, 742. — Bouche, I, 259, 622. — Papon, I, 265. — *Description du dioc. de Fréjus*, 262-279, où l'on trouve, avec la liste des prévôts depuis le XIIe s., l'énumération des bénéfices qui en dépendaient.
Le culte de Marie inauguré par les disciples du Sauveur à Pignans, en Provence, par *un Solitaire de la montagne* (Bormes, archiprêtre de Fréjus). Paris, 1862, in-8. — *Sanctuaires anciens et modernes de la Très Sainte-Vierge dans le diocèse de Fréjus*, par Fougeiret, 199-203. — *Souvenir d'un pèlerinage à Notre-Dame des Anges à Pignans*, par A.-G., dans *Académie du Var* (1847), 95-106. — Espitalier, II, 11-15, 165-168 ; III, 33, 35. — *Inventaire sommaire des archives communales de Toulon*, par Teissier, 379. — Albanès, III, 239.

2. Bouche, I, 250. — *Description du dioc. de Fréjus*, 336. — Espitalier, III, 227-229, 397.

de Bernardines. Les premières moniales vinrent du monastère de la Roche, au diocèse de Genève (1647). L'évêque Martin du Bellay (1739-1766) dut supprimer cette communauté, qui ne pouvait nourrir ses membres, et attribuer ses biens aux Dominicains [1].

Il y avait une autre maison de Bernardines à Lorgues [2].

Prieurés

AMPUS, *Empuriæ* [3], *Impurs*. Prieuré de Saint-Victor *de villa alta*, fondé sur des terres données à l'abbaye de Marseille, en 1058, uni dans la suite à la mense conventuelle. Prieuré de Saint-Maurice de Reynier, *Raynerio*. Prieuré de Saint-Michel, dépendant de Lérins, autour d'une église donnée à cette abbaye par Pierre Assalit, en 1085. Prieuré de Notre-Dame de Spéluque, *Spelunca*, *Speluce vallis*, dépendant du même monastère, dont l'église fut consacrée en 1090. — AUPS [4], *Alps*. Prieuré de Notre-Dame de Valmoissine, dépendant de Lérins, fondé au XIe siècle, uni peu après à la collégiale établie en ce lieu ; elle fut transférée dans la ville d'Aups en 1499. Elle se composait du prieur ou prévôt, de six chanoines, de six bénéficiers et d'un hebdomadier. On lui unit un certain nombre de prieurés, en particulier celui de Fabrègues, *Fabricae*, situé sur ce même territoire. Il y avait à Aulps le couvent de Notre-Dame de Lorette, occupé par les Oratoriens (1623), puis par les Augustins déchaussés (1673), et un couvent d'Ursulines (1625).

BARGÈME, *Bargema* [5]. Prieuré de Saint-Pierre, uni à l'archidiaconé de

---

1. *Description du diocèse de Fréjus*, 337. — ACHARD, I, 555. — ESPITALIER, III, 253.
2. Chef-l. cant., arr. Draguignan.
3. Cant. et arr. Draguignan. — *Cart. de Saint-Victor*, I, 568-572, v. table. — *Description du dioc. de Fréjus*, 249, 390. — ESPITALIER, II, 138. — *Cart. de Lérins*, I, 53-58 ; II, 37-38. — *Invent. som. des archives des Alpes-Maritimes*, par MORIS, sér. II, 365-368, t. I, 78-79. — ESPITALIER, II, 124, 145, 162. — *Hist. de Lérins*, par ALLIEZ, I, 217. — *Sanctuaires de la Sainte-Vierge*, par FOUGEIRET, 1-6, 194-195. — *Notre-Dame de Spéluque*, par l'abbé P., dans *Sem. relig. de Fréjus*, IV (1869), 6, 25. — ESPITALIER, II, 100, 143, 156.
4. Chef-l. cant., arr. Draguignan. — *L'Ecole buissonnière. Aups à travers les âges*, Brignoles, 1885, in-12. — ESPITALIER, II, 168-171. — *Liste de prévôts, chanoines et bénéficiers*, par LE MÊME. Ms. évêché de Fréjus. — FOUGEIRET, 140-142.
5. Cant. Comps, arr. Draguignan. — *Simples notes sur Brenon*, dans *Sem. relig. de Fréjus* (1894), n° 40. — *Cart. de Lérins*, I, 65-67. — *Descript. dioc. Fréjus* 143, 381.

Fréjus. Prieuré rural de Saint-Laurent, uni au prieuré-cure de Brenon par Em. de Baussel, évêque de Fréjus (1776). Ces églises avaient d'abord appartenu à Lérins. — BARGEMON, *Barjamo, Bergamonum*[1]. Prieuré de Saint-Etienne, possédé par Lérins en 1064, auquel on unit celui de Saint-Michel de Favas, *Favars*, après l'incendie du village par Charles de Duras (1380). Prieuré de Notre-Dame du Peuple, *B. M. de Plebe*, donné à Saint-Victor de Marseille en 1076. Les Augustins déchaussés s'installèrent à Notre-Dame de Montaigu en 1638. — BARJOLS, *Barjolium*[2]. Les moines de Saint-Victor reçurent l'église du lieu, en 1021. Raimbaud, archevêque d'Arles, y fonda la collégiale de Notre-Dame de l'Espinar (1060). Les chanoines furent au nombre de dix, gouvernés par un prévôt. On leur attribua comme prébendes des prieurés et autres bénéfices de la région. Il y avait, en outre, un couvent de Grands Augustins, un autre de Carmes (1678), et un troisième d'Ursulines (1635). — BROVES, *Broveser, Brovedes*[3]. L'abbaye de Lérins reçut un domaine sur ce territoire (1026-1066). Prieuré de Saint-Pierre, attribué à un canonicat de Fréjus. Prieuré de Saint-Romain d'Esclans, *Sclannum*.

CABASSE, *Cabacia, Cabaza*[4]. Prieuré de Notre-Dame, dépendant de Saint-Victor (1036), enrichi par Pons, fils de Guillaume III, vicomte de

---

1. Cant. Callas, arr. Draguignan. — *Cart. de Lérins*, I, 51-52. — *Inv. des arch. Alpes Marit.*, sér. H, I, 75-76, 78. — ALLIEZ, II, 213. — *Cart. de Saint-Victor*, I, 526-531 et tables. Inv. ms., 56. — *Descript. dioc. Fréjus*, 174-180. — *Histoire de Notre-Dame du Peuple*, par LAUGIER. — *Notre-Dame du Peuple*, dans... FOUGEIRET, 145-149. — *Le trésor inconnu ou panégyrique d'une image miraculeuse de la Mère de Dieu conservée à Bargemon*, par le P. RAPHAËL, s. l. 1641, et Fréjus, 1857, in-12. — *Histoire religieuse de Bargemon*, par SAUZÈDE. Marseille, 1868, in-8. — ACHARD, I, 300-302. — ESPITALIER, III, 238 et s.
2. Chef-l. cant., arr. Brignoles. — *Cartulaire de l'église de Barjols*. Bib. nat. ms. lat. 9237, et arch. du Var. — ESPITALIER, II, 133-136 ; III, v. table. — *Descript. dioc. Fréjus*, 220-228. — ACHARD, I, 303-305. — BOUCHE, I, 251. — *Prix fait pour la réparation d'une croix de la collégiale de Barjols* (1458), par MIREUR, dans *Bul. arch. com. trav. hist.* (1890), 98-100. — *Inventaire de documents historiques extraits des archives de la ville de Barjols*, par E. BARRE, dans *Bul. Soc. ét. Var*, I (1856), 217-229, 321-379.
3. Cant. Comps, arr. Draguignan. — *Cart. de Lérins*, I, 67. — *Descript. dioc. Fréjus*, 259-261, 378-379.
4. Cant. Besse, arr. Brignoles. — *Cart. de Saint-Victor*, I, 544-547. — On trouve des documents parmi les papiers du monastère de la Celle. Bib. Aix, ms. 344. Catal. p. 176-177. — BOUCHE, II, 148, 241. — *Descrip. dioc. Fréjus*, 280-282. — ACHARD, I, 373-375. — ESPITALIER, II, 149-150. — ALBANÈS, *Instr.* 203.

Marseille (1069), et abandonné dans la suite aux moniales de la Celle. Prieuré de Campdumy, *Campus Domini*, dépendant de Saint-Victor, uni à la collégiale de Lorgues. — CALLAS, *Calars*[1]. Prieuré de Notre-Dame, dont l'église fut donnée à Saint-Victor par Bertran, évêque de Fréjus (v. 1055), uni au monastère (1746). Notre-Dame de Saint-Ausile, donné au même monastère (1030-1039), mis au nombre des *cellæ*. Pennafort, *Penna fortis*, donné à Saint-Victor par Pons de Bras, uni au séminaire de Fréjus. — CALLIAN, *Callianum, Calidianus*[2]. Saint-Léonce, donné à Saint-Martin d'Albenga, en Italie (1036). Notre-Dame, donné à Lérins, par Gaucelme, évêque de Fréjus (1030). — CARCÈS, *de Carceribus*[3]. Bertran, évêque de Fréjus, rendit à Saint-Victor les églises possédées dans cette vallée (1085). Prieuré de Sainte-Marguerite, uni à Pignans. Notre-Dame de Caramy, possédé par Lérins en 1129, uni au précédent. Saint-Etienne du Clocher, couvent de Franciscains, fondé par Jean de Pontevès (1520). — CHATEAUDOUBLE, *Castellum duplum, diaboli*[4]. Saint-Martin, mentionné par Grégoire VII au nombre des *cellæ* de Saint-Victor (1079), uni à Pignans par Clément VIII (1596), union annulée par Louis XIV (1668). Saint-André de la Garde, uni à la mense épiscopale de Fréjus. — CHATEAUVIEUX, *Castrum vetus*[5]. Saint-Pierre en Demueys, *S. Petri de Limosiis*, abbaye de Cisterciennes abandonnée, dépendant de Thoronet.

COGOLIN, *Cugullum*[6]. Saint-Sauveur, fondé par Billielde, fille de Guillaume, vicomte de Marseille (1010 et 1025), donné ensuite à Pignans. Notre-Dame des Salles, ou la celle de Gontran, *sala Gon-*

1. Chef-l. cant., arr. Draguignan. — *Cart. de Saint-Victor*, I, 531-533, 536-537. — ESPITALIER, I, 115-120; II, 128, 192. — GIRARDIN, 190, 260. — ANTELMY, 401. — Arch. Bouches-du-Rhône, sér. II, 846 (1443-1790). Inv. ms. 57. — *Essai hist. sur Callas*, par AUBIN, dans *Bul. Soc. él. Drag.*, XVI, XI.
2. Com. et cant. Fayence, arr. Draguignan. — *Cart. de Lérins*, I, 26-36. — Invent. arch. dép. Alpes-Maritimes, sér. II, 346-363, t. I, 76-78. — *Descript. dioc. Fréjus*, 156-159, 390. — *Notre-Dame de Beauvoir*, dans FOUGEIRET, 162. — ESPITALIER, II, 127, 128. — ALBANÈS, 335.
3. Cant. Cotignac, arr. Brignoles. — *Cart. de Saint-Victor*, I, 593-594. — *Cart. de Lérins*, I, 22. — ALBANÈS, Inst. 199. — ESPITALIER, II, 142, 154.
4. Cant. Callas, arr. Draguignan. — *Cart. de Saint-Victor*, I, 533-535 ; II, 217. — *Descrip. dioc. Fréjus*, 250, 388. — ACHARD, I, 448.
5. Cant. Comps, arr. Draguignan. — ACHARD, I, 454. — *Descript. dioc. Fréjus*, 205. — *Recherches historiques sur Saint-Pierre en Demueys*, par JULES CHAPERON. Draguignan, 1905, in-16 de 30 p.
6. Cant. Grimaud, arr. Draguignan. — *Cart. de Saint-Victor*, I, 160, 345, 582. — Arch. dép. Bouches-du-Rhône, sér. II, 879 (1569-1790). — ALBANÈS, II, 565, 573, 583. — *Descrip. dioc. Fréjus*, 111-114, 119-120.

tramni, donné à Saint-Victor (1055), puis attribué à Pignans. Saint-Jacques des Garcinières, *Graniceriae*, uni au prieuré de Saint-Sauveur. — Comps, *Comi, Cumi*[1]. Notre-Dame, dépendant de Saint-Victor, fondé en 1017, cédé aux moniales de la Celle, puis attribué à l'évêché de Fréjus. Saint-Martin de l'Argentil, dépendant de Montmajour, mentionné par Célestin III (1192), uni au grand séminaire d'Aix (XVIIIe s.). Notre-Dame de Saint-Restitut de Celline grasse, prieuré rural. Les Chevaliers de Malte y avaient une commanderie, ayant d'abord appartenu aux Templiers. — Correns, *Corrense, Correnum, Corredis*[2]. Notre-Dame dépendant de Montmajour, fondé par Edelbert de Châteaurenard (v. 972), avec de nombreuses donations, centre d'un pèlerinage, uni à la mense conventuelle. — Cotignac, *Cotiniacum, Quintiniacum*[3]. Notre-Dame, ayant appartenu à Saint-André de Villeneuve, attribué au prévôt de Pignans. Saint-Martin, dépendant de la collégiale de Pignans. Les Oratoriens étaient installés à Notre-Dame de Grâces (1599).

Draguignan, *Draguianum, Draccenum, Dragonian*[4]. Saint-Hermentaire, sur un domaine familial de Saint-Mayol, donné à Cluny (909), attribué plus tard à Saint-Pons de Nice, avec Saint-Jacques et Notre-Dame des Salles. M. Mireur pense que les Franciscains se seraient installés dans ce prieuré. Saint-Etienne et Notre-Dame, donnés à Lérins (1104) par Bérenger III, évêque de Fréjus. Saint-Michel de Gran-

---

1. Chef-l. de cant., arr. Draguignan. — Arch. Bouches-du-Rhône, sér. II, 846 (1375-1789). — *Hist. de Montmajour*, par Dom Chantelou, ms. p. 80, 223, 259. — Achard, I, 469-473. — *Descript. dioc. Fréjus*, 180-182, 384-386.

2. Cant. Cotignac, arr. Brignoles. — Cartulaire du prieuré de Correns (XIe-XIIe s.). Arch. dép. Bouches-du-Rhône. — Dom Chantelou, *passim*. — Bouche, I, 80. — Achard, I, 480-483. — Espitalier, II, 143.

3. Chef-l. cant., arr. Brignoles. — *Histoire de la commune de Cotignac*, par Oct. Teissier. Marseille, 1860, in-16. — *Etude sur les abbés de Saint-André de Villeneuve*, par Méritan, 27. — *Descrip. dioc. Fréjus*, 226-230. — Bib. Avignon, ms. 1745 et 3236. — *Etude historique sur l'oratoire de Notre-Dame de Grâces à Cotignac*, par le P. Martel. Paris, 1882, in-12. — *Histoire de Notre-Dame de Grâces à Cotignac*, par Laure. — *Notre-Dame de Grâces à Cotignac*, par Garnier, dans *Bul. Soc. Draguignan*, I, 59-64. — *Détails statistiques sur Notre-Dame de Cotignac*, par Armand Decormis. Ibid., III, 238-254. — Fougeiret, 38-48. — Espitalier, III, *passim*.

4. Chef-l. du dép. du Var. — *Recueil des chartes de Cluny*, par Bruel, I, 119. *Cart. Saint-Pons*, 57, 486 et 532, ou listes de prieurs. — *Les anciens couvents de Draguignan. Les Cordeliers*, par Mireur. Draguignan, 1906, in-8. — *Cart. de Lérins*, I, 44. — Espitalier, II, 148. — *Histoire de l'église*

gonne, *Drago*. Jean de Rascas, archidiacre d'Aix, fonda la collégiale en 1570. Il y avait à Draguignan des Franciscains (1222), des Augustins (1256), des Dominicains (1304), des Cordeliers (1380), des Capucins (1604), des Minimes (1616), des Pères de la Doctrine chrétienne (1638) et des Ursulines (1628). — ENTRECASTEAUX, *Inter castellos*[1]. Saint-Antonin, donné à Saint-Victor (1038), qui y entretint une celle. Notre-Dame, donné au même monastère, uni au grand séminaire de Fréjus par Pierre de Castellane (1715-1739). — FAYENCE, *Faventia*[2]. Notre-Dame, uni à l'évêché de Fréjus. Il y eut, autour de la chapelle de Notre-Dame du Cyprès, des Carmes, en 1582 et en 1604, et des Trinitaires, de 1632 à 1650. — FIGANIÈRES, *Figa nigra* ou *nera*[3]. Saint-Blaise, prieuré rural, dépendant de Saint-Pons (1247). Saint-Victor reçut un manse sur ce territoire. — FLASSANS, *Flassanum*[4]. Notre-Dame et Saint-Bernard, ancienne dépendance de Correns et de Montmajour, devenu propriété des comtes de Carcès. Notre-Dame du Coudonier, donné à Lérins, en 1094, par Pierre Amic. Notre-Dame de Blanquefort. — FLAYOSC, *Flajoscum*[5]. Saint-Laurent, donné à Saint-Victor (1062) et uni à l'évêché de Fréjus. Saint-Pierre, ancienne dépendance de Saint-Victor. Notre-Dame du Flayosquet, uni à la collégiale de Lorgues. Notre-Dame de Sevenon, uni à la mense conventuelle de Saint-Victor. — FOX-AMPHOUS[6]. Notre-Dame de Cléoux, *de Clivo*, uni à Pignans. Notre-Dame des Plans, à Barjols. — FRÉJUS. Saint-Raphaël, donné à Lérins par l'évêque Bertran (1073)[7].

paroissiale de Notre-Dame et de Saint-Michel à Draguignan, par RAYMOND POULLE. Draguignan, 1865, in-8. — ACHARD, I, 503-508. — GIRARDIN, 236-244.

1. Cant. Colignac, arr. Brignoles. — *Cart. de Saint-Victor*, I, 519-523; Inv. ms., 63. — ACHARD, I, 516-517. — GIRARDIN, 131.

2. Chef-l. cant., arr. Draguignan. — *Cart. Saint-Pons*, 57. — *Notes historiques sur Fayence*, par SEVER. Lérins, 1901, in-12. — ANTELMY, 358-360. — ACHARD, I, 532.

3. Cant. Callas, arr. Draguignan. — *Cart. Saint-Victor*, I, 532. — ANTELMY, 375-377.

4. Cant. Besse, arr. Brignoles. — Bullaire de Calliste II, par ROBERT, II, 184. — Registre d'Innocent III, dans *Pat. lat.*, CCXV, 408. — ESPITALIER, II, 145. — ACHARD, I, 538.

5. Cant. et arr. Draguignan. — *Cart. Saint-Victor*, I, 477; II, 409. — GIRARDIN, 132. — ANTELMY, 333.

6. Cant. Tavernes, arr. Brignoles. — GIRARDIN, 232.

7. *Cart. Lérins*, I, 5-8. — GIRARDIN, 27-29. — ESPITALIER, II, 127, 140-141, 147-148.

Gassin, *Gassinum*[1]. Saint-Laurent, uni au chapitre cathédral de Fréjus. — Gonfaron, *Gonfaronum*[2]. Saint-Pons, dépendant de la collégiale de Pignans. — Grimaud, *Grimaldum, Grimallum*[3]. Saint-Michel, donné à Saint-Victor par les vicomtes de Marseille avant 1099. François de Piquet, évêque de Babylone, en fut prieur (1662-1680) ; il l'habitait avant son départ pour l'Orient. Charles Antelmy, évêque de Grasse, l'unit à son séminaire. Saint-Pons et Notre-Dame de la Queste (1058), dépendant de Saint-Victor. Saint-Pierre de Miramas, dépendant de Lérins (XII° s.), et uni plus tard au prieuré de Saint-Michel.

La Garde Freinet, *Fraxinum, Fraxanedum, Fruxinelum*[4] : Saint-Pons, donné à Saint-Victor en 1035, où il y eut une *cella* (1079). Saint-Martin, dépendant de Montmajour. Saint-Clément de Miravals, dépendant de Pignans. — La Motte, *Mota*[5]. Saint-Victor, donné à Saint-Victor de Marseille (1044), dont l'église fut consacrée (1052) par Raimbaud, archevêque d'Arles. La chapelle de Notre-Dame du Chemin fut élevée sur ses ruines (1587). — La Moure, *Mola*[6]. Notre-Dame, donné à Saint-Victor par Pons, évêque de Marseille (1008). — La Napoule, *Avinio, Avinionellum*[7]. Notre-Dame, donné à Lérins (1030). Saint-Victor de Marseille céda à cette abbaye l'église de Saint-Martin de

---

1. Cant. Saint-Tropez, arr. Draguignan. — Achard, I, 566.
2. Cant. Besse, arr. Brignoles. — Albanès, II, 564-566, 573. — Achard, I, 577. — Girardin, 279-280. — On conserve au presbytère une monographie par Espitalier.
3. Chef-l. cant., arr. Draguignan. — *Cart. Saint-Victor*, I, 581 et 594 et v. table ; Inv. ms., 57. — Girardin, 120-122. — Espitalier, II, 185. — *Vie de François de Piquet*, par Antelmy. Paris, 1732, in-12. — *Dictionnaire historique de la Provence*, par Garcin, I, 517-530. — *Cart. de Lérins*, I, 25. — Girardin, 127. — *Géographie historique du Freinet, du V° au XVI° siècle*, par Germondy, dans *Bul. Soc. Var*, XXXII, 215.
4. Cant. Grimaud, arr. Draguignan. — *Cart. Saint-Victor*, I, 583-585. — Germondy, 206. — Achard, I, 562-564. — Girardin, 123-124. — Espitalier, II, 73-102.
5. Cant. et arr. Draguignan. — *Cart. Saint-Victor*, I, 547-550 et table ; Inv. ms., 56. — Girardin, 244. — Achard, II, 109. — Fougeiret, 192. — Espitalier, II, 137-138.
6. Cant. Grimaud, arr. Draguignan. — *Cart. Saint-Victor*, I, 23, 139. — Girardin, 113-114. — Germondy, 205.
7. Com. Mandelieu, cant. Cannes, arr. Grasse, Alpes-Maritimes. — *Cart. Lérins*, I, 2-5 ; II, 38-45. Inv. arch. Alpes-Mar., série H, 78-83, t. I, 166, 369-401. — Albanès, I, 336 et inst. 198. — Girardin, 79-83. — Espitalier, II, 128. — Albanès, *Instr.* 198-199. — *Histoire de Cannes et de son canton*, par Gignou, 231-236. — *Etude sur les abbés de Saint-André*, par Méritan, 29.

Malavieille et les droits qu'elle tenait de Gaucelme. Saint-Pierre, dépendant de Saint-André de Villeneuve. — LA ROQUE-ESCLAPON, *Roca de Esclapone* [1]. Sainte-Marguerite et la Bastide, unis au chapitre de Fréjus. Saint-Éloi, appartenant à Lérins. — LE CANNET DU LUC, *Cannetum* [2]. Saint-Michel, donné à Saint-André de Villeneuve, par Bérenger, vicomte d'Avignon (1075), attribué plus tard à l'évêque de Fréjus. Saint-André, prieuré uni à la mense collégiale de Lorgues. Saint-Maxime, qui avait appartenu autrefois aux Templiers.

LE LUC, *Lucus, Luch* [3]. Notre-Dame de l'Espinassole, dépendant de Saint-Victor, uni à la pitancerie du monastère. Sainte-Catherine et Saint-Pierre, dépendant de la prévôté de Pignans. Notre-Dame de la Lauzade, *de Laudata*, et Sainte-Magdeleine, uni au même chapitre. Notre-Dame la Daurade, donné à Saint-Victor par l'évêque Bertran, (1087). Saint-Jean dans la vallée du Luc, dépendant de Montmajour. Les Carmes, qui s'y étaient établis au XIVe siècle, quittèrent au XVIIIe. Couvent de Trinitaires, fondé en 1662.

LE MUY, *Modium* [4]. Saint-André, mentionné par Innocent II (1143) et Alexandre III (1178), parmi les possessions de Saint-André de Villeneuve, uni à la mense épiscopale. Notre-Dame de la Laure, uni à cette mense. Saint-Cassien, *de Sala Laudimii*, donné par Bertran I, évêque de Fréjus, à Saint-Victor (1038-1058). Saint-Léonce. Les Trinitaires eurent un couvent à Notre-Dame de la Roquette, de 1652 à 1727. — LES ARCS, *Arci, Archus* [5]. Saint-Pierre, donné à Saint-Victor

1. Cant. Comps, arr. Draguignan. — *Cart. Lérins*, I, 67. — ACHARD, II, 305-306. — GIRARDIN, 204.
2. Cant. Luc, arr. Draguignan. — GIRARDIN, 285-286. — ACHARD, I, 401. — MÉRITAN, 30. — Un village en Provence. Etude historique sur *Forum Vocconii*. Le Canet, par MARIUS SIVAN, Paris 1885, in-16 — *Confirmation par Roustan, fils de Bérenger, vicomte d'Avignon, de la fondation faite par son père de l'abbaye de Saint André au Canet (1075)*, dans *Recherches historiques sur les vicomtes d'Avignon*, par BLÉGIER DE PIERREGROSSE, Mém. soc. archéol. du Midi, IV (1841), 101.
3. Chef-l. de canton, arr. Draguignan. — *Cart. Saint-Victor*, I, 489-490; II, 208. — CHANTELOU, 89. — GIRARDIN, 282-285. — ANTELMY, 394-396. — ACHARD, I, 645-647. — ESPITALIER, II, 149-151.
4. Cant. Fréjus, arr. Draguignan. — *Cart. Saint-Victor*, I, 561-566. — GIRARDIN, 83-87. — ANTELMY, 306. — ACHARD, II, 166-167. — ESPITALIER, II, 136-137. — MÉRITAN, 30. — ALBANÈS, 336.
5. Cant. Lorgues, arr. Draguignan. — *Cart. Saint-Victor*, I, 572-575. — Arch. B.-du-Rh., série H. 814 (1032-1790). Inv. man., 56. — GIRARDIN, 288-307. — ACHARD, I, 125-126. — FOUGEIRET, 6-8. — Bib. Avignon, ms. 2903, f. 173. — ESPITALIER, III, 38 et table. — *Histoire de Montmajour*, par CHANTELOU, 90. — Bib. Avignon, ms. 2903, f. 173.

par Foulques (1055). Sainte-Cécile, dépendant de Montmajour (1045), uni à la collégiale de Castellane par Pierre de Castellane, évêque de Fréjus (1719). Notre-Dame, uni à La Celle-Roubaud par Jean XXII, (1323). Il y eut à La Celle-Roubaud un monastère de Bénédictines, venues de Sourribes, qui furent remplacées par des Cartusiennes (1260), remplacées elles-mêmes, plus tard, par des Franciscaines (1501). Sainte Roseline de Villeneuve vécut dans cette maison.

Lorgues, *Leonica, Leonacum*[1]. Saint-Barthélemy, dépendant de Lérins. Saint-Ambroise, dépendant de Saint-André de Villeneuve. Saint-Martin, église paroissiale érigée en collégiale par Gilles le Jeune, évêque de Fréjus (1421) ; sept prieurés lui furent unis. Il y eut des couvents de Trinitaires (1359), de Servites (1607), qui allèrent à Aix en 1741, de Capucins (1667), chargés d'un collège communal qui passa aux Trinitaires (1700), d'Ursulines (1639). Les Bernardines, arrivées en 1628, furent supprimées en 1752. — Mons, *Montes, Mons*[2]. Saint-Marcellin et Saint-Henri, unis au séminaire de Fréjus (XVIIIe s.). Saint-Jean-Baptiste de Gau, *de Gaudio*, et Saint-Nicolas d'Esclapon, *de Sclapono*, unis à l'évêché. — Montauroux, *Mons aurosus*[3]. Saint-Barthélemy, uni à l'évêché de Fréjus. Notre-Dame d'Embrian, *Umbrianus*, donné à Lérins par l'évêque Gaucelme (1030-1044). Saint-Michel, dépendant de la même abbaye. — Montferrat, *Mons ferratus*[4]. Prieuré dépendant de Saint-André de Villeneuve, annexé à l'église de Notre-Dame de Belvezer. Sainte-Madeleine d'Esperel, *Asperellum*, dépendant des Oratoriens de Notre-Dame de Grâce à Cotignac. — Montfort[5]. Notre-Dame de Speluque, *Speluca*, donné à Saint-Victor, par Bertran, évêque de Fréjus, uni à la collégiale de Pignans et enfin cédé aux Ora-

---

1. Chef-l. cant., arr. Draguignan. — *Histoire de la commune de Lorgues*, par Cordouan. Paris, 1864, in-8. — *Une visite à l'oppidum de Saint-Ferréol*, par J. d'Agnel, dans *Bul. Soc. ét. Var*, XXIII, 535. — *Lorgues et Toulon*, par Teissier. Marseille, 1864, in-8. — Girardin, 129-131. — Antelmy, 348-350. — Espitalier, III, v. table.
2. Cant. Fayence, arr. Draguignan. — Girardin, 144. — Antelmy, 379-381.
3. Cant. Fayence, arr. Draguignan. — *Cart. Lérins*, I, 28. — Girardin, 169. — Antelmy, 365. — Espitalier, II, 127.
4. Cant. Callas, arr. Draguignan. — Méritan, 34. — Girardin, 251. — Antelmy, 386.
5. Cant. Cotignac, arr. Brignoles. — *Cart. Saint-Victor*, I, 593. — Espitalier, II, 142, 166. — *Le culte de Marie à Pignans*, 158. — Fougeiret, 194.

toriens de Cotignac. — Pontevès, Saints-Gervais-et-Protais, uni au chapitre de Barjols [1].

Roquebrune, *Rocca nigra, bruna* [2]. Saint-Pierre et Notre-Dame, donné à Montmajour par l'évêque Bertran I, revendiqué par les moines de Lérins après une donation de Bérenger III (1094), uni à Montmajour par Sixte IV (1479). Saint-Martin, donné à Saint-Victor par Francon (1036), au nombre des *cellæ* énumérées par Grégoire VII. Notre-Dame de Palayon, *Paleio, Palaisonum*, dépendant de la même abbaye, ainsi que Saint-Victor de Roquetaillade, *Rocca taiada*, et Saint-Sauveur de *Barnis*. Saint-Michel de Villepeys, *Villa piscis*, dépendant de Montmajour.

Sainte-Maxime [3]. Saint-Pierre du Revest, *Revestum*, dépendant de l'évêché de Fréjus, uni à la collégiale de Lorgues après la mort de Pierre Camelin (1654). — Saint-Tropez, *Sanctus Tropes* [4]. Prieuré de Saint-Victor de Marseille, fondé sur des terres reçues des vicomtes de Marseille (v. 1056). Couvent de Capucins, fondé en 1617 ; d'Ursulines en 1631, pour être abandonné en 1669. — Salernes, *Salernæ* [5]. Saint-Pierre, dépendant de Saint-Victor (1012), qui reçut les églises de la vallée. Les moines de Lérins contestèrent ses droits. Prieuré uni à la mense capitulaire de l'abbaye. Prieurés Sainte-Catherine, Saint-Antoine, Saint-Trophime, Notre-Dame de Pitié, appartenant à des particuliers. — Seillans, *Cilianum, Sellianæ* [6]. Notre-Dame, donné à Saint-Vic-

---

1. Cant. Barjols, arr. Brignoles. — *Notice sur Pontevès*, par Vidal, dans *Bul. Soc. ét. Var*, V, 106, 211, 241.

2. Cant. Fréjus, arr. Draguignan. — *Cart. Lérins*, I, 11-16. — *Histoire de Montmajour*, par Dom Chantelou, 139, 152, 156, 164. — Espitalier, II, 139, 144, 152-156. — Bib. Avignon, ms. 3319, f. 20. — Recueil Thoisy, IV, 214. Bib. nat. — *Cart. Saint-Victor*, I, 556-560 et tabl. — Arch. B.-du-Rh., série H, 1009-1111 (1424-1791). — Invent. ms. 58, 63. — Antelmy, 369. — Girardin, 89-95.

3. Cant. Grimaud, arr. Draguignan. — Girardin, 94. — Antelmy, 471. *Géographie historique du Freinet*, par Germondy, 214. — Espitalier, II, 49-55.

4. Chef-l. cant., arr. Draguignan. — *Cart. Saint-Victor*, II, 420-424. — Inv. ms. 58. — Achard, II, 453-458. — Girardin, 99. — Antelmy, 396-399. — Germondy, 207. — *Saint-Tropez*, par Martin de Roquebrune. Marseille 1861, in-8. — *Vie de saint Tropez*, par Espitalier. Lérins, 1876, in-8.

5. Chef-l. cant., arr. Draguignan. — *Cart. Saint-Victor*, I, 493-516. — Arch. B.-du-Rh., série H, 1057-1062 (1012-1789). — Inv. ms. 62. — Girardin, 214. — Antelmy, 402. — Achard, II, 327-328. — Espitalier, II, 175.

6. Cant. Fayence, arr. Draguignan. — *Cart. Saint-Victor*, I, 9, 517, 539. — Inv. ms. 58. — Achard, II, 351-352. — Girardin, 139-142. — Antelmy, 399-400. — Espitalier, II, 127.

tor par l'évêque Pierre II (1154). Saint-Martin, uni à l'évêché de Fréjus, ainsi que Saint-Pierre de Betons, *Betonis*. Ce dernier est une ancienne dépendance de Lérins, ainsi que Saint-Pierre *de Figolas* (1030). Les Pères de la Doctrine chrétienne y dirigeaient un collège. — Séranon, *Sarano*[1]. Notre-Dame de Gratemoine, *Grada camona, Gratamonia*, dépendant de Lérins, fondé en 1060. Notre-Dame de Clars, dépendant de la même abbaye. Saint-Michel, Sainte-Catherine et Saint-Benoît du Val de Roure, unis à l'évêché de Fréjus.

Tanneron, *Tanaronum*[2]. Saint-Cassien, attribué à l'évêché de Fréjus. — Taradel, *Taradellum*[3]. Saint-Martin, dépendant de Saint-André de Villeneuve et uni aux Célestins d'Avignon. — Thoronet, Saint-Martin des Codous, *Codogneriis*, dépendant de Lérins, fondé au commencement du XIe siècle[4]. — Tourettes, *Turellæ*[5]. Saint-Simon-et-Jude, dépendant de l'évêché de Fréjus. Saints-Philippe-et-Jacques de Pibreisson, *Podium Bressonum*, et Saint-Thomas d'Avaye, *Avasia*, dépendant du même évêché. — Tourtour, *Tortorium, Tortor*[6]. Saint-Denys, dépendant de Saint-Victor. Saint-Domnin de Levenon, que Grégoire VII met au nombre des *cellæ* de cette abbaye (1079). — Trans, *Transitus, Transium*[7]. Saint-Victor, cédé par les chanoinesses de Saint-Pierre de l'Almanarre à la collégiale de Pignans (1222), qui possédait en ce lieu l'église Sainte-Cécile (1188). Notre-Dame de Vallauris, *Vallis aurea*, donné à Lérins (1186), puis attribué à l'évêché de Fréjus ainsi que Saint-Vincent. L'évêque de Fréjus autorisa la fondation d'une collégiale (1584), qui disparut bientôt après.

1. Cant. Saint-Auban, arr. Grasse, Alpes-Mar. — Gratemoine est depuis la Révolution à Mousteiret, com. Brusquet, arr. Castellane, Basses-Alpes. — *Cart. Lérins*, I, 61-64. — Inv. arch. |Alpes-Mar., série H, 411-423, 1049-1051, t. I, 84-86, 166. — Girardin, 183. — Antelmy, 368. — *Souvenirs religieux des églises de la Haute-Provence*, par Féraud, 47.
2. Cant. Fayence, arr. Draguignan. — Girardin, 153. — Antelmy, 393.
3. Cant. Lorgues, arr. Draguignan. — *Etude sur les abbés de Saint-André de Villeneuve*, par Méritan, 39. — Girardin, 133.
4. *Cart. Lérins*, I, 284-285.
5. Cant. Fayence, arr. Draguignan. — Girardin, 150-155. — Antelmy, 382-383.
6. Cant. Salernes, arr. Draguignan. — *Cart. Saint-Victor*, I, 518 ; II, 217. — Arch. B.-du-Rh., série H, 1089. — Inv. ms. 57 et 61. — Girardin, 258.
7. Chef-l. cant., arr. Draguignan. — *Le culte de Marie à Pignans*, 126, 220, 243. — Girardin, 244-245. — Achard, II, 515-517.

VIDAUBAN, *Vitis alba*[1]. Prieuré dépendant de l'ordre du Temple, puis de celui de Saint-Jean de Jérusalem. — VILLECROZE, *Villa crossa*[2]. Notre-Dame, donné à Saint-Victor (XIe s.) et uni à la mense conventuelle. — VINS, *Vizini, Vicini*[3]. Saint-Vincent, attribué à la collégiale de Pignans.

1. Cant. du Luc, arr. Draguignan. — *Inv. som. des arch. comm. de Vidauban*, par MIREUR. Draguignan, 1890, in-12. — ALBANÈS, Inst. 200. — *Notice sur le village de Vidauban*, par RAYMOND. Draguignan, 1894, in-8.
2. Cant. Salernes, arr. Draguignan. — *Cart. Saint-Victor*, table, t. II, 791. — Arch. B.-du-Rh., série H, 1103-1112 (1244-1700). — Inv. ms. 61. — GIRARDIN, 212-214. — ANTELMY, 403.
3. Cant. et arr. Brignoles. — ESPITALIER, II, 167. — GIRARDIN, 126.

IV

DIOCÈSE DE GAP[1]

[*Vappicensis*, évêché dès 450, aujourd'hui suffragant d'Aix. La ville de Gap est de la seconde Narbonnaise et de l'exarchat des Gaules dans le Dauphiné. Sa situation est au pied d'une montagne. La ville est

1. Chef-l. du départ. des Hautes-Alpes. — **Bibliographie** : Le fonds de l'évêché aux archives des Hautes-Alpes se compose de 779 articles : *Inventaire sommaire des archives départementales des Hautes-Alpes*, par Guillaume. Sér. G. tome II-V. Gap, 1895-1904, in-4. — *Pouillés de 1516 ou rôles des décimes des diocèses de Gap et d'Embrun*, publiés d'après le ms. lat. 12730 de la Bib. nat. par Guillaume. Gap, 1888, in-8, ext. *Bul. Soc. Etud. Hautes-Alpes* (1888), 26 et 27. — *Les prétendus pouillés des diocèses de Gap et d'Embrun, — étude paléographique et historique sur la dernière publication de M. l'abbé Guillaume*, par J. Roman. Grenoble, 1888, in-8. — *Pouillé du diocèse de Gap*, par Guillaume, dans *Bul. Soc. Etudes Hautes-Alpes*, X (1891), 113-146, 278-295. — *Bénéfices et bénéficiers de l'ancien diocèse de Gap. Archiprêtré de Provence, XVIe-XVIIIe s., compris aujourd'hui dans le diocèse de Digne*, par Guillaume. Digne, 1896, in-8. — *Bénéfices et bénéficiers du Rosanais, XVI-XVIII s.*, par Le Même. Valence, 1892, in-8, ext. *Bul. hist. dioc. de Valence*. — *Dictionnaire topographique du département des Hautes-Alpes*, par J. Roman. Paris, 1884, in-4. — *Tableau historique du département des Hautes-Alpes*, par Le Même, Paris, 1887, 1890, 2 vol. in-4. — *Sigillographie du diocèse de Gap*, par Le Même. Grenoble, 1870, in-4. — *Armorial des communes et des établissements ecclésiastiques des Hautes-Alpes*, par Le Même, dans *Bul. Soc. Et. Hautes-Alpes*, XIII (1894), 287-295. — *Répertoire archéologique du département des Hautes-Alpes*, par Le Même. Paris, 1888, in-4. On trouve en tête une bibliographie historique et archéologique du département.
Histoire hagiographique du diocèse de Gap, par Depéry. Gap, 1852, in-8. — *Essai sur l'état monastique dans l'ancien diocèse de Gap*, par A. de Taillas, dans *Bul. Acad. delphinale* (1880), 201-251. — *Bénéfices clunisiens du diocèse de Gap en 1677*, dans *Annales des Alpes*, III (1899), 353-356. — *Note sur les dépendances de l'abbaye de Lérins au diocèse de Gap*, par Guillaume, dans *Bul. Soc. Et.*, II (1883), 401-418. — *Histoire de la ville de Gap*, par J. Roman. Gap, 1892, in-8. — *Histoire de la ville de Gap et du Gapençais*, par Théod. Gautier, publiée par Guillaume. Gap, 1908, 2 vol. in-8. — *Gallia Christiana*, I, 452-473, inst. 86-89. — *La France pontificale*, par Fisquet. Paris, 1868, in-8. — *Les fastes épiscopaux*, par Duchesne, I, 277. — *Gallia christiana novissima*, par Albanès, I, 433-556, inst. 268-360.
Bibliographie historique des Hautes-Alpes, par Amat. Gap, 1884, in-8 de 16 p. — *Notice sur les sources historiques des Hautes-Alpes*, par Guillaume, dans *Bul. Soc. Et.*, I, II, III. — *Bulletin de la Société d'Etudes des Hautes-Alpes*. Gap, 1882 et s., in-8. — *Annales des Alpes*. Recueil périodique des Archives des Hautes-Alpes. Gap, 1896 et s., in-8.

médiocrement grande ; elle commence à se rétablir du sac qu'elle souffrit en 1692, par le duc de Savoie.

Saint Démétrius est le premier de ses prélats qui nous soit connu[1]. Après la condamnation de Sagittaire, évêque de Gap, qui fut dégradé l'an 579 dans le concile de Chalon-sur-Saône pour ses crimes, saint Arige[2], curé de Mongey-en-Bourgogne, fut élu pour gouverner cette Eglise en sa place et mourut en 604. Avant Sagittaire, cette Eglise avait eu trois évêques saints et honorés d'un culte public, tous dans le même siècle, savoir : saint Constantin ou Constantius[3], saint Tigride et saint Remède ou Rémy[4], depuis environ l'an 520. Le premier se trouva au concile d'Epaone, en 517, et assista à celui d'Orange.

L'an 1184, l'empereur Frédéric I donna aux évêques de Gap la souveraineté de la ville et la qualité de princes[5]. Othon Odifredy, qui fut l'un de ces prélats, donna la moitié de la juridiction temporelle de cette ville à Charles I, roi de Sicile et comte de Provence, pour punir les habitants qui l'avaient longtemps tenu prisonnier[6]. Ses successeurs se qualifièrent toujours princes de Gap jusqu'au règne de François Ier, qui ne voulut pas leur permettre de prendre ce titre. Ils ne s'appelèrent plus, depuis ce temps-là, que comtes de Gap.

L'église cathédrale, nouvellement réparée, est consacrée à l'Assomption de la Vierge[7], et son chapitre est composé d'un doyen, d'un archidiacre, d'un prévôt, d'un sacristain, d'un capiscol et de douze chanoines[8]. Ce diocèse est d'une grande étendue. On y trouve deux cent vingt-neuf paroisses, divisées en quatre archiprêtrés[9].]

1. Voir, sur ce saint, les *Acta Sanctorum*, oct. XI, 795.— *Origine des Eglises des Hautes-Alpes. Saint Marcellin et saint Démétrius*, par J. ROMAN, Grenoble, 1882, in-8.
2. Aredius ou Arige fut un correspondant de saint Grégoire le Grand. Sa vie a été écrite par un contemporain. *Acta Sanctorum*, mai, I, 109.
3. Constantius figure le premier sur la liste que publie Mgr Duchesne.
4. Il n'est pas sûr que ces deux saints aient gouverné l'Eglise de Gap. Saint Tigride ou Teridius. Sur un saint Remedius, évêque, voir DUCHESNE, I, 99.
5. *Le royaume d'Arles et de Vienne*, par FOURNIER, 63. — ALBANÈS, 481. Cela se passait sous l'épiscopat de Guillaume II.
6. Il s'agit d'Othon de Grasse, 1251-1281. Cette cession fut stipulée dans un traité conclu à Aix, le 19 déc. 1271.
7. *Mémoire sur la cathédrale de Gap, démolie en 1866-1867*, par TEMPLIER, dans *Congrès archéol. de France*, XXXIV (1867), 207-245.
8. L'inventaire du fonds du chapitre de Gap se trouve aux t. IV et V de la sér. G. par GUILLAUME.
9. C'était le plus vaste diocèse de la Provence. Il s'étendait en Dauphiné.

Il y avait dans la ville de Gap des couvents de Cordeliers, fondés en 1220¹, de Dominicains, fondés en 1320², de Capucins, en 1614³, et d'Ursulines, en 1629⁴. Les Chartreux avaient un monastère à Durbon⁵ et les Cartusiennes un à Berthaud⁶ ; le premier remontait à 1116, et le second à 1188. Les chevaliers de Malte⁷ possédaient les commanderies de Gap, Remollon et Tallard ; les Hospitaliers de Saint-Antoine⁸ possédaient celles de Gap, de Déoule, de Veynes, de Bannes et d'Esparron.

Monastères

CLAUSONNE, *Clausonna*⁹, abbaye bénédictine, sous le vocable de Notre-Dame, fondée à la fin du XIIᵉ siècle et soumise aux observances de l'abbaye de Chalais, habitée par douze religieux, en 1570, et devenue bénéfice simple au siècle suivant.

CLAIRE-COMBE, *Clara Comba*¹⁰, abbaye du même ordre et de la même observance, fondée sous le même vocable et vers le même temps, cédée par suite d'une mauvaise administration des abbés à la commanderie de Saint-Pierre-Avez, après un siècle d'existence.

Les quatre archiprêtrés étaient ceux de Gapençais, de Champsaur, de Rosanais et de Provence ou Oultre-Durance.
1. 35 articles aux arch. départem. série H (1473-1790).
2. 62 articles. Ibid. (XVᵉ-XVIIIᵉ s.).
3. 3 articles. Ibid.
4. 8 articles. Ibid.
5. Com. Saint-Julien-en-Bauchaine, cant. Aspres. — 209 articles aux arch. départ. (1116-1790). *Charles de Durbon, quatrième monastère de l'Ordre des Chartreux*, par GUILLAUME. Montreuil-sur-Mer, 1893, in-8. Cf. *Topo-Bibliographie*, par CHEVALIER, 936.
6. Com. Rabou, cant. Gap. — 28 articles aux arch. départem. *Charles de N.-D. de Berluud*, par GUILLAUME. Gap, 1888, in-8.
7. *L'Ordre de Saint-Jean de Jérusalem dans les Hautes-Alpes*, par J. ROMAN, dans *Bul. Acad. delphinale* (1883), 170-205. — *La commanderie de Gap*, par DELAVILLE LE ROULX, dans *Bibl. École des Chartes*, XLIII (1882), 219-225.
8. *Les possessions de l'abbaye de Saint-Antoine en Viennois dans les Hautes-Alpes, en 1693, d'après un document*, par ALLEMAND, dans *Bul. Soc. Ét. Hautes-Alpes*, XIX (1900), 251-255.
9. Cant. Veynes, arr. Gap. — *Note sur l'abbaye de Clausonne*, par ALLEMAND, dans *Annales du Laus* (1885), 555 et s. — *Tableau historique du département des Hautes-Alpes*, par ROMAN, I, 138-139.
10. Com. et cant. Ribiers, arr. Gap. — *Note sur l'Abbaye de Clairefontaine*, par J. ROMAN, dans *Bul. historique dioc. Valence*, I (1880), 81-84. — *N.-D. de Clairecombe, abbaye chalaisienne au diocèse de Gap*, par ALBANÈS. Ibid., II (1881), 24-35. — *Tableau historique*, I, 151-152, et II, 367.

CHARDAVON, *Clusia Chardaonis*[1], prévôté de chanoines réguliers, sous le vocable de Notre-Dame et de Saint-Jean-Baptiste, fondée au XIe siècle, ruinée pendant les guerres du XIVe et transférée à Saint-Marcel de la Baume, faubourg de Sisteron.

SOURRIBES, *Subripæ*[2], abbaye de Bénédictines, sous le vocable de Saint-Pierre, fondée antérieurement à 1160, à laquelle fut uni le monastère de Sainte-Catherine de Digne, annexée à l'abbaye de Sainte-Claire de Sisteron (1464).

Prieurés

GAP[3]. Saint-André, fondé en 1010, par Adalard et sa femme Frodina, donné à l'abbé de Cluny, par l'évêque Féraud (1029), uni au collège des Jésuites d'Embrun (1618). Saint-Arey, dépendant de l'abbaye d'Oulx (XIIe s.), disparu au XVIIe s. Saint-Mains, *S. Mamilus*, dépendant de Lérins (avant 1150), cédé au chapitre de Gap (XIVe s.). Notre-Dame de Bethléem, à Antraix.

AGNIÈRES, *Ancra, Agneria*[4]. Notre-Dame de Grâce, dépendant de Notre-Dame du Puy, uni à la cure au XVIe siècle. — ANTONAVES, *Antonnava*[5]. Saint-Pierre, donné à Montmajour par Alix, sœur de

---

1. Com. Saint-Geniez, cant. et arr. Sisteron. Arch. départem. Basses-Alpes. — *Souvenirs religieux des églises de la Haute-Provence*, 85-89. — *Histoire de Sisteron*, par DE LAPLANE, II, 392-398. — *Additions à la chorographie de la Provence*, par BOUCHE, 8-13. — ACHARD, I, 446-447 ; II, 381. — *Prise de possession de la prévôté de Chardavon pour Mre de Gombert*, par LIEUTAUD, dans *An. des Alpes*, IX (1906), 277-282.

2. Cant. Volonnes, arr. Sisteron. — Arch. des Basses-Alpes, série H. — *Gallia christiana*, I, 472-473. — *Histoire de Sisteron*, par DE LAPLANE, II, 381. — *Souvenirs religieux des églises de la Haute-Provence*, 75-77.

3. *Recueil des chartes de Cluny*, n° 2813, IV, 16 ; 4241, V, 594. — Ext. du cartulaire, Bib. nat. monast. Benedict. ms. lat. 12659, f. 353. — *Notice historique et documents inédits sur le prieuré de Saint-André de Gap*, par GUILLAUME. Montbéliard, 1882, in-8, ext. *Bul. hist. dioc. Valence*, II (1881), 249-260. — *Observations sur l'analyse de 17 chartes (1010-1122), relatives au prieuré de Saint-André-lès-Gap*, par LE MÊME, dans *Bul. Soc. Et.*, III (1884), 389-397. — *Le prieuré de Saint-André-lès-Gap*, par ROMAN, dans *Bul. Soc. Et. Hautes-Alpes*, III (1884), 320. — ALBANÈS, I, inst. 272-275. — *Le procès de Lantelme de Chabannes, prieur de Saint-André de Gap (1332-1333)*, par CLAUDE FAURE, dans *Annales des Alpes*, X (1907), 129-142. — *Tableau historique*, I, 92 ; II, 379.

4. Cant. Saint-Étienne, arr. Gap. — *Tableau historique*, I, 72 ; II, 361.

5. Cant. Ribiers, arr. Gap. — 12 art. aux arch. départ. — *Dépendances de Montmajour dans les Hautes-Alpes*, par FILLET, dans *Bul. Soc. Et.*, V (1886), 361-367. — *Tableau historique*, I, 145 ; II, 361.

Conrad le Pacifique, vers 960, uni à l'évêché de Gap. — Aspremont, *Asperus mons*[1]. Notre-Dame de Suane, dépendant de Saint-Géraud d'Aurillac, uni au prieuré d'Aspres. — Aspres-lès-Veynes, *Asperi*[2]. Saint-Géraud, donné à l'abbaye d'Aurillac (XIe s.), conventuel jusqu'aux guerres de religion. Saint-Sépulcre, qui existait en 1097, uni à Romette. — Barret-le-Bas, *Barretum*[3]. Saint-Michel, donné à Saint-André de Villeneuve, par l'évêque de Gap (1080). — Bruis, *Brosium*[4]. Saint-Michel, donné à l'Ile-Barbe, par l'évêque Humbert (av. 971), sécularisé en 1564.

Chabestan, *Cabestagnum*[5]. Notre-Dame de la Val d'Oze, dépendant de Romette, dont l'existence est constatée en 1247. — Chabottes, *Chabottæ*[6]. Notre-Dame, dépendant de Saint-Chaffre. — Clamensane[7], Notre-Dame d'Espinousse, dépendant de l'Ile-Barbe. — Cornillon, *Cornillio*[8]. Saint-Michel, dépendant de Saint-Victor, puis de l'Ile-Barbe (1183) et enfin sécularisé. — Curban[9]. Notre-Dame du Pin, dépendant de Psalmodi, uni au chapitre d'Embrun. — Dromons-Saint-Geniès, *Dromundus*[10]. Saint-Geniès, uni au chapitre de Notre-Dame des Doms d'Avignon.

Esparron, *Sparronum*[11]. Saint-Paul, dépendant de Ganagobie. —

1. Cant. Aspres, arr. Gap. — *Tableau hist.* I, 111.
2. Chef.-l. cant., arr. Gap. — Arch. Hautes-Alpes, série G. — *Une commune bénédictine avant la Révolution*, « Villa de Asperis », par de Bonniot. Paris, 1884, in-8, ext. *Rev. Monde catholique*. — *Aspres-sur-Buech et ses chartes de coutumes*, par M. Boudet. Grenoble, 1903, in-8 de 303 p., ext. *Bul. Acad. delphinale* (1902), 172-475. — *Règlement des prieurés de Saillans et d'Aspres-sur-Buech*, par de Bonniot, dans *Bul. Soc. Et. Hautes-Alpes*, IV (1885), 382-394. — *Le prieuré de Saint-Sépulcre d'Aspres-lès-Veynes*, par Allemand. Ibid. III (1884), 123. — *Tab. hist.* I, 112-113; II, 362. — *Sigillographie du diocèse d'Embrun*, par Roman, 158. — *Histoire de Saint-Géraud d'Aurillac et de son abbaye*, par Bouange; I, 559-569, II, 564.
3. Cant. Ribiers, arr. Gap. — *Tab. hist.* I, 156; II, 363.
4. Cant. Rosans, arr. Gap. — *Ibid.*, I, 159.
5. Cant. Veynes, arr. Gap. — *La paroisse et le prieuré de Chabestan*, par Allemand, dans *Annales du Laus* (1883), 132-145. — *Monographie de la Val d'Oze*, par le même. Gap, 1884, in-8. — *Tableau hist.*, I, 136-137; II, 191.
6. Cant. Saint-Bonnet, arr. Gap. — *Tab. hist.* I, 74; II, 365. — *Cartulaire de Saint-Chaffre*, par Chevalier, 180, 195.
7. Cant. La Motte, arr. Sisteron, Basses-Alpes.
8. Cant. Rémusat, arr. Nyons, Drôme. — Achard, I, 480. — *Dict. topogr. de la Drôme*, 112.
9. Cant. La Motte, arr. Sisteron, Basses-Alpes.
10. Cant. et arr. Sisteron.
11. Cant. Barcelonnette, arr. Gap, Hautes-Alpes. — *Tab. hist.* II, 167.

Étoile, *Stella*[1]. Saint-Antoine, donné par l'évêque à Saint-Antoine-en-Viennois (1312), cédé au prieuré de Lagrand (XVe s.), puis uni à la cure du lieu. — Eygalayes, *Argualaya*[2]. Saint-Jacques de Serrières, dépendant de Saint-Ruf. — Eyguians, *Ayguiani*[3]. Prieuré cluniste, uni à celui de Lagrand (XIVe s.). — Fouillouse, *Fullosa*[4]. Saint-Martin d'Aups, appartenant à Saint-Antoine-en-Viennos. — Jarjayes, *Gargaya*[5]. Saint-Pierre, donné à l'abbaye de Conques (Xe s.) et cédé à Saint-André de Villeneuve. Saint-Martin, dépendant de cette dernière abbaye. Ces deux bénéfices furent unis.

La Batie-Mont-Saléon, *Mons Seleucus, Bastida montis Sillay*[6]. Uni au chapitre cathédral de Gap. — La Batie-Neuve, *Bastida nova*[7]. Sainte-Marie de Tournefort, dépendant de Brema en Italie, uni à la cure (1616). — La Beaume, *Balma Arnaudorum*[8]. Notre-Dame du Puy ou plus tard Saint-Michel, dépendant de l'abbaye de la Cluse. — La Faurie, *Fabricæ*[9]. Notre-Dame du Villard, uni à Saint-Géraud d'Aspres. — Lagrand, *Aregrandis*[10]. Notre-Dame, dépendant du Saint-Sépulcre d'Aquapendente, donné à Cluny par Urbain V (1365), occupé par cinq religieux, en 1559. Nossage, dépendant de Sourribes, supprimé au XVe s. — La Piarre, *Petra*[11]. Notre-Dame dépendant de Cluny, uni à Saint-Marcel de Die, après 1298. — Ladier, *Larderium*[12]. Saint-Pierre, dépendant de l'Ile-Barbe, uni par l'évêque de Gap à l'ordre de Malte. — La Roche-des-Arnauds, *Rupes Arnaudorum*[13]. Saint-Pierre,

---

1. Cant. Orpierre, arr. Gap. — *Tab. hist.*, I, 155; II, 369.
2. Cant. Séderon, arr. Nyons, Drôme. — *Dict. topogr. Drôme*, 136. — Lacroix, I, 289-301.
3. Cant. Laragne, arr. Gap, Hautes-Alpes. — *Tab. hist.* I, 127; II, 369.
4. Cant. Tallard. Ibid.
5. Cant. Tallard. Ibid. — *Histoire de Jarjayes*, par Allemand, dans *Bul. Soc. Et. Hautes-Alpes*, XIV (1895), 193-257. — *Tab. hist.* I, 101; II, 372. — *Cart. de l'abbaye de Conques*, par Desjardins, XIV, 315-317.
6. Cant. Serres, arr. Gap. — *Monographie de la Val d'Oze*, par Allemand — *Tab. hist.*, I, 136.
7. Cant. et arr. Gap. — *Tab. hist.*, I, 89.
8. Cant. Aspres, arr. Gap. — Ibid. 115; II, 363.
9. Cant. Aspres. — Ibid. I, 114.
10. Cant. Orpierre, arr. Gap. — *Bullarium Cluniacense*, 182. — *Le prieuré de Notre-Dame de Lagrand*, par Allard, dans *Annales du Laus* (1882), 235. — *Sigillographie des Bouches-du-Rhône*, par Blancard, I, 225-226; II, pl. 91, n°s 7, 8. — *Tab. hist.*, I, 146-147; II, 372.
11. Cant. Serres, arr. Gap. — *Tab. hist.*, I, 120-121.
12. Cant. Tallard, arr. Gap. — *Tab. hist.*, I, 162.
13. Cant. et arr. Gap. — Ibid., 105-106; II, 378.

dépendant de Saint-Michel de Cluse. — La Roche-sur-Buis, *Rocha supra Buxum*[1]. Saint-Christophe, dépendant de Saint-André de Villeneuve. — Lazer, *Lazarum*[2]. Saint-Georges, appartenant à Montmajour (XII⁰ s.), uni à l'évêché de Gap (1516). — Le Castellard[3], Sainte-Madeleine, dépendant de Chardavon. — Le Monétier-Allemont, *Monasterium Alamontis*[4]. Saint-Martin, donné à Montmajour par l'impératrice Alix (av. 965), cédé ensuite à l'Ile-Barbe. — Lemps, *Lencium*[5]. Saint-Pierre, dépendant de l'Ile-Barbe. — L'Epine, *Spina*[6], prieuré cluniste uni à celui de Rosans. — L'Escale, *Scala*[7]. Notre-Dame de Mandanois, donné à Saint-Victor de Marseille par Bilisma, veuve de Pierre de Volonnes (1063).

Mallijai, *Bezaudum*[8]. Notre-Dame de Rorabelle, cluniste soumis à Ganagobie. — Mantayer, *Mantherium*[9]. Notre-Dame des Pommiers, dépendant de Chardavon, uni à la cure du lieu après les guerres de religion. — Melve, *Melva*[10]. Notre-Dame, uni à Sainte-Claire de Sisteron. — Mévouillon, *Meduhlio*[11]. Saint-Arey, appartenant (1115) à Saint-Ruf, après avoir été sous la dépendance de Saint-Victor. — Mirabeau, *Mirabellum*[12]. Saint-Jean, dépendant de Ganagobie. — Mison, *Miso*[13]. Notre-Dame de la Baume, dépendant de Saint-Michel de Cluse. — Montauban, *Mons albanus*[14]. Notre-Dame de Saint-Quentin, dépendant de Cluny. — Montbrand, *Mons Brandus*[15]. Saint-Georges, donné à Saint-

---

1. Cant. Le Buis-les-Baronnies, arr. Nyons, Drôme. — *Dict. topog. Drôme*, 313, 334.
2. Cant. Laragne, arr. Gap, Hautes-Alpes. — *Tab. hist.*, I, 128.
3. Cant. et arr. Digne, Basses-Alpes.
4. Cant. Larragne, arr. Gap, Hautes-Alpes. — *Confirmation par Conrad le Pacifique, roi de Bourgogne, des églises de Monétier-Clermont et d'Antonaves à l'abbaye de Montmajour* (965), par Roman, dans *Bul. Soc. Et. Hautes-Alpes*, XVIII (1899), 351. — *Tab. hist.*, I, 131; II, 374.
5. Cant. Rémusat, arr. Nyons, Drôme. — *Dict. topog. Drôme*, 193.
6. Cant. Serres, arr. Gap. — *Tab. hist.*, I, 146.
7. Cant. Volonnes, arr. Sisteron, Basses-Alpes. — *Cart. Saint-Victor*, II, 49, 53. Arch. B.-du-Rh., I, 881-882 (1790-1789).
8. Cant. Les Mées, arr. Digne. — Arch. B.-du-Rh., II, 921 (1534-1643).
9. Cant. et arr. Gap, Hautes-Alpes. — *Tab. hist.*, I, 103.
10. Cant. La Motte, arr. Sisteron, Basses-Alpes.
11. Cant. Séderon, arr. Nyons, Drôme. — *Cart. Saint-Victor*, II, 209. — *Dict. topog. Drôme*, 216. — *Notice historique sur Mévouillon*, par A. Vincent. Valence, 1860, in-8.
12. Cant. Les Mées, arr. Digne, Basses-Alpes.
13. Cant. et arr. Sisteron. — Achard, II, 136.
14. Cant. Séderon, arr. Nyons, Drôme. — *Dict. topogr.*, 223.
15. Cant. Aspres, arr. Gap. — *Tab. hist.*, I, 119.

Géraud d'Aurillac et uni au prieuré d'Aspres. — Montéglin, *Mons Ayglini*[1]. Sainte-Marguerite. — Montjay, *Mons Jayi*[2]. Notre-Dame et Saint-Martin. — Montmaur, *Mons Maurus*[3]. Saint-Pierre, dépendant de la prévôté de Chardavon.

Orpierre, *Auripetra*[4]. Saint-Martin et Saint-Vincent, prieurés clunistes, unis le premier à la cure (av. 1516) et le second au prieuré de Lagrand. — Oze, *Oza*[5]. Saint-Pierre de Véras et Saint-Sépulcre de la Beaumette, prieurés clunistes unis à celui de Romette. — Pelleautier, *Podium Lhauterium*[6]. Notre-Dame de Belvézer, donné à Saint-André de Gap, vers 1080. — Pelonne, *Pelonna*[7]. Sainte-Appollonie, dépendant de l'Ile-Barbe, uni au prieuré de Lemps (IVᵉ s.) — Plaisians, *Plasianum*[8]. Saint-Blaise, prieuré de Saint-Victor de Marseille, cédé à l'Ile-Barbe et enfin uni à la cure du lieu (XVᵉ s.). Notre-Dame d'Eyguières, *Aguateria*, dépendant de l'Ile-Barbe. — Pommerol, *Pomariolum*[9]. Saint-Pierre, dépendant de l'Ile-Barbe. Saint-Roman, de la même dépendance, uni à la cure (XVIIᵉ s.).

Reilhanette, *Relliana*[10]. Saint-Michel et Saint-Hippolyte, prieuré de Saint-André de Villeneuve. — Ribeyret, *Ribeyretum*[11]. Notre-Dame des Courtines, appartenant à Cluny, uni à la cure avant 1576. — Ribiers, *Riperii*[12]. Notre-Dame du Serre, prieuré cluniste, uni au chapitre cathé-

---

1. Cant. Laragne, arr. Gap. — *Le prieuré-cure de Montéglin, ses revenus, ses prieurs-curés*, par Allard, dans *Annales du Laus* (1882) 297, (1883) 10. — *Tab. hist.*, I, 128.
2. Cant. Rosans, arr. Gap. — *Ibid.*, 148.
3. Cant. Veynes. — *Ibid.*, 134. *Un prieur de Montmaur en 1451*, par Fillet, dans *Bul. Soc. Et. Hautes-Alpes*, IX (1890), 446. — *Monographie de Montmaur*, par Allemand. *Ibid.*, XI, 143-164.
4. Chef-l. cant., arr. Gap. — *Tab. hist.*, I, 149.
5. Cant. Veynes, arr. Gap. — *Ibid.*, 139. — *Sigillographie du diocèse d'Embrun*, par Roman, 159.
6. Cant. et arr. Gap. — *Ibid.*, 163.
7. Cant. Rémusat, arr. Nyons, Drôme. — *Dict. topogr. Drôme*, 260.
8. Cant. Le Buis, arr. Nyons, Drôme. — *Ibid.*, 157, 275.
9. Cant. Rémusat, arr. Nyons, Drôme. — *Ibid.*, 280.
10. Cant. Séderon, arr. Nyons. — *Ibid.*, 299.
11. Cant. Rosans, arr. Gap, Hautes-Alpes. — *Tab. hist.*, I, 150.
12. Chef-l. cant., arr. Gap. — *Le prieuré de Ribiers, de l'ordre de Cluny, en 1653*, dans *Bul. Soc. Et. Hautes-Alpes*, II (1883), 531. — *Notice sur Ribiers*, par Allard. *Ibid.*, 51-61, 190-198. — *Essai historique sur Ribiers*, par Mourre. *Ibid.*, VII (1888), 187-198, 281-294; VIII, 31-49, 110-122, 222-235, 346-359. — *Extrait d'une étude sur Ribiers*, par Allard, dans *An. du Laus* (1877), 54. — *Une paroisse avant la Révolution*, par le même. *Ibid.* (1882), 156. — *Hist. de Ribiers*, par J. Roman. Gap, 1892, in-8.

dral de Sisteron. — Romette, *Rometa*[1]. Saint-Pierre, ayant d'abord appartenu à la Novalaise (739), donné à Cluny vers 940, uni à Saint-Victor (XIIe s.), réclamé par Brema, confirmé à l'abbaye marseillaise, occupé par quinze moines en 1317, uni au collège de Grenoble en 1784. — Rosans, *Rosani*[2]. Notre-Dame la Blanche, prieuré cluniste. — Saint-André de Rosans[3], donné à l'abbaye de Cluny par le prêtre Richaud (988), habité par six moines en 1296, ruiné pendant les guerres de religion. — Saint-Auban, *S. Albanus*[4]. Notre-Dame de Lespinasse, dépendant de Saint-Victor. — Saint-Bonnet en Champsaur, *S. Bonitus in Campo Sauro*[5]. Prieuré de Saint-Victor de Marseille, ruiné pendant les guerres de religion, uni à celui de Romette. — Saint-Cyrice, *S. Cyricius*[6], prieuré de Chardavon (XIIe s.), uni à celui de Veynes (1439), puis à celui de Lagrand (1462). — Saint-Firmin, *S. Firminus*[7], donné à Cluny par Nantelme (XIe s.), uni à Saint-Chaffre, puis à Saint-Michel de Connexe (XIVe s.). — Saint-Genis, *S. Genesius*[8]. Notre-Dame et Saint-Léger de Laupjubeo, *de Alpis et Jobia*, possédé par Montmajour dès 1152, uni au prieuré d'Antonaves (XIVe s.). — Saint-Pierre d'Argençon, *Argensonum*[9]. Notre-Dame de Fontvineuse, possédé par Lérins (XIIIe-XIVe s.), puis abandonné à l'ordre de Saint-Ruf. — Saint-Symphorien[10], dépendant de Chardavon, uni au prieuré de Vilhosc, puis à l'évêché de Gap.

Saléon, *Celeonum*[11]. Saint-Sauveur, uni à la cure, antérieurement à 1516. — Salignac, *Salignacus*[12]. Saint-Clément, ancienne maison de

---

1. Cant. et arr. Gap. — *Recueil des chartes de Cluny*, IV, n° 2789. — *Pierre Flamenchi, prieur de Ribiers*, par P. G., dans *Bul. Soc. Et. Hautes-Alpes*, III, (1884), 455-460. — *Tab. hist.*, I, 108. — *Les possessions de Saint-Victor de Marseille dans les Basses-Alpes*, par D. Arbaud, dans *An. des Basses-Alpes*, XXVI (1905), 189.
2. Chef-l. cant., arr. Gap. — *Tab. hist.*, I, 153.
3. Cant. Rosans, arr. Gap. — *Ibid.*, 155.
4. Cant. Le Buis, arr. Nyons, Drôme. — *Dict. topog. Drôme*, 329.
5. Chef-l. cant., arr. Gap, Hautes-Alpes. — *Tab. hist.*, I, 80.
6. Cant. Orpierre, arr. Gap, Hautes-Alpes. — *Ibid.*, 155.
7. Chef-l. cant., arr. Gap, Hautes-Alpes. — *Ibid.*, 65.
8. Cant. Serres, arr. Gap, Hautes-Alpes. — *Ibid.*, 121.
9. Cant. Aspres, arr. Gap, Hautes-Alpes. — *Ibid.*, 110-111. — *Cart. de Lérins*, II, 6, 48. Inv. som. arch. Alpes-Maritimes, sér. II, 424 (1336-1469), t. I, 86. — *Note sur les dépendances de Lérins au dioc. de Gap*, par Guillaume, dans *Bul. Soc. Et. Hautes-Alpes*, II (1883), 401-422.
10. Cant. et arr. de Sisteron, Basses-Alpes. — Achard, II, 452.
11. Cant. Orpierre, arr. Gap, Hautes-Alpes. — *Tab. hist.*, I, 156.
12. Cant. et arr. Sisteron, Basses-Alpes. — Achard, II, 328.

Templiers, unie au chapitre cathédral de Sisteron. — Séderon, *Sadaronum*[1]. Notre-Dame la Brune, dépendant de Cluny. — Serres, *Ceredum, Serrum*[2]. Saint-Arey, prieuré de Saint-Michel de Cluse (1259), sécularisé au commencement du XVIIe s. — Sigotier, *Cigoterium*[3]. Saint-Laurent, dépendant de Saint-Géraud d'Aurillac (XIIe s.), uni à la cure (XVIIe s.). — Sigoyer, *Cigoerium*[4]. Saint-Laurent, prieuré de l'abbaye de Cluse. Saint-Martin d'Aups, dépendant de Chardavon. — Sigoyer-Malpoil[5]. Notre-Dame d'Espavant.

Tallard, *Talardum*[6]. Saint-Grégoire, dépendant de Saint-Michel de Cluse. — Thèse, *Thesa*[7]. Notre-Dame de Bellevue, prieuré cluniste. — Trescléoux, *Tres Clivi, Triclivium*[8]. Notre-Dame de Bellevue, donné à Saint-Victor de Marseille par Ripert Geraldi (1075).— Upaix, *Upasium*[9]. Saint-Andriol, appartenant à l'abbaye de Cluse, avant le XIIIe siècle Saint-Jacques, uni à la prévôté de Chardavon. Saint-Martin des Horts, uni au monastère de Sainte-Claire de Sisteron. — Urtis[10], Saint-Maxime.

Valernes, *Valerna*[11]. Saint-Arey, donné à Saint-Victor par les frères Isnard et Isoard (1069). — Valserres, *Valserra*[12]. Notre-Dame du Puy-Servier, prieuré cluniste uni à la cure de Valserres. Saint-Maurice, dépendant de l'abbaye de Boscodon (XIIe s.). — Ventavon, *Ventavonum*[13]. Saint-Laurent appartenant à la prévôté de Chardavon. Saint-Pierre de

---

1. Chef-l. cant., arr. Nyons, Drôme.
2. Chef-l. cant., arr. Gap, Hautes-Alpes. — *Tab. hist.*, I, 123.
3. Cant. Serres, arr. Gap, Hautes-Alpes. — *Ibid.*, 125.
4. Cant. Tallard, arr. Gap, Hautes-Alpes. — *Ibid.*, 109.
5. Cant. La Motte, arr. Sisteron, Basses-Alpes.
6. Chef-l. cant., arr. Gap. — *Notice historique sur l'ancienne communauté de Tallard*, par Taillas. Grenoble, 1868, in-8. — *Tab. hist.*, I, 164.
7. Cant. La Motte, arr. Sisteron, Basses-Alpes.
8. Cant. Orpierre, arr. Gap, Hautes-Alpes. — *Cart. Saint-Victor*, II, 74-77. — Arch. B.-du-Rh., II, 1091 (1337-1785). — *Tab. hist.*, I, 156.
9. Cant. Laragne, arr. Gap. — Arch. départ. sér. G. — *Tab. hist.*, I, 130.
10. Cant. Turriers, arr. Sisteron, Basses-Alpes.
11. Cant. La Motte, arr. Sisteron. — *Cart. Saint-Victor*, II, 62.
12. Cant. La Bâtie-Neuve, arr. Gap, Hautes-Alpes.— *Notice historique sur le prieuré de Valserres*, par Allemand, dans *Bul. Soc. Ét. Hautes-Alpes*, XV (1896), 299-310. — *Précis historique sur la vallée de la Vence*, par le même. *Ibid.*, XVIII (1899), 95, 127. — *Tab. hist.*, I, 110.
13. Cant. Laragne, arr. Gap.— *Notice sur le village, le château et les anciens seigneurs de Ventavon*, par Allard. Marseille, 1877, in-12. — *Tab. hist.*, I, 132.

Beaujeu, donné à Cluny (1022-1023) par Waldemar et sa femme Agnès, uni dans la suite au prieuré de Ganagobie. — VENTEROL[1]. Saint-Crépin, uni avec Saint-Colomban de Piégut, *Podium acutum*, à Chardavon. — VEYNES, *Venetium*[2]. Notre-Dame, donné à Cluny par Isoard, évêque de Gap (1090). Saint-Sauveur, dépendant de Chardavon, puis attribué à Saint-Antoine-en-Viennois (1312). — VILHOSC[3]. Saint-Gervais, dépendant de Chardavon. — VITROLLES. *Vitrola*[4]. Saint-Michel, appartenant à la prévôté de Chardavon. Saint-Pierre de Douzard, prieuré cluniste dépendant de Ganagobie.

1. Cant. Turriers, arr. Sisteron, Basses-Alpes.
2. Chef-l. cant., arr. Gap, Hautes-Alpes. — *Monographie de Veynes*, par ALLEMAND. Gap, 1890, in-8. — *Tab. hist.*, I, 140. — ALBANÈS, I, inst. 278.
3. Cant. et arr. Sisteron, Basses-Alpes.
4. Cant. Barcillonnette, arr. Gap, Hautes-Alpes. — *Les antiquités de Vitrolles*, par BONNET, dans *Annales du Laus* (1882), 180. — *Tab. hist.*, I, 167.

V

DIOCÈSE DE RIEZ[1]

[*Rhegiensis*, érigé en évêché dès le IV° siècle, aujourd'hui suffragant d'Aix, situé sur l'Auvestre, sur la gauche de la Durance. Elle est de la seconde Narbonnaise et de l'exarchat des Gaules, en Provence.

Saint Maxime, abbé de Lérins, fut fait évêque de Riez l'an 433, après avoir tenté en vain la fuite et divers moyens d'éviter le fardeau de l'épiscopat. Il gouverna son Église pendant l'espace d'environ vingt-sept ans. Fauste, qui avait succédé à saint Maxime dans la charge d'abbé de Lérins, lui succéda encore dans l'épiscopat de Riez, vers l'an 460, et mourut après l'an 485. Pour ce qui est de saint Prosper d'Aquitaine, plusieurs auteurs l'ont fait mal à propos évêque de Riez ; tout le monde convient aujourd'hui qu'il mourut laïc.

L'église cathédrale est consacrée à la Vierge[2]. Quelques auteurs disent que cette église porte le nom de saint Maxime et de saint Théode. Le premier fut enterré à Saint-Pierre, qui est une chapelle présentement hors de la ville et presque abandonnée. Il n'est resté cependant

---

1. Chef-l. cant., arr. Digne, Basses-Alpes. — Bibliographie : *Historica et chronologica præsulum sanctæ Regiensis Ecclesiæ nomenclatura*, auct. SIMON BARTEL. Aix, 1636, in-8. — *Nova Rejensium sive Regensium episcoporum nomenclatura*, auct. J. SOLOMÉ. Marseille, 1728, in-8. — *Documents statistiques du diocèse de Riez*, par l'abbé FÉRAUD, dans *Ann. hist. des Basses-Alpes*, III, 143-151, 217-224. — *Géographie historique et biographique des Basses-Alpes*, par LE MÊME. Digne, 1844, in-8. — *Histoire, géographie et statistique du département des Basses-Alpes*, par LE MÊME. Digne, 1861, in-8. — *Souvenirs religieux des Églises de la Haute-Provence*, par LE MÊME. Digne, 1879, in-8. — *Histoire de la ville de Riez*, par LE MÊME. Aix, 1885, in-8. — *Histoire religieuse du département des Basses-Alpes pendant la Révolution*, par MAUREL. Digne, 1902, in-8. — *Le livre de raison du couvent de Riez*, par LE MÊME. Digne, 1907, in-8.
Gallia christiana, I (1870), 388-417, instr. 80-84. — *Gallia christiana novissima*, par ALBANÈS, I, 557-652, instr. 361-438. — DU TEMS, I, 75-88. — *Fastes épiscopaux de l'Ancienne Gaule*, par DUCHESNE, 274-276. — BOUCHE, I, 225-234. — PAPON, I, 234-247. — *Dictionnaire* d'EXPILLY, VI, 273-276.

2. Elle est connue aujourd'hui sous le titre de Saint-Maxime. Construite de 1490 à 1524, rétablie au commencement du VII° siècle, après les guerres de religion, elle a été de nouveau restaurée en 1812, après avoir subi les mutilations de la Révolution.

à Riez de ce corps saint que le crâne et un bras ; tout le reste a été transféré en l'abbaye de La Grasse en Languedoc, sans que l'on sache en quel temps, ni comment ; car les religieux de La Grasse n'ont d'autres titres que d'anciens inventaires de leurs reliques, d'environ quatre cents ans, qui font mention de ce corps saint. Quoique à Riez on cro iposséder un bras de saint Maxime, les religieux de La Grasse ne laissent pas d'assurer qu'ils ont les deux.

Le chapitre cathédral est composé d'un prévôt, d'un archidiacre, d'un sacristain, d'un capiscol et de huit chanoines, dont l'un est théologal[1]. On compte dans ce diocèse soixante paroisses[2].]

Le séminaire, qui comptait au XVIIIe siècle quatorze étudiants, avait pour le diriger un supérieur et trois professeurs. Douze ecclésiastiques étaient employés à l'éducation de la jeunesse dans les collèges de Riez, des Mées, de Moustiers et de Valensoles. Un aumônier était attaché à chacun des hôpitaux du Saint-Esprit à Riez, et de la Charité à Moustiers. Les Grands Augustins avaient un couvent à Valensoles ; les Grands Carmes en avaient un à Saint-André d'Estoublon[3], qui était l'un des plus anciens de leur ordre en France ; les Cordeliers et les Capucins possédaient chacun une maison dans la ville de Riez, fondées, la première en 1255, et la seconde en 1607. Il y avait une communauté d'Ursulines à Riez, établie en 1623, et une autre à Valensoles.

Maisons Conventuelles

Valensoles, *Valentiola. Valenssolix*[4]. — Saint Mayol, abbé de Cluny,

---

1. Il y avait en outre 15 bénéficiers, un sous-sacristain, un clerc tonsuré, servant pour l'administration des sacrements, un maître de musique et quatre enfants de chœur.
2. Dont six églises succursales. Le personnel ecclésiastique, chargé de les servir au XVIIIe siècle, se composait de 54 curés, de 6 desservants, de 68 vicaires et de 30 chapelains.
3. Cant. Mézel.
4. Chef-l. cant., arr. Digne. — Bibliographie : *Le Recueil des chartes de l'abbaye de Cluny*, publié par M. Bruel, t. III, 80-81, 399-400, 414 ; VI, 879-880. — Bouche, II, 45-46. — Charte d'Almerade, évêque de Riez (990), dans *Gallia christiana*, I, instr. 80, et Bruel, III, 101, 201-204. — *Bibliotheca cluniacensis*, 1728. — Bartel, 72. — Achard, II, 548-552. — *Monastère des Clunistes à Valensoles*, par Féraud, dans *Annales hist. des Basses-Alpes*, III (1840), 218 et s. ; VI (1843), 211-219. — *Souvenirs religieux des Églises de la Haute-Provence*, par Féraud, 110-113. — *Histoire des Basses-Alpes*, par le

naquit à Valensoles. Cette localité fut donnée à l'abbaye par le comte Guillaume I, en 990. L'église du lieu, construite en l'honneur de saint Maxime, appartenait déjà aux moines de Cluny. C'est vers cette époque qu'ils y fondèrent un prieuré, qui pouvait entretenir cinq moines et leur prieur ou doyen, et un prêtre séculier attaché à la maison. Il y avait encore cinq religieux à la veille de la Révolution, qui disposaient d'un revenu de 2829 livres. L'église paroissiale actuelle a été construite par les Bénédictins; plusieurs familles se sont partagé leur monastère. Les États de Provence s'étaient réunis, en 1296, dans la salle principale, où se tinrent encore les assemblées des communes, en 1629 et en 1630.

Sorps, *Sorpius*[1]. — Fouques de Caille, évêque de Riez, fonda et dota l'abbaye de Sainte-Catherine de Sorps pour cent religieuses chanoinesses, suivant la règle de saint Augustin (1255). Il établit dans le voisinage un monastère de sept chanoines réguliers, sous le vocable de Saint-Maxime, pour le service religieux de cette communauté. Fouques rédigea des statuts pour le gouvernement de ces deux maisons. Sainte Delphine y fut élevée, avant de devenir l'épouse de saint Elzéar. Cette abbaye, décimée et ruinée par les pestes et les guerres, fut supprimée par le pape Eugène IV (1437). Le prieuré régulier qui la remplaça finit par ne plus être qu'un prieuré rural.

Prieurés

Aiguines[2]. Notre-Dame des Sales, *S. Maria de Saleta* et *S. J.-B. de*

---

même, 349-359. — *Dissertation sur le lieu de naissance de saint Mayeul, abbé de Cluny*, par LE MÊME, dans *Annales Basses-Alpes*, IV (1841). — MAUREL, 468-471.

1. A Fontaine-l'Évêque, com. Bauduen, cant. Aups, arr. Draguignan, Var. — **Bibliographie** : On trouve dans l'*Historica præsulum S. Regiensis Ecclesiæ nomenclatura*, de BARTEL, 209-228, les pièces relatives à la fondation et à la dotation de cette abbaye et les statuts de Fouques. *Carta fundationis*, dans *Gallia christiana* (1656), IV, 838-840. — BARTEL, 67-70. — *Notes historiques sur Fontaine-l'Évêque ou Sorps*, par DE BRESC, dans *Congrès soc. sav. de Provence et Marseille* (1907), 547-552. — BOUCHE, I, 228 ; II, 309-310. — *Souvenirs religieux des Églises de la Haute-Provence*, par FÉRAUD, 71-73, 91.

2. Cant. Aups, arr. Draguignan, Var. — *Cart. Saint-Victor*, I, 598-606. — ALBANÈS, I, *Église de Riez*, inst. XXIX. — *Souvenirs relig.*, par FÉRAUD, 27. — ACHARD, I, 164.

Aiguina, donné à Saint-Victor de Marseille vers 1038, par Hildebert et ses fils. — ALBIOSC, *Albioscum*, *Albiols*[1]. Saint-Pierre, donné à Lérins par l'évêque Augier (1133). — ALIGNOSC[2]. Saint-Martin, dépendant de Lérins, uni au prieuré de Roumoulès. — ARTIGNOSC, *Artignoscum*[3]. Sainte-Madeleine, donné à Lérins (1113) et uni à l'évêché de Riez (1304). Notre-Dame et Saint-Pierre, dépendant de Saint-Victor (1098).

BAUDINARD, *Beldisnard*, *Bellum Dinacium*[4]. Saint-Jacques, donné à Lérins par Augier, évêque de Riez (1113), uni à l'évêché. — BAUDUEN, *Baudonium*[5]. Saint-Pierre et Notre-Dame de la Blache, dépendant de l'évêque. — BEYNÈS, *Areolæ*, *Bedinæ*[6]. Saint-Martin et Saint-Maxime. — BRAS-D'ASSE, *Brachium Vallis Assiæ*[7]. Saint-Nicolas, dépendant de l'évêque. — BRUNET, *Brunetum*[8]. Saint-Martin, dépendant de Montmajour, uni à la cathédrale de Riez.

CHATEAUNEUF, *Castrum novum*[9]. Saint-Pons, dépendant de Montmajour ; Saint-Pierre de Chauvet, *Calvetum*, unis à l'évêché de Riez. — CHATEAU-REDON, *Castrum rotundum*[10]. Saint-Jean-Baptiste. Saint-Martin de Sueuil, *Airamus*, donné à Saint-Victor au XIe s. — CHENERILLES, *Caniniliæ*[11]. Saint-Florent, dépendant de l'évêché. — CLUMANE, *Clumancus*, *Clemanæ*[12]. Saint-Honorat, donné à Lérins par Pons et ses trois frères (1046-1066). Saint-Benoît et Saint-Augustin, prieurés unis

---

1. Cant. Riez, arr. Digne, Basses-Alpes. — *Cart. de Lérins*, I, 221-222 ; II, 138-147. — *Inv. som. arch. Alpes-Maritimes*, par MORIS, sér. II, 849-862, t. I, 143-144. — *Souv. relig. de la Haute-Provence*, 44-45 ; *Hist. des Basses-Alpes*, par FÉRAUD, 344.
2. *Souv. Haute-Provence*, 45.
3. Cant. Tavernes, arr. Brignoles, Var. — *Cart. Lérins*, II, 155-158. — *Inv. som. arch. Alpes-Mar.*, sér. II, 884, I, 146. — *Cart. Saint-Victor*, II, 39. — ACHARD, I, 239. — BARTEL, 218.
4. Cant. Aups, arr. Draguignan, Var. — *Cart. Lérins*, I, 223.
5. Cant. Aups. — ACHARD, I, 317.
6 et 7. Cant. Mézel, arr. Digne, Basses-Alpes.
8. Cant. Valensoles, arr. Digne. — Bulle d'Innocent III (1204), dans *Pat. lat.*, CCXV, 468.
9. Cant. Moustier-Sainte-Marie, arr. Digne, Basses-Alpes. — Bul. d'Innocent III, dans *Pat. lat.*, CCXV, 468. — *Souvenirs religieux*, par FÉRAUD, 51. — *Hist. des Basses-Alpes*, 309.
10. Cant. Mézel, arr. Digne. — *Cart. Saint-Victor*, II, 91 et s. Arch. B.-du-Rh., II, 1045 (1202-1731). — *Gallia Christ.*, III, 210.
11. Cant. Les Mées, arr. Digne. — ACHARD, I, 456.
12. Cant. Barrême, arr. Digne. — *Cart. Lérins*, I, 238. — *Inv. som. arch. Alpes-Mar.*, sér. II, 919-931, t. I, 149-150. — ACHARD, I, 464-465.

dépendant de Lérins. — CREISSET, *Creissetum*[1]. Sainte-Magdeleine, dépendant de l'archevêché.

ENTRAGES[2]. Saint-Pierre de Taillas, *Tragilæ*, donné à Saint-Victor vers 1070. — ENTREVENNES, *Antravenæ*[3]. Notre-Dame, dépendant de l'évêché. Saint-Pierre, dépendant de Saint-André de Villeneuve. Saint-Benoît et Saint-Firmin. — ESPARRON DE VERDON, *Sparro*, *Esparro*[4]. Saint-Vincent-et-Saint-André, dépendant de Lérins (990), uni à la sacristie de la cathédrale de Riez. — ESPINOUSSE, *Spinosa*[5]. Saint-Jacques, uni au chapitre cathédral de Riez. — ESTOUBLON, *Stublon*[6]. Saint-Pierre, donné à Montmajour par Svigo et Hébert (1011), qualifié monastère par Callixte II (1123) et Innocent III (1206) et uni à la Chambrerie (1356). — GRÉOULT, *Greols*, *Gredolæ*, *Gryselium*[7]. Notre-Dame, donné à Montmajour vers 1096, cédé dans la suite aux Templiers, puis uni à l'évêché. Saint-Pierre de Rousset, uni au séminaire de Riez.

LA PALU[8]. Saint-Maurice de Meireste, *Meiresca*, mentionné par saint Grégoire VII parmi les *cellæ* de Saint-Victor (1079). — LA VERDIÈRE[9]. Saint-Pierre de Braug, *Braugium*, donné à Lérins par l'évêque Augier (1103), cédé aux Templiers (1237) et attribué aux Chevaliers de Malte. — LE CASTELLET, *Castelletum*[10]. Saint-Pierre, dépendant de Saint-André de Villeneuve, uni à l'infirmerie (XIIIᵉ s.). — LE POIL, *Pirus*[11]. Saint-Laurent, dépendant de l'évêché. — LES MÉES, *Mediæ*,

---

1. Cant. Mézel, arr. Digne. — ACHARD, I, 488.
2. Cant. et arr. Digne. — *Cart. Saint-Victor*, II, 98.
3. Cant. Les Mées, arr. Digne. — *Etude sur les abbés de Saint-André de Villeneuve*, par MÉRITAN, 27. — ACHARD, I, 519.
4. Cant. Riez, arr. Digne. — *Cart. Lérins*, I, 225. — *Souvenirs religieux*, par FÉRAUD, 45. — ACHARD, I, 524.
5. Cant. Mézel, arr. Digne. — ACHARD, I, 525.
6. Cant. Mézel, arr. Digne. — Charte de Fondation, dans PAPON, II, preuves III-IV. BOUCHE, I, 234. ALBANÈS, I, inst. 371. — *Estoublon, fief de Montmajour* (1157), dans *An. Basses-Alpes*, X (1901), 192-193. — *Souvenirs religieux*, par FÉRAUD, 50-51 ; *Hist. des Basses-Alpes*, 280-282.
7. Cant. Valensoles, arr. Digne. — ACHARD, I, 587-589. — *Souvenirs religieux*, par FÉRAUD, 51, 102.
8. Cant. Moustiers, arr. Draguignan. — *Cart. Saint-Victor*, II, 718. — *Inv. ms. de l'abbaye*, p. 68, arch. B.-du-R. — ACHARD, II, 197.
9. Cant. Salernes, arr. Brignoles, Var. — *Cart. Lérins*, I, 206-210 ; II, 159-162. — *Inv. arch. Alpes-Mar.*, sér. II, 886, t. I, 147.
10. Cant. Les Mées, arr. Digne, Basses-Alpes. — ACHARD, I, 429. — MÉRITAN, 30.
11. Cant. Senez, arr. Castellane. — ACHARD, II, 234. — *Le Poil, Histoire*

Metæ[1]. Saint-Antoine, donné à Saint-Victor de Marseille (XIe s.). Saint-Michel, dépendant de Ganagobie. Notre-Dame de Pleins-Champs, *de Plenis Campis*. Saint-Blaise de Palleirose, dépendant de Boscaudon. Notre-Dame de l'Olive, prieuré-cure. — LEVENS, *Leventium*[2]. Saint-Barnabé, dépendant de la cathédrale.

MAJASTRES[3]. Saint-Pierre. — MÉZEL, *Mesellum*[4]. Saint-Vincent, donné à Montmajour par l'évêque Augier (1096). — MOISSAC, *Mosiacum*[5]. Notre-Dame, uni au chapitre métropolitain d'Aix. — MONTAGNAC, *Montaniacum*[6]. Notre-Dame, donné à Lérins par l'évêque Augier (1113), puis uni à l'évêché de Riez. — MONTMEYAN, *Mons Medianus*[7]. Notre-Dame du Plan, dépendant de Saint-André de Villeneuve. — MOUSTIERS-SAINTE-MARIE, *Monasterium*[8]. Notre-Dame et Saint-Julien, donné à Lérins par l'évêque Augier (1096), habité par une communauté monastique jusqu'au XVIe s. Saint-Jean-Baptiste, donné à Saint-Victor (1070). — OURBÈS, *Orborium*[9]. Saint-Martin, dépendant de Saint-Victor, qui le possédait à l'époque carolingienne. — PUIMOISSON[10].

féodale, toponymique et religieuse, par LIEUTAUD, dans *An. Basses-Alpes*, XXIII (1902), 474-491.

1. Chef-l. cant., arr. Digne. — *Cart. Saint-Victor*, II, 39-56. — ACHARD, II, 117. — *Notice historique et statistique de la ville des Mées*, par ESMIEU. Digne, 1843, in-8, et *Annales hist. Basses-Alpes*, VI (1843), 15-21, 221-227. — *Souvenirs religieux*, par FÉRAUD, 54-55.
2. Cant. Moustiers, arr. Digne. — ACHARD, I, 637.
3. Cant. Senez, arr. Castellane.
4. Chef-l. cant., arr. Digne. — ACHARD, II, 128. — *Souvenirs religieux*, 51.
5. Cant. Tavernes, arr. Brignoles, Var. — ACHARD, II, 137.
6. Cant. Riez, arr. Digne. — *Cart. Lérins*, I, 225. — ACHARD, II, 141. — *Souvenirs religieux*, 45.
7. Cant. Tavernes, arr. Brignoles, Var. — ACHARD, II, 151. — MÉRITAN, 34.
8. Chef-l. cant., arr. Digne, Basses-Alpes. — *Cartulaire de Lérins*, I, 213-221; II, 148-154. — *Inv. som. des archives des Alpes-Maritimes*, sér. II, 873-883, t. I, 145-146. — *Histoire de l'abbaye de Lérins*, II, 474. — BARTEL, 242-244. — *Cart. de Saint-Victor*, I, 612-615. — *Mémoire historique sur la ville de Moustiers*, par JEAN SOLOMÉ. Digne, 1842, in-18, ext. *Annuaire des Basses-Alpes*, s. l. n. d., in-8, ext. *Annales hist. des Basses-Alpes*, IX (1849). — *Notre-Dame de Moustiers*, par l'abbé FÉRAUD, dans le *Rosier de Marie*, sept.-oct. 1866. — *Souvenirs religieux des églises de la Haute-Provence*, par LE MÊME, 36-43. — ACHARD, II, 162. — *Bibliographie du culte local de la Vierge Marie*, par L. CLUGNET, 21-22.
9. Cant. Moustiers, arr. Digne. — *Souvenirs religieux*, par FÉRAUD, 25-26.
10. Cant. Riez, arr. Digne.— *Cart. Lérins*, I, 236.— *Inv. arch. Alpes-Mar.*, sér. II, 932-939, t. I, 151-152. — *Souvenirs religieux*, 46.

Notre-Dame de Beauvoir, donné à Lérins par Boniface et son épouse Stéphanie (XIe s.) et vendu aux Chevaliers de Malte. — QUINSON, *Quincio*[1]. Notre-Dame du Plan, dépendant de Lérins. Sainte-Thècle de la Roquette, dépendant du chapitre cathédral.

RIEZ. Saint-Etienne *de Rejenia*, qui était une *cella* de Saint-Victor en 1079[2]. — ROBION[3]. Saint-Trophime, qui fut une *cella* de Saint-Victor (1079). — ROUGON, *Rogonum, Ruga*[4]. Saint-Cyr, dépendant de Saint-Victor de Marseille (1098). — ROUMOULÈS, *Romulæ*[5]. Saint-Pierre, donné à Lérins en 1081, occupé par deux moines au millieu du XIVe s. et uni à la mense épiscopale de Riez vers la fin du XVIIe s.

SAINT-JEANNET, *S. Johannetus*[6], dépendant de l'évêque. — SAINT-JUERS, *S. Georgius*[7], dépendant de la prévôté de Sorps. — SAINT-JULIEN LE MONTAGNER, *S. Julianus Montanerius*[8]. Notre-Dame et Saint-Pierre, dépendant du chapitre cathédral. — SAINT-JULIEN D'ASSE, *S. Julianus*[9], donné à Montmajour par l'évêque Augier (1096), uni à Saint-Pierre de la Villette, *de Villeta*. — SAINT-MARTIN DE BROMES, *Bromedes*[10]. Donné à Saint-Victor vers 1064. Saint-Pierre d'Archinose, *Archinoschum*, donné à la même abbaye vers le même temps. — SAINTE-CROIX DE VERDON, *Sa Crux de Salleta*[11]. *Cella* de Saint-Victor (1079). Saint-Pons, donné à cette abbaye en 1098.

TAVERNES, *Tabernæ*[12]. Saint-Cassien, donné à Saint-Victor en 1098, uni dans la suite à la prévôté de Barjols. Saint-Maxime, uni à cette

---

1. Cant. Riez. — *Cart. Lérins*, I, 218-219 ; II, 142-147. — ACHARD, II, 258, 259 et 311.
2. *Cart. Saint-Victor*, II, 718.
3. Cant. et arr. Castellane. — *Cart. Saint-Victor*, II, 218. Inv. ms. p. 68.
4. Cant. Moustiers, arr. Digne. — *Cart. Saint-Victor*, II, 39.
5. Cant. Riez, arr. Digne. — *Cart. Lérins*, 226-230. — *Inv. arch. Alpes-Mar.*, sér. II, 862-872, t. I, 144-145. — BARTEL, 237. — *Souvenirs religieux*, 43-44.
6. Cant. Mézel, arr. Digne.
7. Cant. Moustiers, arr. Digne. — BOUCHE, I, 229.
8. Cant. Rians, arr. Brignoles, Var. — ACHARD, II, 414-415.
9. Cant. Mézel, arr. Digne. — ALBANÈS, I, *Eglise de Riez*, inst. 371. — Bulle d'Innocent III, dans *Pat. lat.* CCXV, 468. — *Souvenirs religieux*, 51.
10. Cant. Valensoles, arr. Digne.— *Cart. Saint-Victor*, I, 620-627. — Arch. B.-du-Rh., H, 1044 (1042-1751). Inv. ms. 69. — *Souvenirs religieux*, 26.
11. Cant. Riez, arr. Digne. — *Cart. Saint-Victor*, II, 39, 718. — ACHARD, II, 471.
12. Chef-l. cant., arr. Draguignan, Var. — *Cart. Saint-Victor*, I, 627-630. Inv. ms. 69. — *Souvenirs religieux*, 27.

collégiale. — Trigance[1]. Saint-Julien *de Lagnenis*, donné à Saint-Victor (1015-1020), mis par Grégoire VII au nombre des *cellæ* (1079). Saint-Denis d'Estelle, *de Stella*, uni au séminaire diocésain. — Varages, *Varagiæ, Varagines*[2]. Saint-Pierre, donné à Montmajour (1032). — Vérignon, *Verignum*[3]. Saint-Priest, que l'abbaye de Saint-Victor possédait en 1098. Lagnères, *Lahninæ*.

1. Cant. Comps, arr. Draguignan. — *Cart. Saint-Victor*, I, 607-610. Inv. ms. 68. — Achard, II, 528.
2. Cant. Barjols, arr. Brignoles.
3. Cant. Aups, arr. Draguignan. — *Cart. Saint-Victor*, II, 39.

VI

DIOCÈSE DE SISTERON [1]

[*Sistaricensis.* Évêché aujourd'hui suffragant d'Aix. Il est situé dans la ville de Sisteron, de la seconde Narbonnaise et de l'exarchat des Gaules.

L'église cathédrale, sous le nom de la Vierge [2], est bâtie en forme de croix : elle est fort ancienne. On croit qu'elle a été bâtie par Charlemagne [3], et l'un des derniers évêques y a donné une très belle argenterie. On ne sait pas si Valère, qui vivait en 517, a été le premier évêque de Sisteron, ou s'il y en a eu d'autres avant lui [4].

Son chapitre est composé d'un prévôt et de onze chanoines, dont les trois premiers sont l'archidiacre, le capiscol et le sacristain. Outre les chanoines, il y a encore dix bénéficiers [5], dont deux font les fonctions de curé. Il y a dans ce diocèse quarante-six paroisses en Provence, seize en Dauphiné et deux dans le Comtat-Venaissin, qui sont Montréal et Piles. Parmi ces paroisses, celle de Forcalquier se dit concathédrale et a un chapitre, composé d'un prévôt, d'un sacristain, d'un capiscol, de dix autres chanoines et de dix autres bénéficiers [6].

La taxe en cour de Rome est de 800 florins et le revenu de l'évêché est de 12.000 livres.]

1. Chef-lieu d'arr. Basses-Alpes. — **Bibliographie** : *De rebus gestis episcoporum Sistaricensium libri IV*, auct. Joan. Colombi. Lyon, 1663, in-8. — *Histoire de Sisteron, tirée de ses archives, où l'on voit, par les institutions, les mœurs, les développements et les vicissitudes de cette ville, le sort et l'importance politique de la plupart des anciennes villes du midi de la France...*, par Ed. de Laplane. Digne, 1843, 2 vol. in-8. — *Gallia Christiana*, I (1870), 474-515, inst. 88-93. — *Gallia Christiana novissima*, par Albanès, I, 653-792, inst. 439-532. — Du Tems, I, 122-135.— Bouche, I, 234-241.— Papon, I, 270-291. — Dictionnaire d'Expilly, VI, 823-825. — *Souvenirs religieux des Eglises de la Haute-Provence*, par Féraud. Digne, 1879, in-8. — Voir la bibliographie du diocèse de Riez.
2. Primitivement elle avait saint Thyrse pour titulaire.
3. C'est une erreur. Elle est de la seconde moitié du XIIe siècle.
4. Le chan. Albanès, après la *Gallia Christiana*, lui donne pour prédécesseurs Chrysophe et Jean Ier. Mgr Duchesne ne met avant lui que Jean. *Fastes épiscopaux*, I, 278.
5. Il y a, en outre, un maître de musique et quatre enfants de chœur.
6. *Obituaire du chapitre de Saint-Mary à Forcalquier (1074-1593)*, par J. Roman. Digne, 1887, in-8.

Les Cordeliers conventuels avaient un couvent à Sisteron et à Forcalquier, fondé, le premier, en 1238. Les Dominicains en avaient un à La Baume-lès-Sisteron. Les Cordeliers observantins en avaient un à Manosque ; les Capucins, à Sisteron, fondé en 1614, et à Manosque ; les Récollets, à Forcalquier et à Notre-Dame des Anges, près Cuers. Les Grands Carmes étaient installés à Manosque, et les Minimes à Manc. Les Lazaristes dirigeaient les séminaires de Manosque et de Lure. Il y avait des religieuses Ursulines à Sisteron, des Visitandines dans cette même ville et à Forcalquier et des Clarisses à Manosque.

Abbayes et Prieurés conventuels

Volx, *Baulæ*[1]. Jean II, évêque de Sisteron, fonda en 812 ce monastère sous le vocable de Notre-Dame. Ademar en fut le premier abbé. Cette maison eut peu d'avenir. Elle était, dès le XIe siècle, unie à l'abbaye de Psalmodi, du diocèse de Nîmes.

Val-Benoit, *Bodonense monasterium*[2]. Ce monastère eut pour fondateur, au XIe siècle, un saint Mary, dont son biographe fait un moine de Micy. Ruiné une première fois par des barbares venus d'Italie, une seconde fois par les Sarrazins, il finit par ne plus être qu'un prieuré de l'abbaye de l'Ile-Barbe.

Lure, *Lura*[3]. Cette abbaye, dont l'église était en l'honneur

---

1. Cant. Manosque, arr. Forcalquier. — Bibliographie : Charte de fondation, dans *De re diplomatica* de Mabillon, p. 614, et Albanès, I, instr. 439-441. — *L'abbaye de Volx et la chapelle romane de Notre-Dame de Baulis*, par Charles de Gantelni d'Ille. Digne, 1883, in-8. Ce travail avait paru dans les *Annales des Basses-Alpes*, I (1882), 246-250, 330-336, 340-344, dans la *Semaine religieuse de Digne* (1882), 54, 127, 231, et dans le *Bul. de la Soc. scientif. et littér. de Digne*, I (1883), 246, 340. — *Annales benedictini* de Mabillon, II, 404-405. — *Gallia Christiana*, I, 508-509. — Albanès, I, 672-673. — Achard, III, 232-247. — *Souvenirs religieux des Eglises de la Haute-Provence*, 21.

2. Saint-May, cant. Rémusat, arr. Nyons, Drôme. — Bibliographie : *Vita S. Marii*, dans Mabillon, *Acta Sanct. O. S. B.*, I, 98, et dans *Acta Sanctorum*, Januarii, III, 387-388. Sur la valeur de cette vie, attribuée au patrice Dyname, voir *Les Saints de Micy*, par Poncelet, dans *Analecta bollandiana*, XXIV (1905), 96. — *Histoire de saint Mary, premier abbé de Bodan*, par Jean Germain, prêtre bénéficier de Forcalquier, 1736, Bib. Aix, ms. 841. — *Etudes historiques sur l'abbaye de Bodon à Saint-Mary, diocèse de Valence*, par l'abbé Isnard, dans *Bul. Soc. hist. de la Drôme*, I (1866), 46-52. — *Annales benedictini*, I, 131-132. — *Gallia Christiana*, I, 506-508.

3. Com. et cant. Saint-Etienne, arr. Forcalquier. — Bibliographie : *Notre-Dame de Lure, son abbaye et son pèlerinage*, par Alfred Regnier-Vigne.

de Notre-Dame, fut fondée au VIe siècle par un saint Donat, dont une tradition locale a fait un moine de Micy. Elle disparut pendant les invasions sarrazines. Une nouvelle abbaye, confiée aux chanoines réguliers, s'éleva dans ces mêmes lieux vers 1170. Les premiers chanoines vinrent de Boscodon; ils suivaient les règles composées par saint Hugues de Grenoble. Le pape Jean XXII unit cette maison au chapitre régulier de la cathédrale d'Avignon (1318), en attendant que Sixte IV prononçât la sécularisation de ces deux chapitres, lors de l'érection d'Avignon en métropole (1481). Il ne resta de l'abbaye de Lure que le titre abbatial, donné en commende avec 2.500 livres de revenu.

CRUIS, *Crossia* [1]. Cette maison de chanoines réguliers, sous le vocable de Saint-Martin, fut fondée vers le milieu du XIe siècle; le comte Raymond Bérenger la fit ériger en abbaye dans les premières années du siècle suivant. Elle était exempte de la juridiction épiscopale. L'évêque de Sisteron obtint de Callixte III l'union du titre

---

Marseille, 1886, in-16, et *Annales des Basses-Alpes*, 1883. — *Histoire de l'abbaye et du sanctuaire de Notre-Dame de Lure*, par FÉRAUD, dans *Rosier de Marie* (1858), 473, 494, 512, 528. — *Histoire de la chapelle ou sanctuaire de Notre-Dame de Lure, dans la paroisse de Saint-Etienne*, par le chan. ISOARD, d'après un manuscrit de l'abbé FÉRAUD. Forcalquier, 1858, in-8. — Voir : *Bibliographie du culte local de la Vierge Marie*, par L. CLUGNET, fasc. I, 26. — Sur Saint-Donat : *Histoire hagiologique du diocèse de Gap*, par MGR DEPÉRY, 145-161. — *Vita Sancti Donati*, dans *Catalogus cod. hagiograph. latin. Bib. nat.*, I, 309-315.

Factum pour le chapitre de Sisteron et les trois chanoines qui ont fait option des prébendes du sieur Arnault, intimés, demandeurs et défendeurs, contre Me Baltazar Barle de Curban, abbé de Lure, prétendant droit à la prébende de Saint-Domnin, que possédait le sieur d'Arnault. Paris, 1730, in-fol. — *Sommaire de la cause signifiée pour le chapitre de Sisteron*, etc. Paris, s. d., in-fol. Voir : Corda, V, 645-646. — *Abrégé des actes du clergé de France, table raisonnée*, II, 193 et 194. — *Sceau de l'abbé Jourdan* (1196), dans *Sigillographie*, par BLANCARD, I, 219 ; II, pl. 90, n° 1.

Annales bened., I, 131. — *Gallia christiana*, I, 509-512. — ALBANÈS, I, 592-593, 708. — BOUCHE, I, 236 ; II, 118, 167-168. — *Souvenirs religieux des églises de la Haute-Provence*, 13-16, 62-67. — *Histoire de Sisteron*, par DE LAPLANE, II, 399-402. — *Notices géographiques et historiques sur les communes du canton de Saint-Etienne-les-Orgues*, par PELLOUX. Forcalquier, 1887, in-8, 25 et s. — *Histoire générale des Alpes-Maritimes ou Cottiennes*, par FOURNIER, I, 467-472, 709-711, 732.

1. Cant. Saint-Etienne, arr. Forcalquier. — **Bibliographie** : On conserve quelques pièces relatives à cette abbaye (XIVe-XVIe s.) aux archives départementales de Digne, sér. H. — *Gallia christiana*, I, 512-513. — BOUCHE, I, 236 ; II, 338. — ACHARD, I, 490. — *Histoire de Sisteron*, par DE LAPLANE, II, 402-404. — *Notice sur les communes du canton de Saint-Etienne*, par PELLOUX, 81-92. — *Souvenirs religieux des églises de la Haute-Provence*, 82-85.

abbatial à la mense de l'évêché (1456), ce qui en augmenta les revenus d'environ 5000 livres.

GANAGOBIE, *Ganagobia, Galobium*[1]. Ce prieuré fut fondé vers le milieu du Xe siècle, sous le vocable de Notre-Dame et de Saint-Jean-Baptiste, par Jean III, évêque de Sisteron, et donné par lui à l'abbaye de Cluny. Ce monastère, richement doté et établi au sommet d'une montagne, exerça dans la région une grande influence. Plusieurs prieurés en dépendaient : Peyruis, Montfort, Sigonce, Peypin, Costebelle. Il devait y avoir constamment quatorze moines, le prieur compris. Cette maison fut supprimée par la commission des réguliers (1787). Il reste une église et un cloître du XIIe siècle.

LA BAUME, *Balma*[2]. Les chanoines réguliers de la prévôté de Chardavon, diocèse de Gap, transportèrent leur maison dans ce faubourg de Sisteron, où ils desservirent l'église de Saint-Marcel. Voir art. *Charvadon*.

Monastères de femmes

BÉNÉDICTINES DE MANE, *Manna*[3]. Ce monastère, qui pourrait

1. Cant. Peyruis, arr. Forcalquier. — **Bibliographie** : On conserve quelques documents sur ce monastère et ses prieurs aux archives départementales de Digne, sér. H, aux archives nationales, O, 634, à la Bibliothèque Sainte-Geneviève, ms. 709, f. 66 (visite du prieuré, par Gaspard de Simiane de la Coste, vicaire général de Mazarin, 1654), et à la Bibliothèque d'Avignon, ms. 3688, f. 60 (pièces concernant René de Massebeuf, prieur de Ganagobie, 1602-1619). — *Recueil des chartes de Cluny*, par BRUEL, III, 792 ; V, 795. — *Bibliotheca Cluniacensis*, 1727, 1731.
Précis historique sur le monastère de Ganagobie, par A. MILON, Tours, 1880, in-8. — *Rapport de M. DE CAUMONT sur un mémoire adressé par M.* VEUILLOT *sur le monastère de Ganagobie*, dans *Bullet. monument.*, XXXII (1866), 65-68. — BOUCHE, I, 239 ; II, 57, 188. — ACHARD, II, 251-254, 374. L'exemplaire de la Bibliothèque Méjanes, à Aix, contient une notice manuscrite. — *Histoire de Sisteron*, par DE LAPLANE, II, 405-415. — *Souvenirs religieux des églises de la Haute-Provence*, 105-110. — ALBANÈS, I, 682-683. — MAUREL, 467.
Relation de la confidence et usurpation du prieuré de Ganagobie, en Provence, par Lambert du Bousquet, seigneur de Sigonce, au préjudice du sieur Gaffareli, s. l., 1633, in-4°. Voir : CORDA, II, 318. — *A Son Altesse Mgr l'archevêque de Vienne, abbé, chef général, et à Messieurs les définiteurs du chapitre général de Cluni*, DOM BALTHASAR BURLE, *infirmier de Ganagobie*, s. l. n. d. (1725), in-fol.
2. Com. Sisteron. — Voir art. *Chardavon*, p. 50.
3. Cant. et arr. Forcalquier. — ACHARD, II, 14. — *Souvenirs religieux*, 171.

remonter au XII° siècle, fut détruit pendant les guerres de religion. Emeric de Rochechouart, évêque de Sisteron, le fit restaurer, en 1578 ; il fut occupé par des religieuses jusqu'au moment de la Révolution.

BERNARDINES DE MANOSQUE[1]. — Ce monastère fut fondé par les Cisterciennes de Sainte-Catherine d'Avignon. Anne de Valavoire, qui prit l'initiative de cette fondation, en devint la première supérieure (1634). Les moniales dirigeaient un pensionnat. Elles prospérèrent jusqu'à la Révolution. Leur église a été transformée en salle de spectacle ; la gendarmerie et des familles sont installés dans les édifices claustraux.

Prieurés

ARPAVON, *Arpaon*[2]. Saint-Etienne, dépendant de Bodon, uni au chapitre de Sisteron. — AUBENAS, *Albeniacum, Albenæ*[3]. Notre-Dame. — AUBIGNOSC, *Albignoscum*[4]. Saint-Julien, uni au séminaire de Sainte-Garde de Sisteron (1755). — AUGÈS, *Augetum*[5]. Saint-Georges, dépendant de Saint-André de Villeneuve.

CHATEAU-ARNOUX, *Castrum Arnulphi*[6]. — CHATEAUNEUF-LE-CHARBONNIER, *Castrum novum de Carboneriis*[7]. Saint-Donat, donné à Saint-André de Villeneuve par Guillaume I, comte de Provence (1018). Notre-Dame de l'Etoile, dépendant de Cruis, uni à la mense capitulaire de Digne (1541). — CHATEAUNEUF-MIRAVAIL, *Castrum novum Mirævallis*[8]. Saint-Mary.

DAUPHIN, *Delphinus*[9]. Saint-Patrice, dépendant du chapitre cathédrale d'Alais. Saint-Sauveur. — FONTIENNE, *Fonteana*[10]. Saint-Pierre,

1. *Histoire de Manosque*, par FÉRAUD, 495-498. — *Souvenirs religieux des églises de la Haute-Provence*, 169-170.
2. Cant. et arr. Nyons, Drôme. — *Dictionnaire topographique de la Drôme*, par BRUN-DURAND, 10.
3. Cant. Reillane, arr. Forcalquier.
4. Cant. Volonne, arr. Sisteron. — ACHARD, I, 258.
5. Cant. Peyruis, arr. Forcalquier. — MÉRITAN, 25.
6. Cant. Volonne, arr. Sisteron.
7. Ibid. — *Monographie de Châteauneuf-Val-Saint-Donat*, par J.-M. MAUREL. Forcalquier, 1891, in-8. — ACHARD, I, 452. — MÉRITAN, 36.
8. Cant. Noyers, arr. Sisteron.
9. Cant. et arr. Forcalquier. — ACHARD, I, 497.
10. Cant. Saint-Etienne, arr. Forcalquier. — *Cart. Saint-Victor*, II, 20-21. — ALBANÈS, I, 691. — *Notice sur les communes du cant. de Saint-Etienne*, par PELLOUX. — *Souvenirs religieux*, 30.

donné à Saint-Victor de Marseille par Gérard Chévrier, évêque de Sisteron, vers 1060. — FORCALQUIER, *Forum Calcherium, Forcalquerium*[1]. Saints-Promasse, Maurice et Romain, donné à Saint-Victor par Bertrand, comte de Forcalquier (1044). On voit encore l'église et le prieuré. — LA BRILLANE, *Briniana*[2], dépendant de l'évêque. — LE POËT-SIGILLAT, *Poictum*[3], prieuré-cure, uni à celui de Saint-May. — LA ROCHE-GIRON, *Roca, Rupes Gironis*[4].

MALEFOUGASSE, *Malafugacia*[5]. Saint-Jean-Baptiste, dépendant de Saint-André de Villeneuve, uni à l'abbaye de Cruis et à l'évêché de Sisteron. — MANE, *Mana*[6]. Saint-André, dépendant de Saint-André de Villeneuve, donné aux Minimes de Mane (XVIIᵉ s.) avec les prieurés de Notre-Dame de Châteauneuf, Saint-Jean de Fodilz, Notre-Dame de Salagon et Saint-Laurent, situés sur la même paroisse, qui lui étaient unis. — MANOSQUE, *Manoasca*[7]. Notre-Dame de Romigier, donné à Saint-Victor au Xᵉ siècle, centre d'un pèlerinage célèbre, occupé par une communauté monastique jusqu'au XVᵉ siècle, uni plus tard à l'hôtel-

---

1. Chef-l. arr. — *Les quatre paroisses de Forcalquier et leur union en 1415*, par de BERLUC-PERUSSIS, dans *An. Basses-Alpes*, III (1887), 361, 432, 507. — *Cart. Saint-Victor*, II, 3-18. Arch. B.-du-Rh., sér. II, 889-893 (1044-1789). — *Souvenirs religieux*, 29-30.
2. Cant. Peyruis, arr. Forcalquier.
3. Cant. Rémusat, arr. Nyons, Drôme. — *Dict. topog. de la Drôme*, 279.
4. Cant. Banon, arr. Forcalquier, Basses-Alpes.
5. Cant. Saint-Etienne, Ibid. — MÉRITAN, 31. — ACHARD, II, 11.
6. Cant. et arr. Forcalquier. — MÉRITAN, 31-32.
7. Chef-l. cant., arr. Forcalquier. — *Virgo Romigeria seu Manuacensis*, auct. J. COLOMBI, Lyon, 1638, in-4, et 1658, in-12. — *Manuasca. Virgo manuacensis, Guillelmus junior Forcalquerii comes, Episcopi Sistaricenses*, auct. J. COLOMBI, Lyon, 1662, in-8. Voir: *Opuscula varia*, du même auteur, Lyon, 1664 et 1668, in-fol. — *Notre-Dame de Romigier ou de Manosque* du P. COLOMBI; traduite sur l'édition de 1668 par DAMASE ARBAUD. Digne, 1838, in-12. — *Histoire de Manosque* du P. COLOMBI, traduite par HENRI PELLICOT. Apt, 1808, in-8, 214-246. — *Notre-Dame du Romigier*, par l'abbé FÉRAUD, dans *Rosier de Marie* (1857), 516, 533. — *Histoire civile, politique, religieuse et biographique de Manosque*, par LE MÊME. Digne, 1848, in-8, p. 393-416. *Annales hist. des Basses-Alpes*, VII (1846), 308-327. — *Souvenirs religieux des églises de la Haute-Provence*, par LE MÊME, 27-29. — *Etudes historiques sur la ville de Manosque au moyen-âge*, par ARBAUD. Digne, 1854, in-8. Voir: *Bibliographie du culte local de la Vierge Marie*, par L. CLUGNET, 30-32.
Cart. Saint-Victor, I, 639-649; II, 2-5. Arch. B.-du-Rh., II, 912-920 (1036-1789). — *Liste des privilèges de Manosque. Cartulaire municipal latin-provençal (1169-1815)*, par ISNARD et CHABANEAU. Paris, in-4. — *Dissertations historiques sur les comtes de Provence*, par RUFFI, 63-66. — ACHARD, II, 17. — CHANTELOU, 73.

lerie de l'abbaye. — Montfort, *Mons fortis* [1]. Sainte-Magdeleine, dépendant de Ganagobie. Saint-Donat. — Montfroc, *Mons frocus* [2].— Montlaux, *Mons laurus* [3]. Saint-Jacques et Saint-Christophe. — Montsalier, *Mons selicus* [4], dépendant de Cruis, attribué au séminaire de Lure (1702).

Niozelles, *Nuacellæ* [5]. Saint-Marcellin, donné à Saint-Victor (1031), puis dépendant de Ganagobie, uni à l'infirmerie. — Noyers, *Nogeriæ* [6]. Notre-Dame de Nazareth, dépendant de Ganagobie, uni à l'infirmerie. Saint-Nazaire et Saint-Julien, dépendant de Cruis. — Ongles [7]. Notre-Dame du Revest, dépendant de Saint-André de Villeneuve.

Peipin, *Podium pini* [8], dépendant de Saint-André de Villeneuve. — Peyruis, *Petrosium* [9]. Saint-Pierre, donné à Ganagobie par Ours, évêque de Sisteron, après 967. — Pierrevert, *Petra viridis* [10]. Notre-Dame, dépendant de Saint-Victor. Saint-Michel, Saint-Jean et Saint-Pierre, dépendant de Saint-André de Villeneuve et cédé à Saint-Victor (XVIIe s.). Sainte-Marguerite, dépendant de Saint-André. — Redortiers, *Redorterium* [11].— Revest-Enfangat, *Revestum Enfangastum* [12]. Saint-Martin, donné à Saint-Victor (v. 1040), mis par Innocent III au nombre des *cellæ* (1135).

Sahune, *Aseduna* [13]. Saint-Pierre, dépendant de l'Ile-Barbe. Saint-Jean, dépendant de Saint-May. — Saint-Auban, *S. Albanus* [14], dépendant de Ganagobie, uni à la sacristie. — Sainte-Tulle, *S[a] Tullia* [15],

1. Cant. Volonne, arr. Sisteron. — *Histoire de Montfort*, par Andrieu. Digne, 1884, in-8. — *Notes sur l'ancien monastère de Saint-Donat*, par le même, dans *An. des Basses-Alpes*, I (1882-1883), 450. — Achard, II, 147.
2. Cant. de Séderon, arr. Nyons, Drôme.
3. Cant. Saint-Etienne, arr. Forcalquier.
4. Cant. Banon, Ibid.— Achard, II, 140.
5. Cant. et arr. Forcalquier. — *Cart. Saint-Victor*, II, 23-25. — *Biblioth. Clunia.*, 1731.
6. Chef-l. cant., arr. Sisteron. — Ibid., 1731. — Achard, II, 184.
7. Cant. Saint-Etienne, arr. Forcalquier. — Achard, II, 191.
8. Cant. Volonne, arr. Sisteron. — Méritan, 34.
9. Chef-l. cant., arr. Forcalquier. — Achard, II, 222. — Albanès, I, 684.
10. Cant. Manosque, Ibid. — Méritan, 34, 37. — *Cart. Saint-Victor*, II, 226.
11. Cant. Banon, Ibid.
12. Cant. Saint-Etienne, Ibid. — *Cart. Saint-Victor*, II, 15, 226.
13. Cant. Rémusat, arr. Nyons. — *Dict. topogr. de la Drôme*, 326, 342.
14. Cant. Buis-les-Baronnies, arr. Nyons, Drôme. *Bibl.* — *Cluniac.*, 1730.
15. Cant. Manosque, arr. Forcalquier.— Méritan, 37.— *Souvenirs reli-*

fondé sur le tombeau de sainte Tulle, fille de saint Eucher, évêque de Lyon, dépendant de Saint-André de Villeneuve, ainsi que Notre-Dame de Beauvoir, situé sur le même territoire, uni au séminaire de Lure. — Saint-Maime, *S. Maximus*[1]. — Saint-Martin de Renacas[2]. — Saint-May, *S. Marius*[3], dépendant de l'Ile-Barbe. — Saint-Michel, *S. Michael*[4], dépendant de Saint-André de Villeneuve, qui conserva une communauté monastique jusqu'au XV° siècle. Notre-Dame d'Ardène, dépendant de la même abbaye. Autre prieuré donné à Cluny par l'évêque Ours (après 967), uni à la mense abbatiale de Ganagobie. — Saint-Sauveur, *S. Salvator*[5]. Saint-Sixte, dépendant de Montmajour. — Saint-Trinit, *Sª Trinitas*[6], dépendant de Saint-André de Villeneuve. — Saint-Vincent, *S. Vincentius*[7], dépendant de l'abbaye de Cruis. — Saumane, *Saumana*[8]. Saint-Pons, donné à Montmajour (1030). — Sigonce, *Sigoncia*[9], dépendant de Ganagobie.

Valavoire[10]. Notre-Dame de Bethléem. — Valbelle, *Vallis bella*[11]. Saint-Sauveur, dépendant de Montmajour. — Villeneuve, *Villa nova*[12]. — Villesèche[13]. Saint-André.

gieux, 60. — Achard, II, 473-475. — *Histoire de sainte Tulle, patronne de la paroisse qui porte son nom*, par L. Robert. Digne, 1843, in-8, ext. *An. hist. Basses-Alpes*, V-VI.
1. Cant. et arr. Forcalquier.
2. Cant. Rémusat, ar. Nyons. — *Dict. topogr. de la Drôme*, 351.
3. Cant. Reillane, arr. Forcalquier.
4. Cant. et arr. Forcalquier. — *Recherches sur l'hospitalité de Notre-Dame d'Ardène et ses juspatrons*, par Gonzague de Rey. Marseille, 1869, in-12. — *L'Hospitalité d'Ardène*, par Signoret, dans *Sem. relig. de Digne* (1890), 191-192. — *Souvenirs religieux*, 58-60. — *Biblioth. Cluniac.*, 1731. — Albanès, I, 684.
5. Cant. Le Buis-les-Baronnies, arr. Nyons. — *Dict. topogr. de la Drôme*, 361.
6. Cant. Sault, arr. Carpentras, Vaucluse. — Méritan, 37. — Courtet, 309-310.
7. Cant. Noyers, arr. Sisteron. — Achard, II, 459-462. — Bouche, I, 240.
8. Cant. Banon, arr. Forcalquier. — Bulle d'Innocent III, dans *Pat. lat.*, CCXV, 468. — Chantelou, 69.
9. Cant. et arr. Forcalquier. — Achard, II, 374-375.
10. Cant. La Motte, arr. Sisteron.
11. Cant. Noyers, Ibid. — Bulle d'Innocent III, dans *Pat. lat.*, CCXV, 468. — Achard, II, 547.
12. Cant. et arr. Forcalquier.
13. Com. Les Omergues, cant. Noyers, arr. Sisteron. — Achard, II, 190. — Bib. Avignon, ms. 2230, f. 53, et 2756, f. 126.

PROVINCE ECCLÉSIASTIQUE D'ARLES

I

DIOCÈSE D'ARLES[1]

[Arles, *Urbs Arelatensis*, ville archiépiscopale de Provence, près le Languedoc, sur la gauche du Rhône. Cette ville de la Viennoise, dans l'exarchat des Gaules, n'avait point la dignité de métropole

---

1. Chef-l. arr., B.-du-Rh. — Bibliographie : *Pontificium Arelatense, seu historia primatum sanctæ Arelatensis Ecclesiæ*, auct. Petro Saxio. Aix, 1629, in-4. — *Histoire de l'Eglise d'Arles, tirée des meilleurs auteurs anciens et modernes*, par Gil du Port. Paris, 1691, in-12. — *Histoire de la sainte Eglise d'Arles*, par l'abbé Trichaud. Nîmes-Paris, 1857, 4 vol. in-8. — *Les livres liturgiques d'Arles au XVIe siècle*, par l'abbé Chailan, dans *Congrès des Soc. savantes de Provence*. Marseille, 1907, in-8, 217-253. — *Gallia christiana*, I, 515-628; inst. 93-105. — Du Tems, I, 266-314. — *Gallia christiana novissima*, par l'abbé Albanès, III. Valence, 1901, in-fol. — *Fastes épiscopaux de l'ancienne Gaule*, par Mgr Duchesne, I, 242-253. — Bouche, I, 305-328. — Papon, I, 291-336. — *Dictionnaire* de l'abbé Expilly, I, 248-260. — *Les paroisses du diocèse d'Aix*, par l'abbé Constantin, II, Aix, in-12. — *Dictionnaire topographique contenant les noms de lieux anciens et modernes*, par de Revel du Perron et de Gaucourt. Amiens, 1871, in-4. — *Répertoire des sources historiques du moyen-âge. Topo-bibliographie*, par Ul. Chevalier, 212-214. — *Catalogue général des manuscrits des bibliothèques publiques. Départements*, XX, Arles, par l'abbé Albanès, 345-520. — *Communautés séculières et régulières de la ville et du diocèse d'Arles*. Bib. Arles. 2 vol. ms. 159-160. — *Diocèse et communautés religieuses d'Arles*. Ibid. ms. 161. — *Etat des chapitres, canonicats, bénéficiatures, paroisses et couvents tant d'hommes que de femmes du diocèse d'Arles* (1767). Bib. Aix. ms. 288. — *Livre dans lequel sont écrits tous les bénéfices fondés dans Arles, son terroir et son diocèse*. Ibid., ms. 289. — *Rentes, cens, redevances en faveur des églises d'Arles, hospices, abbayes, prieurés, bénéfices, avec l'indication des particuliers redevables de ces rentes, des actes qui les ont constituées et des notaires qui conservent ces actes* (XVIIe s.). Ibid. ms. 290. — *Inventaire chronologique des chartes de la maison de Baux*, par Barthélemy. Marseille, 1882, in-8. — *Papsturkunden in Frankreich*, von W. Wiederhold. Berlin, 1907, in-8, IV, 45-172.

civile dans les notices romaines ; mais, comme on y établit dans le quatrième siècle une justice supérieure pour ce qu'on nommait les sept provinces, c'est-à-dire pour les Gaules Narbonnaise et Viennoise, elle prétendit aux droits de métropole ecclésiastique ; ce qui lui fut accordé dans le concile de Turin, où on lui assigna une partie des suffragants qui avaient été sous Vienne. Ses prélats, dans la suite, allèrent encore plus loin ; prétendant que la métropole ecclésiastique devait être d'une aussi grande étendue que la civile, ils affectèrent la primatie sur les sept provinces dont je viens de parler. Quantité de Papes favorisèrent leurs prétentions durant les cinq, six et septième siècles, en les faisant leurs vicaires apostoliques. Mais tout cela n'était que personnel et il ne leur est demeuré que le titre de métropolitain sur la province, qui fut nommée la seconde Lyonnaise[1].

Saint Trophime, premier évêque d'Arles, fut, dit-on, disciple de saint Paul. Mais il n'est venu à Arles que vers le milieu du IIIe siècle. Cette église prétend avoir le corps de saint Lucien, prêtre d'Antioche, martyr, depuis le temps de Charlemagne et elle lui rend un culte particulier. Saint Honorat en fut évêque (426-429). Son corps y demeura jusqu'à ce que, en 1391[2], il fut transporté dans l'île de Lérins, appelée depuis de Saint-Honorat[3]. Saint Hilaire lui succéda (429-449)[4]. Saint Césaire fut fait évêque, l'an 503, après Eone, et mourut en 543[5] ; ensuite saint Aurélien l'an 546, après la mort d'Auxane, successeur de saint Césaire ; il mourut en 550. Saint Virgile fut fait évêque de la ville d'Arles en 588[6]. Saint Rieule est compté aussi parmi les évêques d'Arles. Quelques-uns ont cru que c'était le même que le premier évêque de Senlis[7].

---

1. *Géographie de la Gaule au VIe siècle*, par Aug. Longnon. Paris, 1878, in-4, 433-461. — *Fastes épiscopaux de l'ancienne Gaule*, par Duchesne. Paris, 1894, in-8, t. I, 84-144. — *La primatie de la sainte Église d'Arles*, par Bernard. Avignon, 1886, 2 vol. in-18. — *La primatie d'Arles*, par Duchesne, dans *Mém. Soc. antiq. France* (1891), 155 et s.
2. Sa vie a été écrite par Saint Hilaire d'Arles, *Acta Sanct.* (1875), Jan. I, 338-350.
3. Le récit de cette translation est publié, *Ibid.*, 388-390, et *Chronologia Lerinensis*, par Barralis, 79-87.
4. *Act. Sanct.*, maii, II 26-35.
5. *Saint-Césaire, évêque d'Arles*, par Malnory. Paris, 1894, in-8.
6. *Acta Sanct.*, mars, I, 399-402.
7. C'est à tort qu'il est inscrit sur la liste épiscopale d'Arles après saint Trophime. Saint Rieul n'a pas occupé ce siège. Duchesne. *loc. cit.*, 247.

Saint Gilles, abbé du temps de saint Césaire, est regardé comme un des Saints de la ville ou du diocèse d'Arles, de même que saint Geniès, qui y naquit et souffrit le martyre sous Maximien Hercule. Sainte Rusticle, *Rusticola*, abbesse de Saint-Césaire d'Arles ou du Grand-Monastère, y mourut en 632 ; son corps a été depuis transporté dans la cathédrale de Saint-Trophime, mais la tête est restée dans l'abbaye.

Le bienheureux Louis Aleman, cardinal, fut fait archevêque d'Arles, en 1422, par la démission et la retraite du cardinal Jean de Brognié, et mourut l'an 1450[1]. J'en passe sous silence plusieurs autres, parce que cela suffit pour prouver la magnificence de l'Église d'Arles.

On croit que saint Virgile, archevêque d'Arles, fonda, en 626, l'église métropolitaine de Saint-Trophime et qu'il en fit bâtir la plus grande partie, qui est plus solide que celle que le bienheureux Aleman, l'un de ses successeurs, fit construire au quinzième siècle. Les murailles en sont si épaisses qu'on y voit plusieurs tombeaux enchâssés, avec les épitaphes des évêques, des chanoines et des personnes de qualité qu'on y a enterrés. Cette partie a neuf arcades, qui font toute la longueur du chœur et de la nef. Elles sont accompagnées, de chaque côté, d'une aile fort étroite, qui commence depuis le portail jusqu'à la grande arcade. La croisée occupe la neuvième, où l'on voit, du côté de l'évangile, la chapelle de Saint-Geniès et, du côté de l'épître, la sacristie et la porte par où l'on monte au cloître. Dans la suite, le bienheureux Louis Aleman, cardinal, agrandit considérablement cette église ; il en fit bâtir le sanctuaire, composé de trois arcades de chaque côté et de trois autres, qui font le rond-point du derrière du maître-autel. Ce sanctuaire est accompagné d'une aile spacieuse et de chapelles bâties tout au tour, à la moderne. A l'endroit du rond-point, il y a une double voûte, portée par un arc doubleau ; c'est le lieu où l'on conserve la grande châsse d'Arles ; elle est d'argent et on l'appelle la *Sainte Arche*, à cause qu'elle renferme quelque partie du Suaire où Notre-Seigneur fut enseveli, de ses vêtements, des épines de sa couronne, des

---

1. *Notes pour servir à l'histoire de l'Eglise de Lyon : le B. Louis Allemand, chanoine et custode de l'église, comte de Lyon, abbé de Saint-Pierre-la-Tour, chanoine et précenteur de l'église de Narbonne, évêque de Maguelone, cardinal du titre de Sainte-Cécile, archevêque d'Arles*, par J. BESSAC. Lyon, 1899, in-8, ext. de la *Revue du Lyonnais* — *Le cardinal Louis Allemand*, par GABRIEL PÉROUSE. Paris, 1904, in-8.

habits de la Vierge, des ossements de saint Pierre, de saint Paul et de saint Jean l'Evangéliste et les reliques de saint Trophime. Le grand autel est décoré d'un beau tabernacle d'argent, richement travaillé, qui représente le martyre de saint Etienne. Cette église a un grand portail de marbre, construit à la gothique et enrichi de quantités de figures en relief. On y voit celle du Sauveur du monde, au milieu des quatre animaux du prophète Ezéchiel, qui représentent les quatre évangélistes ; on y voit encore les figures des douze apôtres, parmi lesquelles saint Trophime, qui a un *pallium*. On monte à cette église par un grand perron de sept ou huit marches, qui en contient toute la façade, qui sert aux deux petites portes carrées de pierres, qu'on a faites depuis peu de temps, aux deux entrées du grand portail de marbre, qui est au milieu et qui a six colonnes avec des piédestaux de marbre, trois de chaque côté [1].

Le chapitre de la métropole d'Arles est composé de vingt chanoines. Le prévôt, l'archidiacre, le sacristain et l'archiprêtre sont les quatre dignités de ce chapitre, et le capiscol, le primicier et le trésorier sont personnats, c'est-à-dire qu'ils ont un degré au-dessus des simples chanoines, qui sont seulement au nombre de treize, et dont l'un est théologal. Il y a encore dans ce chapitre vingt bénéficiers, qui, ainsi que les chanoines, reçurent tous la règle de saint Augustin, à la persuasion de Pierre Aymard, l'un de leurs archevêques, et qui se sécularisèrent en 1484, sous Nicolas Cibo, leur prélat. Les chanoines de Saint-Trophime

---

[1]. *Etude historique et archéologique sur Saint-Trophime d'Arles du IVe au XIIIe siècle*, par LABANDE, dans *Bul. mon.*, LXVII (1903), 459-498. Voir : UL. CHEVALIER, *Topo-Bibliographie*, 212. — *Visite de Saint-Trophime d'Arles*, par GASPARD DU LAURENS, archevêque d'Arles (1616), publiée par JACQUEMIN, dans *Revue des Sociétés savantes* (1868), 483-505. — *Inventaire descriptif des trésors de l'ancienne cathédrale de Saint-Trophime et de Notre-Dame de la Major*, par ROUOLLY, dans *Congrès archéol.* XLIII (1876), 678-689. Ce volume contient des travaux intéressants sur Arles et la région. — *Description de l'église métropolitaine d'Arles*, par S.-J. ESTRANGIN. Marseille, 1835, broch. in-8. — *Iconographie du portail de Saint-Trophime*, par HONORÉ CLAIR. Tours, 1877, broch. in-8. — *La basilique primatiale de Saint-Trophime d'Arles*, par l'abbé BERNARD, archiprêtre d'Arles, 2 vol. in-8 : (1er vol. paru à Aix, en 1893, chez Nicot ; 2e vol., à Arles en 1900, chez Jouve). — *Le cloître de Saint-Trophime*, par LE MÊME. Avignon, s. d., broch. in-8. — *Les reliques conservées dans la basilique primatiale de Saint-Trophime d'Arles*, par LE MÊME. Avignon, 1884, in-32 de 44 p. — *Orfèvres et orfèvrerie du moyen-âge*, par L. JACQUEMIN, dans *Annales archéologiques*, XXII (1862), I, *Châsse pour le chef de saint Etienne*, p. 145-146.

ont un privilège fort particulier. Quand ils vont aux processions, tous les curés et tous les religieux laissent leurs croix dans l'église métropolitaine, marchent sous celle de ce célèbre chapitre et ils ne les reprennent qu'après la procession. Et parce qu'aux enterrements les Corps séculiers et réguliers ne peuvent laisser leurs croix dans l'église de Saint-Trophime, à cause qu'ils vont droit à la maison du défunt, alors ils les portent abattues et il n'y a que la croix de la métropolitaine qui paraisse [1].

Le palais archiépiscopal est à gauche de l'église. L'archevêque, qui, outre la qualité de primat, se dit prince de Salon et de Montdragon, a quatre suffragants, qui sont Marseille, Toulon, Saint-Paul-Trois-Châteaux et Orange; ces deux derniers sont du gouvernement du Dauphiné. Son diocèse est composé de cinquante et une paroisses, dont il y en a trente-neuf en Provence, sept en Languedoc et cinq dans l'île de Camargia, *Camargue*, qui sont succursales. Dans le nombre de cinquante et une, il y en a huit dans la ville, dont la plus considérable s'appelle Notre-Dame la Majeure, ou *la Májour*; c'est une collégiale depuis l'an 1551, que le pape Jules III y établit un chapitre, composé d'un doyen et de neuf chanoines.]

Cet archevêché, qui a 30.000 livres de revenu, est taxé en cour de Rome 1008 florins et demi.

Il y a dans la ville d'Arles des couvents de Trinitaires, fondés en 1200 [2], de Dominicains, avant 1231 [3], de Franciscains, en 1218 [4], de Grands

---

1. *Notes pour servir à l'histoire ecclésiastique d'Arles*, I, *Le chapitre*, par Du Roure. Arles, 1906, in-8, 1-26. — Les archives du chapitre métropolitain sont conservées aux archives départementales des Bouches-du-Rhône. Il y a aux archives municipales d'Arles le cartulaire dit authentique du chapitre métrop. contenant des actes depuis le VI° s. jusqu'en 1269. Copie, Bib. d'Avignon, ms. 3908. — Cartulaire du sacristain du chapitre, archives de la cathédrale. — Répertoire des titres et autres documents conservés aux archives du vénérable chapitre de la sainte Eglise métropolitaine d'Arles. Arch. des B.-du-Rh. — V. *Bibliographie des cartulaires*, par Stein, n°ˢ 201-202, p. 94.

2. *Bullaire des Trinitaires d'Arles*, par Poncher. Arch. des B.-du-Rh. Stein, 203. — *Chronologie des ministres de cette maison*, servant aussi d'annales, par le même, arch. B.-du-Rh. *Etat gén. des arch.* 98-99. — *L'ordre des Trinitaires*, par Deslandres, I; 453-457.

3. Le fonds de ce couvent, aux arch. des B.-du-Rh., comprend 51 registres et 171 liasses (1227-XVIII° s.).

4. On conserve 11 registres et 47 liasses provenant de cette maison avec 2 inventaires, aux arch. des B.-du-Rh. (1252-XVIII° s.), sans parler des pièces en original ou en copie qui se trouvent à la Bib. d'Arles.

Augustins, en 1263[1], de Carmes, en 1349[2], de Franciscains de l'Observance, en 1517[3], de Capucins, en 1584, transféré à Trinquetaille en 1677[4], de Minimes, installé à Trinquetaille en 1610[5], d'Augustins réformés, en 1631[6], de Carmes déchaussés, en 1638[7], un collège de Jésuites, en 1636[8], et une maison d'Oratoriens[9]; des monastères de Clarisses, fondé vers 1255[10], de Carmélites, en 1632[11], des couvents d'Ursulines[12], en 1602, de Visitandines[13], de Dames de la Miséricorde[14], en 1665, de religieuses du Refuge[15] et de Religieuses hospitalières, introduites au Grand Hôpital en 1634[16]. L'Ordre de Malte avait dans

---

1. Aux arch. des B.-du-Rh., 27 registres et 39 liasses (1323-XVIIIe s.), 3 inventaires des archives, un inventaire du matériel et des ornements de l'église (1619), une *Chronologia conventuum Provinciæ*. — Bib. Arles, ms. 159, 85.
2. 4 reg. et 29 liasses, aux arch. du B.-du-Rh. (1401-XVIIIe s.).
3. 2 reg. et 5 liasses. *Ibid.* (XIIe et XVIIIe s.). Bib. Arles, ms. 159, p. 295 et s.
4. 1 reg., 3 liasses avec un inventaire des archives (1640) aux arch. des B.-du-Rh.
5. 5 reg. et 12 liasses (XVIIe et XVIIIe s.), *Ibid.* — *Annales du couvent des Minimes* (1581-1705), par P. FALAC. Bib. Arles, ms. 166.
6. 3 reg. et 9 liasses, *Ibid.*
7. 1 reg. et 1 liasse (1653-1787), *Ibid.*
8. Bib. Arles, ms. 425.
9. 32 reg. et 31 liasses avec un inventaire (1665) aux arch. B.-du-Rh. — Livre de visites, bib. Arles, ms. 167.
10. 21 reg. et 39 liasses (XIIIe et XVIIIe s.), aux arch. des B.-du-Rh .— Du ROURE, *ouv. cité*, 27-89.
11. 7 reg. et 15 liasses aux arch. des B.-du-Rh. Bib. Arles, ms. 159, p. 293. *Les religieuses carmélites d'Arles*, par TRICHAUD. Arles, 1859. in-32.
12. *Vie de la Mère Jeanne de Jésus, religieuse ursuline, fondatrice des monastères de Sainte-Ursule de l'ordre réformé de Saint-Augustin, dans les villes d'Arles, d'Avignon, de Tarascon, de Valréas, de Bollène et Saint-Remy*. Avignon, 1751, in-12.
13. 8 reg. et 22 liasses, *Ibid.* — Bib. Arles, ms. 159, p. 341; 160, p. 188, 261.
14. *Histoire de la fondation du monastère de la Miséricode de la ville d'Arles*, par le R. P. ALEXANDRE, d'Arles, prédicateur capucin. Aix, Jean Adibert, 1705, in-12. Bib. d'Arles. — *Vie de la Mère Marie de Jésus (Mlle de Séjour), religieuse du monastère de la Miséricorde d'Arles, née à Paris en 1635, décédée à Arles le 30 janvier 1685*, par Sœur Marie de l'Enfant-Jésus, secrétaire du chapitre dudit monastère. Arles, 1685, in-12 de 19 p. — *Mémoires pour servir à l'histoire des monastères de la Miséricorde établis à Arles, à Salon, etc.* Bib. d'Arles, ms. 170.
15. 3 reg. et 9 liasses, *Ibid.* — Bib. Arles, ms. 64, 65, 66.
16. *Histoire des religieuses Augustines de l'Hôtel-Dieu d'Arles, 1664 à 1850*, par l'abbé TRICHAUD. Bib. Arles, ms. 169. — *Règle et constitutions pour les religieuses hospitalières de Saint-Augustin*. Arles. Claude et Jacques MESNIER, 1577, in-18.

Arles le Grand-Prieuré de Saint-Gilles, les commanderies de Saint-Thomas, de Saliers et de Sainte-Luce[1].

Il y avait dans le diocèse des couvents de Dominicains à Tarascon ; de Franciscains à Salon, à Saint-Remy, à Tarascon et à Barbentane ; de Trinitaires à Saint-Remy et à Tarascon[2] ; de Minimes, à Marignanes ; de Capucins, à Tarascon, à Salon, à Ferrières-lès-Martigues et à Jonquières ; un collège de Doctrinaires à Tarascon, et une maison d'Oratoriens à Salon ; de Clarisses, à Saint-Remy et à Tarascon ; dans cette dernière ville elles furent remplacées par des Visitandines (1659) ; d'Ursulines, à Salon, à Saint-Remy et à Tarascon ; de Visitandines, à Tarascon, et d'Augustines, à Saint-Remy[3].

On comptait trois collégiales : Saint-Laurent de Salon [4], avec un doyen, huit chanoines, autant de bénéficiers, un curé et quelques chapelains ; Saint-Remy[5], fondée, en 1330, par Jean XXII, avec douze chanoines, quatre bénéficiers, un curé et quelques prêtres habitués ; Sainte-Marthe de Tarascon [6], fondée par Louis XI, en 1482, avec un

---

1. Le fonds provenant du Grand-Prieuré de Saint-Gilles (1103-1791) se compose de 2391 reg., 2149 liasses et 8 atlas de plans, aux arch. des B.-du-Rh. Voir : *État gén. des archives*, 101-102. — *Cartulaire ou Authenticum domus Hospitalis prioratus S. Ægidii*, arch. mun. d'Arles. *Inventaire analytique du cartulaire de l'Hôpital de Saint-Gilles*, par Du Roure, dans *Rev. hist. de Provence* (1890), 13, 57, 80 et 115. *Cartulaire général du grand prieuré de Saint-Gilles, formant les preuves d'une histoire*, par Raybaud, Bib. Aix, ms. 339. Voir Stein, 4434-4435. — *Cartulaire général de l'Ordre des Hospitaliers de Saint-Jean de Jérusalem*, par Delaville le Roulx, t. I, XXVIII-XXXVII. — *Histoire des Grands Prieurs et Prieuré de Saint-Gilles*, par Jean Raybaud, publiée par Nicolas. Nîmes 1904-1906, 2 vol. in-8. — *L'hôtel prieural de Saint-Gilles à Arles, nouveaux détails inédits*, par Chailan, dans *Bul. Soc. amis du Vieil-Arles*, IV (1906), 2-60. — *Le Grand-Prieuré*, par Chailan, dans *Bul. Soc. du Vieil-Arles*, I (1904), 108-127, 172-180 ; II (1905), 12-21. — *Les réunions des Chevaliers de Malte au Grand-Prieuré, 1622-1791*, par le même, *ibid.*, IV (1907), 331-356, 358-398.

2. Deslandres, ouv. cité, t. I, 570 et 575. — *Orfèvres et orfèvrerie du moyen-âge*, par L. Jacquemin, dans *Annales archéologiques*, t. XVII, 1862, *Châsse de saint Roch*, p. 150-155. — *Catalogue des religieux (trinitaires) de Tarascon* (par le P. Sicole), ms. de 34 p. in-fol. des archives de l'abbé Chailan, curé d'Albaron.

3. Sur les archives de ces divers couvents, *État général des archives* 96-101.

4. *Chroniques de la ville de Salon...*, par Louis Gimon. Aix, 1882, in-8.

5. *Saint-Remy de Provence, son histoire nationale, communale, religieuse*, par l'abbé L. Paulet. Avignon, 1907, in-8 de xv-551 p. — *Nîmes, Arles, Orange, Saint-Remy*, par Roger Peyres. Paris, 1903, in-8.

6. *Inventaire sommaire des archives communales antérieures à 1790* (par Paul Meyer), s. l. n. d. in-4. — *Histoire de la vie et du culte de sainte*

doyen, quinze chanoines, quinze bénéficiers, un maître de musique et six choristes.

Abbayes du diocèse

ABBAYE DE MONTMAJOUR. — Montmajour, *Mons Major*[1], est une abbaye de Bénédictins, sous le vocable de Saint-Pierre, dont la fonda-

---

Marthe, hôtesse de Notre-Seigneur Jésus-Christ, patronne du diocèse d'Avignon et de la ville de Tarascon, suivie d'une notice historique sur cette dernière ville, par M. l'abbé JOSEPH VÉRAN, chanoine honoraire d'Aix. Avignon, 1868, in-8 de LVIII-552 p.

1. Com. Arles. — Bibliographie : Les archives de cette abbaye, conservées en partie aux archives départementales des Bouches-du-Rhône, se composent de 114 registres et de 309 liasses (X-XVIII° s.), sér. H. On y trouve des Bulles des X°, XI°, XII° s., des chartes des comtes de Provence du X° s., des diplômes impériaux des XIII° et XIV° s., des documents divers du X° au XVII° s., des inventaires, les pièces du procès soulevé, au sujet des reliques de saint Antoine, entre les moines de Montmajour et les religieux de Saint-Antoine de Viennois (XIII° et XVI° s.). Voir : *Etat général des archives.* — Les archives municipales d'Arles possèdent de nombreux documents provenant de cette abbaye. Voir : *Les archives de l'histoire de France*, par STEIN et LANGLOIS, I, 301. — *Les anciennes archives de Montmajour*, par F. DAUDET, dans *Revue du Midi* (1896), 491-506. Voir : *Le bibliographe moderne*, I (1897), 100. — *Répertoire général de l'abbaye de Saint-Pierre de Montmajour-lès-Arles touchant les titres et privilèges de la dite abbaye.* Arch. des B.-du-Rh. — *Cartulaire de Montmajour, dit de Saint-Antoine, contenant les documents relatifs aux rapports avec Saint-Antoine-de-Viennois.* Ibid. — *Recueil de titres sur Montmajour*, par Dom ESTIENNOT. Bib. nat. ms. lat. 12.762, 295-315. Voir : STEIN, 2559-2560.

D'autres documents relatifs à ce monastère sont dispersés dans d'autres dépôts : Bib. Nat. Extraits du nécrologe dans Dom Estiennot, ms. lat. 12.761, f. 297-299; notes de Dom Dulaura dans *Monasticon benedictinum*, ms. lat. 12.685, f. 244, 399 ; ms. 12.686 Bulle de Boniface VIII pour régler les rapports entre Montmajour et Saint-Antoine. Nouv. acq. lat. ms. 2306, f. 22. Pouillé des bénéfices de Montmajour, ms. lat. 17.050.

Arch. com. d'Arles. Dissertation sur la fondation de Montmajour, ms. 50. — Bib. Arles. Pouillé des bénéfices et documents sur la suppression, ms. 110. Documents divers, ms. 125, 160, 164, 165, 166, 220, 231, 287, 424. Concordat de l'abbé commendataire avec les Mauristes (1639), ms. 163. Voir : *Catal. gén. des manuscrits.* XX, Arles. 657-658. — Bib. Aix. Pouillé, ms. 817. Dissertation et copies d'actes, ms. 819, 835, 902, 1002. Voir : *Ibid.* XVI, 667. — Bib. Avignon, ms. 855, 1751, 1840, 2270, 2392, 2399, 2754, 2756, 2904, 3319.

Index monasteriorum, dans *Pat. lat.* CCXX, 1107. — *Confirmation de privilèges (1000) par Pons, arch. d'Arles,* dans d'ACHERY, VI, 423, ou III, 383. — *B. comitis arelat. epistola ad Gregorium VII de Bernardo abbate,* dans BALUZE, *Miscellanea*, III, 7. — *Epistola monachorum Montis Maioris ad Gregorium V pro Riculfo Forojuliensi episcopo,* dans D. BOUQUET, X, 491. — BRÉQUIGNY, tables des vol. — *Confirmation par Conrad le Pacifique, roi de Bourgogne, des églises de Monétier-Allemont et d'Autonaves à l'abbaye de Montmajour (9 déc.*

tion ne remonte pas au-delà de 948. Les biens qu'elle reçut dans les diocèses voisins lui donnèrent une influence considérable. Elle rivalisait avec Saint-Victor et Lérins. Les moines de la congrégation de Saint-

955), dans *Bul. Soc. Hautes-Alpes* (1899), 351-353. — *Sur les terres, comtes et vicomtes en Provence, au X° siècle, d'après la charte de donation de Ségalaric à Aicard, fils d'Arlulfe* (989), dans *Mém. Acad. Marseille* (1887), 233-255, ou texte d'une charte de Montmajour de 1040. — *La charte de Gibelin de Grimaud*, par L. BLANCARD. *Ibid.* 319-341. — *Dépense à l'occasion du dîner à Montmajour du roi René et de la reine Jeanne de Laval, en 1476*, dans *Bullet. monum.* (1878), 168-170.
Sceaux de l'abbaye en 1229 et 1238, dans *Sigillographie...*, par BLANCARD, I, 223-225; II, pl. 91, n°s 3, 4. — *Sceau de l'abbé Théodore* (XV° s.), dans *Collection des sceaux*, par DOUET D'ARC, III, n° 8861. — *Restitution d'une inscription du XI° siècle*, par DE LASTEYRIE, dans *Mém. Soc. antiq. France* (1904), 247-250. — Dom BOUSQUET, *Recueil des Historiens*, V, 387.
Sommaire pour les religieux de Montmajour, défendeurs et intimés, contre le sieur Touret, demandeur en complainte. S. l. n. d., in-fol. — *Mémoire pour M. le Cardinal Bichi, abbé de l'abbaye de Montmajour, pour le sieur Pelhieu, économe, et pour les religieux de la dite abbaye, contre le chapitre de l'église cathédrale d'Arles*. S. l. n. d., in-fol. — *Mémoire pour le chapitre de Saint-Pierre de Mont-Major-lez-Arles, ordre de Saint-Benoît, prieuré, curé primitif de l'église paroissiale de Saint-Julien et de Saint-Antoine de la même ville, contre M. Jacques Simon pourvu par le dit chapitre de la cure-vicairie perpétuelle de la dite paroisse de Saint-Julien*. Paris, 1732, in-fol. — *Mémoire pour messire Cl.-Fr.-R. de Montboissier-Beaufort de Canillac, abbé com. de l'abbaye royale de Saint-Pierre de Montmajour, contre la demoiselle Faverolles de Blerée, fille majeure*. Paris, 1740, in-fol. — *Mémoire pour le même contre Jean Mauche, négociant de la ville de Tarascon*. Paris, 1742, in-fol. — *Mémoire pour le syndic du chapitre de Montmajor-lez-Arles contre messire François de Seytres, seigneur de Châteauneuf, et dame Elisabeth de Dony, veuve de M. Paul de Seytres, marquis de Vaucluse*. Paris, 1742, in-fol. Voir: *Catalogue des factums*, par CORDA, III, 662. — *Arrêt du Parlement d'Aix, du 16 mars 1674, qui déclare capable de succéder un religieux du monastère de Montmajour, qui avait porté l'habit de religion 20 ans, mais qui n'avait point fait profession expresse*, dans *Abrégé des Mémoires du clergé de France*, IV, 32 et s.
Breviarium ad usum Montis Majoris. In civitate Valentina, 1514, in-8. — *Ordo divini officii... ad usum regalis Abbatiæ Montis-Majoris, pro anno Domini 1766*. Arles, Jacques Mesnier, in-12 de 48 p. Bib. d'Arles. — *Discours prononcés par le R. P. D. P. [Guilbardy] le lundi de Pâques en présence de Monseigneur l'Archevêque d'Arles, lorsqu'il mit la première pierre du nouveau bâtiment de l'abbaye de Montmajour*. S. l., 1703, in-4, 17 p. Bibl. d'Arles, dans *Recueil factice de 18 discours prononcés par des Arlésiens ou prononcés dans la ville d'Arles*, recueil formé par l'abbé BONNEMANT.
Mons-Major seu historia monasterii S. Petri Montis Majoris secus Arelatem in Provincia, ord. S. Benedicti, congregationis S. Mauri, studio et opera Fr. CLAUDII CHANTELOU, *ejusdem ord. et congreg., presbyteri*. Bib. Arles, ms. 162, 163, 164, Bib. nat. ms. lat. 13.915. Bib. Aix, ms. 329. — *L'abbaye de Montmajour, étude historique d'après les manuscrits de Dom* CHANTELOU *et autres documents inédits*, par MARIN DE CARRANRAIS. Marseille, 1877, in-8, ext. *Revue de Marseille et de Provence*, XXII (1876), 449-461, 509-535, 621-646; XXIII, 185-203, 225-243, 321-338. — *Revue hist. de Provence*, I (1890), 1-32, 65-96, 129-152. — *Biographie de Dom Cl. Chantelou*, par Dom PAUL PIOLIN.

Maur y furent introduits en 1639. Le cardinal de Rohan en fut le soixante-huitième et dernier abbé. Le roi Louis XVI unit la mense

Le Mans, 1879. in-8. — *Les ruines de l'abbaye de Montmajour d'Arles*, par Trichaud. Arles, 1854, in-8. — *L'anachorète de Montmajour*, par le même. Arles, 1862, in-8. — *Montmajour-lèz-Arles*, par Dom Th. Bérengier. Marseille, 1870, in-8, ext. Revue de Marseille, XVI (1879), 237-252. — *Histoire de la fondation et des ruines de l'abbaye de Montmajour d'Arles*, par un ex-ouvrier mineur (Frère Zoel). Arles, 1871, in-12. — *Dépendances de Montmajour dans les Hautes-Alpes*, par l'abbé Fillet. Gap, 1886, in-8, ext. Bul. Soc. études des Hautes-Alpes, V (1886), 361-367. — *Colonies dauphinoises de l'abbaye de Montmajour*, par le même. Valence, 1891, in-8, ext. Bul. Soc. archéol. Drôme, XXV (1891), 201-215, 313-324 ; XXVI, 15-69, 136-144. — *Notice historique sur les reliques de Saint-Antoine du Désert*. Marseille, 1855, in-8. — *Dissertation sur la translation de saint Antoine dans la ville d'Arles contre les Pères de Saint-Antoine de Vienne*, par Jos. Seguin, Avignon, 1856, in-8. — *Tablettes d'un curieux. Le bedeau de Montmajour*, par E. Fassin, dans Bul. Soc. Vieil-Arles, III (1906), 189-194. — *Les derniers Bénédictins de Montmajour*, par J. Auvergne. Ibid. 12-22. — *Fontvieille. Notes et documents*, par le même. Ibid. IV, 398-415 ; V, 2-57. — *Nîmes, Arles, Orange, Saint-Remy*, par Roger Peyre. Paris, 1903, in-8, p. 118-124.
La *bibliothèque de l'abbaye de Montmajour*, par Perrier, dans Archives de la Société des collectionneurs d'ex-libris (1904), 27. — *Inventaire de la bibliothèque de Montmajour, dressé en 1667*, par Dom Jacques Alboy, prieur, et Gabriel Conte, sacristain. Arch. d'Arles. ms. — *Ueber mittelalterliche Bibliotheken*, von Gottlieb, 91.
Die Romanische Portalarchitektur in der Provence, von Rudolf Bernouilli. Strasbourg, 1906, in-8. Voir : Bul. monum. LXXI (1907), 602-610. — *Chapelle souterraine de Montmajour*, par L. Maitre, dans Rev. Art. chrét. (1907), 1-17.
Chapelle de Sainte-Croix à Montmajour, par Didron, dans Annales archéologiques, XVII (1857), 162-163. — *Les ruines de Montmajour*, par Lacoste, dans Revue de l'Agenais, I (1874), 317-323. — *Montmajour, les Baux*, par A. Buxon, dans Bul. Soc. archéol. Tarn-et-Garonne, XXV (1877), 53-67. — *Villes antiques. Arles gallo-romain. Saint-Trophime et Montmajour. Guide du touriste archéologique*, par Hip. Bazin. Paris, 1896, in-8. — *Note sur la date de la chapelle Sainte-Croix de Montmajour*, par Brutails. Paris, 1898, in-8, ext. du Bul. de l'Acad. des Inscrp. et Belles-Lettres. — *Architecture romane dans le midi de la France*, par Revoil, I, 13-17, pl. vi-viii ; II, 26-32, pl. xxxi-xl. — *Montmajour*, par le Marquis de Laincel, dans Bul. hist. et archéol. de Vaucluse, III (1881), 359-377. — *Voyage de la Soc. archéol. de Tarn-et-Garonne au Comtat Venaissin et en Provence*, par Aug. Buxon. Montauban, 1896, in-8. — *L'étude des monuments français*, dans l'Ami des Monuments, XVI (1902), 355-360. — *État descriptif de l'arrondissement d'Arles*, par Revel du Perron et de Gaucourt. Amiens, 1871, 161-162. — *Orfèvres et orfèvrerie du moyen-âge*, par Jacquemin, dans Annales archéologiques de Didron, XXII, 146-150.
Gallia christiana, I, 603-619 ; inst. 103-104. — Du Tems, I, 301-303. — Bouche, I, 317, 652, 796 ; II, 56, 194, 246. — Papon, II, preuves, 2, 7, 9, 16, 17, 35. — Achard, II, 149-150. — *Les paroisses du diocèse d'Aix*, par l'abbé Constantin, II, 244-257. — *Annales Ord. S. Benedicti*, de Mabillon, III, 788 ; IV, 835 ; V, 817. — *Gallia christiana novissima*, III, voir tables. — Wiedermold, ouv. cit., 49-50.

abbatiale à l'archevêché d'Arles et aux évêchés de Glandèves, de Vence et de Saint-Paul-Trois-Châteaux (1786). Il reste l'église et le cloître (XIIe s.), un donjon (XIVe s.) et des édifices claustraux en ruines (XVIIe et XVIIIe s.).

ABBAYE DE SAINT-CÉSAIRE D'ARLES[1]. — Ce monastère, fondé par saint Césaire (513), sous le vocable de Saint-Jean, eut pour première abbesse sa sœur, sainte Césarie. Les moniales, qui suivirent d'abord la règle de leur fondateur, adoptèrent dans la suite celle de saint Benoît. Les premières abbesses, Césarie II, Liliola, Rusticola, Preminola, sont vénérées comme des saintes.

Il y eut dans la ville d'Arles ou ses faubourgs d'autres monastères,

1. Bibliographie : Le fonds de Saint-Césaire aux archives départementales des Bouches-du-Rhône se compose de 64 registres, de 51 liasses, et 10 chartriers (Xe-XVIIIe s.). Contrats, correspondance, comptabilité. Inventaires des XVIIe et XVIIIe siècles. *Livre de raison de M*me *de Graveson, abbesse* (1709). Voir : *État général des archives*, 99. — Bib. Arles, Chartes originales (1225-1643), ms. 275 ; Récit de ce qui s'est passé au monastère le 10 janvier 1519 et jours suivants, ms. 424. Procès de la famille Nicolay contre l'abbesse (XVIIe et XVIIIe s.), ms. 352. — Bib. Aix, Précis des différends entre l'archevêque et l'abbesse (1744), ms. 917. Concordat entre l'abbesse et les religieuses anciennes et réformées (1647), ms. 892. — Bib. Avignon. Extrait des archives, ms. 1842. Bulle de Célestin III pour la réforme de l'abbaye (10 mai 1195), ms. 2754. Registre de quittances (1715-1723), ms. 3684. Recueil concernant le monastère (XVIIIe s.), ms. 2130. Voir : ms. 3681, f. 12. Mémoires de l'abbaye de Saint-Césaire, tirés du livre de la réforme de la dite abbaye, aux archives de l'archevêché, ms. 2754. — *Chronologie du monastère royal de Saint-Césaire*, par le P. MELCHIOR FABRE, provincial des Minimes. Bib. Aix, ms. 892. Avignon, ms. 1843 ; arch. ms. 164 ; Marseille, ms. 1223 ; arch. com. Arles, ms. 17. — *Histoire et cartulaire de Saint-Césaire d'Arles*. Bib. Arles, ms. 168. — Voir : Catalogue général des cartulaires des archives départementales, 210-211. — Obituaire du XVIe s. Bib. nat., ms. lat. 5546. — *La règle du B. saint Benoît avec les déclarations sur tous les chapitres pour servir de constitutions aux religieuses de l'abbaye royale de Saint-Césaire*. Arles, 1695, in-12. — *Charte de franchise donnée à Saint-Césaire d'Arles par l'archevêque Rostain* (897), dans Rev. Soc. sav. (1868), I, 148. — *Inventaire de l'abbaye de Saint-Césaire d'Arles* (1473), publié par l'abbé ALBANÈS. Ibid. (1879), 168-171. — *Index monasteriorum*, dans *Pat. lat.*, CCXX, 1017. — BRÉQUIGNY, I, 491. — *Ueber mittelalterliche Bibliotheken*, von TH. GOTTLIEB, 91. — *Codex regularum*, par HOLSTENIUS, III, 16-46. — *Pat. lat.*, LXVII, 1103-1138. — *Acta sanct.*, Jan. II, 11-19. — *Vie de saint Césaire, évêque d'Arles*, par l'abbé MALNORY. Paris, 1894, in-8, 244-283. — *Le Temple de Diane à Arles*, par AUG. VÉRAN, dans *Bul. Soc. Vieil-Arles*, IV (1907), 252-255.

Annales Ord. S. Benedicti de MABILLON, I, 762 ; III, 158. — DU TEMS, I, 309-313. — *Gallia Christiana*, I, 619-624 ; instr. 100. — BOUCHE, II, 47, 193. — ACHARD, II, 400-403. — CONSTANTIN, II, 126-146. — *Gallia christiana novissima*, III, 120, 132, 237, 248, 271, 290, 461, 517, 526, 555, 670, 690, 745, 748, 764, 781, 873, 889, 967, 980, 1071. — WIEDERHOLD, *ouv. cité*, 50.

qui ont disparu depuis fort longtemps. Le plus ancien est celui que saint Césaire reçut à gouverner, après son ordination sacerdotale ; il était situé dans une île du Rhône, on ne sait trop où [1]. L'évêque saint Aurélien fonda pour les hommes le monastère de Saint-Pierre et celui de Notre-Dame pour les femmes, vers 548. Il rédigea une règle pour les moines et une autre pour les moniales [2].

MOLLÈGES, *Molegesum* [3]. — Abbaye de Cisterciennes, sous le vocable de Notre-Dame, fondée en 1208, transférée dans la ville d'Arles en 1305, puis unie au monastère de Sainte-Croix d'Apt (1421). Le prieuré du lieu, sous le vocable de Saint-Pierre, était uni à l'abbaye [3].

SYLVERÉAL, *Silva-realis*, vel *Ulmetum* [4]. — Ce monastère de l'ordre de Cîteaux, sous le vocable de Notre-Dame, fondé d'abord à Ulmet [5], vers 1157, avec des moines venus de Bonnevaux, au diocèse de Vienne, fut transféré à Sauve-Réal, après l'année 1200, où le roi d'Aragon Alphonse avait établi une nouvelle abbaye (1194). On l'unit au monastère de Valmagne, en 1321.

Prieurés

ARLES. Saint-Honorat et Saint-Geniès des Alyscamps, donné à Saint-Victor, par Raimbaud, archevêque d'Arles (1031-1044), appelé par

1. MALNORY, ouv. cité, 24 et s.
2. *Gallia christiana*, I, 599-600. — MABILLON, *Annales benedictini*, I, 128-130. — HOLSTENIUS, *Codex regularum*, II, 96-114 ; III, 58-74, et *Pat. lat.*
3. Cant. Orgon, arr. Arles. — **Bibliographie** : *Concessio Ecclesiæ parrochialis conventui de Molegeso* (1213). Bib. Arles, ms. 159, f. 247. Bib. Avignon, ms. 2754, f. 117. — Copie de bulles et de chartes par l'abbé Bonnemant et notes historiques. Bib. Arles, ms. 160, f. 55. Le ms. précédent contient une liste des abbesses. — CONSTANTIN, 157-159. — *Les dames de Mollèges*, par E. FASSIN, dans *Le Musée*, V (1880-1881), 17-19. — *Gallia christiana*, I, 625-627. — BOUCHE, II, 204, 254. — ACHARD, II, 138. — *Statistique du canton d'Orgon*, par D.-J. QUENIN. Arles, 1838, in-8. — Voir : art. « Sainte-Croix d'Apt ».
4. Dans l'île de la petite Camargue, Bouches-du-Rhône. — **Bibliographie** : Pièces sur les abbayes d'Ulmet et de Silveréal, Bib. Arles, ms. 160, f. 124 ; 163, f. 112. — *Gallia christiana*, I, 624-625, instr. 103-105. — BOUCHE, II, 149, 175. — ACHARD, II, 266. — JANAUSCHEK, I, 168. — *L'abbaye de Sylveréal*, par EM. FASSIN, dans le *Musée. Revue Arlésienne* (1877), 241, 244 et s. — *Sceau de l'abbé Pierre III* (1224), dans *Sigillographie...* de BLANCARD, I, 222 ; II, pl. 90, n° 9. — CONSTANTIN, II, 273. — *Gallia christiana novissima*, III, 246, 260, 290, 1051. — *Etat descriptif de l'arr. d'Arles*, déjà cité, 236.
5. Près de l'Etang d'Ulmet, Camargue.

Grégoire VII monastère, *monasterium* (1079), cédé dans la suite aux Moniales de Tarascon, qui l'abandonnèrent aux Minimes (1616). Ce sanctuaire fut de tout temps vénéré des Arlésiens. L'église subsiste encore[1]. Notre-Dame de Bellis ou *de Abelliis*, uni au séminaire (1656)[2]. Saint-Césaire, peut-être sur l'emplacement du premier monastère de Saint-Jean, dépendant de l'abbesse de Saint-Césaire, ainsi que Notre-Dame de Beaulieu, *de Pulchro Loco*[3]. Saint-Michel de l'Escale, aux arènes, supprimé en 1617[4]. On lui avait uni Saint-Pierre de Fabregoule, aux Aliscamps. Saint-Julien du Bourg, donné à Montmajour en 1451. Ce fut la maison de ville des moines. On y conserva les reliques de saint Antoine, qui furent l'objet d'interminables débats entre les Bénédictins de Montmajour et les Hospitaliers de Saint-Antoine en Viennois[5]. Saint-Isidore, dépendant de Montmajour[6], uni au chapitre de Saint-Trophime. — Saint-Lucien, qui s'élevait sur un ancien temple de Minerve, auquel fut uni Saint-Vincent[7]. Saint-Martin, donné par Louis le Débonnaire à Aniane (809), uni à Saint-Trophime[8]. Saint-Jean de Moustier, dépendant de Saint-Césaire[9]. Saint-Georges, uni à Notre-Dame la Major. Saint-Antoine-le-Viennois, dépendant de Saint-Antoine-en-Viennois. Saint-Pierre de Trinquetaille, dans un faubourg d'Arles, dépendant de l'abbaye de Saint-Gilles, uni au prieuré de Saint-Jean de Néjan, en Camargue[10]. Saint-Genès de la Colonne, dans le même faubourg, uni à la sacristie de l'abbaye de Cruas, dio-

---

1. *Cart. Saint-Victor*, I, 176-178. Inv. ms. 76. — *Gallia christiana*, I, 204-205. — CHANTELOU, 83. — *Les Champs Élysées d'Arles*, par TRICHAUD. Arles, 1853, in-8. Voir : CHEVALIER, *Topo-Bibliographie*, 53. — CONSTANTIN, 222 236.
2. CONSTANTIN, 236.
3. IBID., 94, 237. — ALBANÈS, 528, 563, 681.
4. IBID., 240.
5. IBID., 146-172. — Extraits des délibérations du conseil de ville au sujet des reliques de Saint-Antoine et de l'union de l'abbaye de Montmajour à celle de Saint-Antoine (1490-1551). Bib. Arles, ms. 163, 101-111. — Visite des reliques de Saint-Antoine dans l'église de Saint-Julien, à la demande des consuls (1563). Ibid., ms. 151, 694.
6. CONSTANTIN, 161. — *Provisio prioratus S. Ysidori Arelati pro regente scolas dictæ civitatis* (1408). Bib. Arles, ms. 425.
7. CONSTANTIN, 97.
8. IBID., 95.
9. IBID., 111.
10. IBID., 192, 248. — Arch. du Gard, G, 1163 (relatif tout entier au prieuré Saint-Pierre de Trinquetaille).

cèse de Viviers, puis au séminaire de ce diocèse¹. Saint-Césaire de Villeneuve, en Camargue, donné à Saint-Victor par Guillaume et sa famille avec le consentement de l'archevêque Raimbauld (v. 1040)². Saint-Médier, *S. Mederius*. Lérins posséda, dans l'île de la Cape, le monastère de Saint-André. Saint-Michel, en Camargue, uni à Saint-Trophime. La Trinité en Camargue, uni à Sainte-Marthe de Tarascon³.
— Saint-Pierre de Méjanes, en Camargue.

ALBARON, *Albaro*⁴. Saint-Vincent, donné à l'abbesse de Saint-Césaire par le comte Raymond-Bérenger IV (1233). — AUREILLE, *Auricula*⁵. Notre-Dame, uni au chapitre de Notre-Dame des Doms à Avignon, dont il dépendait, ainsi que Notre-Dame de l'Ile, sous Barbegal.
— BEAUCAIRE, *Bellicadrum, Belcarium*⁶. Notre-Dame des Pommiers, dépendant de la Chaise-Dieu, en Auvergne, sécularisé et érigé en collégiale par Clément VIII (1597). Saint-Denis d'Argence, dépendant des moniales de Saint-Sauveur de la Font. Saint-Paul de Valar, uni à la mense conventuelle de ce monastère. Notre-Dame d'Adan, *Adavum*, uni au chapitre cathédral de Montpellier. Saint-Romain *de Acu*, donné à Psalmodi par l'archevêque d'Arles, Gibelin (1102). Saint-Sixte de la Roque, dépendant de Psalmodi. — BERRE, *Berra*⁷. Notre-Dame, uni à

1. CONSTANTIN, 196-197.
2. *Cart. Saint-Victor*, I, 184. Inv. ms. 77. — IBID., 258-265.
3. CONSTANTIN, 197-201.
4. Cant. et arr. Arles. — ACHARD, I, 303. — CONSTANTIN, 276-285. — *Albaron* (simples notes), par E. FASSIN, dans *Le Musée*, revue arlésienne, V (1881-1882), 81-82, 95-96, 98-99, 190-192, 238-239. — *Etat descript. de l'arr. d'Arles*, déjà cité, 3-4.
5. Cant. Eyguières, arr. Arles. — CONSTANTIN, 399-403. — *Etat descript.*, 18.
6. Chef-l. cant., arr. Nîmes, Gard. — *Pouillé des diocèses anciens compris dans le diocèse actuel de Nîmes*, par GOIFFON, dans *Bul. com. art. chrét.*, VI (1896), 216. — *Fondation de la collégiale de Beaucaire*, par LE MÊME, dans *Mém. Acad. Gard* (1899), 97-114. — *Paroisses de l'archiprêtré de Beaucaire d'après les documents originaux*, par LE MÊME. Nîmes, 1901, in-8. Voir ; UL. CHEVALIER, *Topo-bibliographie*, 334. — *Donation de Saint-Romain à Psalmodi*, dans ALBANÈS, 185-187. — *Les Cordeliers de Beaucaire*, par l'abbé BOUZIGE, dans *Bulletin du comité de l'art chrétien* (diocèse de Nîmes), II, 382-389. — *La chapelle du château de Beaucaire*, par l'abbé BONDIN, dans *Bul. com. art chrét.* (Nîmes), III, 353-388. — *Les anciennes églises de Beaucaire* (Saint-Sixte), par DOMERGUE, dans *Bul. com. art chrét.* (Nîmes), I, 137-139. — *Saint-Romain-en-Argence*, par C.-M. DOMERGUE. Avignon, 1881, in-8.
7. Chef-l. cant., arr. Aix, B.-du-Rh. — *Cart. Saint-Victor*, I, 183, 225-228. — *Répertoire des titres conservés aux arch. de la métropole*, 296, 485. Arch. B.-du-Rh. — ACHARD, I, 338-339. — *Berre, ses barons, sa commune, ses armoiries*, par L.-P. DESVOYES. Marseille, 1882, in-8 de 152 p. — *La chapelle de Caderot à Berre*, par L. DESVOYES. Marseille, 1884, in-8 de 42 p.

l'archidiaconé d'Arles. Notre-Dame de Caderot, *Cadarosca*, donné à Saint-Victor avec les églises de Saint-Geniès, de Saint-Nazaire et de Saint-Victor, par l'archevêque Raimbauld (1041).

CHATEAUNEUF-LÈS-MARTIGUES, *Castrum Novum*[1]. Notre-Dame, uni au collège des Jésuites d'Arles (1641). — COMPS[2]. Notre-Dame, uni à l'archevêché d'Arles. — CORNILLON[3]. Notre-Dame, dépendant de Montmajour. — FONTVIEILLE, *Fons vetus*[4]. Saint-Jean du Grès, *de Grisio*, donné à Saint-Victor par Raynald Rostang et sa femme Narbone (1067). Saint-Victor, longtemps contesté entre Saint-Victor de Marseille et Montmajour et enfin attribué à cette dernière abbaye par l'archevêque Raimbauld et le vicomte Guillaume (1040). Saint-Pierre d'Entremont. — FOS-SUR-MER, *Fossas*[5]. Abbaye fondée sous le vocable des Saints-Gervais-et-Protais par Annon, archevêque d'Arles (989), soumise à Cluny par Rostang de Fos, archevêque d'Aix (1081), à cause du relâchement des moines, sécularisée et transformée en collégiale (1223). Saint-Sauveur, uni à l'archidiaconé d'Arles. — FOURQUES, *Furchæ*[6]. Saint-Geniès d'Argens, dépendant des moniales de Saint-Sauveur de la Font. Saint-Martin, uni au chapitre cathédral. Saint-Jacques de Saujan, dépendant de Lérins, uni à l'archevêché (1225).

GIGNAC[7]. Saint-Michel, dépendant de l'archevêché. — GRANS[8]. Saint-

---

1. Cant. Martigues, arr. Aix. — ACHARD, I, 451. — CONSTANTIN, 514-523.
2. Cant. Aramon, arr. Nîmes, Gard. — *Diction. top. du Gard*, 64.
3. Cant. Salon, arr. Aix. — ACHARD, I, 479.
4. Cant. et arr. Arles. — *Cart. Saint-Victor*, I, 189-191. — CONSTANTIN, 320-328. — *Etat descript. de l'arr. d'Arles*, 99-100. — *Fontvieille, notes et documents*, par J. AUVERGNE, dans *Bulletin de la Société des Amis du Vieil-Arles* (1907), 399-415, (1908), 2-57.
5. Cant. Istres, arr. Aix. — *Carta obedientiæ abbatis S. Gervasii* (1185). Bib. Avignon, ms. 2754, f. 45. — Bulle d'Innocent III permettant à l'archevêque de sévir contre l'abbé (1198). Accord entre l'abbé Geoffroy et l'archevêque Hugues (14 juil. 1217). Ibid., f. 172, 180. — Pièces sur l'abbaye de Saint-Gervais, Bib. Arles, ms. 163, f. 112. — *Recueil des chartes de Cluny*, BRUEL, n°ˢ 3587, 3588, 4004, 4249, t. IV, 736, 737; V, 358, 605. — *Les chartes de l'abbaye de Saint-Gervais-lès-Fos, avec l'histoire de cette abbaye et notes critiques*, par L. BLANCARD. Marseille, 1878, in-8, ext. *Répert. trav. de la Soc. de statistique de Marseille*, XXXVII (1878), 201-230. — *Gallia christiana*, I, 601-602. — ALBANÈS, voir *Tables*. — ACHARD, I, 547. — CONSTANTIN, 431-444. — BOUCHE, II, 208. — WIEDERHOLD, *ouv. cit.*, 50.
6. Cant. Beaucaire, arr. Nîmes, Gard. — *Cart. de Lérins*, II, 26-27. — *Inv. archives Alpes-Maritimes*, sér. II, 311 (1225-1308), t. I, 70. — GOIFFON, ouvrages cités à l'article *Beaucaire*.
7. Cant. Martigues, arr. Aix. — *Monographie de Gignac*, par OLLIVIER. Marseille, 1895, in-8. — CONSTANTIN, 524-536.
8. Cant. Salon, arr. Aix. — ACHARD, I, 582.

Pierre. — JONQUIÈRES-SAINT-VINCENT, *Juncariæ*[1]. Saint-Laurent, dépendant de Psalmodi, uni à l'évêché d'Alais. Saint-Vincent de Cannois, uni à l'archevêché d'Arles. — LANSAC, *Lancaicus*[2]. Saint-Pierre, donné à Saint-Victor par Guiniman et son épouse, Marie (1015), cédé à Saint-Trophime sous le titre de Notre-Dame (XIIe s.). Saint-Gabriel et Saint-Philippe, uni à l'abbaye de Saint-Honorat de Tarascon. — LES BAUX, *Balcius, Baucium*[3]. Saint-Vincent et Saint-André, donnés par l'archevêque Aynard aux chanoines réguliers de Saint-Paul de Mausole (vers 1185) et attribués, avec cette collégiale, au chapitre de Notre-Dame des Doms d'Avignon (1319), ainsi que Notre-Dame de l'Isle.

MAILLANE, *Malhana*[4]. Saint-Pierre, donné à Montmajour par le comte Guillaume I et uni à l'infirmerie (1767). Notre-Dame de Bethléem, fondé au temps des croisades et uni à la mense archiépiscopale. — MARIGNANE, *Marignana*[5]. Saint-Victor, donné à l'abbaye de ce nom par Pons, archevêque d'Arles (1022-1029), uni au chapitre métropolitain, ainsi que Notre-Dame de Nazareth. — MARTIGUES, *Marticum*[6]. Notre-Dame de l'Ile, *Insula S. Genesii*, plus tard Sainte-Magdeleine, qui avait appartenu aux Chevaliers de Saint-Jean. Saint-Geniès de Jonquières, *Juncaria*, donné à Montmajour par l'archevêque Raimbaud (1040) et uni à la mense conventuelle (1451). Saint-Louis de Ferrières, *Ferrariæ*, et Saint-Mitre, unis à la mense archiépiscopale. — MEYNES, *Medenæ*[7]. Saint-Barthélemy et Notre-Dame, uni au chapitre cathédral de Montpellier. — MIRAMAS, *Miramare*[8]. Notre-Dame de Beauvezer, donné à Montmajour par les seigneurs de Baux (XIe s.).

1. Cant. Beaucaire, arr. Nîmes, Gard.
2. Com. Tarascon, arr. Arles. — *Cart. Saint-Victor*, I, 224. — ACHARD, II, 482. — CONSTANTIN, 328-337. — *Etat descript. de l'arr. d'Arles*, 132.
3. Cant. Saint-Remy, arr. Arles. — ACHARD, I, 312-314. — CONSTANTIN, 360-382. — *Inventaire chronologique des chartes de la maison des Baux*, par BARTHÉLEMY. Marseille, 1882, in-8, où l'on trouve des renseignements sur la plupart des établissements religieux de la contrée. — *Les Baux et Castillon*, par PAULET. Saint-Remy, 1902, in-8. — *Etat descript.*, 28-29.
4. Cant. Saint-Remy, arr. Arles. — ACHARD, II, 6-8. — CONSTANTIN, 346-359. — *Notre-Dame de Grâce de Maillane, Précis historique sur son culte*, par le P. HONORAT DE MAILLANE. Clermont, 1899, in-8. — *Etat descript.*, 28-29.
5. Chef-l. cant., arr. Aix. — *Cart. Saint-Victor*, I, 232-237. Arch. B.-du-Rh., sér. G. — ACHARD, II, 25-26. — *Ibid.*, 140-141.
6. Chef-l. cant., arr. Aix. — *Histoire de Martigues et de Port-de-Bouc*, par SAUREL. Marseille, 1862, in-12. — CHANTELOU, 32. — ACHARD, II, 102-106. — CONSTANTIN, 460-505.
7. Cant. Aramon, arr. Nîmes, Gard. — *Pouillé...*, par GOIFFON, 217.
8. Cant. Salon, arr. Aix. — CONSTANTIN, 419-427.

C'était l'un des prieurés les plus riches de cette abbaye avec ses 1200 livres de revenu. Montmajour possédait les autres églises du lieu. — Mouriès, *Moreriæ*[1]. Saint-Jacques, *cella* de Saint-Victor en 1079, avec des possessions qui remontaient à 1073. Notre-Dame et Saint-Romain, donnés à Montmajour par l'archevêque Gibelin (1106).

Rognac, *Rognacum*[2]. Sainte-Magdeleine, uni chapitre métropolitain. — Saint-Chamas, *S. Amantius*[3]. Uni à la mense archiépiscopale. Saint-Trophime de la Palud, uni au séminaire d'Arles (1710). Saint-Léger, donné à Saint-Victor par Guicheran et sa femme, Dode (1035). — Saint-Etienne du Grès, *S. Stephanus in Grisio*[4], dépendant des moniales de Saint-Laurent d'Avignon, auquel on unit Saint-Lambert et Notre-Dame du Château. — Saintes-Maries[5], *Sancta Maria de Mare*, donné à Montmajour (1086), centre d'un pèlerinage très fréquenté. — Saint-Martin de Castillon, *S. Martinus de Fetauria*[6], dépendant de Montmajour, ainsi que Saint-Romain de Maussane, *Mamuciana*. — Saint-Martin de Crau[7], *S. Martinus de Palude*, donné à Saint-Trophime d'Arles (1052). Sainte-Foi de Vaquières, donné à Saint-Victor, puis cédé à l'archevêque (1168). — Saint-Mitre, *S. Mitrius*[8], dépen-

---

1. Cant. Saint-Remy, arr. Arles. — *Cart. Saint-Victor*, I, 186. — Constantin, 393-398. — *Les Baux et Castillon*, par Paulet, 202-209. — *Etat descript.*, 165-166.
2. Cant. Berre, arr. Aix. — Achard, II, 289.
3. Cant. Istres, arr. Aix. — *Cart. Saint-Victor*, I, 259. — Achard, II, 403.
4. Com. et cant. Tarascon, arr. Arles. — Constantin, 337-346.
5. Chef-l. cant., arr. Arles. — *Monuments inédits sur l'apostolat de sainte Marie-Magdeleine*, par Faillon, I, 1304-1320 ; II, 605-614. — Constantin, 285-309. — *L'église des Saintes-Maries de la Villa-de-la-Mar*, par Gautier-Descostes. Avignon, 1879, in-8. — *La tradition des saintes Maries*, par F. Reynaud. Marseille, 1874, in-8. — *Les saintes Maries, leur vie et leur culte*, par Lamoureux. Avignon, 1898, in-8. — *Histoire de sainte Marie Jacobé et de sainte Marie Salomé, suivie des offices de leurs fêtes, leurs messes propres et votives, par un prêtre du clergé* (sic) [Biscarel, ancien curé des Saintes-Maries]. Paris, J.-B. Garnier, 1750, in-18. Bibl. d'Arles. — *Les saintes Maries Jacobé et Salomé*, par l'abbé Magnan, Paris, 1866, petit in-18. — *La légende des saintes Maries. — Réponse à la tradition des saintes Maries, essai critique, Documents inédits de M. F. Reynaud*, par I. Gilles. Paris-Marseille, 1874, broch. in-8. Bibl. d'Arles. — *Les Mariades ou les saintes Maries allant en Provence établir l'Eglise des Gaules, poème en dix chants*, par A. Maestrati. Nice, 1894, in-8° de xx-187 p.
6. Le Paradou, cant. Saint-Remy, arr. Arles. — Constantin, 383-392. — *Etat descriptif*, 177-178.
7. Arr. Arles. — Achard, II, 421. — Constantin, 404-410. — *Ibid.*, 225.
8. Cant. Istres, arr. Aix. — Constantin, 450-459.

dant de l'archevêché. Notre-Dame de Châteauvieux, *Castrum vetus*, *Castelveyre*. — Salon [1]. Notre-Dame de Laval.

Vélaux [2]. Saint-Trophime, dépendant de Montmajour, uni au chapitre métropolitain. — Vitrolles [3]. Saint-Gérard, Notre-Dame de Lyons et Saint-Bardulfe.

---

1. Chef-l. cant., arr. Aix. — *Chroniques de la ville de Salon*, par L. Gimon. Marseille, 1882, in-8.
2. Cant. Berre, arr. Aix. — Achard, II, 573.
3. Cant. Berre, arr. Aix. — *Cart. Saint-Victor*, I, 229-232. — *Monographie de Vitrolles*, par Adrien Pascal. Marseille, 1904, in-8 de 173 p.

II

DIOCÈSE DE MARSEILLE[1]

[Marseille, *Massiliensis*, ville épiscopale en Provence, suffragante d'Arles, située sur une hauteur faite en amphitéâtre, au bord de la mer Méditerranée, à la droite de la petite rivière de Veaune, *l'Huveaune*. Elle est de la seconde Viennoise et de l'exarchat des Gaules[2]. Ses prélats, qu'on y voit dès le troisième siècle, prétendirent au droit de métropolitain de la seconde Viennoise, au préjudice d'Aix ; ce qui leur fut accordé au concile de Turin, l'an 397. Mais les papes Boniface Ier, Célestin Ier et Léon Ier cassèrent cette ordonnance et rédui-

---

1. Chef-l. dép. des Bouches-du-Rhône. — **Bibliographie :** *Histoire de la ville de Marseille*, par Ant. de Ruffi. Marseille, 1690, 2 vol. in-fol. — *L'antiquité de l'Eglise de Marseille et la succession de ses évêques*, par de Belzunce. Marseille, 1747-1751, 2 vol. in-fol. et 3 vol. in-4. — *Calendrier spirituel de Marseille avec un précis historique des paroisses, de l'abbaye de Saint-Victor et des ordres religieux*, par Agneau. Avignon, 1759, in-12. — *Almanach historique de Marseille*. Marseille, 1770-1790, in-32. — *Eglises, chapelles et monastères, qui ont été démolis ou qui ont changé de destination depuis 1789 jusqu'à nos jours*, par Bousquet, dans *Revue de Marseille et de Provence*, V (1859), VI et VII. — *Marseille à la fin de l'ancien régime*, par Dollieule, Bérengier, etc. Marseille, 1896, in-8.
Dictionnaire topographique de l'arrondissement de Marseille, par Montreuil. Marseille, 1872, in-8. — *Statistique du département des Bouches-du-Rhône*, par le comte de Villeneuve. Marseille, 1821, 4 vol. in-4. — *Iconographie des sceaux et bulles, conservés dans la partie antérieure à 1796 des archives des Bouches-du-Rhône*, par Blancard. Marseille, 1860, 2 vol. in-fol.
Catalogue général des manuscrits, XV, *Marseille*, par l'abbé Albanés. Paris, 1892, in-8. — *Bibliothèque de la ville de Marseille, Catalogue du fonds de Provence*, par H. Barré. Marseille, 1890, 4 vol. in-8. — *Mémoires publiées par l'Académie de Marseille*, 1809 et s., in-8. — *Répertoire des travaux de la Société de statistique de Marseille*, 1837 et s., in-8. — *Revue de Marseille et de Provence*, 1857 et s., in-8. — *Répertoire des sources historiques du Moyen-Age, Topo-bibliographie*, par Ul. Chevalier, art. *Marseille*, 1857-1862.
Gallia christiana, I, 627-704, instr. 106-117. — Bouche, I, 328-335. — Papon, I, 336-370. — *Dictionnaire* de l'abbé Expilly, IV, 568-608. — *Gallia christiana novissima*, par l'abbé Albanés, et Chevalier, t. II, *Marseille*. On trouve, dans l'introduction, des indications bibliographiques.
2. *Géographie de la Gaule au VIe siècle*, par Longnon, 447-449.

sirent Marseille à son titre d'évêché, qui était autrefois sous la métropole de Vienne [1].

Saint Lazare a été choisi par le clergé et le peuple de Marseille, pour être leur Patron. On y a établi aussi un culte particulier à Sainte-Magdeleine.... L'église cathédrale, sous le nom de Notre-Dame de la Major, était autrefois dédiée, à ce que l'on dit, à Diane d'Ephèse. La forme en paraît extraordinaire ; mais on n'a voulu y rien ajouter ni diminuer, pour la conserver dans son assiette naturelle [2]. Son trésor est rempli de plusieurs saintes reliques. On y voit le chef de saint Lazare, dans une châsse d'argent doré très bien travaillée ; aux deux côtés sont représentées Magdeleine et Marthe. Le chef de saint Cannat, second évêque de Marseille, s'y voit aussi avec un pied de saint Victor, aussi frais que si on venait de le couper, le chef de saint Adrien et plusieurs autres reliques [3].

Le chapitre de l'église cathédrale de Marseille est composé d'un prévôt, d'un archidiacre, qui sont dignités ; d'un sacristain et d'un capiscol, qui sont personnats, de neuf chanoines capitulants, de dix bénéficiers, appelés dans les anciennes chartes *clerici intitulati*. Le chapitre seul a la collation des bénéfices et l'évêque n'a voix dans cette occasion que comme chanoine [4]. Il y a quatre paroisses dans la ville et trente-deux dans le diocèse [5].]

1. *Fastes épiscopaux de l'ancienne Gaule*, par DUCHESNE, I, 100-104.
2. *La Major, cathédrale de Marseille*, par BOUSQUET. Marseille, 1857, in-8. — Voir : CHEVALIER, *Topo-bibliographie*, 1818. On conserve aux archives du département des Bouches-du-Rhône le *Livre vert de l'évêché de Marseille*, ms. du XIII° s. avec des additions postérieures contenant des actes des années 1141-1151. Ce fonds est très riche. Voir : *Etat par fonds des archives*, 94.
3. *Inventaire du trésor de la cathédrale la Major de Marseille (1600)*, par le Dr BARTHÉLEMY. Marseille, 1880, in-8.
4. *Livre jaune* ou cartulaire du chapitre cathédral de Marseille, ms. du XIII° s. avec des additions postérieures, contenant des actes des années 1119-1535, conservé aux arch. dép. des B.-du-Rh. Le fonds de l'évêché ne comprend pas moins de 79 registres et 525 liasses. Voir : *Etat par fonds des archives*, 94. — *Des anciennes possessions de l'Eglise de Marseille*, par FAMIN, dans Revue de Prov., V (1859-1860), 537-549 ; VI, 217-233. — *Les possessions de l'Eglise de Marseille au commencement du IX° siècle*, par MONTREUIL. Marseille, 1855, in-8.
5. Paroisses de la ville de Marseille ; Saint-Martin, qui est en même temps collégiale. *Un épisode de l'histoire de l'église de Saint-Martin de Marseille, ses prieurs et ses vicaires pendant le Moyen-Age*, par BARTHÉLEMY, dans Rev. de Mars., XXVIII, 433-456. — *Notice sur l'église paroissiale et cathédrale provisoire de Saint-Martin*, par LOUCHE. Marseille, 1871, in-8.

Il y avait dans la ville et le diocèse de nombreuses communautés religieuses. Voici celles sur lesquelles nous n'aurons pas à revenir[1] : les religieux de Saint-Antoine, installés avant 1180 ; les Trinitaires, vers 1200[2] ; les Dominicains, en 1224[3] ; les Clarisses, en 1254, elles émigrèrent ensuite à Saint-Cannat[4] ; les Augustins, vers 1258[5] ; les Carmes, vers 1285[6] ; les Franciscains de la Stricte Observance, en 1432, ils eurent un second couvent hors de la ville[7] ; les Servites, en 1621 ; les Capucins et les Minimes, en 1578[8] ; les Augustins déchaussés, vers 1605[9] ; les Oratoriens, en 1620, on leur confia le collège de la ville ; les Jésuites, en 1621 et en 1630[10] ; les Récollets, en 1621[11] ; les Carmélites, les Visitandines et les Capucines, en 1613[12] ; les Chartreux,

---

Notre-Dame des Accoules, qui est également collégiale. *L'église paroissiale et collégiale des Accoules et la chapelle du Calvaire*, par DASPRES. Marseille, 1879, in-8. Saint-Laurent. *Notice historique sur l'église et paroisse de Saint-Laurent*, par DASPRES. Ibid., 1877, in-8. Saint-Ferréol, etc.

1. Nous avons emprunté cette liste et les dates qui l'accompagnent à la *Gallia Christiana*, t. I, 629-632.
2. *L'ordre des Trinitaires*, par DESLANDRES, I, 528-540. C'est le 21 mars 1302 que les comtes de Baux prirent sous leur protection le couvent fondé par saint Jean de Matha. Il y eut en outre un bureau de la Rédemption. Leur fonds, aux archives départ., se compose de 21 reg. et 74 liasses.
3. Il reste de leurs archives 15 reg. et 35 liasses. D'autres proposent 1215 pour la date de leur fondation. Les Dominicains transportèrent leur couvent, après 1524, dans une autre partie de la ville. Leur église porte encore le nom des Prêcheurs ou de Saint-Cannat.
4. Il ne reste qu'un article de leurs archives.
5. Leur ancienne église a reçu depuis le nom de Saint-Ferréol et est devenue église paroissiale. Il ne reste que 2 reg. de leurs archives.
6. Il ne reste de leurs archives que 9 reg. et 12 lias. Leur église est devenue paroissiale sous le vocable de Notre-Dame du Mont-Carmel. *Monographie de Notre-Dame du Mont-Carmel à Marseille*, par CASTEL, dans *Rev. de Mars.*, XX (1874), 377-396.
7. On conserve dans leur fonds, aux arch. dép., 4 reg. et 19 liasses. ALBANÈS, 469.
8. Cart. des Capucins de Saint-Louis. Bib. Marseille, ms. 1204. On conserve aux arch. dép. 8 reg. et 3 lias., provenant des Minimes.
9. 16 reg. et 17 lias. avec un invent. aux arch. départ. L'église Saint-Vincent-de-Paul occupe l'emplacement de celle des Augustins réformés. *Notice sur les inscriptions découvertes dans le sous-sol de l'église Saint-Vincent-de-Paul*, par ROTHEN. Marseille, 1857.
10. 7 reg. les concernant aux arch. dép.
11. 2 reg. et 1 invent. Ibid. Leur église est devenue l'église paroissiale de Saint-Théodore. *Notice historique sur l'église de Saint-Théodore depuis sa fondation jusqu'à nos jours*, par BOUSQUET. Marseille, 1856, in-8.
12. Les deux couvents de Visitandines étaient connus sous le nom de Grandes et de Petites-Maries. 8 reg. et 26 lias. aux arch. dép. Le fonds des Capucines est beaucoup plus riche. *Abrégé des affaires du couvent*, ms. du XVIIIe siècle.

en 1633¹, ils avaient déjà un monastère à Montrieux²; les Carmes déchaussés, en 1633³; les Augustines et les Dominicaines, en 1636; les prêtres du Saint-Sacrement, fondés par Dom Christophe Authier, moine de Saint-Victor et plus tard évêque de Bethléem, en 1638; les Récollètes, en 1640⁴. Vinrent ensuite les religieuses de la Miséricorde, les Ursulines⁵, un second couvent de Visitandines, les religieux de la Merci, les prêtres de la Mission, qui reçurent à gouverner le séminaire diocésain (1673)⁶, les religieuses Tertiaires de Saint-François (1654), les Trinitaires déchaussés (1658)⁷, et les Filles du Saint-Sacrement (1659). Il y avait, en dehors de la ville, des Carmes à Mazargues et aux Aygalades; des Oratoriens, des Servites, des Minimes, des Capucins (1608) et des Ursulines, à la Ciotat; des Trinitaires, à la Cadière; des Franciscains de l'Observance et des Ursulines, à Aubagne; des Dominicains, à Saint-Zacharie et à la Sainte-Baume⁸.

Abbayes du diocèse

SAINT-VICTOR DE MARSEILLE. *S. Victor prope Massiliam*⁹. — [L'an-

1. 5 reg. et 7 lias. aux arch. dép. où un invent. Leur église est devenue la paroisse Sainte-Magdeleine. *Monographie de la Chartreuse de Marseille*, par FÉLIX VÉRANY. Marseille, 1860, in-8, et *Les nouveaux embellissements de l'église Sainte-Madeleine*, par LE MÊME. Ibid., 1874, in-8.
2. Com. Méounes, Var. 340 art. aux arch. du Var, où Cartulaire, contenant 250 actes de 1123 à 1565. Voir : STEIN, 2596 et 2597. — *Notice sur la Chartreuse de Montrieux*, par DE VILLENEUVE-FLAYOSC. Brignoles, 1870, in-8.
3. 17 reg. et 5 lias. aux arch. (1633-1769).
4. 13 reg. et 17 lias. aux arch. (1643-1739).
5. 6 reg. Ibid. (1630-1717).
6. L'église de la Mission fut acquise par les Jésuites au XIXᵉ s.
7. L'église des Trinitaires réformés est devenue la paroisse de la Très-Sainte-Trinité. 3 reg. et 4 lias. aux arch. dép. Voir : DESLANDRES, I, 537-540.
8. Sur ces diverses maisons, BELZUNCE, *L'antiquité de l'Eglise de Marseille*, en se reportant aux tables.
9. Bibliographie : Le chartrier de l'abbaye de Saint-Victor est conservé aux archives départementales des Bouches-du-Rhône, série H, où il n'y a pas moins de 1130 articles : Grand et petit cartulaire (780-1318), recueil de chartes (780-1446), livre noir (1079-1790), 21 registres d'actes (1039-1790), administration intérieure de l'abbaye (XIVᵉ-XVIIIᵉ s.), titres concernant les prieurés et les dépendances (IXᵉ-XVIIIᵉ s.), délibérations du conseil et du chapitre (1524-1790), 13 registres de terriers, inventaires, voir : *État général par fonds des archives*, 95. — Inventaire de l'orfèvrerie et ornement

tiquité de cette abbaye remonte jusqu'aux premières années du christianisme... Cassien en fut le premier abbé (v. 413-450). Elle

des prieurés et de l'abbaye de Saint-Victor, arch. B.-du-Rh., série H, 1119-1121, 1123-1126. — Inventaire des pièces concernant Saint-Victor et Lérins qui se trouvent dans les archives de notaires, fait par les agents de Philippe de Vendôme, Ibid. 1122. — Catalogue des prieurés avec le nom des prieurs, le nombre et le nom des moines, la somme due pour les décimes (fin du XIVe s.). Ibid. 675. — Procès-verbaux des visites des prieurés (1549, 1566, 1572, 1615, 1715), Ibid. 673 ; (1684-1689), 674. — L'abbé Albanès a laissé un inventaire sur fiches de ce fonds. — *Chronologie ou démonstration selon la suite des temps des choses plus mémorables intervenues au monastère de Saint-Victor de Marseille, en son origine, fondation, dotation, pancartes, privilèges, etc., jusqu'à présent (1626), dédiée au prince Ant. de Bourbon, comte de Moret, abbé du dit monastère*, par J.-F. FABRY, sieur de Barras, ms. in-fol., aux arch. des Bouches-du-Rhône, sér. H, et Bib. nat. ms. fr. 18.978. C'est un sommaire méthodique de la plupart des titres de l'abbaye. *Cartulaire de l'abbaye de Saint-Victor de Marseille*, par GUÉRARD, MARION et L. DELISLE. Paris, 1857, 2 vol. in-4. — *Supplément au dictionnaire géographique du cartulaire de Saint-Victor de Marseille*, par le chan. VERLAQUE. Draguignan, 1893, in-8, ext. *Bul. Soc. d'Et. de Draguignan*, XXIX (1892), 131-198. — *Notice sur les archives anciennes des Bouches-du-Rhône, suivie de notes relatives aux plus anciens documents du cartulaire de Saint-Victor*, par L. BLANCARD, Marseille, 1861, in-8. — *Notes sur le polyptyque de Wadalde (814) et sur les plus anciennes chartes du cartulaire de Saint-Victor*, par L. BLANCARD. Marseille, 1861, in-8. — *Liste des écrivains qui ont rédigé les chartes de Saint-Victor du IXe au XIIe siècle*, par l'abbé ALBANÈS, dans *Revue des Sociétés savantes* (1877), 198-202. — *Note sur le cartulaire de Saint-Victor*, par ARMIEUX, dans *Mém. Soc. archéol. du Midi* (1874), 373-375. — *Charte sarde de l'abbaye de Saint-Victor, écrite en caractères grecs*, texte par WESCHER, notice par BLANCARD, dans *Bib. École des Chartes*, XXXV (1874), 255-265. — *Sur la charte marseillaise de Benoît IX (1040)*, par L. BLANCARD, Paris, 1893, in-8, ext. *Bul. com. hist.* — *Bibliographie des cartulaires*, par STEIN, n°s 2363-2366, 4395-4396.

Nomenclature détaillée des actes concernant les prieurés situés dans le diocèse de Mende, dépendant de notre abbaye de Saint-Victor, par l'abbé ROSSE, dans *Bul. Soc. agric. de la Lozère*, XIV (1863), 302. — *Chartes inédites relatives aux possessions de l'abbaye de Saint-Victor en Espagne*, par DE GRASSET, dans *Revue hist. de Provence*, I (1890), 205-208, 238-240, 269-272, 303-304, 322-336. — *Dénombrement des biens et droits de l'abbaye de Saint-Victor à Marseille*, par SARDOU, dans *Bul. Soc. Et. Draguignan*, I (1857). — *Note sur la consécration de l'église de Saint-Victor*, par l'abbé ANDRÉ, dans *Rev. Soc. sav.* (1860), 1, 2 ; (1862), 1, 90, 184. — *Communication relative à la charte de consécration de l'église de Saint-Victor*, par l'abbé DASSY, Ibid. (1862), II, 132. *Les obligations des administrateurs de l'abbaye de Saint-Victor (1er sept. 1545)*, par M. RAIMBAULT, dans *Revue hist. Provence*, III (1901), 270-281. — *Congregationis cœnobii S. Victoris epistola fratribus in monasterio Crassæ*, dans *Script. veterum collectio* de MARTÈNE (1724), I, 502-504. — *Notitia definitionis inter monachos S. Victoris et Psalmodienses*, dans BOUQUET, XIV, 104-106. — *Des relations du Pape Urbain V avec la ville et le diocèse de Marseille*, par TH. ROUSSEL, dans *Bul. Soc. agric. Lozère*, XI (1860), 87. — *Acta concordiæ initæ inter canonicos Ruthenenses et monachos massilienses*, dans *Miscellanea* de BALUZE, II, 216. — On conserve dans divers dépôts des documents ms. qui concernent Saint-Victor de Marseille : Bib. nat. nouv. acq. lat. ms. 1304.

est au pied de la citadelle, près le port, et ressemble à quelque château fermé de murailles, munies de plusieurs belles tours carrées, d'une

Monasticon benedictinum, ms. lat. 12.702; ms. lat. 13.820. — Notes de Dom Chantelou, ms. lat. 13.845. — Bib. Marseille : *Abbates San-Victorini* (412-6761), ms. 1495, f. 308. Description de l'abbaye, ms. 1499. Enquête sur la prise de l'abbaye dans la nuit du 15 au 16 nov. 1591, par le baron de Méolon, ms. 1410. — Bib. Aix : ms. 252, 344, 345, 346, 348, 349, 357, 752, 827, 1002. — Bib. Avignon, ms. 855, 1548, 1751, 1855, 2156, 2157, 2392, 2399, 2648, 2754, 2756, 3045, 3472, 3633. — Bib. Toulouse : *Elucubrationes massilienses* du P. Laporte, minime, ou copies et extraits tirés des archives de Saint-Victor se rapportant presque uniquement aux monastères de Languedoc et d'Espagne soumis à cette abbaye, ms. 631.

Index monasteriorum, dans *Pat. lat.* CCXX, 1100. — *Die Urkunden der Karolinger* von Th. Sickel, II, I, 51. — *Papsturkunden in Frankreich*, par Wiederhold, III, 47. — *Cartons des rois*, par Tardif, n° 3030, p. 531. — *Inventaire des arrêts du Conseil d'Etat sous Henri IV*, par Noel Valois, 11239, t. II, 391. — *Gallia christiana novissima*, par Albanès, II, passim.

Inventaire des Sceaux, par Douet d'Arcq, III, n°s 8279 et 8826. — Sceau de l'abbaye (1258 et 1581), de l'abbé P. Guillermin (1234), d'Etienne I (1258), de Guillaume de Gretzé (1275), d'Etienne de Clapiers (1255), de Guillaume du Lac (1436) et du prieur Hugues (1275), dans *Iconographie des sceaux et bulles... des Bouches-du-Rhône*, par Blancard, I, 210-214; II, pl. 88.

Factums

Note relative à la nécessité d'introduire la réforme de Saint-Maur dans l'abbaye de Saint-Victor de Marseille. S. l., 1669, in-4. — Arrêt du Conseil d'Etat, du 16 mars 1668, portant règlement par provision pour la réformation des abus qui se commettaient dans l'abbaye de Saint-Victor de Marseille par les religieux de la dite abbaye. S. l. n. d., in-4. — Arrêt du Conseil d'Etat du 26 juillet 1669 contenant des règlements pour l'abbaye de Saint-Victor, dans Hélyot, V, 162. — Appendix ad statuta Eminentissimi cardinalis d'Estrées ; Catalogus rerum in appendice contentarum. Statuta Nicolai V. Statuta a Cardinali Vindocinensi approbata,... S. l. n. d. — Extrait des registres du Conseil d'Etat (16 mars 1668, au sujet de la réforme). S. l. n. d. — Motifs donnés au Roy, à S. A. R. Mgr le duc d'Orléans, régent, et à Messeigneurs du Conseil de conscience par les sieurs Grand-Prieur, officiers et religieux au nombre de 21, tous profès de l'abbaye de Saint-Victor, sur ce qu'ils ont appelé les PP. Bénédictins de la Congrégation de Saint-Maur. S. l. n. d., in-4. — Réflexions tant sur l'intervention que les onze officiers opposants à la réforme de l'abbaye de Saint-Victor ont surpris du Conseil de la communauté de Marseille, que sur le placet qu'ils ont ensuite présenté en son nom à Sa Majesté, renvoyé le 11 décembre 1716 du Conseil de l'intérieur du royaume au Conseil de conscience. S. l. n. d., in-4. — Lettre de Monsieur*** à Monsieur de ***. S. l. n. d., in-4 (contre M. de Matignon, abbé de Saint-Victor, qui voulait introduire la réforme). — Au Roy et à S. R. Mgr le duc d'Orléans, régent, supplique des gentilshommes de Marseille contre l'introduction de la réforme. — Extrait des registres du Parlement de Provence. S. l. n. d., in-4, 1er déc. 1716 (contre Dom Barthélemy La Prade, qui avait tenté d'introduire la réforme). — Extrait des registres du Conseil privé du Roy (3 déc. 1725, au sujet des ordinations). S. l. n. d., in-4.

Factum pour messire Philippe de Vendôme, grand prieur de France, abbé cardinal de la Sainte-Trinité de Vendôme et de Saint-Victor de Marseille,

grosseur et d'une élévation extraordinaire, et sur le haut desquelles on peut se promener. Tout le terrain d'alentour s'appelait autrefois

contre messire J.-B. d'Estampes, évêque de Marseille. S. l., 1673, in-fol. — Au roi et à Messeigneurs de son Conseil, pour J.-B. d'Estampes, évêque de Marseille, contre les religieux de Saint-Victor, se prétendant exempts de la juridiction épiscopale, par DE FALENTIN. S. l. 1682, in-4. — Observations de M. l'évêque de Marseille sur la dernière poduction de M. l'abbé de Saint-Victor. S. l., 1683, in-4. — Réponse de M. le grand Prieur de France, abbé de Saint-Victor de Marseille, aux observations faites par M. l'évêque de Marseille sur la dernière production des titres de l'abbaye de Saint-Victor. S. l. n. d., in-fol.
Transaction entre Mgr l'évêque de Marseille, Mgr Philippe de Vendôme..., les religieux, grand prieur et monastère de la dite abbaye, et les prévôts et chanoines du chapitre et paroisse de Saint-Martin de Marseille sur leur procès et différent, pour raison de la juridiction spirituelle dans l'étendue du détroit et territoire dudit Saint-Victor. S. l. n. d., in-4. — Addition à l'avertissement en réponse à celui de la paroisse de Saint-Martin du 18 mai 1680, pour l'économe du monastère et abbaye de Saint-Victor, contre l'économe de l'église collégiale et paroissiale de Saint-Martin. S. l. n. d., in-4.
Mémoire instructif pour Mgr de Belsunce, demandeur, en requête principale du 24 mai 1714 et en autre incidente du 17 déc. suivant, contre l'économe du vénérable chapitre de l'abbaye de Saint-Victor. S. l. n. d., in-4. — Addition au mémoire pour Mgr de Belsunce, demandeur, servant de réponse au mémoire de l'économe de Saint-Victor, défendeur. S. l. n. d., in-4. — A Mgr de Marseille. Remontrance au sujet de la juridiction. S. l. n. d., in-4. — Remarques sur les deux prétendus privilèges d'Urbain V, desquels les religieux du monastère de Saint-Victor se servent pour s'exempter de la juridiction de l'évêque du lieu. S. l. n. d., in-4. — Extrait des registres du Parlement de Provence (maintenant Mgr de Belsunce dans l'exercice de sa juridiction). S. l. n. d., in-4.
Lettres patentes du roi Charles IX, en explication de ses édits, en faveur de l'office d'aumônier de l'abbaye de Saint-Victor (12 déc. 1566). S. l. n. d., in-4. — Instruction sommaire pour M. J.-B. d'Hostagier, aumônier de l'abbaye de Saint-Victor, intimé en appel de sentence rendue par le lieutenant de sénéchal de la même ville (1er juillet 1698) contre Jean Calin, de la même ville, appelant. S. l. n. d., in-4. — Le procureur de l'économe du vénérable chapitre de Saint-Victor, répondant aux dernières écritures de M. d'Hostagier, aumônier du dit chapitre, communiqué le 24 mai dernier. S. l. n. d., in-4. — Mémoire instructif pour Messieurs les directeurs de l'Hôpital Général de la ville de Marseille demandeurs en requête contre M. J.-B. d'Hostagier, religieux et aumônier de Saint-Victor, défendeurs. S. l. n. d., in-4. — Mémoire pour M. J.-B. d'Hostagier..., demandeur en requête tendante en main levée de cassation des saisies du 4 juillet 1704 contre les Directeurs de l'hôpital de la Charité, défendeurs. S. l. n. d., in-4. — Réponse à l'avertissement des directeurs de l'hôpital..., communiqué le 11 mai 1712, pour M. J.-B. d'Hostagier... S. l. n. d., in-4. — Avertissement pour M. J.-B. d'Hostagier..., appelant de quatre délibérations du chapitre de l'abbaye de Saint-Victor des 21 déc. 1705, 12 janv. et 21 févr. 1706, demandeur en requête du 27 du dit mois et en autre incidente du 12 juin suivant, contre partie des sieurs officiers, religieux et capitulants de la dite abbaye, ou soit l'économe d'icelle prenant leur fait et cause, qui sont intimés. S. l. n. d., in-4. — Avertissement pour l'économe du vénérable chapitre de Saint-Vic-

Paradisus, à cause de la sainteté des religieux qui l'habitaient...
Au frontispice de l'église sont ces paroles, adressées à saint Victor,

tor, intimé en appel de diverses délibérations capitulaires, défendeur en requête et demandeur en réception d'expédient contre M. J.-B. d'Hostagier, appelant, défendeur et demandeur. S. l. n. d., in-4. — Réponse à l'avertissement de l'économe de Saint-Victor, pour M. d'Hostagier, aumônier de la dite abbaye. S. l. n. d., in-4. — Sommaire avertissement pour M. Pierre Déolières, religieux et aumônier du monastère de Saint-Victor, défendeur en requête, contre Philippe Salle, de la dite ville, demandeur. S. l. n. d., in-4. — Mémoire servant de soutien aux griefs et requêtes incidentes de M. Jean Saurin, religieux de Saint-Victor, et de réponse aux objections et aux griefs de M. Malaval, religieux de la même abbaye, et la demoiselle Glandevès (1725). S. l. n. d., in-4.
Factum pour l'économe de l'église collégiale et paroissiale de Saint-Martin de Marseille contre l'économe du monastère de Saint-Victor. S. l., 1680, in-4. — Mémoire pour messire Jacques de Matignon, ancien évêque de Condom, abbé de l'abbaye royale de Saint-Victor de Marseille, contre les sieurs Raimond et Negrel, ses fermiers généraux de la même abbaye, en présence de messire Philippe de Vendôme, ci-devant pourvu de la même abbaye, par DE GÉRONDELLE. S. l., 1719, in-fol.
Réponse pour l'économe de l'abbaye de Saint-Victor à une objection nouvelle, qui n'a pas été proposée à l'audience (au sujet des ordinations). S. l. n. d., in-4. — Mémoire instructif pour Msgr Louis de Cabre de Roquevaire, pourvu par le Pape de la légation d'Avignon, de l'office claustral d'infirmier du monastère de Saint-Victor, demandeur en requête de maintenue définitive et provisionnelle et défendeur, contre Mr Nicolas Chalcornat et Mr Honoré Basan, tous deux religieux profès de l'abbaye et prétendant au même bénéfice, demandeurs et défendeurs (1705). S. l. n. d., in-4. — Précis du procès pour Mre Jacques Besson, prêtre religieux et premier custode de l'abbaye de Saint-Victor, contre Mre Henri Barbesieux, prêtre et religieux du même monastère. S. l. n. d., in-4. — Maximes et lois fondamentales du royaume qui excluent le prétendu païs d'obédience en Provence, soutenu par les moines de Saint-Victor dans le procès contre le chapitre cathédral de Marseille. S. l. n. d., in-4. — Réponse au mémoire instructif du chapitre de la Major, appelant comme d'abus, pour le chapitre de Saint-Victor, intimé et demandeur. S. l. n. d., in-4. — Mémoire pour le sieur administrateur du vén. chapitre de Saint-Victor, appelant de sentence rendue par le lieutenant du Sénéchal de cette ville, le 3 déc. 1767, contre Barth. de Bernardi de Sigoyer, diacre de la ville d'Apt. Aix, s. d., in-4.
Au procès évoqué du Parlement de Provence, en l'économe du monastère de Saint-Victor, demandeur en réparation de troubles, révocation des attentats et usurpation des eaux des moulins à blé dudit monastère et des contraventions aux sentences de règlement et particulièrement du lieutenant de Sénéchal de Marseille. S. l. n. d., in-4. — L'économe du monastère de Saint-Victor est appelant comme d'abus de la procédure et exécution faite sur le bref *in forma si in evidentem*, par les commissaires à ce députés, et demandeur en lettres royaux en forme de cassation des contrats et desemparation de la terre et seigneurie de Villecrose, contre Jean-Augustin Albertas, écuyer de la ville de Marseille, détenteur de la dite terre. S. l. n. d., in-8. — Extrait des écritures pour l'économe du vénérable chapitre de Saint-Victor, demandeur en requête d'intervention tendante en appel et autres fins y contenues du 17 mars 1730, contre les consuls et communauté de Puyloubier et Mr Jean Roman, conseiller du Roi, secrétaire près la cour

officier des troupes, né et martyrisé à Marseille l'an 290 : *Massiliam vere, Victor, civesque tuere.* Dans une chapelle du côté de l'épitre, on

des comptes, défendeurs. S. l. n. d., in-4. — Réfutation de la réponse pour les sieurs maire, consuls et communauté du lieu de Trets, contre Mre François-Camille de Lorraine, prince, abbé commendataire de Saint-Victor, et le sieur administrateur en l'église insigne et noble collégiale de Saint-Victor de Marseille. S. l. n. d., in-4. — Précis du procès de l'économe de l'abbaye de Saint-Victor, appelant de sentence rendue par le lieutenant général de cette ville d'Aix, contre Mre Pierre Derres, vicaire de Cereste, intimé. S. l. n. d., in-4.
Motifs de l'arrêt du Parlement de Provence du 1er mars 1723 contenant règlement pour l'abbaye de Saint-Victor. Aix, 1725, in-4. — *Bulla secularisationis tam in capite quam in membris monasterii Sancti Victoris Massiliensis, de die 17 dec. 1739.* Paris, 1740, in-4. — Requête du chapitre de Saint-Victor à M. l'official de Marseille pour obtenir la fulmination de la bulle extraite du greffe de l'officialité de Marseille. S. l. 1741, in-4. — *Bulla reformationis quorumdam articulorum præcedentis, die 7 oct. 1742.* Paris, 1743, in-4. — *Secunda bulla reformationis, die 12 aprilis.* Paris, 1745, in-4.
— Arrêt du Conseil d'Etat portant règlement pour les preuves de noblesse du chapitre de l'église insigne et noble collégiale de Saint-Victor de Marseille, du 1er déc. 1747. Marseille, 1752, in-fol. — Mémoire pour le chapitre de l'église insigne et noble collégiale de Saint-Victor, servant à justifier le rejet porté par la délibération capitulaire du 23 mars dernier des preuves de noblesse de M. Louis-Jérôme de Suffren, nommé par le Roy à la prévôté de cette église (1751). Marseille, s. d. in-fol.
Abrégé des Mémoires du Clergé de France, III, 447 et s. ; IV, 835 et s. ; VI, 660 et s. ; XI, 1671, et table gén. II, 127-129. — *Le Cabinet historique*, XI (1865), I, 173.

Liturgie et documents historiques

Breviarium secundum usum monasterii S. Victoris Massiliensis. Lyon, 1508, in-8. — *Supplementum proprii sanctorum secundum usum Ecclesiæ S. Victoris Massiliensis ad formam novi officii redactum*. Lyon, 1600, in-12. — *Proprium venerabilis monasterii S. Victoris Massiliensis, O. S. B.*, a Petro de Salhan ejusdem monasterii priore majore claustrali. S. C., circa 1635, in-8. — *Officia propria venerabilis monasterii S. Victoris Massiliensis, nunc primum recognita et emendata*. Marseille, 1673, in-12. — *Proprium missarum sanctarum venerabilis monasterii S. Victoris Massiliensis, O. S. B.* Massiliæ, 1678, in-fol. —
Le Bréviaire propre à l'abbaye de Saint-Victor de Marseille, manuscrit illustré de 1499, dans *Sem. liturg.* Marseille, VI (1867), 284-285. — *L'érudition de la Semaine liturgique*, par G. Giraud, dans le *Messager de Provence*, 21 février 1867. — *Sur l'usage où sont les chanoines de Saint-Victor de Marseille de communier le Vendredi-Saint*, dans *Observations* de l'abbé Bonnemant. Bib. Arles, ms. 106.
Quelques mots sur l'obituaire du XIIe au XIIIe siècle conservé dans l'église du monastère de Saint-Victor de Marseille jusqu'en 1793, par Kothen. Marseille, 1874, in-8, ext. du *Répertoire des travaux de la société de statistique de Marseille*, XXXV (1872), 172. — *Obituaires français*, par Molinier, n° 626, p. 277.
Incipiunt capitula totius anni secundum usum sacri monasterii S. Victoris Massiliensis (XVIe s.). Bib. Toulouse, ms. 88. — Constitutions de Saint-Victor de Marseille, statuts, réformes, chapitres généraux (v. 1330). Ibid., ms. 414.

voit le chef de ce saint dans un grand buste d'argent, d'une grande pesanteur, très bien travaillé et donné par Urbain V. Le tombeau de

Catalogue des ouvrages composant la bibliothèque de l'abbaye de Saint-Victor au XII° siècle, publié par DE MAS-LATRIE, dans *Mélanges de documents historiques inédits*, I, 657-665. — *L'ancienne bibliothèque de l'abbaye de Saint-Victor*, par MORTREUIL. Marseille, 1854, in-8. — *Observations sur la dissertation de M. Mortreuil intitulée : « L'ancienne bibliothèque... »*, par AUGUSTIN FABRE. Marseille, 1854, in-4. — *Réponse aux observations de M. Augustin Fabre sur l'ancienne bibliothèque de l'abbaye de Saint-Victor*, par MORTREUIL. Marseille, 1854, in-4. — *Nouvelles observations à M. Mortreuil*, par AUG. FABRE. Marseille, 1854, in-4. — *Ueber Mittelalterliche Bibliotheken*, von TH. GOTTLIEB, 120-121. — *Catalogue général des manuscrits. Départements*. XV. Marseille, par ALBANÈS, introd., I-III.

La chronique de Saint-Victor de Marseille (539-1563), publiée par ALBANÈS. Paris, 1887, in-8, ext. *Mélanges d'archéologie et d'histoire de l'école de Rome*, VI (1886), 66-90, 287-326. — *Excerpta ex Chronico S. Victoris ab anno 538 ad annum 1564*, dans *Nova bibliotheca ms.* de LABBE, I, 349-404 ; dans BOUQUET, XII, 348-349 ; XIX, 238-239. — *Inventaire des ornements de l'abbé de Saint-Victor de Marseille (1358)*, publié par ALBANÈS, dans *Rev. Soc. sav.* (1879), I, 160-166.

Histoire et Archéologie

Massilia sacra et S. Johannes Cassianus illustratus sive Chronicon monasterii S. Victoris, auct. J. GUESNAY. Lyon, 1652, in-4. — *Essai historique et archéologique sur l'abbaye de Saint-Victor-lez-Marseille*, par M.-B. CH. KOTHEN. Marseille, 1850, in-8. — *Notice historique sur l'abbaye de Saint-Victor-les-Marseille*, par VERLAQUE. Toulon, 1865, in-8. — *Saint-Victor de Marseille. Ses origines, son abbaye, ses anciens usages, son église, sa crypte et son souterrain*, par l'abbé MAGNAN. Marseille, 1878, in-12. — *Monographie de l'abbaye de Saint-Victor de Marseille*, par GRINDA, dans l'*Echo de Notre-Dame de la Garde* (1888). — *Monographie paroissiale*, XII. *Saint-Victor*, par l'abbé BRIEUGNE, Ibid. (1895). — *L'abbaye de Saint-Victor de Marseille*, par MEUNIER, dans *Rev. du Sud-Est*, oct. 1905.

Les possessions de l'abbaye de Saint-Victor dans les Basses-Alpes avant le XII° siècle avec des recherches sur l'origine de quelques familles de Provence, par DAMASE ARBAUD, dans *Bul. Soc. ét. des Basses-Alpes* (1904), 444-462, 552-569. — *Les possessions de l'abbaye de Saint-Victor de Marseille en Rouergue*, par l'abbé ARNAUD D'AGNEL, dans *Annales du Midi*, XVI (1904), 449-467. *Les possessions de l'abbaye de Saint-Victor de Marseille dans le Sud-Ouest*, par LE MÊME, dans *Rev. Mabillon*, II (1907), 177-184. M. D'AGNEL a fait une communication sur *Les possessions de l'abbaye de Saint-Victor dans le Bas-Languedoc*, dans *Bul. hist. com. trav. hist.* (1906), 152. — *Un épisode de la vie des moines de Saint-Victor au XIII° siècle*, par V. LIEUTAUD, dans *Rev. de Marseille et de Provence*, XXVI (1880), 185-188.

Monuments chrétiens primitifs à Marseille, par le P. DASSY, dans *Rev. Art. chrétien*, II (1858), 448-465 ; voir I, 96. — *Caves de Saint-Victor. Simples observations sur les dernières fouilles qu'on vient d'y faire*, par l'abbé MAGNAN. Marseille, 1857, in-8. — *Notice des monuments conservés dans l'église de Saint-Victor de Marseille*, par MOSSY. S. l. n. d., in-12. — *Notice sur les cryptes de l'abbaye de Saint-Victor-lez-Marseille. Précis historique, description de ces souterrains, avec un plan et 5 fac-simile d'inscriptions*, par H. NODET. Marseille, 1864, in-8. — *Visite des cryptes de Saint-Victor*, par PELOUX, dans *Congrès archéologiques*, XXXIII (1866), 274-276. — *Les cryptes de l'abbaye*

marbre de ce Pape est à côté du grand autel et au-dessus se conserve la bière de bois, dans laquelle il fut apporté d'Avignon. On voit encore

de Saint-Victor, par H. GUICHERME, dans *Revue de Mars. et de Prov.*, XIV (1868), 75-80. — *Les cryptes de Saint-Victor*, par Dom BÉRENGIER, dans l'Univers, 15 nov. 1869. — *Guide-itinéraire du pèlerin dans la crypte de Saint-Victor*, par l'abbé RICARD. Marseille, 1871, in-8. — *Crypte de l'abbaye de Saint-Victor*, par A. SAUREL, dans *Congrès archéologique*, XLIX (1882), 103-107.
Notice des monuments conservés dans l'église noble, insigne et collégiale de l'abbaye de Saint-Victor de Marseille, par FAURIS DE SAINT-VINCENT. Marseille, s. d., in-12. — *Les deux tombeaux d'Urbain V à Saint-Victor de Marseille*, par CH. KOTHEN. Marseille, 1870, in-8. — *Lettre du 28 janvier 1736 de M. l'abbé LE FOURNIER au sujet de la Croix de Saint-André, conservée dans l'église de Saint-Victor de Marseille*. Bib. Aix, ms. 1200. — *Notice sur la Croix de Saint-André*, par l'abbé MAGNAN. Marseille, 1856, in-8. — *Instruction pour Messieurs les prieurs de la vénérable confrérie de Notre-Dame de la Confession, érigée dans l'église intérieure de l'abbaye de Saint-Victor*. Marseille, 1739, in-8. — *Lettre relative à la Vierge Noire de Saint-Victor*, par BARBIER DE MONTAULT, dans *Répertoire des travaux de la soc. de statistique de Marseille*, XXXV (1872), 38-39. — *La Vierge Noire de l'abbaye de Saint-Victor-lès-Marseille*, par H. GUICHERME. Ibid., XXXV, 143-151. — *Quelques mots sur la brochure : La Vierge Noire...*, par l'abbé MOREL, dans *Semaine liturg. de Marseille* (1873), 781-786. — *Médaille de Notre-Dame des Martyrs honorée à Marseille sous le titre de Notre-Dame de Consolation*. Marseille, 1887, in-8. — *La statue de Notre-Dame de Confession. Histoire et Iconographie*. Marseille, 1884, in-8. — *L'église souterraine de Saint-Victor*. Supplément au n° 218 de la *Semaine liturg.* de Marseille. — Voir : *Bibliographie du culte local de la Vierge Marie*, par L. CLUGNET, fasc. I, 54-55.
L'histoire du très illustre et très ancien monastère de Saint-Victor de Marseille, ses qualités et prérogatives, dans *Chroniques générales de l'Ordre de Saint-Benoît*, de YEPEZ, traduites par Dom MARTIN RETHELOIS, VI, 387-399. — *Annales Ord. S. Benedicti*, de MABILLON, tables des volumes. — ACHARD, II, 55-61. — HÉLYOT, V, 153-165. — *Histoire de l'abbaye de Saint-Victor*, dans *Histoire de Marseille*, par RUFFI, t. II, l. 2. — *Histoire de l'antiquité de l'Église de Marseille*, par BELSUNCE, tables. — *Monuments inédits sur l'apostolat de sainte Marie Madeleine en Provence*, par FAILLON, I, 533-552 ; II, 629-664. — *Dictionnaire de statistique du département des Bouches-du-Rhône*, par DE VILLENEUVE-BARGEMONT, II, 350, 455. — *La République marseillaise du XIII° siècle (1200-1263)*, par Félix PORTAL. Marseille, 1907, in-8, pp. 201-212. — *Gallia christiana*, I, 679-695, instr. 106-116. — DU TEMS, I, 335-343. — *Les monuments de l'histoire de France*, par HENNIN, II, 112, 256, 257, 289 ; III, 109, 193 ; V, 20, 349.

Histoire littéraire

CASSIEN : *Pat. lat.*, XLIX-L, et éd. PETSCHENIG. Vienne, 1886-1888. — *Vie de saint Isarn*, abbé, dans MABILLON, *Acta Sanct.*, VI, 1, 607-626. *Hist. lit.*, VII, 556-558. — RICHARD, abbé de Saint-Victor, archevêque de Narbonne et cardinal. *Pat. lat.*, CLXII, 1601-1606. *Hist. lit.*, X, 316-319. — GAUSSELME, abbé, mort en 1129. *Pat. lat.*, CLXVI, 1335. *Hist. lit.*, XI, 95. — BERNARD DE RODEZ, moine (1256). *Hist. lit.*, XXI, 605. — PIERRE FLAMENQUI, moine et abbé de Saint-Victor. *Discours ou fragments de discours à l'université de Montpellier, pour des collations de grades, sermons et projets de sermons*. Arch. Bouches-du-Rhône, sér. II, n° 678. *Les manuscrits autographes inédits*

dans l'abbaye sa crosse d'ivoire, ses ornements pontificaux, sa chape et ses sandales, et l'on y conserve les informations qui furent faites de sa vie et de ses miracles pour procéder à sa canonisation[1]. Il était religieux de cette abaye, lorsqu'il fut élevé au Pontificat, et c'est lui qui a achevé d'embellir cette maison, de la manière qu'on la voit à présent.

Il y a deux églises, c'est-à-dire l'une dessous l'autre ; l'on descend dans celle de dessous par trente-quatre marches d'un côté, et par trente-cinq de l'autre, y ayant deux escaliers... Il y a aussi au-dessus de la porte du cloître, en entrant dans l'église, un très beau jeu d'orgues. L'autel est placé au milieu du chœur, comme est celui de Saint-Germain-des-Prés, fermé par trois magnifiques grilles. Le trône est à côté de l'autel. Tout le chœur et la nef sont embellis de tapisseries de damas rouge cramoisi de Venise, avec des bordures de crépine et galons d'or, qui ont été donnés par M. de Matignon, ancien évêque de Condom[2]. Il a donné, outre cela, quantité d'autres beaux ornements.

Il y a plusieurs autres reliques dans cette église. Les chapelles, souterraines en sont remplies. L'on y voit le sépulcre de Cassien, en marbre, aussi bien que celui de saint Isarn[3], abbé de Saint-Victor dans lesquels sont renfermés leurs ossements, excepté le chef de Cassien et le bras de saint Isarn, qui sont dans le trésor fort bien enchâssés. On voit aussi le sépulcre de saint Mauron[4], abbé de ce monastère et évêque de Marseille, qui fut enterré dans un mausolée de païen, comme

---

de *Pierre Flamenqui*, par Germain, dans *Bul. Acad. inscript. et belles-lettres* (1883), 274-280. — *Pierre Flamenqui. Etude historique et littéraire d'après des manuscrits autographes entièrement inédits*, par A. Germain. Montpellier, 1884, in-4, ext. *Mém. Soc. archéol.* — *Eloge historique de Jacques de Matignon, ancien évêque de Condom, abbé de Saint-Victor (1643-1727)*, par Am. Autran. Marseille, 1871, in-8, ext. *Mém. Acad. de Marseille*, XX (1870), 357. — Thomas Fournier, moine de Saint-Victor, mort en 1743, auteur d'une *Dissertation sur l'ancienne bibliothèque de Saint-Victor*, etc. Voir *Manuel du bibliographe normand*, par Frère, I, 483.

1. *Actes anciens et documents concernant le B. Urbain V, sa famille, sa personne, son pontifical, ses miracles et son culte, recueillis et publiés par* Albanés et Chevalier. Paris, 1897, in-8.
2. Jacques Goujon de Matignon reçut cette abbaye en 1703.
3. Isarn, originaire de Toulouse, gouverna cette abbaye de 1021 ou 1022 à 1648. *Acta Sanct.*, sept., VI, 728-737. Mabillon, *Acta SS.*, VI, 1, 532-534. Sur son tombeau, *Bul. Soc. antiq. France* (1872), 154.
4. La date de la mort de saint Mauron est incertaine, 786 ou 804, *Acta Sanct.*, oct., VI, 362-370.

il paraît par l'inscription. Il y a, dans le vestibule, les tombeaux de plusieurs évêques et abbés ; ce qui fait juger que certainement on n'enterrait pas dans l'église, qui est plus grande et vénérable que délicate. Les reliques de saint Victor, que l'on y conserve, lui ont donné le nom qu'elle porte aujourd'hui, à la place de Saint-Pierre qu'elle portait autrefois.

Elle a été souvent remplie de sujets d'une éminente vertu, puisqu'elle a donné deux papes[1], plusieurs cardinaux[2] et un grand nombre d'évêques à plusieurs diocèses. Tout le monde convient qu'il n'y a pas en France d'abbaye, qui soit tout à la fois plus ancienne et plus célèbre, ni qui ait plus d'exemptions et de beaux privilèges.

On y voit la croix de saint André en son entier ; les branches ont sept pieds de long et la largeur du bois est de huit pouces ; elle est revêtue d'un ouvrage d'orfèvrerie, dont un camérier de la maison avait apporté le dessin d'Italie et qui, au goût des connaisseurs, est un morceau fini en ce genre. Ce que l'on trouve de plus remarquable dans les chapelles qui sont sous l'église, est une petite grotte, où la Magdeleine, après avoir débarqué à Marseille, commença à faire pénitence. Elle est représentée couchée à l'entrée de cette grotte. Il y a aussi une belle chapelle de Notre-Dame, où il n'est point permis aux femmes d'entrer. Cette défense leur a été faite depuis qu'une reine, y étant entrée avec trop de hardiesse, en sortit aveugle.

Il y a dans cette abbaye trente-neuf religieux anciens bénédictins, qui ont des cérémonies particulières ; par exemple, ils vont, les dimanches, faire la bénédiction de l'eau bénite à un puits qui est dans le cloître. Ils ont une bulle d'un Pape pour ne porter aucune marque d'habits religieux, excepté au chœur. Ils ne portent qu'un scapulaire.

Cette abbaye a été affermée, en 1720, 44.000 livres par M. de Matignon.]

Le monastère de Saint-Victor atteignit la plénitude de son développement au XIe et au XIIe siècle. Il eut des domaines avec de nombreux prieurés et quelques abbayes dans la Provence, le Languedoc et l'Espagne. Ces maisons formaient avec lui une famille monastique, que

---

1. Le seul pape qui ait été moine de Saint-Victor est Urbain V ou Guillaume de Grimoard.
2. Le plus célèbre de ces cardinaux est Richard, abbé de Saint-Victor, que saint Grégoire VII mourant déclara digne de lui succéder.

l'on a pu désigner sous le nom d'ordre ou de congrégation de Saint-Victor. On tenta vainement, au XVIIe et au XVIIIe siècle, de l'incorporer à la congrégation de Saint-Maur. Il fut enfin sécularisé (1751). Ses religieux devenus chanoines séculiers portèrent le titre de chanoines comtes (1774).

Il ne reste du monastère que l'église, devenue paroissiale. On conserve dans les musées de la ville quelques-unes des richesses archéologiques qui y étaient gardées.

L'Huveaune, *Yvelina*[1]. — Abbaye d'hommes, sous le vocable de Notre-Dame, de l'ordre de Prémontré, fondée en 1204 par deux religieux de Fontcaude, Guillaume et Amans, du consentement de l'évêque Raymond. Benoît XII l'unit au monastère de Sainte-Paule (1404), fondé par Yolande d'Aragon pour les religieuses Augustines. Après la ruine de cette dernière maison (1524), les moniales cherchèrent un refuge dans l'abbaye de Saint-Sauveur, avec laquelle leur communauté se fondit.

Saint-Sauveur de Marseille[2]. — Abbaye fondée pour les femmes

---

1. Com. Marseille. — Bibliographie : *Inventaire de l'abbaye de l'Huveaune (1388)*, par l'abbé Albanès, dans *Revue Soc. savantes* (1879), I, 166-167. — *Ueber mittelalterliche Bibliotheken*, von Th. Gottlieb, 108. — *Gallia christiana*, I, 702-703. — Belsunce, II, 17 et s., 63, 336, 579. — Achard, I, 598-599. Voir : Abbaye de Saint-Sauveur. — *Gallia christiana novissima*, II, 221, 526. — *La vallée de l'Huveaune*, par Alf. Saurel. Marseille, 1873, in-8.

2. Bibliographie : Les archives départementales des Bouches-du-Rhône possèdent 15 registres et 105 liasses de documents, provenant de cette abbaye (XIe-XVIIIe s.). Bulles, accords avec les vicomtes de Marseille, ordonnances épiscopales, actes perpétuels (1610-1708), délibérations capitulaires (1763-1789), réforme, etc. Voir : *État général des archives*, 99. — Réforme des religieuses de Saint-Sauveur (1608) et pièces les concernant. Bib. nat., ms. fr. 15.725, f. 465. — Arch. nat., O, 642-643. — Donation par Louis XIV d'une place de religieuse à Charlotte de Cambis-Velleron (24 nov. 1680). Bib. Avignon, ms. 3436, f. 115. — Quittances de M. de Villeneuve, avocat au conseil privé, pour M. Gautier, procureur de l'abbesse de Saint-Sauveur (1711-1713). Ibid., ms. 3287, f. 200. — *Très humbles remontrances au roi de neuf religieuses du monastère de l'abbaye de Saint-Sauveur de Marseille contre la dame abbesse de ce couvent*, par Bouchaud. S. l., 1716, in-fol. — *Sceau de l'abbesse Ermeline des Baux (1205)*, dans *Sigillographie... de* Blancard, I, 216 ; II, pl. 89, n° 6.
Histoire de l'abbaye des religieuses de Saint-Sauveur de Marseille, fondée au Ve siècle, d'après des documents inédits conservés aux arch. départ., par Ferd. André. Marseille, 1863, in-8. — Sur sainte Eusébie, abbesse, *Acta Sanctorum*, oct. IV, 292-295. — *Sainte Eusébie, abbesse, et ses quarante compagnes, martyres*, par l'abbé Verne. Marseille, 1891, in-8, ext. *Revue de Marseille et de Provence*, XXXVI (1890), 225-240, 269-281. — *L'abbaye de Saint-Sauveur et Mgr de Belsunce*, par Dom Th. Bérengier. Ibid., XXXV,

par Jean Cassien, au commencement du Ve siècle. Cette maison, dont les observances régulières servirent de modèle aux moniales de Provence, eut beaucoup à souffrir, dans la suite, des incursions sarrazines. On conserve le souvenir de sainte Eusébie et de ses compagnes, martyrisées par ces barbares. Ce monastère atteignit une grande prospérité pendant le Moyen-Age. Il eut sous sa dépendance l'église de Notre-Dame-des-Acoules jusqu'à son érection en collégiale (1560).

SAINT-PONS DE GÉMENOS, *Sanctus Pontius*[1]. — Abbaye de Cisterciennes, fondée par l'évêque et le chapitre de Marseille (1205). Elle fonda à son tour les monastères d'Almanarre et de Mont-Sion. On l'unit, en 1407, à la première de ces maisons. Elle posséda, dès sa fondation, l'église paroissiale qui était sous le vocable de Saint-Martin. Saint-Victor possédait en ces lieux le prieuré de Saint-Michel.

MONT-SION, *Mons Sion*[2]. — Cette abbaye de Cisterciennes, sous

---

(1889), 363-379. — *L'église collégiale et paroissiale des Acoules*, par DASPRES, Marseille, 1879, in-8.

Annales benedictini de MABILLON, I, 21, 23, 246 ; II, 90-91. — *Antiquités de l'Eglise de Marseille*, par BELSUNCE, v. tables. — *Gallia christiana*, I, 695-698. — DU TEMS, I, 343-346. — *Gallia christiana novissima*, I, 78, 101, 105, 394, 401, 408, 690, 864, 921.

1. Cant. Aubagne, arr. Marseille. — **Bibliographie** : *L'abbaye de Saint-Pons*, par ALF. SAUREL, dans *Revue de Mars. et de Prov.*, IX (1863), 293-307, 348-360. — *Gémenos-le-Vieux*, par LE MÊME. Ibid., 453-470. — *Notice historique sur Saint-Jean de Garguier, l'abbaye de Saint-Pons et Gémenos*, par ALF. SAUREL. Marseille, 1864, in-8. — *Gallia christiana*, I, 698-700, instr. 116-117, où charte de fondation. — BOUCHE, II, 203. — ACHARD, I, 575. — BELSUNCE, II, 25-31. — *Gallia christiana novissima*, II, 225, 235, 921.
Histoire d'Aubagne, chef-lieu de baronnie, depuis son origine jusqu'en 1789, par le Dr BARTHÉLEMY. Marseille, 1888-1889, 2 vol. in-8.

2. Dans un faubourg de Marseille. — **Bibliographie** : On conserve aux archives départementales 11 registres et 13 liasses de documents provenant de cette abbaye (XVIe-XVIIIe s.), contrats, reconnaissances et comptes. — *Antiquités de l'Eglise de Marseille*, par BELSUNCE, II, 168-172. — *Gallia christiana*, I, 700-702. — DU TEMS, I, 346-347. — *Gallia christiana novissima*, II, 140, 285, 335.
Règlements faits par les sieurs commissaires députés par M. l'abbé général de Citeaux à l'abbaye Notre-Dame de Mont-Sion de Marseille, du 29 mars 1770. S. l. n. d. — Mémoire pour Dame Andrée-Jeanne Gaspary de Belleval, abbesse de l'abbaye royale du Mont-de-Sion, ordre de Citeaux, appelante comme d'abus de l'ordonnance rendue par les prétendus commissaires de l'abbé de Citeaux, le 29 mars 1770, demanderesse en révocation de l'arrêt de la cour qui l'homologue et en révocation du décret du 17 sept. 1770 contre les dames religieuses composant la communauté de l'abbaye de Mont-Sion, intimées et défenderesses. S. l. n. d., in-4. — Consultation en suite de laquelle la dame de Gaspary Belleval, abbesse de Mont-Syon, demande la surséance à l'exécution de l'ordonnance rendue par les prétendus commissaires de l'abbé de Citeaux, le 29 mars 1770, de laquelle la dame

le vocable de Notre-Dame, fut fondée par l'abbesse et les moniales de Saint-Pons auprès d'une église et d'un hôpital, qui leur avaient été donnés par Richard, Raimond et Pierre de Roquefort (1242). Jean Petit, abbé de Cîteaux, introduisit dans cette maison les observances réformées de son ordre (1682).

BERNARDINES [1]. — Madame de Ballon fonda un monastère de Bernardines réformées sur le territoire de Saint-Victor (1637). Elle se firent bâtir une nouvelle maison, qu'elles occupèrent en 1746. On leur unit bientôt après le monastère du Petit-Puits. Un monastère de Bernardines, établi à Aubagne (1647), ne put subsister faute de ressources. Celui de la Ciotat fut fondé en 1642.

BÉNÉDICTINES DE SAINT-ZACHARIE [2]. — Ce monastère rattachait sa fondation aux origines de la vie monastique en Provence, sans autre preuve qu'une tradition vague. Ces moniales furent réformées vers 1630.

---

abbesse est appelante comme d'abus avec une autre consultation contenant la réponse à la requête contraire des dames religieuses se disant composer la communauté de la dite abbaye. S. l. n. d., in-4. — Observations sur le procès pendant à l'audience du rôle du lundi entre l'économe du monastère de Mont-Sion de Marseille, intimé en appel comme d'abus, et la dame de Gaspary de Belleval, appelante. S. l. n. d., in-4.

1. Bibliographie : On conserve aux archives départementales 27 registres et 12 liasses provenant de cette maison (XVIIe-XVIIIe s.) : délibérations capitulaires et admissions de novices depuis l'origine, comptes divers, construction. Voir : *Etat général des archives*, 99. — Arch. nat., O, 643. — *Mémoire au sujet de l'extinction et suppression du monastère des Bernardines du Petits-Puits de la ville de Marseille et de l'union de ses biens et revenus à celui des Bernardines dites du Couvent-Neuf de la même ville*, par GARNET. Paris, 1751, in-4. — Arrêt du Conseil d'Etat du Roy qui ordonne que l'écrit intitulé : *Mémoire au sujet de l'extinction*, etc., sera et demeurera supprimé ; enjoint à tous ceux qui en ont des exemplaires de les remettre au greffe et fait défense à tous imprimeurs, libraires, colporteurs et autres d'en imprimer et distribuer. Du 14 juillet 1751. Marseille, 1751, in-4. *Nouvelles ecclésiastiques* (1749), 167 ; (1750), 202 ; (1751), 117-119.

Les Bernardines de Marseille sous Mgr de Belsunce, par Dom Th. BÉRENGIER, dans *Revue de Marseille et de Provence*, XXXIV (1888), 356-369, 412-416 ; XXXV, 97-104. — *Antiquités de l'Eglise de Marseille*, par BELSUNCE, III, 367-372, 389 ; 427-429. — *Histoire d'Aubagne*, par BARTHÉLEMY, II, 119-121. — *Vie de la vénérable Mère Louise-Blanche de Ballon, fondatrice et première supérieure de la congrégation des Bernardines réformées*. Annecy, 1695, in-12.

2. Les archives du Var, sér. H, conservent quelques documents sur cette maison. — Arch. nat., O, 642-643. — BOUCHE, I, 211-212. — ACHARD, II, 464-469. — *Essai historique sur le bourg de Saint-Zacharie*, par L. ROUX. Marseille, 1862, in-8. — FAILLON, I, 1558.

FEUILLANTS [1]. — Ces religieux fondèrent une maison à Marseille en 1648.

Prieurés

MARSEILLE. La Salle, *Sala*, dépendant de Saint-Victor [2]. Notre-Dame de la Garde, *Gardia*, uni à l'office du prieur claustral de cette abbaye [3]. Notre-Dame d'Éoures, *Evola, Eaura*, dépendance de Saint-Victor, cédée aux chanoines de la Major (1119) [4]. Sainte-Cécile, uni à la cellérerie de Saint-Victor. Sainte-Marguerite, dépendant de la même abbaye [5]. Saint-Giniez, *S. Genesius*, situé au pied de Notre-Dame de la Garde, possession importante de Saint-Victor, uni au prieuré claustral [6]. Saint-Julien, uni au capiscol de la Major [7]. Saint-Just, donné à Saint-Victor par Pons, évêque de Marseille (1030) et uni à la sacristie de l'abbaye [8]. Saint-Laurent, prieuré uni à la Major. Saint-Lazare, de même [9]. Saint-Loup et Saint-Thyrse, de même [10]. Saint-Michel-du-Plan, *S. Michael in Planis*, mis par Grégoire VII au rang des *cellæ* de Saint-Victor (1079), cédé aux Minimes en 1690 [11]. Saint-Mitre, *cella* de Saint-Victor (1079), cédé dans la suite au chapitre de la Major [12].

1. On ne conserve qu'une liasse de documents sur ce monastère aux archives départementales. — *Antiquités de l'Église de Marseille*, par BELSUNCE, III, 430.
2. *Cart. Saint-Victor*, II, 340. — MORTREUIL, 346-347. — SAUREL, II, 197.
3. MORTREUIL, 250-251. — BELSUNCE, II, 51 et s. — Arch. B.-du-Rh., II, 926 (1218-1762). Invent. manuscrit, p. 29.
4. *Cart. Saint-Victor*, II, 340. — MORTREUIL, 141. — SAUREL, II, 77.
5. MORTREUIL, 331. — *Notice historique et topographique sur Sainte-Marguerite*, par ARNAUD. Marseille, 1876, in-8. — *Diction. des villes... des B.-du-Rh.*, par SAUREL, II, 140-147.
6. *Cart. Saint-Victor*, I, 186 et s. Arch. B.-du-Rh., II, 939 (1509-1789). Inv. ms., 29. — MORTREUIL, 332. — *Notice historique, topographique et hagiologique sur Saint-Geniez*, par DASPRES. Marseille, 1874, in-8. — SAUREL, II, 150-155.
7. MORTREUIL, 335. — SAUREL, II, 169-171.
8. *Cart. Saint-Victor*, I, 68-71. — MORTREUIL, 335. — *Saint-Just-lès-Marseille, histoire ecclésiastique de ce quartier*, par LOUCHE. Marseille, 1873, in-8. — SAUREL, II, 172-173.
9. SAUREL, I, 318 ; II, 174. — MORTREUIL, 336.
10. *Histoire du quartier de Saint-Loup*, par CAYOL. Marseille, in-8. — SAUREL, II, 177-179. — MORTREUIL, 336-337.
11. *Cart. Saint-Victor*, II, 917. — ALBANÈS, 404. — BELSUNCE, III, 257, 313.
12. MORTREUIL, 340. — SAUREL, II, 191-192.

Saint-Suffren, *S. Siffredus*, dépendant de Saint-Victor, ainsi que Saint-Roch. Saint-Victor de la Grand-Rue, dépendant de ce monastère et fondé en 1509[1]. Séon-Saint-André, *Seonum, Schon*, dépendant du chapitre de la cathédrale[2]. Notre-Dame du Rouet, *de Roillo, Roto*, dépendance de la cathédrale, donné à Saint-Victor par le B. Urbain V[3]. Notre-Dame du Mont, dépendant du même monastère[4].

Allauch, *Allaudium*[5]. Saint-Sébastien, attribué au prévôt de la Major en 1164. — Aubagne, *Albania*[6]. Saint-Michel, donné à Saint-Victor par Guillaume et Foulque, son frère, vicomtes de Marseille (1035); Saint-Mitre, donné au même monastère, par Guillaume et Foulque, oncles de l'évêque Pons (1014-1019). — Auriol, *Auriolum*[7]. Saint-Pierre, donné à Saint-Victor par Raimbaud, archevêque d'Arles (1035), uni plus tard à la mense abbatiale (1286). L'abbaye possédait le *castrum*, le moulin de Redons et l'église, dédiée à saint Zacharie et à saint Jean-Baptiste et l'église du Bourg-de-Saint-Pierre. Sainte-Catherine. — Ceyreste, *Citharista, Cezaresta*[8]. Notre-Dame, donné à Saint-Victor

---

1. Arch. B.-du-Rh., II, 941 (1509-1721).
2. Montreuil, 352. — Saurel, II, 198-201.
3. Arch. B.-du-Rh., II, 936-937 (1439-1774). Inv. ms., p. 84. — Montreuil, 320. — *Notre-Dame du Rouet ou du Roilh, près Marseille, ancien prieuré de l'abbaye de Saint-Victor; notice historique, description, plan et détails gravés*, par Rothen. Marseille, 1864, in-8, ext. *Rev. Mars. et Prov.*, X (1864), 510-522. — *Notre-Dame du Rouet ou la Mère Admirable*, dans *Semaine liturgique de Marseille* (1874), 430-433. — Saurel, II, 123-127.
4. Arch. B.-du-Rh., II, 927-929 (1586-1789).
5. Cant. Marseille. — Albanès, 711-713, 727-728. — Montreuil, 17. — Achard, I, 205-207. — Saurel, II, 213-229.
6. Chef-l. cant., arr. Marseille. — *Cart. Saint-Victor*, I, 82-84; II, 67. Arch. B.-du-Rh., II, 815-816 (1264-1790). — *Histoire d'Aubagne, chef-lieu de baronnie, depuis son origine jusqu'en 1789*, par le D' Barthélemy. Marseille, 1889, 2 vol. in-8. — *Histoire d'Aubagne, divisée en trois époques principales, contenant la description des antiquités de Saint-Jean de Garguier*, par César Couret. Aubagne, 1860, in-8. — Dictionnaire de Saurel, II, 231-258. — Montreuil, 25-27. — Achard, I, 245-256.
7. Cant. Roquevaire, arr. Marseille. — *Cart. Saint-Victor*, I, 84-95. Arch. B.-du-Rh., II, 818-828 (1360-1792). — Montreuil, 28-30. — *Gallia christiana*, I, instr. 95. — *Amplissima Collectio*, par Martène, I, 408. — *Documents sur l'histoire d'Auriol et de son clergé pendant la Révolution*, recueillis et publiés par Barges. Paris, 1888, in-8. — *Notice sur un autel chrétien antique, orné de bas-reliefs et inscriptions antiques, découvert* par Barges. Paris, 1861, in-fol. — *Note sur un ancien autel en marbre trouvé à Auriol*, par Sabatier, dans *Bul. monum.*, XXXVIII (1872), 534-538. — *Statistique de la commune d'Auriol*, par Bosq, dans *Répert. des trav. de la Soc. de statist. de Marseille*, XXXIII. — Saurel, II, 369-384. — Achard, II, 272-276.
8. Cant. La Ciotat, arr. Marseille. — *Cart. Saint-Victor*, I, 122-126. Arch.

par Guillaume II, vicomte de Marseille (1021-1032) et uni à la mense abbatiale. — GÉMENOS, *Geminæ*[1]. Saint-Jean de Garguier, *in valle Gargiana*, donné à Saint-Victor par Pons, évêque de Marseille, et son oncle, Foulque (1049).

La Cadière, *Cathedra*[2]. Saint-Damien, *cella* de Saint-Victor fondée sur des terres que l'abbaye possédait en 966, unie à la mense abbatiale au XIVe s. — La Ciotat, *Burgum civitatis*[3]. Notre-Dame, érigée sur des terres séparées de ce que l'abbaye de Saint-Victor possédait à Ceyreste (1429). — Le Beausset, *Baucetium*[4]. Notre-Dame de Beauvoir, uni à l'évêché de Marseille. Saint-Pierre et le Saint-Sacrement, prieurés dépendant de laïques. — Le Castellet, *Castellarium*[5]. Notre-Dame, dépendant de Saint-Victor, et Saint-Clair, dépendant du chapitre cathédral. — Le Plan d'Aups, *Almæ*[6]. Saint-Jacques, donné à Saint-Victor par Pons, évêque de Marseille (984). C'est sur cette paroisse que se trouve la Sainte-Baume. — Les Pennes, *Pennæ*[7]. Sainte-Blaise et

B.-du-Rh., II, 860 (1461-1772). — Mortreuil, 95-97. — Saurel, II, 331-341. — Achard, I, 442-443.

[1]. Cant. Aubagne. — *Saint-Jean de Garguier*, par Saurel, dans *Rev. de Mars. et Prov.*, IX (1863), 221-240. — *Notice sur Saint-Jean de Garguier, l'abbaye de Saint-Pons et Gémenos*, par le même. Marseille, 1864, in-8. — *Cart. Saint-Victor*, I, 71-74. — Mortreuil, 333. — Saurel, II, 269-278. — Achard, I, 442.

[2]. Cant. le Beausset, arr. Toulon, Var. — *Cart. Saint-Victor*, I, 104-111. — Arch. B.-du-Rh. II, 839-844 (1019-1787). — *Amplissima Collectio* de Martène, I, 104, 416. — *Histoire du prieuré de Saint-Damien, établi sur les ruines de l'ancien Tauroentum, suivi du cartulaire du prieuré rural de Saint-Damien, ou recueil des chartes et actes publics relatifs à l'histoire de ce prieuré*, par l'abbé Magloire Giraud. Toulon, 1849, in-8, ext. *Bul. Soc. ét. du Var*, XVII, 1-118. — *Statistique religieuse de la Cadière*, par Mag. Giraud. Toulon, 1858, in-8, ext. *Ibid*. XXIV (1858), 217-398. — *Notice historique sur l'église de Saint-Cyr, ancienne dépendance de la Cadière*, par le même. *Ibid*. (1855), 89-144. — Achard, I, 384-389.

[3]. Chef-l. cant., arr. Marseille. — Arch. B.-du-Rh. II, 870-878 (1399-1789). — Mortreuil, 105. — Achard, I, 456-459. — Saurel, II, 297-316. — *Mémoire sur l'ancienne ville de Tauroentum, histoire de la ville de la Ciotat*, par Marin, Avignon, 1782, in-12. — *Mémoire historique et statistique sur le canton de la Ciotat*, par Masse. Marseille, 1842, in-8.

[4]. Chef-l. cant., arr. Toulon, Var. — *Monographie de la paroisse du Beausset*, par Dupuy, dans *Bul. Soc. ét. de Draguignan*, XI (1878), 111-183. — *Dictionnaire topographique ou répertoire archéologique du canton du Beausset*, par Giraud. — Achard, I, 326-330.

[5]. Cant. du Beausset. — *Cart. Saint-Victor*, I, 95. — Achard, I, 428.

[6]. Cant. Saint-Maximin, arr. Brignoles, Var. — *Cart. Saint-Victor*, I, 96-99. — Arch. B.-du-Rh. II, 990-991 (1490-1791). — Achard, II, 233.

[7]. Cant. Gardanne, arr. Aix, Bouches-du-Rhône. — *Cart. Saint-Victor*, I, 74, 94, 99-101, 235. — Arch. B.-du-Rh. II, 988 (1576-1742). — Albanès, 713. — Achard, II, 203-204.

Notre-Dame de Beauvoir, dépendant du chapitre cathédral ; Saint-Victor de *Sala*, donné à Saint-Victor en 1051.

Méounes, *Molnæ*[1]. Notre-Dame, dépendant du chapitre cathédral. Saint-Victor y eut des possessions. La Chartreuse de Montrieux se trouvait sur cette paroisse. — Nans, *Nantæ*[2], *Natæ*. Saint-Sébastien-et-Saint-Laurent, fondé sur des terres que Saint-Victor possédait depuis le VIIIe siècle. — Peypin, *Podium pini*[3]. Saint-Martin, uni à la sacristie de la cathédrale. Ners et Pichauri, *Ners* et *Podium auri* (aujourd'hui com. d'Allauch), dépendant de l'évêché. — Roquefont, *Roccafortis*[4]. Saint-Jean, mis par Grégoire VII au nombre des *cellæ* de Saint-Victor (1079), uni plus tard au chapitre de la cathédrale. Notre-Dame et Saint-André de Julians eut le même sort (1446). — Roquevaire, *Rocca vaira*[5]. Saint-Vincent, uni à la sacristie de la cathédrale.

Saint-Cannat, *S. Cannatus*[6], uni à la mense épiscopale ; Saint-André, dépendant de Saint-Victor. — Saint-Zacharie, *S. Zacharias*[7]. Saint-Jean-Baptiste et Saint-Zacharie, donné à Saint-Victor par Pons, évêque de Marseille (1033). — Signe, *Sinia*, *Signa*, dépendant de l'évêché de Marseille. — Riboux, *Ribalus*[8], dépendant de Saint-Victor.

1. Cant. La Roquebrussane, arr. Brignoles, Var. — *Cart. Saint-Victor*, I, 161-167. — Achard, II, 120-122. — *Notice sur le monastère de Montrieux*, par de Villeneuve-Flayosc. Brignoles, 1870, in-8.
2. Cant. Saint-Maximin, arr. Brignoles. — *Cart. Saint-Victor*, I, 111. — Arch. B.-du-Rh. H, 982-983 (1506-1778). — Achard, II, 168.
3. Cant. Roquevaire, arr. Marseille. — Montreuil, 271, 247, 272. — Achard, II, 218. — Saurel, II, 403-408.
4. Cant. La Ciotat. — Montreuil, 314. — Saurel, II, 343-351. — Achard, II, 308-310.
5. Chef-l. cant., arr. Marseille. — *Histoire de la ville de Roquevaire et de ses seigneurs au Moyen-Age*, par Albanès. Marseille, 1881, in-8. — *La question de Roquevaire controversée avec M. Albanès*, par Gilles. Draguignan, 1882, in-8. — Saurel, II, 353-368. — Montreuil, 317-319. — Achard, II, 312-314. — Arch. B.-du-Rh. H, 1014-1034 (1313-1790).
6. Cant. Lambesc, ar. Aix. — Arch. B.-du-Rh. II, 1038 (1486-1772). — Achard, II, 403-405. — Bouche, I, 335.
7. Cant. Saint-Maximin, arr. Brignoles, Var. — *Cart. Saint-Victor*, I, 126-131. — Arch. B.-du-Rh. H, 1051-1056 (1306-1791). — *Amplissima Collectio* de Martène, I, 400. — Faillon, I, 1558 et s. — Achard, II, 462-466. — *Essai de statistique sur le bourg de Saint-Zacharie*, par Roux. Marseille, 1862, in-8.
8. Cant. Le Beausset, arr. Toulon. — *Cart. Saint-Victor*, I, 165. — Arch. B.-du-Rh. II, 1000 (1476-1799). — Achard, II, 280, 368-375.

III

DIOCÈSE D'ORANGE[1]

[Orange, *Arausicana civitas*, ville épiscopale en Provence, de la première Viennoise, de l'exarchat des Gaules et suffragante d'Arles, dès l'an 381... Orange a été une ville célèbre dans le paganisme et dans la religion chrétienne par trois conciles qu'on y a tenus. Le premier y fut célébré l'an 441, sous le pontificat de Léon Ier du nom ; il était composé de dix-sept évêques, et ce fut Hilaire, évêque d'Arles, qui y présida. Le second fut tenu sous le Pape Félix IV, l'an 529 ; il était composé de quinze évêques assemblés contre les Semi-Pélagiens, et ce fut Césaire, évêque d'Arles, qui y présida. On y fit vingt-cinq canons, où la doctrine de la grâce, du libre arbitre et de la prédestination est expliquée par les paroles mêmes de saint Augustin. Le troisième fut tenu sous le pape Honorius III, l'an 1229, à l'occasion de l'hérésie des Albigeois[2]. Le Légat du Pape y assista. Il était composé de quatorze évêques. Il y a des gens qui prétendent qu'on en a tenu un quatrième; mais d'autres soutiennent que ce n'est qu'une continuation du troisième.

La cathédrale, dédiée à Notre-Dame de Nazaret, est ancienne[3], mais pauvre et peu décorée. On prétend qu'elle fut bâtie du temps du second concile d'Orange ; c'est de quoi on peut douter. M. Prévost[4],

---

1. Chef-l., arr. Vaucluse. Orange fut capitale de la principauté de ce nom. — Bibliographie : *Histoire nouvelle de la ville et principauté d'Orange*, par BONAVENTURE DE SISTERON. Avignon, 1741, in-4. — *Essai historique sur les évêques du diocèse d'Orange*, par BASTET. Orange, 1837, in-8. — *Histoire de la ville et principauté d'Orange*, par LE MÊME. Orange, 1856, in-12. — *Histoire de la principauté d'Orange*, par A. DE PONTBRIANT. Avignon, 1891, in-8. — *Gallia Christiana*, I, 763-788. — DU TEMS, I, 377-387. — COURTET, 251-267. Voir : *Topo-bibliographie*, par U. CHEVALIER, 2180.
2. Sur ces divers conciles, U. CHEVALIER, *loc. cit.*
3. Cette cathédrale a été construite de 1085 à 1126.
4. Jean-Louis Prévost termina, en 1705, ses *Pontifices Arausicani quorum seriem et gesta exquirebat*. Bib. Avignon, ms. 2407.

capiscol de cette église, en a fait l'histoire. Constantius [1] est reconnu pour le premier de ses évêques et saint Eutrope fut fait évêque de cette église après Juste, au cinquième siècle, du temps de l'empereur Valentinien III [2]. Le chapitre de la cathédrale est composé de neuf chanoines, dont trois remplissent les dignités de prévôt, d'archidiacre et de capiscol.] Une collégiale fut fondée à Beaumes-de-Venise (1507), avec un prévôt et cinq chanoines.

Il y avait, dans la ville épiscopale, des Cordeliers (1278), des Domicains (1269), des Carmes (1307), des Capucins (av. 1620), des Doctrinaires (1718) ; à Aubignan, des Minimes (1750) ; à Caderousse, des Religieuses hospitalières (1712).

Monastères de femmes

SAINT-PIERRE-DU-PUY. *S. Petrus de Podio* [3]. — Abbaye de femmes, qu'une tradition locale faisait remonter à saint Césaire d'Arles ; elles se transportèrent du mont Saint-Eutrope, où elles étaient, dans l'intérieur de la ville (1110). Elles suivaient la règle bénédictine ; mais elles furent incorporées à l'Ordre de Cîteaux après l'union à leur monastère de celui de Notre-Dame du Plan, qui en avait la règle, *B. Maria de Planis* [4], fondé en 1200 sur le territoire de Mondragon. L'abbaye, ruinée pendant les guerres de religion (1562), ne fut relevée qu'en 1660. On la supprima pour l'unir à Sainte-Croix d'Apt, le 23 avril 1760.

BÉNÉDICTINES DE L'ASSOMPTION [5]. — Isabeau de Beaulieu de Mazelle,

---

1. Constantius est le premier évêque d'Orange que signale Mgr Duchesne, *Fastes épiscopaux de l'ancienne Gaule*, II, 257. Il assistait au concile d'Aquilée (381).
2. On a la *Vie de saint Eutrope*, écrite par son successeur Verus (*Acta Sanctorum Maii*, VI, 698).
3. Bib. Avignon, ms. 2386, f. 110. — *Gallia Christiana*, II, 789-792. Charte de fondation de Notre-Dame des Plans. *Ibid.* instrum. 136. — COURTET, 265.
4. Com. et cant. Bollène. — *Chronique de Notre-Dame des Plans*, ms. de la Bib. du Grand-Séminaire d'Avignon. — *Notice historique sur l'ancienne abbaye de Notre-Dame des Plans près Mondragon*, par l'abbé FER. Pont-Saint-Esprit, 1858, in-12. — *Documents relatifs au monastère de Notre-Dame des Plans. Rectifications à la nouvelle « Gallia »*, par FILLET. Paris, 1896, in-8 ; ext. *Bul. hist. et philos. du Comité* (1895), 84-93.
5. Arch. départ. de Vaucluse, sér. H (1742-1786). — Supplique au pape de François de Tilly, évêque d'Orange, contre l'abbesse de Caderousse. Bib.

professe de Saint-Césaire de Nyons, et Dauphine de Boullon fondèrent à Sarrians un monastère de Bénédictines, qui fut érigé en abbaye par bulle du 26 novembre 1653 et transféré à Caderousse (1668).

Prieurés

ORANGE [1]. Saint-Eutrope, qui fut primitivement une abbaye, réduit au rang de prieuré et uni à la mense épiscopale (1297). Saint-Florent, ancienne abbaye, devenue prieuré, uni à la mense épiscopale (1404). Saint-Pierre de *Medena*, uni à la mense épiscopale avant 1247. Sainte-Eulalie, dépendant de Saint-André de Villeneuve, uni à l'infirmerie, et Saint-Quartillo, que les moines de cette abbaye cédèrent aux moniales de Saint-Pierre-du-Puy; ces deux prieurés furent ruinés pendant les guerres de religion.

AUBIGNAN, *Albinianum* [2]. Saint-Victor, uni à la prévôté de la cathédrale. Saint-Sauveur, dépendant de Saint-André, uni à Saint-Agricol d'Avignon. — BEAUMES-DE-VENISE, *Balmæ* [3]. Saint-Pierre, érigé en collégiale par Jules II (1507). Notre-Dame d'Aubune, *de Albuna*, que l'on croit avoir appartenu aux Templiers, donné à l'Ile-Barbe (XIIe s.); Saint-Véran, dépendant de l'Ile-Barbe, et Saint-Michel de Durban, unis à la dite collégiale. — CADEROUSSE, *Caderossium* [4]. Saint-Martin, dépendant de Cluny, uni au collège des Jésuites d'Avignon (1618). Saint-Trophime, uni au chapitre cathédral d'Orange. — CAMARET, *Camaretum* [5]. Saint-Andéol, uni au chapitre d'Orange (1496).

Avignon, ms. 2903, f. 230. — *Règle du B. Patriarche saint Benoît avec les déclarations pour servir de constitutions aux religieuses de l'Assomption à Caderousse*. Avignon, 1757, in-12. — *Recherches historiques sur Sarrians*, par BRUYÈRE, 59-61. — Voir plus bas au mot Caderousse.

1. Bib. Avignon, ms. 2386. — *Gallia Christiana*, I, 788-789. — MÉRITAN, 34.
2. Cant. et arr. Carpentras. — Arch. départ. de Vaucluse, sér. G, fonds Saint-Agricol (1306-1658). — ACHARD, I, 256-257. — COURTET, 17. — MÉRITAN, 24.
3. Chef-l. cant., arr. Orange. — 6 art. aux arch. départ. sér. G (1521-1792). — *Monographie de Beaumes-les-Venise*, par ALLÈGRE. Carpentras, 1888, in-8. — ACHARD, I, 321-324. — COURTET, 77-80.
4. Cant. et arr. Orange. — Arch. départ. sér. D, fonds collège des Jésuites. — Bib. Avignon ms. 1594, f. 84 et 1611. — ACHARD, I, 379-384. — COURTET, 114-117.
5. Cant. et arr. Orange. — Bib. Avignon, ms. 1751. — ACHARD, I, 396-397. — COURTET, 118-120.

La Garde-Paréol, *Guardia-Parcolis*[1]. Saint-Martin, dépendant de Pont-Saint-Esprit. — Mondragon, *Mons dragonis*[2]. Prieuré uni au collège Saint-Nicolas d'Avignon. Saint-Marcel de Costebelle. — Mornas, *Moronetum*[3]. Notre-Dame, uni au chapitre cathédral. L'abbaye d'Aniane reçut ce lieu de Louis le Débonnaire. — Piolenc, *Podiolanum*[4]. Saint-Pierre, donné à Cluny par Rotbold, comte de Provence, uni au collège de Saint-Martial, en 1379. — Rochegude, *Rupes acuta*[5]. Saint-Julien et Saint-Denis. Notre-Dame des Aubagnans, *Albagnonctum*, de l'ordre de Saint-Ruf, uni au séminaire d'Orange. — Sarrians, *Sarrianum*[6]. Saint-Pierre, donné à Cluny par Guillaume Ier, comte de Provence, qui y fut enterré (992). — Serignan, *Serenianum*[7]. Saint-Etienne, à la nomination du Pape. Saint-Marcel, dépendant de Montmajour. — Travaillans[8]. Uni à l'archidiaconé d'Orange. — Uchaux[9], Saint-Michel, uni à l'évêché d'Orange. — Vacqueyras, *Vacqueyrassium*[10]. Saint-Barthélemy.

1. Cant. Bollène, arr. Orange. — Achard, I, 565.
2. Cant. Bollène, arr. Orange. — Arch. départ., série D.— Courtet, 234.
3. Ibid. — Bib. Avignon, ms. 2879. — Courtet, 244-246.
4. Cant. et arr. Orange. — Arch. départ. sér. H, fonds collège Saint-Martial. Voir aussi les historiens de cette maison. — Bib. Avignon, ms. 2466, f. 119. — Inscriptions du prieuré. Ibid. ms. 2478, f. 114. — *La coutume de Piolenc (1406)*, bar Bourgin, dans *Mélanges d'Archéol. et d'Hist. de l'école de Rome*, XXIV (1904), 35-64. — Achard, II, 232-237. — Courtet, 258-280.
5. Cant. Saint-Paul-Trois-Châteaux, arr. Montélimart, Drôme. — Livres de reconnaissances (1642-1788), Bib. Avignon, ms. 1815. Autre pièces, ms. 2158, 2648, 3279, 3255, f. 109. — Achard, II, 193. — *Dictionnaire topographique de la Drôme*, par Brun-Durand, 11.
6. Cant. et arr. Carpentras. — *Précis pour Mgr de Conserans, prieur et seigneur de la ville de Sarrians, contre les consuls et communauté de la dicte ville*. Carpentras, 1788, in-8. — *Illmo D. Prolegato Avenionensis Auraicensis jurisdictionis. Pro Guillelmo Barret, ecclesiæ parrochialis Sarriani, vicario perpetuo, contra RR. DD. Carolum Salvatoris, ejusdem ecclesiæ decanum, et Carolum Petri, sacristam, monachos ordinis Cluniacensis*. Avignon, 1706, in-4. — *Recherches historiques sur Sarrians*, par Bruyère. Avignon, 1869, in-8.
7. Cant. et arr. Orange. — Achard, II, 363. — Courtet, 329.
8. Ibid. — Courtet, 337.
9. Ibid. — Courtet, 338. Bibl. Avignon ms. 3327, f. 32.
10. Ibid. — Courtet, 339.

IV

DIOCÈSE
de Saint-Paul-Trois-Châteaux[1]

[Saint-Paul-Trois-Châteaux, *S. Paulus Tricastinensis*, ville épiscopale de la première Viennoise et de l'exarchat des Gaules, dans le Dauphiné. Elle est suffragante d'Arles avant l'an 425..... La ville a pris son nom de saint Paul, son quatrième évêque, qui y fut si aimé et si honoré du peuple, qu'il donna son nom à la ville[2], dont saint Sulpice fut le premier évêque[3]. Un de ses successeurs, appelé Guillaume, obtint de l'empereur Frédéric Ier, l'an 1154, le domaine temporel de la ville et de son territoire, qui s'étendait depuis le Rhône jusqu'à la petite rivière d'Aigues[4] ; mais Théodat de l'Etang le partagea avec le dauphin Charles, fils du roy Charles V, par un traité, fait en 1409, qui fut ensuite appelé le Pariage[5].

1. Chef-l. cant., arr. Montélimart, Drôme. — *Histoire de l'église cathédrale de Saint-Paul-Trois-Châteaux, avec une chronologie de tous les évêques qui l'ont gouvernée...*, par L. Ans. Boyer de Sainte-Marthe. Avignon, 1710, in-4. — *Histoire des évêques de Saint-Paul-Trois-Châteaux, corrections et documents*, par Albanès. Montbéliard, 1885, in-8. — *Les évêques de Saint-Paul-Trois-Châteaux au XIV s.*, par le même, dans *Bul. hist. archéol. dioc. Valence*, V (1885), 383-408 ; VI, 5-34, 49-70, 107-124. — *L'arrondissement de Montélimart, géographie, histoire, statistique*, par A. Lacroix. Valence, 1882, 6 vol. in-8. — *Dictionnaire topographique du département de la Drôme*, par Brun-Durand. Paris, 1891, in-4. — *Etat des bénéfices qui composent ce diocèse tant en Dauphiné que Provence et Comtat*, par le même, dans *Bul. hist. Com. trav. hist.* (1887), 185-197. — *Gallia christiana*, I, 703-736, inst. 119-129. — Du Tems, I, 355-365. — Duchesne, I, 255.

2. Inscrit au martyrologe le 1er février. Sa vie a été publiée dans les *Analecta Bollandiana*, XI, 375 et s.

3. Dans la liste que publie la *Gallia Christiana*, on trouve un Sulpice, mais après saint Paul. Le premier évêque est Restitut, identifié au XVe siècle avec l'aveugle-né de l'Evangile. Duchesne, I, 255.

4. L'authenticité du diplôme, par lequel Frédéric I octroye ce privilège, est contestée. *Le Royaume d'Arles et de Vienne*, par Fournier, p. 19. — *Documents inédits sur les droits réguliers des évêques de Saint-Paul-Trois-Châteaux*, par Fillet, dans *Bul. hist. Com. trav. hist.* (1886), 330-343. — *Classement des monnaies épiscopales de Saint-Paul-Trois-Châteaux*, par Roman, dans *Rev. numismat.* (1886), 488-498.

5. L'acte de pariage est parmi les *Instrumenta* de la *Gallia christiana*, I,

L'église cathédrale de Saint-Paul-Trois-Châteaux est consacrée à l'Assomption de la très sainte Vierge [1]. Le chapitre est composé d'un prévôt, d'un archidiacre, d'un sacristain, d'un théologal et de sept chanoines [2]. Il n'y a que trente-quatre paroisses dans ce diocèse, dont huit, qui sont les plus considérables, sont dans le Comtat Venaissin [3].]
Il y avait une collégiale à Bollène avec dix chanoines et six bénéficiers, et une autre à Grignan (1484), avec un doyen, un trésorier et sept chanoines. Les Dominicains avaient un couvent dans la ville épiscopale depuis 1633, et un autre à Visan. Les Récollets en possédaient un à Bollène. Il y avait dans cette même ville des Ursulines et des religieuses du Saint-Sacrement.

Abbaye

AIGUEBELLE, *Aqua bella, Vallis honesta* [4]. — Monastère cistercien, de la filiation de Morimond, fondé en 1134, sous le vocable de Notre-Dame, en un lieu où existait, depuis 1045, un monastère bénédictin. Supprimé par la Révolution, il fut reconstitué le 26 novembre 1815.

---

121. On conserve aux arch. départ. de la Drôme 3 reg., 4 cah. et 3 lias. provenant de cet Evêché.
1. *L'ancienne église cathédrale de Notre-Dame à Saint-Paul-Trois-Châteaux*, par DE CASTELLANE, dans *Mém. Soc. archéol. Midi*, IV (1841), 63-73. — *Notice historique et archéologique sur l'ancienne église cathédrale de Saint-Paul-Trois-Châteaux*, par JOUVE, dans *Congrès archéol. de France*, XXXI (1864), 399-419. — *L'église cathédrale de Notre-Dame de Saint-Paul-Trois-Châteaux*, par de SAINT-ANDÉOL, dans *Bul. Soc. archéol. Drôme*, IV (1869), 313-338.
2. Il y avait, en outre, un préchantre, trois hebdomadiers et trois bénéficiers.
3. Le nombre des paroisses était, en réalité, de trente-six, dont dix-huit en Dauphiné, sept en Provence et onze dans le Comtat.
4. Com. Montjoyer, cant. Grignan, arr. Montélimart, Drôme. — Les archives départementales de la Drôme et de l'Isère ne possèdent que quelques documents provenant de cette abbaye. — *Annales de l'abbaye d'Aiguebelle depuis sa fondation jusqu'à nos jours*, par un Religieux de ce monastère (DOM HUGUES). Valence, 1863, 2 vol. in-8. — *Histoire d'un monastère de la Trappe*, par RAVELET, dans *Rev. Monde cathol.* XII (1865), 623-637. — *L'abbaye d'Aiguebelle*, par FILLET, dans *Rev. Dauphiné et Vivarais*, V (1881), 85-102. — *Gallia christiana*, I, 737-739. — JANAUSCHEK, *Origines cistercienses*, I, 45.

Prieurés

ALLAN, *Alondus*[1]. Notre-Dame, dépendant de l'Ile-Barbe (1183), attribué à l'évêché de Saint-Paul et à la collégiale de Montélimart. — BOLLÈNE, *Abolena*[2]. Saint-Martin, fondé sur des terres et avec des droits confirmés à l'Ile-Barbe par Conrad le Pacifique, roi de Bourgogne (971), et uni au collège d'Annecy à Avignon par Martin V (1427). Saint-Blaise de Bauzun, dépendant de l'Ile-Barbe et uni au collège d'Annecy. Saint-Pierre de Sénos ou de Barry, dépendant du prieuré cluniste de Pont-Saint-Esprit. La Motte, dépendant de l'Ile-Barbe et uni au chapitre cathédral de Saint-Paul. — BOUCHET, *Boquetum, Boschetum*[3]. Ancien monastère de Cisterciennes sous le vocable de Notre-Dame, remontant au XIIe siècle, supprimé et uni à l'abbaye d'Aiguebelle (1413), puis au collège du Roure à Avignon (1476), uni lui-même à celui d'Annecy (1709).

CHAMARET, *Camaretum*[4]. Saint-Barthélemy, appartenant à l'évêque diocésain. — CHANTEMERLE, *Canta Merulis*[5]. Saint-Maurice, dépendant

---

1. Cant. et arr. Montélimart. — *Masures de l'Isle-Barbe*, par LE LABOUREUR, I, 117. — *Diction. topogr.*, 5. — LACROIX, I, 77-89.
2. Arch. départ. de Vaucluse, sér. D, fonds du Collège Saint-Nicolas d'Annecy. — Bib. Avignon, mss. 2308, 2903, 2904. — LE LABOUREUR, I, 117. — *Notice sur l'ancienne chapelle et l'ermitage de Notre-Dame-des-Grâces, appelé communément Saint-Aries, à Bollène*, par P. DE FAUCHER. Avignon, 1883, in-8. — *Choix de notes sur l'histoire de Bollène, précédé de la monographie des anciens fiefs de cette ville, Barry, Bauzun, Chabrières*, par PROMPSAULT. Avignon, 1887, in-8. — COURTET, 93-100. — *Sceau du prieuré Saint-Martin de Bollène*, dans *Rev. archéol.* (1845), 660. — *Exemplar bullæ erectionis in Collegiatam ecclesiæ parrochialis S. Martini villæ Abolenæ*, 1727. Avenione, 1732, in-4. — S. Congr. de Propaganda Fide, Eminentissimo Cardinali Tanara, episcopo Tricast., pro RR. Subpriore et monachis S. Martini Abolenarum contra R. D. J. Proloquin, vic. cur. Romæ, 1718, in-fol. — Signatura justitiæ R. P. D. Epis. Tricast. pro capitulo et canonicis regularibus S. Martini Abolenarum R. D. J. Proloquin. S. l. n. d. (1717). — Signatura justitiæ R. P. D. Gherardo Tricast. pro RR. monachis et sacerdotibus regularibus S. Martini de Bolena ac promotore fiscali curiæ episc. Tricast. Romæ, 1716, in-fol. — *Factum intéressant S. Martin de Bollène, le curé et les moines qui le desservent.* S. l. n. d., in-fol. — *Factum sur la prééminence prétendue par le sousprieur et les moines de Saint-Martin de Bollène sur le vicaire et les autres prêtres.* S. l. n. d., in-fol.
3. Cant. Saint-Paul-Trois-Châteaux, arr. Montélimart. — *Gallia christiana*, I, 739. — LACROIX, I, 312-344. — Bib. Avignon, ms. 1594, f. 2. — *Sceau d'abbesse* (1266), dans *Collection des sceaux*, par DOUET D'ARCQ, III, n° 9190. — *Annales d'Aiguebelle*, I, 144 et s., 285, 295, 537-546.
4. Cant. Grignan, arr. Montélimart. — LACROIX, I, 345-379.
5. Ibid. — Ibid. I, 380-398.

de Saint-Amand de Montségur et uni à la charge de précenteur du chapitre cathédral. — CHATEAUNEUF-DU-RHONE, *Castrum novum ad Rhodanum*[1]. Saint-Pierre du Palais, dépendant de l'abbaye d'Ainay et uni à cette abbaye (1568). — CLANSAYES, *Clansaium*[2]. Saint-Michel, appartenant au prieuré de Saint-Amand, uni au chapitre de Grignan. — COLONZELLE, *Colunzellæ*[3]. Saint-Pierre, doyenné de l'ordre de Cluny sous la dépendance de Pont-Saint-Esprit, uni au chapitre de Grignan (1533). — DONZÈRE, *Donzera*[4]. Notre-Dame, fondé au VII° siècle par les moines de Fontenelle, donné à Tournus (850), uni à l'évêché de Viviers (1374).

ESPELUCHE, *Speluchia*[5]. Saint-Etienne, appartenant à Cluny sous la dépendance de Saint-Marcel de Sauzet, uni au prieuré de Rochefort. — GRIGNAN, *Grainanum, Grasignanum*[6]. Saint-Esprit des Tourrettes, *Turretæ*, dépendant de Tournus et uni au chapitre de Grignan (1539). Saint-André de Sarson, *Cersors*, appartenant à Cluny, uni à Saint-Marcel de Sauzet (1643). — GRILLON, *Grillionum*[7]. Uni au chapitre de Grignan (1539). Saint-Martin du Croc, *Crocum*. — LA BAUME DE TRANSIT, *Balmæ*[8]. Saint-Sépulcre ou Sainte-Croix, appartenant à l'évê-

---

1. Cant. et arr. Montélimart. — *Terrier du prieuré de Saint-Pierre du Palais* (1300-1754), aux Arch. départ. du Rhône. — *Grand cartulaire de l'abbaye d'Ainay*, par GUIGUE, I, 11, 293. — *Notice historique sur Châteauneuf-du-Rhône*, par VINCENT. Valence, 1863, in-8. — LACROIX, II, 169-239.
2. Cant. Saint-Paul-Trois-Châteaux. — IBID. II, 240-300.
3. Cant. Grignan. — *Chartes de Cluny* par BRUEL, III, 547. — *Notice historique sur les paroisses de Colonzelle et de Margerie*, par FILLET, dans *Bul. hist. dioc. Valence*, IV (1884), 227-244, 253-274. — LACROIX, II, 369-407.
4. Cant. Pierrelatte, arr. Montélimart. — *Diction. topogr.*, 127. — *Notice historique sur Donzère*, par VINCENT. Valence, 1857, in-16. — *Notice historique. Donzère religieux*, par FILLET. Montbéliard, 1882, in-8, ext. *Bul. hist. dioc. Valence* (1881). — *Histoire de la principauté de Donzère*, par FERRAND. Paris, 1887, in-18. — *Gallia christ*. I, 737. — LACROIX, III, 239-367.
5. Cant. et arr. Montélimart. — *Notice historique sur Espeluche*, par VINCENT. Valence, 1861, in-12. — LACROIX, III, 368-392. — *Dict. topogr.*, 133.
6. Chef-l. cant., arr. Montélimart. — Bib. Carpentras, ms. 1848. — *Catalogue des archives de la maison de Grignan*, par VALLET DE VIRIVILLE, Paris, 1844, in-8. — *Grignan religieux*, par FILLET, dans *Bul. Soc. archéol. Drôme*, XI-XIV. — LACROIX, IV, 139-352. — *Dict. topogr.*, 170, 332, 392.
7. Cant. Valréas, arr. Orange, Vaucluse. — Bib. Avignon, ms. 2634, 3694. — *Diction. des communes de Vaucluse*, par COURTET, 177. — *Notice historique sur la vallée et le canton de Valréas*, par AUBENAS. Paris, 1838, in-12.
8. Cant. Saint-Paul-Trois-Châteaux, arr. Montélimart, Drôme. — LACROIX, I, 198-250. — *Dict. topogr.*, 26.

ché. — La Garde-Adhémar, *Garda*[1]. Notre-Dame du Val-des-Nymphes, *Vallis Nympharum*, dépendant de Tournus et uni au chapitre de Grignan (1539). Saint-Michel de la Garde, appartenant au précédent. — La Motte, *Mota*[2], dépendant de l'Ile-Barbe, uni au chapitre cathédral de Saint-Paul-Trois-Châteaux. — La Palud, *Palus*[3]. Saint-Pierre-ès-Liens, uni à la Prévôté du chapitre cathédral. — La Touche, *Toschia*[4]. Saint-Jean, sous la dépendance du prieuré d'Espluche.

Montjoyer, *Monsjuerii*[5]. Saint-Paul, appartenant à l'abbaye d'Aiguebelle. — Montségur, *Mons securus*[6]. Saint-Amand, dont la possession est confirmée à Cluny par Conrad le Pacifique (958), uni au chapitre cathédral (1404 et 1515), puis au chapitre de Grignan (1605). Saint-Jean, sous la dépendance de Saint-Amand. — Pierrelatte, *Petra lata*[7]. Saint-Jean, uni à la cure (1669). Sainte-Foy, appartenant à Saint-Ruf, uni au chapitre cathédral. — Portes, *Portæ*[8]. Saint-Pierre de Lanson, ayant appartenu à l'ordre de Citeaux, puis sécularisé. — Puygiron, *Podium Gironis*[9]. Saint-Bonnet, appartenant à Cluny sous la dépendance de Saint-Marcel de Sauzet, uni à la cure (XVIIe s.). — Rac, *Racum*[10]. Saint-Jean-Baptiste, de l'ordre de Saint-Ruf, uni au collège des Jésuites d'Avignon (1620). — Réauville, *Regalis villa*[11]. Sainte-Madeleine, unie à l'abbaye d'Aiguebelle. — Richerenches, *Richarenchæ*[12]. Notre-Dame, ancienne commanderie de Templiers,

---

1. Cant. Pierrelatte. — *Dict. topogr.*, 155, 247. — Lacroix, IV, 5-124. — *Histoire de Tournus*, par Juénin, 127, 145.
2. Cant. Bollène, arr. Orange, Vaucluse. — *Les masures de l'Ile-Barbe*, I, 118.
3. Ibid. — *Notice historique sur la paroisse de la Palud*, par Rose. Carpentras, 1854, in-8. — Courtet, 186.
4. Cant. et arr. Montélimart. — *Dict. topogr.*, 389.
5. Cant. Grignan. — Lacroix, IV, 310-331. — *Dict. topogr.*, 231. — *Annales d'Aiguebelle*, I, 286, 547.
6. Cant. Saint-Paul-Trois-Châteaux. — *Charles de Cluny*, II, 146; III, 160. — *Révocation de l'union au chapitre cathédral par Jean XXII*, dans *Bullarium Cluniacense*, 184. — *Dict. topogr.*, 235, 328. — Lacroix, VI, 332-382.
7. Chef-l. cant., arr. Montélimart. — *Notice historique sur Pierrelatte*, par Vincent. Valence, 1856, in-16. — Lacroix, VII, 5-113. — *Dict. topogr.*, 270, 339.
8. Cant. et arr. Montélimart. — Lacroix, VII, 134-140. — *Dict. topogr.*, 284.
9. Ibid. — Ibid., VII, 141-156. — Ibid., 292.
10. Ibid. — Ibid., 157-172. — Ibid., 294.
11. Cant. Grignan. — Ibid., 173-186. — Ibid., 297.
12. Cant. Valréas, arr. Orange, Vaucluse. — *Cartulaire de la commanderie de Richerenches, de l'Ordre du Temple (1136-1214)*, par le Mis de Ripert-Monclar. Avignon, 1907, in-8.

donné par Julien de la Rovère au collège Saint-Nicolas d'Annecy à Avignon (1470). — Rochefort, *Rupes fortis*¹, Saint-Blaise, appartenant à Saint-André de Villeneuve, sous la dépendance du prieuré d'Espluches. — Roussas, *Rossacium*². Appartenant au chapitre de Grignan.

Saint-Pantaléon³. Sous la dépendance du prieuré de Rousset. — Saint-Raphaël⁴, à Soléricux, ayant appartenu à Richerenches, uni à la précentorerie du chapitre cathédral. — Saint-Restitut⁵, uni à l'évêché. — Suze-la-Rousse, *Suza russa*⁶. Saint-Roch, dépendant de Cluny et sécularisé (1665). — Valaurie, *Valauria*⁷. Saint-Martin, uni à la sacristie du chapitre cathédral. — Visan, *Avisanum*⁸. Saint-Martin, dépendant de Pont-Saint-Esprit, attribué par Grégoire XIII au collège des Jésuites d'Avignon (1578).

1. Cant. et arr. Montélimart, Drôme. — Lacroix, VII, 201-215. — *Dict. topogr.*, 310.
2. Cant. Grignan. — Lacroix, VII, 259-272. — *Dict. topogr.*, 319.
3. Ibid. — Ibid., 302-321. — *Ibid.*, 354. — *Notice historique sur Saint-Pantaléon*, par Barthélemy. Nyons, 1862, in-8.
4. Cant. Saint-Paul-Trois-Châteaux. — Lacroix, VIII, 85-92.
5. Ibid. — Ibid., 5-20.
6. Ibid. — Ibid., 77-128. — *Notice historique sur Suze-la-Rousse*, par Vincent. Valence, 1860, in-18.
7. Cant. Grignan. — *Dict. topogr.*, 401.
8. Cant. Valréas, arr. Orange, Vaucluse. — Courtet, 393-396. — Bib. Avignon, ms. 1745 et 1838.

V

DIOCÈSE DE TOULON[1]

[Toulon, *Tholonensis*. Ville épiscopale de la seconde Viennoise et de l'exarchat des Gaules, suffragante d'Arles, dès l'année 450. Sa situation est admirable, exposée au midi et couverte au septentrion par des montagnes élevées jusqu'aux nues. L'église cathédrale, sous l'invocation de la Vierge et de saint Cyriaque, peut passer pour une belle église dans la Provence ; mais l'on y garde point le Saint-Sacrement[2]. Elle est remarquable particulièrement par son maître-autel et par deux très belles chapelles, qui sont aux côtés, où sont quantités de saintes reliques dans des châsses d'argent couvertes de pierreries[3]. Cet évêché est d'une très petite étendue ; car il n'a que vingt-cinq paroisses, parmi lesquelles Six-Fours[4] est collégiale, depuis l'an 1650. Cuers et Hyères le sont aussi : Cuers[5] depuis le même temps, et Hyères en 1572[6]. On croit

---

1. Chef-l. d'arr., Var. — **Bibliographie** : *Histoire de Toulon depuis les origines de la ville jusqu'à l'époque de la Révolution*, par Gust. Lambert. Marseille, 1886-1890, 3 vol. in-8. — *Histoire de Toulon au Moyen-Age, précédée d'une notice topographique*, par Oct. Teissier. Paris, 1869, in-8. — *Notice historique sur les églises des deux cantons de Toulon et description d'objets d'art qu'elles renferment*. Paris, 1896 et 1897, in-8, ext. *Mém. lus à la réunion des Sociétés des Beaux-Arts*. — *Gallia christiana*, I, 739-764, instr. 129-131. — Du Tems, I, 367-376. — Bouche, I, 336-341. — Papon, I, 370-388.

2. *Etude archéologique sur la cathédrale de Toulon*, par D. Rossi. Paris, s. d., in-8.

3. *Inventaire de la cathédrale de Toulon* (7 nov. 1333 et 11 oct. 1509), publié par l'abbé Aldanès, dans *Revue des Sociétés savantes* (1879), I, 171-173, et (1880) I, 156-159.

4. Six-Fours, *Sex-Furni*, cant. La Seyne, arr. Toulon. L'érection de l'église paroissiale en collégiale, qui avait Saint-Pierre-ès-liens pour titulaire, se fit sous l'épiscopat de Jacques Danes. L'église, qui est conservée, remonte au XIe siècle ; mais elle a subi des remaniements au XVIIe s. *L'église de Saint-Pierre-ès-liens à Six-Fours en Provence*, par Arnaud et Garrel. Toulon, 1861, in-8. — *Architecture romane dans le midi de la France*, par Revoil, I, 22 pl. 18. Voir : *Topo-bibliographie* d'Ul. Chevalier, 2970.

5. Chef-l. cant., arr. Toulon. — Cuers, *Corcæ*. Le chapitre se composait du prévôt, du sacristain, du capiscol, de huit chanoines, de deux curés et de plusieurs bénéficiers.

6. Chef-l. cant., arr. Toulon. — L'érection de l'église en collégiale fut faite par Guillaume Le Blanc, évêque de Toulon. Il y avait dans ce chapitre un prévôt, six chanoines, quatre bénéficiers et deux curés.

qu'Honoré ou Honorat en fut le premier évêque[1]. Saint Cyprien est compté pour le troisième ou le quatrième[2], après Gratien vers l'an 516. Il mourut avant l'an 549, où l'on voit que Pallade, son successeur, a souscrit au cinquième concile d'Orléans ; il est le second patron ou titulaire de l'église, après la Sainte Vierge. On honore encore un martyr de ce nom dans la même ville.

Le chapitre de la cathédrale est composé d'un prévôt, d'un archidiacre, d'un sacristain, d'un capiscol et de huit autres chanoines, dont l'un est théologal[3]. M. Armand-Louis Bonnin de Chalucet, évêque de Toulon, fit paraître en 1707 tant de zèle, pendant le siège de cette ville par le duc de Savoie et ses alliés, qui en levèrent le siège au mois d'août, que, en reconnaissance de ce zèle, la ville lui a fait dresser un monument dans la Chambre de ville. M. de la Tour-du-Pin-Montauban ne montra pas moins de zèle dans la peste, qui fit de très grands ravages dans cette ville, en 1721.] Cet évêché, taxé à 400 florins, rapportait 20.000 livres.

Il y avait, dans la ville épiscopale, six couvents d'hommes : de Dominicains, fondé en 1303, de Capucins, fondé en 1588, de Minimes, fondé en 1609, de Carmes, en 1635, de Récollets, en 1648, et d'Augustins déchaussés, en 1636 ; un collège d'Oratoriens, en 1625 ; une résidence de Jésuites, en 1686, un hospice de religieux de la Merci, en 1646, et des maisons d'Ursulines (1625), de Visitandines (1633), et de Clarisses. On trouvait à Hyères des Cordeliers conventuels, fondés en 1290, des Récollets et des Clarisses ; à Cuers, des Récollets ; à la Seyne et à Solliès, des Capucins ; à Ollioules, des Cordeliers ; à Bormes et à la Valette-du-Var, des Minimes ; à Cuers, des Ursulines.

Monastères de femmes

Hyères, *Areæ*[4]. — Conrad, évêque de Porto et cardinal de Sainte-

1. Le premier évêque connu est Augustalis, qui assista aux conciles d'Orange (441) et de Vaison (442). Duchesne, *Les Fastes épiscopaux de l'ancienne Gaule*, I, 269.
2. Il est au second rang sur la liste dressée par Mgr Duchesne. C'est le biographe de saint Césaire.
3. Il y avait, en outre, douze bénéficiers, deux curés perpétuels et un maître de musique.
4. Chef-l. de cant., arr. Toulon. — Bibliographie : Les archives du Var

Ruffine, établit une abbaye de Cisterciennes (13 mars 1220) dans le prieuré de Saint-Pierre d'Almanarre (*Almanarra*)[1], dépendant du monastère de Saint-Gervais-de-Fos, dont les moines s'étaient abandonnés à un relâchement incurable. Cette maison fut détruite pendant les guerres de la fin du XIV° et du XV° siècle. Elle fut reconstruite dans la ville d'Hyères. L'abbaye de Saint-Pons de Gémenos, au diocèse de Marseille, qui avait fourni les premières moniales d'Almanarre, lui fut unie vers cette époque. L'abbesse et la communauté jouissaient de 10.000 livres de revenu.

BERNARDINES DE CUERS ET DE TOULON. — Le monastère des Bernardines de Toulon[2] fut fondé en 1635, et celui de Cuers, en 1640. Le premier fut supprimé par un arrêt du Conseil et uni au second, le 13 juin 1767.

possèdent une liasse de documents relatifs à cette maison (XV° s. — 1788). — Bulle de Paul III (9 février 1535), lettres patentes de François I°ʳ (10 juin 1538) et arrêt du Parlement d'Aix (14 août 1538). Bib. Avignon, ms. 2756, f. 16. — Charte de fondation (1220), Bulle d'Innocent IV prenant l'abbaye sous sa protection (1250). Bulle de Benoît XIII unissant l'abbaye de Saint-Pons (1406), dans *Gallia christiana*, I, Instr. 129-131. — Mémoire pour les économes et religieuses de l'abbaye de Saint-Pierre de La Manarre, ordre de Citeaux, établies dans la ville d'Yères en Provence et les gens des trois états du pays de Provence, contre la dame abbesse du même monastère. Paris, 1724, in-fol. Au sujet des privilèges des religieuses contestés par l'abbesse. — Mémoire instructif où l'on examine les titres et les défenses des religieuses de Saint-Pierre de la Manarre dans la ville d'Yères en Provence. Pour le visiteur général de l'ordre de Cîteaux en Provence, contre la prétention des religieuses de disposer librement de leurs prébendes. S. l., 1724, in-fol. Voir : CORDA, II, 830.
Histoire de la vie et des mœurs de la très illustre et très vertueuse dame Madame Marguerite Solliez, religieuse de l'ordre de Cîteaux et abbesse du très dévot monastère de Sainct-Bernard d'Hières, recueillie et composée par le R. P. JOSEPH VICTOR THIBAUD, de l'ordre des Minimes, autrement de Jésus-Maria de Saint-François de Paule, prédicateur ordinaire de Madame royale reyne de Chypre, duchesse de Savoye et princesse de Piedmont. Romans, 1658, in-8. Marseille, 1676, in-4. — *L'abbaye de Saint-Pierre d'Almanarre, Nouvelle historique, traduite du provençal en français*, par ALPH. DENIS. Paris, 1882, in-4. — *Gallia christiana*, I, 761-764. — BOUCHE, II, 169, 250, 435. — ACHARD, I, 596-597. — DU TEMS, I, 375-376. — JANAUSCHEK, I, LXIII. — *Promenades pittoresques à Hyères ou notes historiques sur cette ville et ses environs*, par A. DENIS. Toulon, 1853, in-8, 19-22; 85, 163, 317-328, 477-480. — *Chroniques provençales*, Toulon, in-8. — *Notices historiques sur les rues d'Hyères*, par JULES ICARD. Hyères, 1889, in-8.

1. A peu de distance de Hyères.
2. ACHARD, I, 494 ; II, 503. — On conserve quelques documents aux archives du Var.

Prieurés

BELGENCIER, *Balmelæ, Belgenciacum*[1]. Saint-Barthélemy, que Grégoire VII met au rang des *cellæ* de Saint-Victor ; cette abbaye avait des possessions en ce lieu, dès 1044. Notre-Dame-du-Pont, dépendant du même monastère. — BORMES, *Bormæ*[1]. Saint-Trophime, uni à l'archidiaconat de la cathédrale de Toulon. Saint-Clair, attribué à la prébende d'un bénéficier. Saint-Pierre et Saint-Georges de Brezançon, donné à Saint-Victor, par Rostan, archevêque d'Aix (1062), et uni plus tard au chapitre cathédral.

CARNOULES, *Carnolæ*[1]. Saint-Victor ou Notre-Dame, donné à l'abbaye de Marseille par Albert et son épouse, Adalgarde (1037), attribué à la collégiale de Pignans (1257) et aux Frères-Prêcheurs de Saint-Maximin (1478), pour revenir au prévôt de Pignans (1683). Saint-Michel, uni à la chambrerie de Pignans. Saint-Paul de Château-Royal, dépendant du Prévôt. — COLLOBRIÈRES, *Colubreira*[1]. Saint-Pons, donné à Saint-Victor par Gui et son frère, Giran (1060). Notre-Dame et Saint-Martin, dépendant du même monastère. Sainte-Magdeleine de la Castagne, dépendant de la prévôté de Pignans. — CUERS, *Corei, Coira*[1]. Saint-Martin, donné à Saint-Victor, par Geoffroy, vicomte de Marseille (1064-1079). Saint-Laurent, dépendant de la même abbaye.

EVENOS, *Evenæ*[6]. Saint-Martin, uni au chapitre cathédral de Toulon. — HYÈRES, *Heræ, Eiræ*[7]. Saint-Michel, donné à Saint-Victor par l'archevêque d'Aix, Rostan (1062). Notre-Dame du Piol, *de Podilo*,

---

1. Cant. Solliès, arr. Toulon. — *Cart. Saint-Victor*, I, 470-473. — Arch. B.-du-Rh., H, 830-831 (1578-1788). — ACHARD, I, 336. — Cf. *Bul. Soc. du Var*, XIX, 172.
2. Cant. Collobrières, arr. Toulon. — *Cart. Saint-Victor*, I, 478. — ACHARD, I, 349-351, 358-359.
3. Cant. Cuers, arr. Toulon. — *Cart. Saint-Victor*, I, 462-470. — ACHARD, I, 408-410. — *Descrip. hist. du dioc. de Fréjus*, par GIRARDIN, 279.
4. Chef-l. cant., arr. Toulon. — *Cart. Saint-Victor*, I, 473-481.
5. Chef-l. cant., arr. Toulon. — *Ibid.*, 458-460. — ACHARD, I, 493-494. — *Arch. de la ville de Cuers*, par E. F., dans *Bul. Soc. ét. Var*, V (1864), 297; VI, 35, 85; VII, 135.
6. Cant. Ollioules, arr. Toulon. — ACHARD, I, 526-529.
7. Chef-l. cant., arr. Toulon. — *Cart. Saint-Victor*, I, 476-482. — BOUCHE, I, 341; II, 192. — ACHARD, I, 595-600. — GIRARDIN, 277. — *Promenades pittoresques à Hyères ou notices historiques sur Hyères*, par A. DENIS. Toulon, 1853, in-8, 31-39, 87-92, 330-332, 476.

dépendant de la prévôté de Pignans, uni au séminaire de Toulon (1726). Saint-Colomban de Saint-Martin et Saint-Honorat. Saint-Benoît des Salins d'Hyères, *Salinæ apud Eiras*, fondé pour l'exploitation des marais salants, que l'archevêque Rostan avait donnés à Saint-Victor (1075). Saint-Jean, prieuré séculier. Il y eut, dans l'une des îles d'Hyères, un monastère occupé par des Cisterciens, puis par des Chanoines réguliers (1198), que les Maures ruinèrent.

La Valette, *Vallis læta*[1]. Saint-Jean et Sainte-Cécile, dépendant de la prévôté de Pignans. — Le Puget-près-Cuers, *Pujetum*[2]. Saint-Laurent, donné à Saint-Victor par Gui au moment de sa profession monastique (1060), uni au chapitre de Toulon. Notre-Dame *in Descensa*, donné à Saint-Victor dans la même circonstance. — Le Revest de Toulon[3]. Saint-Antoine, attribué à un chanoine du chapitre cathédral. — Néoules, *Novola, Nonnula*[4]. Saint-Jean, donné à Saint-Victor par Guillaume II, comte de Provence (1015), uni au chapitre de Toulon. — Ollioules, *Olivæ, Oliolæ*[5]. Saint-Laurent, dépendant de Saint-Victor et attribué au sacristain du chapitre cathédral. Saint-Jacques. Saint-Joseph, prieuré séculier. Saint-Nazaire, dépendant de Saint-Victor, uni au chapitre de Toulon.

Pierrefeu, *Petra Foci*[6]. Saint-Jean, donné à Saint-Victor par Gui (1060), uni au chapitre cathédral. Saint-Colomban, dépendant de la prévôté de Pignans.

Sainte-Anastasie[7], dépendant de Saint-Victor, uni à la collégiale de Pignans. — Six-Fours, *Sex Furni*[8]. Notre-Dame, donné à Saint-Victor

---

1. Cant. et arr. Toulon. — *Inv. som. arch., com. de Toulon*, p. 381. — *Histoire de la Valette*, par Laurent Germain. Toulon, 1891, in-8. — *Les correspondants de Peyresc, Joseph Gauthier, prieur de la Valette*, par Tamizey de Larroque, dans *Mém. Acad. Aix*, XII (1882), 299. — Achard, II, 552. — *Notice historique et archéologique sur la commune de La Garde-près-Toulon et sur l'ex-commune de Sainte-Marguerite, suivie de promenades artistiques et archéologiques*, par Ch. Ginoux. Toulon, 1885, in-8.
2. Cant. Cuers, arr. Toulon. — *Cart. Saint-Victor*, I, 463-484. — *Hist. de la commune de Puget-Ville*, par Grégoire, dans *Bul. Soc. Acad. Var*, VII (1876), 215-360.
3. Cant. et arr. Toulon.
4. Cant. La Roquebrussane, arr. Brignoles. — *Cart. Saint-Victor*, I, 386. — Achard, II, 170-172.
5. Chef-l. cant., arr. Toulon. — *Cart. Saint-Victor*, I, 456. — Achard, II, 187-189, 427-430.
6. Cant. Cuers, arr. Toulon. — *Cart. Saint-Victor*, I, 473-484.
7. Cant. La Roquebrussane, arr. Brignoles. — Achard, II, 469.
8. Chef-l. cant., arr. Toulon. — *Cart. Saint-Victor*, I, 452-457. Arch. B.-

par Geoffroy, vicomte de Marseille (1079), uni à la mense abbatiale. Saint-Victor de l'Ile, *in Insula*, que Grégoire VII range parmi les *cellæ* de l'abbaye. Sainte-Cécile de Ambiez. — Solliès-la-Farlède, *Ferleda*[1]. Saint-Jean, dépendant de Saint-Victor, uni à la cathédrale de Toulon. — Solliès-Pont, *Solarium*[2]. Sainte-Trinité, donné à Saint-Victor par Foulque, vicomte de Marseille, et sa femme, Odula (1050). Notre-Dame de *la Sallade*, Saint-Nicolas et Saint-Michel, dépendant de la même abbaye.

du-Rh., II, 1070-1081 (1038-1786). — *Dissertations sur les comtes de Provence*, par Ruffi, 26. — *Annales de Six-Fours en Provence*. Toulon, 1866, in-8. — *Notice sur Six-Fours en Provence*, par Armieux, dans *Mém. Soc. archéol. Midi* (1874), 354-390. — *Notice sur Six-Fours et la Seyne*, par A. Vienne, dans *Bul. Soc. scienc. Var*, IX (1851), 77-108. — *Sur l'invocation des Saints dans le diocèse de Fréjus*, par Henry, dans *Mém. Acad. Var* (1849), 205. — Achard, II, 383-386.

1. Cant. Solliès-Pont, arr. Toulon.
2. Chef-l. cant., arr. Toulon. — *Cart. Saint-Victor*, I, 457. Arch. B.-du-Rh., II, 1082-1086 (1037-1788). — Achard, II, 391. — *Observations complémentaires sur l'origine, les monuments et l'état actuel de Solliès-Ville*, par le Dr Rossi, dans *Bul. Soc. Var*, V, 289-296. — *Cent ans de luttes entre les bourgeois et les seigneurs de Solliès*, par O. Teissier, *Ibid.*, XVII, 163-211.

PROVINCE ECCLÉSIASTIQUE D'AVIGNON

I

DIOCÈSE D'AVIGNON[1]

Avignon, *Avinionensis*, qui fut la capitale du Comtat Venaissin, est le siège d'un évêché, qui appartint longtemps à la province ecclésias-

1. Chef-l. du dép. de Vaucluse. — Bibliographie : *Bullarium civitatis Avenionensis*. Lyon, 1657, in-fol. — *Cartulaire de l'université d'Avignon*, par Laval. Paris, 1884, in-8. — *Bibliographie générale des cartulaires*, par Stein, n⁰ˢ 312-316.
Histoire du diocèse d'Avignon et des anciens diocèses dont il est formé, par Granget. Avignon, 1862, 2 vol. in-8. — *Problèmes d'histoire ecclésiastique concernant Avignon et le Comtat*, par Albanès. Avignon, 1885, in-8. — *Dictionnaire historique, biographique et bibliographique du département de Vaucluse, ou recherches pour servir à l'histoire scientifique, littéraire et artistique, ainsi qu'à l'histoire religieuse, civile et militaire des villes et arrondissements d'Avignon, de Carpentras, d'Apt et d'Orange*, par Barjavel. Carpentras, 1841, 2 vol. in-8. — *Dictionnaire géographique, historique, archéologique et biographique des communes du département de Vaucluse*, par J. Courtet. Avignon, 1857, in-8. — *Descriptio triplex Ecclesiæ et diœcesis Avenionensis, quarum una a J. F. Bordino, archiep. anno 1601, altera a Gonterio, archiep., anno 1708, tertia demum a De Manze, archiep., anno 1761*, copie du chan. Corenson, Bib. Grand Séminaire d'Avignon. — Pouillé du diocèse Avignon. Bib. Avignon, ms. 2392, f. 20; 2396, f. 152. Voir : ms. 1838. — *Recueil des épitaphes et inscriptions qui sont dans les églises d'Avignon, avec un abrégé de la fondation des dites églises*, par J. R. Deveras (1750), ms. 1738. — *Bibliothèque avignonaise ou catalogue des ouvrages tant imprimés que manuscrits concernant l'histoire civile et ecclésiastique de la ville d'Avignon et de son diocèse, de la Provence, du Comtat-Venaissin et de la principauté d'Orange*, par Massilian, Bib. Avignon, ms. 2387 et 2024. Cet ecclésiastique, prévôt de la collégiale Saint-Didier, avait formé un recueil de documents sur l'histoire d'Avignon, du Comtat et de la principauté d'Orange. Il est conservé à la Bibliothèque d'Avignon, ms. 2379-2400. — *Catalogue général des manuscrits des Bibliothèques publiques de France. Départements*, XXVII-XXX. Avignon, par Labande. Paris, 1894-1901, in-8. — *Mémoires de l'Académie de Vaucluse*, Avignon, 1882, in-8, suite jusqu'à

tique d'Arles. Lorsque le Saint-Siège se trouva en possession de cette ville (1274), elle prit une grande importance religieuse, qui s'accrut encore le jour où Clément V s'y installa (1305). Ses successeurs y habitèrent avec la cour pontificale jusqu'en 1378. Les papes schismatiques y continuèrent après eux leur séjour. L'évêché fut érigé en métropole sur la demande du cardinal de la Rovère, qui en était titulaire (1474) ; on lui donna pour suffragants les évêchés de Carpentras, de Cavaillon et de Vaison. Le chapitre cathédral, composé de chanoines réguliers, suivant la règle de saint Augustin, fut sécularisé en 1481. Son église, sous le vocable de Notre-Dame des Doms, subsiste encore [1].

Avignon renfermait sept paroisses, dont cinq étaient collégiales, vingt-sept maisons de religieux et vingt-deux de religieuses. Voici les noms des collégiales : Saint-Agricol, composé d'un doyen, d'un capiscol, d'un ouvrier, de quatorze chanoines et de seize bénéficiers. Il y eut, au début (680), une colonie de moines de Lérins [2]. Saint-Didier, avec un prévôt, un capiscol, un sacristain et dix chanoines, fondé par les héritiers du cardinal Bertrand de Dencio (1355); cette église appartenait aux moines de Montmajour depuis l'an 1002 [3]. Saint-Geniez, avec un prieur, un capiscol et dix chanoines [4]. Sainte-Magdeleine, avec un archiprêtre, un capiscol et six chanoines [5]. Notre-Dame la Principale, avec un recteur, un capiscol et dix chanoines [6]. Saint-

l'heure présente. — *Table générale des minutes de notaires de l'arrondissement d'Avignon.* Avignon, 1889, in-8.
Gallia christiana, I, 793-892. — DU TEMS, II, 1-23. — DUCHESNE, I, 258-262. — EXPILLY, I, 337-347. — UL. CHEVALIER, *Topo-bibliographie*, 281-285.
1. Les archives départementales de Vaucluse conservent 152 articles provenant de ce chapitre. Le cartulaire s'y trouve. — *Catalogue des ms.* par LABANDE, III, 787-790. — *Fragment historique sur l'église métropolitaine d'Avignon*, par FRANSOY. Avignon, 1819, in-8. — *Note relative à la dédicace de la cathédrale d'Avignon* (1069), par DELOYE, dans *Bul. archéol., comité trav. hist.* (1891), 292-301. — *L'église Notre-Dame des Doms à Avignon, des origines au XIIe s.*, par LABANDE, *Ibid.* (1906), 282-365.
2. 93 articles aux arch. départ., sér. G (1315-1790). — Documents conservés à la bib. Catal. III, 806. — *Notice historique et artistique sur l'église paroissiale de Saint-Agricol*, par MOUTONNET. Avignon, 1842, in-8. — *Saint-Agricol d'Avignon, son église, son chapitre et son état actuel*, par un paroissien. Avignon, 1873, in-16.
3. 80 art. aux arch. départ., sér. G (1215-1790). — *Catal. des ms.*, III, 806-807.
4. 29 art. aux arch. (1308-1790). — *Ibid.*, III, 807-808.
5. 17 art. (1405-1798).
6. 7 art. (1587-1790). — *Ibid.*, III, 803.

Pierre, avec un doyen, un capiscol, dix chanoines, quatre hebdomadiers et neuf officiers[1]. Saint-Symphorien, avec un sacristain et six chanoines[2]. Il y avait, dans la ville, des couvents de Dominicains, fondé dans une île du Rhône, qui leur fut cédée par les consuls, en 1224[3]; de Cordeliers, arrivés en 1227[4]; de Grands-Augustins ou Guillelmites, qui existait avant 1261[5]; de Grands-Carmes, qui existait en 1267[6]; d'Antonins, remontant au commencement du XIIIe siècle; de Trinitaires, fondé en 1353[7]; un collège et un noviciat de Jésuites, arrivés dans la ville en 1564[8]; un couvent de Capucins, fondé en 1576, et un noviciat, dont les constructions furent achevées en 1662[9]; des couvents d'Observantins (1469)[10], de Minimes (1575)[11], de Carmes déchaussés (1608)[12], de Picputiens (1639)[13], d'Augustins réformés (1610)[14]; une commanderie de Malte, qui remontait à 1233[15]; des maisons de Doctrinaires (1598)[16], d'Oratoriens (1646)[17], de Lazaristes (1650)[18], de Frères des écoles chrétiennes (1703)[19], de Sulpiciens (1705)[20] et de Gardistes (1723)[21].

1. 51 art. (1322-1790). — *Catal. des ms.* 809-810.
2. 14 art. (1267-1789). — *Ibid.*, 811.
3. 32 art. aux arch. départ., sér. II (1252-1789). — *Ibid.*, III, 785. — *Prædicatorium Avenionense seu historia conventus Avenionensis FF. Prædicatorum*, a J. Mahuet. Avignon, 1678, in-8.
4. 42 art. aux arch. dép., sér. II, (1406-1778), où bullaire de 1247 à 1308, inventaire et visites des Provinciaux. — *Ibid.*, III, 783.
5. 36 art. aux arch. départ. sér. II (1213-1792). — *Ibid.*, III, 761.
6. 17 art. (1287-1752). — *Ibid.*, 762-763.
7. 1 art. (1671-1725). — *Ibid.*, 815. — *L'Ordre des Trinitaires*, par Deslandres, I, 461-466.
8. 9 art. aux arch. départ., sér. D (1679-1781). — *Catal. des ms.*, III, 765-766, 793. — Fragments d'un cartulaire, ms. 3247.
9. 1 art. aux arch. dép., sér. II (1739-1790). — *Catal. des ms.*, III, 762, 803.
10. 1 art., ibid. — *Ibid.*, 804.
11. 83 art., ibid. (1596-1789). — *Ibid.*, 800.
12. 11 art., ibid. (1504-1789). — *Ibid.*, 763.
13. 6 art., ibid. (1600-1790).
14. *Catal. des ms.*, III, 762.
15. Quelques art. aux arch. dép. (1546-1784).— *Ibid.*, 808. — *Cartulaire de la commanderie d'Avignon.* Arch. des B.-du-Rh., sér. II.
16. 17 art. aux arch. dép. (1555-1792). — *Catal. des ms.*, III, 784.
17. 12 art., ibid. (1232-1799). — *Ibid.*, 804.
18. *Catal. des ms.*, III, 800.
19. *Ibid.*, 785. — *Vie de saint J.-B. de la Salle*, par Guibert. Paris, 1900, in-8.
20. *Catal. des ms.*, 812.
21. *Ibid.*, 812.

Voici la liste des religieuses établies dans Avignon : les Clarisses, établies à Sainte-Claire (1250)[1] ; les Dominicaines à Sainte-Praxède (1536) et dans un autre monastère, voisin du séminaire Saint-Charles (1730)[2] ; les Carmélites (1613)[3], les Annonciades (1639)[4], les Ursulines (1637)[5], les Visitandines (1623)[6] ; les religieuses de Notre-Dame de la Victoire (1634)[7], de Notre-Dame de la Miséricorde (1643)[8], de Notre-Dame de la Garde (1644)[9], de la Propagande (1658)[10], de Saint-Eutrope (1670)[11], du Bon-Pasteur (1701)[12] ; les Orphelines (1374)[13], les Hospitalières (1671).

Le diocèse possédait, en dehors de la ville épiscopale, les collégiales de Notre-Dame de Villeneuve, avec un doyen, un capiscol, un sacristain, neuf chanoines, dix bénéficiers, deux diacres et deux sous-diacres[14] ; de Saint-Jean de Roquemaure, avec un doyen, douze chanoines et deux bénéficiers; de Saint-Remy, avec un doyen, onze chanoines et quatre bénéficiers[15] ; de Sainte-Marthe à Tarascon, avec un doyen, un trésorier, un chantre, douze chanoines et quinze bénéficiers, fondé par Louis XI (1482)[16] ; un monastère de Chartreux à Villeneuve[17] ; des couvents de Récollets à Eyguières, Roquemaure et Villeneuve ; de Cordeliers, à Barbentane, Noves, Saint-Remy et Tarascon ; de Capucins, à

---

1. 28 art. aux arch. départ., sér. H (1280-1791). — *Catal. des ms.*, III, 812..
2. 70 art., ibid. (1315-1783). — *Ibid.*, 812. — *Intérieur d'un cloître dominicain. Le monastère de Sainte-Praxède à Avignon, sa chronique, etc.*, par le P. ROUSSET. Avignon, 1876, in-8.
3. 79 art., ibid. (1611-1792). — *Catal. des ms.*, III, 762.
4. 1 art., ibid. (1680-1787). — *Ibid.*, 753.
5. 18 art., ibid. (1458-1791). — *Ibid.*, 818.
6. 40 art., ibid. (1392-1771). — *Ibid.*, 808, 819.
7. 53 art., ibid. (1641-1792). — *Ibid.*, 819.
8. 33 art., ibid. (1641-1793). — *Ibid.*, 800.
9. 32 art., ibid. (1589-1792). — *Ibid.*, 803.
10. 7 art., ibid. (1554-1789).
11. 17 art., ibid. (1605-1789). — *Ibid.*, 807-808.
12. 37 art., ibid. (1571-1792). — *Ibid.*, 762.
13. *Catal. des ms.*, III, 761.
14. *Inventaire sommaire des archives du département du Gard*, série G, par DE LAMOTHE, 258-277. Voir la bibliographie de l'abbaye de Saint-André.
15. Voir la bibliogr. de Saint-Remy.
16. Arch. B.-du-Rh., sér. G., une liasse. — Bibl. Avignon, voir *Catal. des ms.*, III, 1479.
17. Inv. som. arch. Gard, sér. H, 81-92. — *La chartreuse de Villeneuve-lès-Avignon, Notice historique et documents*, par COULONDRES, dans *Mém. Soc. hist. d'Alais*, VII (1875), 129-185. — *Origine et esquisse topographique de la Chartreuse de Villeneuve*. Avignon, 1868, in-8.

Montfavet et à Tarascon ; d'Augustins réformés, à Tarascon et à Frigolet ; de Trinitaires, à Saint-Remy et à Tarascon[1] ; de Doctrinaires, à Bédarides et à Tarascon ; de Clarisses et d'Augustines, à Saint-Remy ; de Franciscaines, à Villeneuve ; d'Ursulines, à Saint-Remy et à Tarascon ; de Visitandines, à Tarascon.

Monastères d'hommes

Saint-André de Villeneuve[2]. *Monasterium Andoanense.* — Cette abbaye de l'ordre de Saint-Benoît avait pour patrons saint André,

1. *L'Ordre des Trinitaires* par Deslandres, I, 570, 575-577.
2. Chef-l. cant., arr. Uzès, Gard. — **Bibliographie** : Les archives départementales du Gard, sér. H., possèdent 18 art. provenant de cette abbaye (XIIe s. — 1791), et celles de Vaucluse, 1 art. (1653-1778). — Nombreux documents et pièces diverses à la bibliothèque d'Avignon, voir *Catal. des ms.*, table, III, 1541-1542. Quelques documents à celle de Carpentras, voir *Catal. des ms.*, table III, 1143, ou Pancarte des bénéfices, ms. 513, f. 269 ; Inventaire des titres qui se trouvent dans le chartrier, dressé par Dom J.-Th.-J. Cauvet, le 27 févr. 1790, ms. 1611 et extraits de cartulaire dont l'original est perdu, dans les *Annales* de Polycarpe de la Rivière, ms. 503. — Collection du *Monasticon*, Bib. nat. ms. lat. 12659, f. 131 et pl. 11, éd. Peigné-Delacourt. — *Extraits du nécrologe*, par Dom Estiennot, Ibid. ms. 12761, f. 97. *Nécrologe de l'abbaye de Saint-André*, copie par Ménard. Bib. Avignon, ms. 2489, f. 33. — Bib. Carpentras, ms. 513, 514, 1611, 1757, 1854, 1858, 1863.
Bulles de Grégoire V, dans *Pal. lat.*, CXXXVII, 937 ; d'Urbain II, CLI, 216, 480 ; de Gélase II, CLXIII, 542. — *Papsturkunden in Frankreich*, von Wiederhold, IV, 41. — Ordonnances des rois de France, 1290, 1292 (septembre), 1362 (septembre), 1393 (avril), 1463 (mai). — Donation par Hildebert, évêque d'Avignon, dans le *Spicilegium* de D'Achery, III, 384, ou VII, 197 ; Donations diverses, III ou VII, *passim* ; *Statuta ad instaurandam disciplinam monasticam in monasterio S. Andreæ Avenionensis* (1273), III, 631, ou VIII, 230 ; voir les tables de chaque vol. — *Gallia Christiana novissima*, I, Instr. 12-13 et table 601. — *Actes du Parlement de Paris*, par Boutaric, n° 7763. — *Inventaire des arrêts du Conseil d'Etat sous Henri IV*, par Valois, n° 14748. — *Collection des sceaux*, par Douet d'Arcq ; sceau de l'abbaye, n° 8144 ; de l'Abbé Bérenger (1317), n° 8513. — *Dictionnaire topographique du département du Gard*, par Germer-Durand, 264-265.
Breviarium sacri monasterii S. Andreæ prope Avenionem, ord. S. Benedicti, impensis D. Franc. de Castellane, dicti monasterii abbatis, impressum. Avenione, 1553, in-8. — *Le Cabinet des manuscrits*, par Delisle, III, 6-8. — *Ueber mittelalterliche Bibliotheken.*, von Th. Gottlieb, 149.
Factum pour Fr. François Daymar, religieux profès de l'ordre de Saint-Benoît en l'abbaye de Saint-André de Villeneuve, contre M° André Madon et Fr. Louis Hennequin. S. l. n. d., in-4. — Avis au public pour le paiement, à partir du 1er janvier 1775, des lods et cens dûs à Saint-André. S. l. n. d. — Instruction pour le syndic du chapitre de l'église collégiale de Notre-Dame de Villeneuve-lès-Avignon, appelant, contre M. J. B. Fondevigne, curé vicaire perpétuel de la paroisse de Saint-Pons de la même ville

saint Martin et sainte Casarie, qui mourut en ces lieux (8 déc. 586), après y avoir mené la vie de recluse. Garnier, évêque d'Avignon, y établit des moines (976). Ce fut moins la fondation que la restauration d'un monastère plus ancien, dont les origines sont inconnues. Saint Pons, dont le culte fut très populaire, le gouverna de 1063 à 1087. Gélase II consacra l'église en 1118. Les moines obtinrent de Louis VIII de fonder une ville libre autour de leur monastère (1226); ce qui fut

et contre le syndic des Bénédictins du mon. de Saint-André, intimés. Toulouse, 1759, in-fol. — Réponse au mémoire signifié, le 10 avril 1760, de la part du syndic des religieux de Saint-André. Pour le syndic du chapitre de Notre-Dame appelant. Contre le syndic des dits religieux et M⁰ Pondevigne. Toulouse, s. d., in-fol.

Historia monasterii S. Andreæ secus Avenionem, aut. Dom Claudio Chantelou. Bib. Avignon, ms. 2401. Bib. nat. ms. lat. 13.916. — *Étude sur les abbés et le monastère de Saint-André-de-Villeneuve-lez-Avignon*, par l'abbé Méritan. Avignon, 1898, in-8, ext. Mém. Acad. de Vaucluse. XVII. Travail sérieux, où l'on trouve une étude sur les sources historiques de l'abbaye et des notices sur ces prieurés et dépendances. — *Villeneuve-lez-Avignon, son abbaye, sa chartreuse, ses établissements religieux, sa paroisse*, par l'abbé Goiffon. Nîmes, 1884, in-8. — *Essai d'un abrégé chronologique sur Villeneuve-lez-Avignon*, par Vailhen. Avignon, in-8, 1744. — *Étude d'histoire et d'archéologie sur Villeneuve-lez-Avignon*, par Fuzet, dans *Revue Art chrétien*, (1884) 439-453, (1885) 41-52. — *L'abbaye bénédictine de Saint-André dans la forteresse de Villeneuve-lez-Avignon*, dans *Revue Soc. sav.* (1870), II, 55.

Louis VIII à Saint-André et Bermond de Clausonne, 13⁰ abbé du monastère de Saint-André, par Coulondres, dans *Mém. Acad. du Gard* (1876), 333-370. *La tour de Philippe le Bel à Villeneuve-lez-Avignon*, par P. D. dans *Bul. hist., et archéol. de Vaucluse*, I (1878), 81, 127, 170, 291. — *Journal de Soumille*, publié par A. Coulondres. Alais, 1880. — *Les moines de Saint-Maur à Saint-André de Villeneuve*, par l'abbé Méritan. Nîmes, 1899, in-8, ext. *Revue du Midi* (1899), 351-362, 393-406.

Mémoire sur le culte de sainte Casarie à Villeneuve-lès-Avignon, par Fuzet, Nîmes, 1887, in-8. — *Merveilleuse délivrance d'un démoniaque faite en vertu des reliques de sainte Cazarie, qu'on vénère au monastère des religieux bénédictins du fort Saint-André-lez-Avignon (1623)*. Avignon, 1623, placard. — *S. Pontii, abbatis S. Andreæ juxta Avenionem, vita*, dans *Acta Sanct.* de Mabillon, VI, II, 494-501. — *Panégyrique de saint Pons, abbé de Saint-André de Villeneuve, prononcé en la fête de l'invention de ses reliques, dans l'église paroissiale de Villeneuve-lez-Avignon, le 3 juillet 1887*, par l'abbé C. Ferry. Nîmes, 1887, in-8.

Bulle du vice-légat Jean-François de Bagni, confirmative du collège fondé dans le monastère de Saint-André (1619). Bib. Avignon, ms. 1751. — *Theses philosophicæ. Has Theses tueri conabuntur scholares benedictini Congregationis S. Mauri, die 24 mensis Augusti, anno Domini 1782, a secunda usque ad vesperam. Avenione, 1782*. — *Sur le collège Saint-André de l'abbaye de Villeneuve*. Bib. Avignon, ms. 2381, f. 168.

Gallia christiana, I, 871-885, inst. 140. — Du Tems, II, 17-21. — *Annales Ord. S. Bened.* de Mabillon, II, 99; IV, V, VI, voir Tables. — Bouche, II, 84, 163.

exécuté en 1292, sous Philippe le Bel. Ce fut une ville française très prospère, en face de la ville des Papes. L'abbaye se dressait sur une colline d'où l'on domine le cours du Rhône ; les rois de France y élevèrent une forteresse, transformée plus tard en prison d'État. L'abbé commendataire J.-B. du Roure appela dans cette maison les religieux de la congrégation de Saint-Maur (1635). Saint-André de Villeneuve avait en Provence de nombreux prieurés et un collège dans Avignon.

Collège Saint-Martial[1]. — Le B. Urbain V donna aux moines de Cluny (1362) le palais que Hugues de Baux, sénéchal de Provence, s'était bâti dans Avignon, en 1346. Par bulles de 1379, Clément VII y

---

1. **Bibliographie** : Les archives départementales de Vaucluse possèdent 13 registres provenant de ce collège : on y remarque les statuts, les privilèges, le répertoire des cartulaires et l'histoire des recteurs. Voir : *État général des archives*, 751. — La Bibliothèque Calvet d'Avignon conserve des documents qui intéressent cette maison : Recueils de pièces originales ou copiées et de notes. Ms. 855 ; 1686 ; 1724 ; 2083, f. 11, 97 ; 2381, f. 139 ; 2397 ; 2399, f. 330 ; 2466, f. 112-153 ; 2477 ; 2478 ; 2822 ; 2870 ; 2905 ; 3244 ; 3291 ; 3502. Voir *Catal. des ms.*, III, 766-767. — Bib. Carpentras, ms. 1757, 1858. — Arch. nat., S. 6416. — *Bullarium Cluniacense*, 186-189.
Bulla erectionis collegii S. Martialis Avenionensis (1379). S. l. n. d., in-fol. — *Memoriale pro D. Honorato de Pezieu, religioso expresse professo, rectore et administratore S. Martialis*. S. l. n. d., in-4. — R^{mo} D^o Alex. Corlebo, auditori generali hujus Legationis Avenionensis, pro Em. Theodosio a Turre Arvernia, cardinali Bullionis, abbati Cluniacensi, contra D. Advocatum Fisci et R. Cameræ apostolicæ. Avenione, 1704, in-4 (Procès au sujet des dépouilles d'Honoré de Longecombe de Pésieux, recteur du collège). — Arrest du Conseil d'État du roy portant révocation des arrests du Grand Conseil du 11 août 1644, 23 mars, 13 décembre 1645, avec renvoi devant les officiers du Saint-Siège à Avignon, en faveur de Me de Simiane de la Coste, recteur du collège pour le fait de la maintenue de la rectorerie. S. l. n. d., in-4. — Arrêt du Conseil du 13 décembre 1645 en faveur de Pierre d'Aymar, recteur du collège de Saint-Martial. S. l. n. d., in-4. — Pièces relatives à l'emprisonnement de Dom Pierre d'Aymar (1644). S. l. n. d., in-4. — Moyens de revision que met et baille Dom Pierre d'Aymar par devant vous, nos seigneurs du Grand Conseil du roy, et en exécution des lettres de Sa Majesté du 27 mars 1647 contre les nommés Durel, Calvet et autres. S. l. n. d., in-4.
Histoire abrégée du monastère-collège de Saint-Martial d'Avignon, suivie d'une table chronologique des recteurs de 1383 à 1756. Bib. Avignon, ms. 2489. — *Historia chronologica rectorum collegii S. Martialis Avenionensis*, auct. D. Bertet. Avignon, 1688, in-fol. — *Histoire des recteurs du collège de Saint-Martial d'Avignon*, par le P. Bertet. Avignon, 1688, in-fol. — *Le monastère-collège de Saint-Martial d'Avignon. Les moines et les étudiants d'autrefois*, par l'abbé Clément. Avignon, 1893, in-8. — *Le collège de Saint-Martial d'Avignon*, par Dom Urs. Berlière, dans *Revue bénédictine*, XI, (1894), 346-357. — *Histoire du monastère et de la bibliothèque*, dans *Catal. gén. des manuscrits*, XXVII. Avignon, par Labande. Introduction, XLVI-LXII

érigea un collège, où l'Ordre pourrait entretenir douze moines et douze jeunes religieux qui suivraient l'enseignement de l'Université. Cette maison fut dotée avec la terre de Piolenc. Les religieux de ce collège reçurent, en 1767, la direction du collège des Jésuites. Ils durent le céder aux Doctrinaires, en 1785. Le jardin botanique occupe l'emplacement de Saint-Martial. Le musée et la bibliothèque Calvet possèdent, avec les livres de leur bibliothèque, quelques débris de leur ancien monastère.

COLLÈGE DE JUJON OU DE DUJON OU DE SAINT-EUTROPE. — Ce collège fut fondé, vers le milieu du XV° siècle, pour les moines de Montmajour, qui suivaient les cours de l'Université.

COLLÈGE DE SÉNANQUE [1]. — Jean Casaleti fonda, en 1365, ce collège pour les religieux de Senanque, qui suivaient les cours de l'Université d'Avignon.

CÉLESTINS D'AVIGNON [2]. — Clément VII, l'antipape, fonda ce monas-

---

et LXX-LXXXVIII. — *L'université d'Avignon aux XVII° et XVIII° siècles*, par J. MARCHAND. Paris, 1900, in-8. — COURTET, 60.

Oraison funèbre du très illustre seigneur messire Gaspard de Simiane La Coste, abbé d'Auchi, prieur de Bonieux, recteur perpétuel du collège Saint-Martial d'Avignon, prononcée dans l'église de Saint-Didier, le 24 sept. 1686. Lyon, 1687, in-4. — Invitation au service solennel qui sera célébré, le 13 mai 1757, dans l'église de Saint-Martial d'Avignon pour le repos de âme de Fréd. Jér. de Roy, cardinal de la Rochefoucauld, abbé général de Cluny. S. l. n. d., in-8. — Avis portant que, le vendredi 29 novembre 1765, les prières des Quarante heures seront dites dans l'église de Saint-Martial pour le rétablissement de la santé du Dauphin. S. l. n. d., in-8.

Theses de sacramentis. Avenione, 1685, in-4. — *Theses theologicæ juxta mentem D. Anselmi et D. Thomæ, unius professione, alterius benedictione benedictini.* Avenione, 1692, in-4. — *Cours de théologie professé au collège de Saint-Martial.* Voir : *Inventaire des manuscrits de la Bib. nat. Fonds de Cluny*, par L. DELISLE, 134-135. — Prospectus du pensionnat établi dans le collège de la ville d'Avignon sous la direction des RR. PP. Bénédictins du collège de Saint-Martial, ordre de Cluny, étroite observance. Juillet 1769. Avignon, 1769, in-8.

1. Collège de Saint-Bernard de Sénanque (1491-1537). Bib. Avignon, ms. 2381, f. 154. — Pièces concernant ce collège : achat de vignes et de terres par Jean Casaleti, abbé de Senanque (1499). Statuts. Bib. Marseille, ms. 1168. — *Inventaire de la bibliothèque du collège de Sénanque, dans les bibliothèques de l'Université et des collèges d'Avignon pour les étudiants en droit*, par MARCEL FOURNIER, dans *Nouv. Revue hist. du droit* (1891), 76-112, *Les statuts et privilèges des universités françaises*, II, 511. — *L'université d'Avignon aux XVII° et XVIII° siècles*, par J. MARCHAND. Paris, 1900, in-8.

2. Bibliographie : Le chartrier de ce monastère est en grande partie conservé aux archives départementales de Vaucluse (1282-1791) : Inventaires, cartulaire, fondations et privilèges, mortuaires, titres concernant le péage de Tarascon, reconnaissances, copie du procès de la canonisation de Saint-Pierre de Luxembourg. Inventaire ms. de la série H, 35-58. Voir : *État général*

tère auprès du tombeau du B. Pierre de Luxembourg (1390). Le corps du fondateur fut transporté dans l'église (1420), où on lui éleva un monument. Cette maison fut enrichie par le roi René (1476). Le chancelier de l'Université de Paris, Gerson, lui légua sa bibliothèque.

des archives, 751. — Sur le cartulaire (1272-1606, 103 pièces) et le bullaire (1241-1690, 61 pièces), voir *Catal. gén. des cartulaires*, par STEIN, 222-223. — On conserve à la Bibliothèque d'Avignon un bon nombre de documents originaux ou copies qui intéressent cette maison : ms. 223, 732, 895, 1323, 1605, 1608, 1611, 1635, 1686, 1736, 1751, 1753-1758, 1825, 2020, 2062, 2083, 2270, 2381, 2395, 2397, 2399, 2465, 2477, 2487, 2490, 2495, 2568, 2648, 2816, 2827, 2869, 2870, 2885, 2923, 3272, 3288, 3332, 3336, 3385, 3391, 3428, 3463. Pour le détail, voir la table du catalogue. — Bib. Carpentras, ms. 513, 514, 739, 763, 917, 1793, 1862, 1942. — Arch. nat. O, 567, 621.

Historia Cælestinorum Avenionensium et historia factorum aliorum memorabilium ab anno 1347, a R. P. NICOLAO MALLET. Bib. Avignon, ms. 2885. — *Martirologium fratrum Cælestinorum monasterii S. Petri confessoris Avenionensis* (XVe s.). Ibid., ms. 1753. — *Mortuologium insignium benefactorum hujus cœnobii Cælestinorum B. Petri de Luxemburgo de Avenione, collectum et scriptum jussu R. O. NICOLAI MALLET, pro tunc prioris ejusdem monasterii, anno 1677*. Ibid., ms. 1754. — *Histoire des familles dont les membres ont été bienfaiteurs de l'ordre des Célestins*, par le R. P. MALLET. Ibid., ms. 1870. — *Catalogus tum codicum manuscriptorum tum librorum typis mandatorum, in omni genere scientiarum, qui extant in bibliotheca RR. PP. Celestinorum Avenionis, una cum indice generali auctorum, quorum opera hic continentur, per ordinem alphabeticum disposito, anno salutis 1765*. Ibid., ms. 1323. — *Bibliothèque des Pères Célestins d'Avignon. Catalogue*, par le Mis DE CAMBIS-VELLERON. *Notes du même sur d'anciens manuscrits des Célestins*. Ibid., ms. 2020. — *Catalogue général des manuscrits des bibliothèques*, XXVII. *Avignon*, Introduction par LABANDE, XX-XXXIX, LXX-LXXXVIII.

Concordia facta inter Cælestinos Avenionenses et comitem de Luxemburgo, dans *Spicilegium* de D'ACHERY, III, 760, ou IX, 299. — *Factum pour la ville d'Avignon contre les RR. PP. Célestins sur leurs immunités prétendues*. Avignon, 1678, in-fol. — *Factum pour Trophime Emeric, avocat de la ville d'Avignon, contre le R. P. économe du couvent des Pères Célestins, appelant de la sentence du lieutenant de la ville d'Arles du 11 juillet 1725*. S. l. n. d., in-4. — *Mémoire pour les RR. PP. Célestins de la ville d'Avignon propriétaires des péages tant par eau que par terre de Tarascon, de Saint-Gabriel et de Laurade*. Avignon, 1758, in-4. — *Mémoire signifié pour les prieur et couvent des Célestins de Saint-Pierre-de-Luxembourg d'Avignon contre le nommé Jean Brossard*. Paris, 1763, in-4. — *Lettre de protection du roi Louis XIV en faveur du couvent royal des Célestins de la ville d'Avignon*. Avignon, 1671, placard, et 1768, in-4. — *Mémoire à consulter et consultation pour les RR. PP. Célestins d'Avignon contre les consuls et communauté du Pont-de-Sorgues. 5 sept. 1777*. Avignon, s. d., in-4. — *Mémoire à consulter et consultation pour les RR. PP. Célestins d'Avignon, appelant de sentence rendue par la sénéchaussée ci-devant établie en cette ville, le 8 janv. 1774, contre les sieurs consuls et communauté de Pont-de-Sorgues*, intimé S. l. n. d., in-4.

Hierarchia cælestina, a P. NICOLAO DE LA VILLE. Louvain, 1661, in-12, p. 229. — *Cælestinorum monasteriorum fundationes*, a P. BECQUET. Paris, 1719, in-4, p. 28. — *Vie de saint Pierre Célestin*, par DOM AURÉLIEN, 289-

CÉLESTINS DE GENTILLY[1]. — Le cardinal Annibal de Ceccano fonda dans son propre château une collégiale, que son neveu, le cardinal de Florence, transforma en monastère de Célestins (1356), avec le consentement du pape Innocent VI.

Monastères de femmes

ABBAYE DE SAINT-LAURENT[2]. — Cette abbaye de Bénédictines remonte

292. — COURTET, 61. — *Les œuvres d'art du monastère des Célestins d'Avignon*, par L. DUHAMEL, Caen, 1888, in-8, ext. *Bul. monum.* LIV (1888), 109-130, 217-244. — *Avignon. Le cloître des Célestins*, par A. HALLAYS, dans *Journal des Débats*, 17 mars 1905. — *Les Célestins à Gentilly et à Avignon*, par l'abbé BRUYÈRE. Avignon, 1873, in-8, ext. *Rev. bibliothèques paroissiales*. — *Le cloître des Célestins d'Avignon*, par R. DE BONNEVAL, dans *le Monde illustré*, 3 janv. 1904.
Sur le B. Pierre de Luxembourg, *Acta Sanct. Julii*, I, 455-462. — *Répertoire des sources historiques du Moyen-Age. Bio-bibliographie*, par UL. CHEVALIER. — *Eloge funèbre de Louis le Juste, XIIIe du nom, roi de France et de Navarre, contenant quinze victoires qui représentent les vertus de sa vie et les merveilles de sa mort*, prononcé en Avignon, dans l'église du monastère royal des RR. PP. Célestins, en présence de Mgr le Vice-Légat, par le R. P. R., prieur des Augustins déchaussés d'Avignon. Avignon, 1643, in-4. — *Oraison funèbre de Marie-Thérèse d'Autriche, reine de France et de Navarre, prononcée en l'église royale des RR. PP. Célestins d'Avignon*, par le R. P. PAUL D'UBAYE, de l'ordre des Minimes, le 24 sept. 1683. Avignon, 1683, in-12. Le *Mercure galant* a publié le dessin du catafalque dressé à cette occasion. — *Relation de ce qui s'est fait par messieurs de l'académie des Belles-Lettres d'Avignon en action de grâces à Dieu pour le rétablissement de la santé du roi Louis XIV dans la chapelle de Saint-Pierre de Luxembourg*. Avignon, 1687, in-4. — *Oraison funèbre du roi Louis le Grand, XIVe en nom, roi de France et de Navarre, dans l'église royale des RR. PP. Célestins d'Avignon, le 12 décembre 1715*, par M. LÉONARD. Avignon, 1738, in-4. — *Relation des fêtes données par la ville d'Avignon pour célébrer la naissance de Mgr le duc de Bourgogne*. Avignon, 1751, pp. 27-39. — *Avis du pardon des Quarante heures pour le rétablissement de la santé du Dauphin, qui aura lieu le 28 nov. 1765 en l'église des Célestins d'Avignon*. S. l. n. d.

1. Com. Sorgues, cant. Bédarides, arr. Avignon, Vaucluse. — Les archives départementales de Vaucluse conservent 58 art. provenant de ce monastère (1246-1792) : Inventaires, bulles, privilèges, statuts, délibérations capitulaires, etc. Inventaire sommaire de la série H, I, 59-66. Voir : *Etat général des archives*, 751. — On trouve des documents qui le concernent à la bibliothèque d'Avignon : ms. 188, 711 où obituaire, 858, 1358, 1555, 1686, 1751, 1799, 2261, 2270, 2384, 2396, 2399, 2487, 2635, 2827, 2869, 3236. Pour plus amples renseignements, voir la table du *Catalogue de la bibliothèque d'Avignon*. — Bib. Carpentras, ms. 514, 739, 922, 1655. — *Les Célestins à Gentilly près de Sorgues*, par l'abbé BRUYÈRE, Avignon, 1873, in-8, ext. *Revue des Bibliothèques paroissiales*. — *Vie de saint Pierre Célestin*, par Dom AURÉLIEN, 284-285. — COURTET, 334.

2. Les arch. dép. de Vaucluse possèdent 71 articles provenant de cette

à la première moitié du Xe siècle. Leur monastère fut reconstruit en 1327. L'Hôtel-de-Ville et le Théâtre s'élèvent sur son emplacement.

Saint-Véran. *Sanctus Vero*[1]. — Ce monastère de Bénédictines, situé dans un faubourg d'Avignon, fut fondé vers 1140 par Guy, comte de Forcalquier. On l'unit à celui des Cisterciennes de Sainte-Catherine (1436).

Bénédictines de Saint-André. — Ces moniales s'installèrent, en 1617, dans le collège que les moines de Saint-André de Villeneuve avaient dans Avignon. Le couvent des Ursulines occupait au XIXe s. l'emplacement de leur monastère.

Saint-Honorat de Tarascon[2]. — Jean Gantelmi fonda cette abbaye

---

abbaye (1203-1791), Cartulaire, élections, comptes divers. Voir : *État général des archives*, 753. Le cartulaire comprend 159 pièces originales de 1203 à 1606. *Catalogue général des cartulaires*, 222-223. — On conserve à la bibliothèque d'Avignon de nombreux documents concernant cette abbaye : ms. 706, 1598, 1686, 1732, 1751, 2083, 2151, 2158, 2216, 2270, 2382, 2397, 2399, 2465, 2477, 2487, 2754, 2776, 2816, 2818, 3238, 3270, 3319. Règlements pour le monastère de Saint-Laurent (XVII-XVIIIe s.), ms. 706. Visite générale du diocèse d'Avignon, par de Gonteni, archev. d'Avignon, ms. 1732, f. 89. Pour plus de détails, voir la table du *Catalogue des manuscrits d'Avignon*. — Bib. Carpentras, ms. 1751, 2007. — Statuts de 1348. Visites du commencement du XVIIe s. et règlements divers. Ms. du Grand-Séminaire d'Avignon. — Pièces du procès entre les religieuses de l'abbaye de Saint-Laurent d'Avignon, au sujet du changement de l'ancien voile. Rome, 1732, 4 pièces.
Gallia christiana, I, 885-889. — *Pétrarque et le monastère des Dames de Saint-Laurent à Avignon*, par Aug. Deloye, dans *Annales du Midi*, II (1889), 463-477.
Officium S. Benedicti et S. Theodori ad usum monialium S. Laurentii. Avignon, 1647, in-12. — *Ordre des offices qui se disent chaque jour de la semaine au monastère des dames bénédictines de Saint-Laurent d'Avignon par un privilège spécial du Saint-Siège*. Avignon, 1751, in-4.

1. Notes et documents recueillis par P. Achard sur le camp de François Ier au monastère de Saint-Véran (1539), la ruine du monastère et la pension accordée par les rois de France aux religieuses. Bib. Avignon, ms. 1580. Documents sur cette abbaye. Ibid., ms. 1595, f. 144, 1598, 1751, 2083, 2089, 2382, 2397. Voir : Table du catalogue de la bibliothèque d'Avignon. — Bib. Carpentras, ms. 1881, f. 508. — *Recommandations de Mme l'abbesse de Saint-Véran-hors-les-Murs d'Avignon à ses moniales. Texte provençal inédit du XVe siècle, suivi d'une traduction française du XVIe et précédé de quelques réflexions*, par le R. P. Dom Garnier. Avignon, 1883, in-12. Bib. Avignon, ms. 707. — *Description d'un pied de croix du XIVe siècle ayant appartenu à l'ancien monastère de Saint-Véran près Avignon*, par L. Labande. Paris, 1901, in-8, ext. *Bull. archéol. du comité* (1900). — *Gallia christiana*, I, 869-870.

2. On ne conserve aux arch. départementales des Bouches-du-Rhône que 2 registres provenant de cette maison. — Les archives des Alpes-Maritimes, sér. H, 312-340, sont beaucoup plus riches. *Inventaire sommaire des archives des Alpes-Maritimes*, sér. H, par H. Moris, 70-75. — Bulle d'Urbain V auto-

de Bénédictines (1564), qui fut soumise à la juridiction de l'abbé de Lérins. Il y eut, dans le voisinage, un monastère où vivaient quelques moines de Lérins chargés de la direction spirituelle des religieuses. On les remplaça dans la suite par des prêtres séculiers et les religieuses furent mises sous l'autorité de l'Ordinaire.

Abbaye de Sainte-Catherine [1]. — Ce monastère de Cisterciennes fut fondé par Zoen, évêque d'Avignon (1254). Le cardinal de Grimoard, frère du B. Urbain V, le restaura.

Prieurés

Avignon, *Sainte-Croix*, uni au chapitre de Saint-Agricol. — Aramon, Saint-Pierre du Terme, *Termini*, uni aux Minimes d'Avignon. —

risant cette fondation (15 août 1363), dans *Cartulaire de Lérins*, par Moris, II, 28-32. — Notes sur Saint-Honorat de Tarascon. Bib. Avignon, ms. 2384, f. 107. Confirmation de la fondation par Innocent VI, ms. 2399, f. 293. — Convention entre les Minimes et l'Abbesse (1617). Bib. Arles, ms. 166. — Récit de l'établissement de ce monastère, par Denis Faucher, dans ses *Annales Provinciæ*. Bib. Aix, ms. 760, f. 191. — Arch. nat. O, 666. Factum pour messire Silvi de Roussel, comte de Boulbon, contre dame Jeanne de Mongiron, abbesse du monastère de Saint-Honorat de Tarascon. S. l. n. d., in-fol. — Factum pour dame Jeanne Maugiron, abbesse du monastère royal de Notre-Dame et Saint-Honoré de la ville de Tarascon, contre les religieuses du même monastère, défenderesses. S. l. n. d., in-fol., relatif à l'administration des revenus de l'abbaye attribuée à l'abbesse par arrêt du 11 juillet 1678. — Mémoire pour dame Jeanne de Mongiron, contre M. de Roussel, comte de Boulbon. S. l. n. d., in-fol. — *Eloge de Scholastique de Budoz, abbesse de Saint-Honorat de Tarascon, décédée en 1547*, par la Mre de Blémur, dans *Éloge des personnes illustres*, II, 755. — *Gallia christiana*, I, 890-892. — Du Tems, II, 21-22. — Bouche, II, 395. — Achard, II, 481. — On consultera avec fruit les historiens de Lérins.

[1]. On conserve aux archives départementales de Vaucluse 71 articles provenant de cette maison (1203-1791) : privilèges, professions, péages, pensions, titres divers. Voir : *État général des archives*, 753. — Les pièces conservées à la Bibliothèque d'Avignon, relatives à Sainte-Catherine, se trouvent dans les ms. 855, 1556, 1635, 1665, 1666, 1686, 1732, 1739, 1751, 1825, 2082, 2083, 2270, 2382, 2397, 2399, 2465, 2466, 2478, 2480, 2487, 2495, 2634, 2812, 2879, 3025, 3244, 3270, 3303, 3311, 3336, 3454. Voir table du catalogue de la bibliothèque d'Avignon. — Bib. Carpentras, ms. 1862, f. 346. — *De S. Catharinæ Alexandrinæ gestis, laudibus et martyrio oratio ad Ill. et Amp. D. D. Joh. Franciscum de Bagni in Avenionis legatione prolegatum a* Franc. Valentino*. Avenionensi, octavo ætatis anno, Avenione habita in illius Divæ ædibus et die illi sacra anno 1616.* Avenione, 1616, in-12. — *Gallia christiana*, I, 889-890. — *Histoire du diocèse d'Avignon*, par Granget, I, 453. — *Une cause intéressante*, par Dom S. Gaillemin, dans *Cistercienser Chronik*, XIX (1907), 129-133.

Barbentane, *Barbentana*[1]. Notre-Dame de Grâces, uni à la prévôté du chapitre métropolitain. — Bédarrides, *Biturita, Bethoritæ*[2]. Saint-Etienne, uni au couvent des Minimes d'Avignon. — Boulbon, *Bulbo*[3]. Saint-Marcellin (nommé quelquefois Saint-Julien), dépendant de Cendras, uni au chapitre de Saint-Agricol. *Saint-Michel de Frigolet*[4], dépendant de Montmajour, sécularisé par Jean XXII et uni au chapitre métropolitain (1480) ; restauré au XIXe siècle par les Prémontrés et érigé en abbaye. *Saint-Pierre de Mézargues*, uni au chapitre de Saint-Agricol.

Chauteauneuf-Calcernier[5]. Saint-Théodoric, fondé par les Templiers (XIIe s.), érigé en vicairie par Jean XXII (1319) et uni à la métropole d'Avignon par Jules II (1504). — Chateaurenard, *Castrum de Raynero*[6]. Saint-Pierre, uni au chapitre métropolitain ; Saint-Honorat, dépendant de Lérins, mentionné dans une bulle d'Alexandre IV (1259), uni au chapitre de Saint-Agricol ; Saint-Sulpice, dépendant de Montmajour. — Courthézon[7]. Saint-Martin, uni au chapitre de Saint-Agricol.

1. Cant. Châteaurenard, arr. Arles, Bouches-du-Rhône. — Pièces concernant la cure et le prieuré de Barbentane, qui appartient au prévôt de l'église métropolitaine (1643-1791). Bib. Avignon, ms. 3336, f. 216. — Rolle de tous les joyaux et meubles, qui sont en l'église de Barbentane (1590). Livre des cens dus au prieur (1697). Etat du prieuré (fin du XVIIe s.). Prétentions du prieur contre les marguilliers. Ibid., ms. 1844. — Copies des recognoiscences pour le prieuré de Barbentane (1480-1496). Bib. Avignon, ms. 2132. — *Histoire de Barbentane*, par Fontaine. Tarascon, 1854, in-8. — Achard, I, 283.

2. Chef-l. cant., arr. Avignon, Vaucluse. — Papiers des Minimes concernant leur prieuré de Bédarrides, voir *Inv. ms. des arch. dép. de Vaucluse*, sér. II, I, 160-161. Arrentement du prieuré, dans Arch. du notaire Vincenti. — *Notice sur Bédarrides*, par Granget. — Courtet, 85-88.

3. Cant. Tarascon, arr. Arles, B.-du-Rh. — 5 cart. aux arch. dép. de Vaucluse, sér. G, fonds Saint-Agricol. Reconnaissances passées en faveur du prieuré de Saint-Marcellin (1379). Bib. Avignon, ms. 1327. — Achard, I, 353.

4. Exemptions données au monastère de Frigolet par Raymond, abbé de Montmajour (1250). Bib. Avignon, ms. 2399, f. 192. — *Essai historique sur l'abbaye de l'Immaculée-Conception et Saint-Michel*, par Aug. Caron. Avignon, 1871, in-8, et 1875, in-12. — *Boulbon, Saint-Victor, Frigolet*, par Gilles, dans *Bul. hist. et archéol. de Vaucluse* (1878), 427-435. — *Excursions en Provence. Saint-Michel de Frigolet*, par P. Ruat. Marseille, s. d., in-16. — Bib. Carpentras, ms. 1845, f. 233, et 1854, f. 4.

5. Courtet, 147-152.

6. Chef-l. cant., arr. Arles, B.-du-Rh. — Un registre aux arch. de Vaucluse, sér. G, fonds du chap. métrop. Quelques articles, fonds Saint-Agricol. — *Cart. de Lérins*, II, 6. — Bib. Avignon, ms. 2145, f. 7.

7. Cant. Bédarrides, arr. Avignon, Vaucluse. — Quelques art. aux arch.

Entraigues, *Inter aquas*[1]. Saint-Pierre, uni au chapitre métropolitain. — Eygualières, *De Aquilis*[2]. Saint-Laurent, uni à Sainte-Croix d'Apt. — Eyguières, *Aquariæ*[3]. Sainte-Magdeleine, donné à l'ordre de Saint-Ruf (1068) et uni à l'évêché de Sisteron (1778). Roque-Martin, dépendant de Saint-Victor. — Eyragues, *Eiraga*[4]. Sainte-Maxime, uni au chapitre de Saint-Paul à Saint-Remy. — Graveson, *Graveso*[5]. Notre-Dame, uni au chapitre métropolitain (1469). Cadillan de Graveson, uni au chapitre de Saint-Agricol.

Jonquerettes, *Juncariæ*[6]. Saint-Martin, donné Saint-André de Villeneuve, en 1050, par Rostan, évêque d'Avignon, et uni à la mense abbatiale. — La Manon, *Alamanum*[7]. Uni au chapitre métropolitain. — Les Angles, *Anguli*[8]. Notre-Dame, dépendant de Saint-André, uni à la mense abbatiale, le 7 décembre 1287. Saint-Julien des Yssarts, dépendant du même monastère, détruit par une inondation du Rhône. Au même lieu, Saint-Pierre, uni au priorat de cette abbaye par Clément VII, le 18 août 1347. — Lirac, *Alliracum*[9]. Saint-Pierre, donné à Saint-André de Villeneuve par l'évêque Hildebert (1006) et uni à

---

de Vaucluse, sér. G, fonds Saint-Agricol; trois registres au fonds du chap. métrop.

1. Cant. et arr. Carpentras. — Registre aux arch. de Vaucluse, sér. G, fonds du chap. métrop. — Achard, I, 515.
2. Cant. Orgon, arr. Arles, B.-du-Rh.
3. Chef-l. cant., arr. Arles. — Lettres patentes du roi qui confirment le décret d'union du prieuré d'Eyguières à l'évêché de Sisteron, de novembre 1784. Aix, 1785, in-4. — Mémoire pour Mre H. Gilles, prêtre-curé perpétuel d'Eyguières, intimé en appel, contre Mre L. Espérandieu, curé de Caumont, au sujet de la cure. Aix, 1779, in-fol. — Mémoire sur le procès pendant à l'audience du rôle du jeudi pour Mre H. Gilles, prieur-curé d'Eyguières, appelant comme d'abus de l'acte de la section du dit prieuré-cure, du 3 janvier 1624, et de l'ordonnance du vicaire général d'Avignon, contre le procureur général du roi et l'évêque de Sisteron. Aix, 1781, in-fol. — *Eyguières. Son histoire féodale, communale et religieuse*, par Paulet. Marseille, 1901, in-8. — *Istori de la vilo d'Eyguiero*, par Auros Michel, dans *Bul. Soc. ét. Draguignan*, XIV (1882), 68 et s.
4. Cant. Chateaurenard, arr. Arles, B.-du-Rh. — Achard, I, 531.
5. Ibid. — Un registre aux arch. dép. de Vaucluse (1283-1673), sér. G, fonds du chap. métrop.
6. Cant. L'Isle-sur-Sorgues, arr. Avignon, Vaucluse. — Méritan, 28.
7. Cant. Eyguières, arr. Arles, B.-du-Rh. — Arch. dép. de Vaucluse, sér. G, fonds du chap. métrop.
8. Cant. Villeneuve, arr. Uzès, Gard. — *Dictionnaire topographique du Gard*, par Germer-Durand, 8. — Méritan, 30, 31.
9. Cant. Roquemaure, arr. Uzès, Gard. — Germer-Durand, 116. — Méritan, 31. — Arch. dép. du Gard, sér. H, 261-265, 276. Invent. som. par de Lamothe, 72-73, 76.

Notre-Dame de Rochefort, en 1640. — MONTFAUCON, *Mons Falco*[1]. Saint-Gilles, uni à la collégiale de Roquemaure. — MONTFAVET[2]. Notre-Dame de Bon-Repos, de l'ordre de Saint-Ruf, fondé par le cardinal Bernard de Montfavet, neveu de Jean XXII (1338), uni par Nicolas V à l'administration du pont d'Avignon (1442), desservi par des Récollets à partir de 1613, et par des Capucins à partir de 1759. — MORIÈRES, *Moreriæ*[3]. Saint-André, uni au chapitre métropolitain par Benoît XII.

ORGON[4]. Notre-Dame, uni au chapitre métropolitain. — PUJAUT, *Podium Altum*[5]. Saint-Jacques, dépendant de Saint-André; Saint-Vérédème, uni à la pitancerie de cette abbaye (1283). — ROCHEFORT, *Roca fortis*[6]. Saint-Bertulfe, uni à Notre-Dame, en 1410. Notre-Dame de Grâce, dépendant de Saint-André et uni à la pitancerie du monastère. Ce fut un centre de pèlerinage très fréquenté; il était desservi par

---

1. Cant. Roquemaure. — GERMER-DURAND, 141.
2. Près d'Avignon. — *Notes de l'abbé Massillan (1736-1759)*. Bib. Avignon, ms. 2381. — *Monographie des trois monastères fortifiés du XIVe siècle construits au sud-est d'Avignon, Montfauvet, Sainte-Praxède et Bonpas*, par GAYET, dans *Mém. Acad. Avignon*, V (1886), 1-96.
3. Cant. et arr. Avignon. — Un registre aux arch. départ. (1301-1781), sér. G, fonds du chap. métrop. — COURTET, 243.
4. Chef-l. cant., arr. Arles, B.-du-Rh. — Arch. dép. Vaucluse, sér. G, fonds du chap. métrop. — *Statistique du canton d'Orgon*, par QUENIN. Arles, 1838, in-8, ext. *Répert. Soc. statist. de Marseille*.
5. Cant. Villeneuve, arr. Uzès, Gard. — Arch. départ. Gard, sér. II, 277-279. — *Invent. som.* 77. — GERMER-DURAND, 176. — MÉRITAN, 35.
6. Cant. Roquemaure, arr. Uzès, Gard. — Arch. dép. du Gard, sér. II, 245-268. — *Inv. som.*, 69-74. — On conserve des documents dans la maison des prêtres attachés au service du sanctuaire. — Bib. nat. ms. lat. 12.681, f. 247.
Integerrimæ semper Virgini, Dei et gratiarum Matri sanctissimæ, Rupeforti ejus in sacris ædibus, Juliana Morell, Ord. S. Dominici in cænobio S. Praxedis Avenionensi religiosa superior ejusdemque Deiparæ serva humillima. Avignon, 1637, placard. C'est une prose latine de 21 strophes. — *La sainte montagne de Notre-Dame de Rochefort célèbre par les miracles que Dieu y fait continuellement*, par le R. P. Dom MÈGE. Toulouse, 1671, in-12. — *Suite des merveilles opérées dans la chapelle de Notre-Dame de Rochefort pour servir à la continuation de l'histoire de Dom Mège*. Ms. conservé à Rochefort. — *La dévotion à Notre-Dame de Grâce de Rochefort*. Avignon, 1710, in-12. — *Notre-Dame de Rochefort. Histoire de sa chapelle, de son pèlerinage et de son couvent depuis leur origine jusqu'à nos jours*, par un P. Mariste. Avignon, 1861, in-12. — *Les troubles d'un prieur et les ennuis d'une communauté au XVIIe siècle*, par L. BASCOUL, dans *Bul. com. Art. chrétien*, VII (1904), 573-584. — *Histoire du diocèse d'Avignon* par GRANGET, 296-297. — *Dictionnaire topographique du Gard*, 185.

quelques moines. — ROGNONAS[1]. Saint-Pierre, uni au chapitre Saint-Agricol. — ROQUEMAURE, *Rocca Maura*[2]. Saint-Sauveur de Truel, *Torcular*, uni à la mense abbatiale de Saint-André. Saint-Agricol de *Albaretum*, fondé par l'évêque d'Avignon (1116) et uni à la pitancerie.

SAINT-ANDÉOL[3], dépendant de Montmajour. — SAINT-GENIÈS DE COMOLAS, *S. Genesius de Comoliaco*[4], uni à la collégiale de Roquemaure. — SAINT-LAURENT-DES-ARBRES, *S. Laurentius de Arboribus*[5], uni à la même église. — SAINT-REMY, *S. Remigius*[6]. Prieuré donné par l'évêque Albert à Saint-Remy de Reims (1100), sécularisé par Jean XXII (1318) et érigé en collégiale. Saint-Pierre, dépendant de Montmajour, uni à l'évêché d'Avignon par Jean XXII. Saint-Paul de Mausolée, monastère de chanoines réguliers, sécularisé et uni au chapitre métropolitain (1315). — SAINT-SATURNIN-LÈS-AVIGNON, *S. Saturninus*[7]. Notre-Dame, uni à la collégiale de Saint-Didier. — SAUVETERRE, *Salva Terra*[8]. Saint-Jean-Baptiste, cédé à Saint-André par l'évêque d'Avi-

---

1. Cant. Châteaurenard, arr. Arles, B.-du-Rh. — Arch. dép. Vaucluse, sér. G, fonds Saint-Agricol.
2. Chef-l. cant., arr. Uzès, Gard. — MÉRITAN, 36, 40. — GERMER-DURAND, Saint-Agricol dans la com. de Sauveterre. *Diction. topogr. du Gard*, 143.
3. Cant. Orgon, arr. Arles.
4. Cant. Roquemaure. — GERMER-DURAND, 206.
5. Ibid. — IBID., 215.
6. Chef-l. cant., arr. Arles, B.-du-Rh. — Arch. départ. Vaucluse, sér. G, fonds chap. métr. Bib. Avignon, ms. 2487. Archives municipales intéressantes. — *Gallia christiana*, I, inst. 141. — *Monuments antiques de Saint-Remy, décrits et expliqués*, par MALONE. Avignon, 1818, in-8. — *Saint-Remy de Provence au Moyen-Age. La ville, ses églises et son prieuré. Leurs rapports avec l'abbaye de Saint-Remy de Reims*, par M. DELOCHE, dans *Mémoires de l'Académie des Inscriptions et Belles-Lettres*, XXXIV (1892), I, 53-144. — *Triens mérovingiens du pays de Reims, à la légende « Vico S. Remi » ou « Remidi »*, par CH. LORIQUET. Reims, 1880, in-8. — *Etudes de numismatique mérovingienne*, par M. DELOCHE. Paris, 1890, in-8, p. 87-143, et *Revue numismatique*, 3e sér., V, 119-178. — *Architecture romane dans le midi de la France*, par REVOIL, II, 3-5, pl. III. — ACHARD, II, 438-448.
7. Cant. L'Isle-sur-Sorgues, arr. Avignon, Vaucluse. — Arch. départ. sér. G, fonds Saint-Didier. — COURTET, 305.
8. Cant. Roquemaure, arr. Uzès, Gard. — On trouve des documents sur cette maison à la Bibliothèque d'Avignon, ms. 1605, 2083, 2382, 2399, 3486. — *Carta institutionis monasterii B. Mariæ de Furnis in diœcesi avenionensi per Calveriam, abbatem S. Andreæ* (1239), dans *Spicilegium* de d'ACHERY, III, 619, ou VII, 271.— *Dictionnaire topographique du Gard*, par GERMER-DURAND, 155. — *Gallia christiana*, I, 870-871.
Notice sur le monastère des bénédictines de Notre-Dame des Fours, par TH. BLANC, dans *Bul. com. Art. chrétien*, I (1878), 153-159. — *L'abbaye de Notre-Dame du Four*, par A. SAGNIER, dans *Mém. Acad. Vaucluse*, XV (1896),

gnon (1195) et uni à l'aumônerie. Saint-Agricol, dépendant du même monastère. Notre-Dame des Fours, *B. Maria de Furnis*, monastère de Bénédictines fondé par l'abbé de Saint-André (1238). Les Moniales furent transférées à Saint-Véran près Avignon (1368); leur monastère fut uni par Martin V au collège Saint-Nicolas (1428). Il resta à Fours un prieuré, qui fut donné à la Chartreuse de Villeneuve. — Saze, *Sadum*[1]. Saint-Pierre de Gazan, *Gajanum*, dépendant de Saint-André, uni au chapitre métropolitain. — Senas[2]. Saint-André, uni au monastère des Bénédictines de Cavaillon. Notre-Dame de Méjanes, uni au chapitre de Saint-Agricol. — Sorgues, *Pons Sorgiæ*[3]. Notre-Dame de Belvédère, donné à Cluny par Bérenger, père de Rostan, évêque d'Avignon (1063), uni au collège Saint-Martial. Saint-Martin de Gigognan, *Gigognanum*, dépendant de Saint-André, uni au chapitre métropolitain. Saint-Vincent de Gigognan, uni aux Célestins d'Avignon.

Tarascon, *Tarasco*[4]. Saint-Nicolas, donné à Saint-Victor de Marseille par Gibilin, archevêque d'Arles, ce qui fut confirmé par Urbain II (1095), uni au chapitre de Saint-Agricol. Saint-Aloan, donné à Montmajour par le comte Bertrand (1040). Saint-Antoine de Jarnèges, *Jarnica*; Saint-Lazare-hors-les-Murs. — Tavels, *Tavelli*[5]. Saint-Ferréol, dépendant de Saint-André.

Vedènes, *Vedenæ*[6]. Saint-Thomas, uni au chapitre métropolitain. —

126-133. — *L'église et le monastère de Sainte-Marie de Fours*, par Fuzet, dans *Rev. Art. chrét.* (1887). — Méritan, 27, 38.

1. Cant. Villeneuve, arr. Uzès. — Méritan, 28. — Germer-Durand, 234.
2. Cant. Orgon, arr. Arles, B.-du-Rh. — Arch. dép. Vaucluse, sér. G, fonds Saint-Agricol. — Achard, II, 356.
3. Cant. Bédarrides, arr. Avignon, Vaucluse. — Bib. Avignon, ms. 2399. Charte de fondation, dans *Gallia christiana*, I, inst. 140, et *Recueil des chartes de Cluny*, par Bruel. — Mémoire pour Dom Tempier, nommé à la vicairie perpétuelle de Sorgues par Mgr le card. de la Rochefoucauld, abbé de Cluny, contre Dom Péru, nommé et pourvu de la même vicairie par Mgr le vice-légat. S. l. n. d., in-4. — Achard, II, 325. — Courtet, 332-336. — Méritan, 28.
4. Chef-l. cant., arr. Arles. B.-du-Rh. — *Amplissima Collectio* de Martène, I, 556. — *Cart. Saint-Victor*, I, 242-246. Arch. B.-du-Rh., sér. H. — Bib. Avignon, ms. 2384, f. 111. — *Historia Montis Majoris*, par Chantelou, 76-77. — Achard, II, 478-484. — *Observations sur la publication de l'inventaire des archives de Tarascon* par Meyer, dans *Bib. Ecole des Chartes*, XXVI (1864), 65.
5. Cant. Roquemaure, arr. Uzès, Gard. — Méritan, 39. — Germer-Durand, 243.
6. Cant. Bédarrides, arr. Avignon, Vaucluse. — Arch. départ., sér. G,

Verquières[1]. Saint-Sépulchre, dépendant de Montmajour. — Villeneuve, *Villa nova*[2]. Notre-Dame de Montault, *Mons altus*, fondé pour Saint-André par le cardinal Pierre Bertrand (1340), uni à la mense abbatiale (1439) et séjour des abbés. Saint-Étienne de Candau, *Candalum*, donné à Saint-André au commencement du XIe siècle.

fonds du chap. métropol. Bib. Avignon, ms. 2144, f. 8; 2487, f. 64; 3366, f. 150. — Courtet, 375.
  1. Cant. Orgon, arr. Arles, B.-du-Rh.
  2. Chef-l. cant., arr. Uzès, Gard. — Réception des religieux de Saint-Maur au prieuré de Montault. Bib. Avignon, ms. 2384, 2765. — *Le prieuré de Montault*, par A. Sagnier, dans *Bul. hist. et archéol. de Vaucluse*, II (1880), 218; III, 178. — Méritan, 26, 33.

II

DIOCÈSE DE CARPENTRAS[1]

Les origines de l'Eglise de Carpentras, *Carpentoractensis*, sont inconnues. Saint Siffrein, *Siffredus*[2], qui aurait reçu la consécration épiscopale des mains de saint Césaire d'Arles, est le plus connu de ses évêques. La cathédrale est sous son vocable et il est le patron de la ville. Le diocèse, qui faisait partie de la province ecclésiastique d'Arles, fut incorporé à celle d'Avignon. Malachie d'Inguimbert, qui le gouverna de 1733 à 1752, fut le bienfaiteur insigne de son église et de sa ville épiscopale. Il laissa à Carpentras sa bibliothèque et ses collections artistiques[3].

Le chapitre cathédral se composait d'abord de seize chanoines ; on réduisit le nombre à douze (1241)[4]. Il y avait dans la ville des couvents de Dominicains (1312)[5], de Cordeliers (1563)[6], de Capucins[7] (1591), de Carmes déchaussés[8], un collège de Jésuites (1607)[9], des maisons de

---

1. Chef-l. arr., Vaucluse. — Bibliographie : 58 art. aux arch. départ. de Vaucluse, sér. G. (1270-1787). — Pouillés des bénéfices. Bib. Avignon, ms. 1787; Bib. Carpentras, ms. 1312, 1313, 1321, 1424, 1725, 1741. La Bib. de Carpentras possède le cartulaire de l'évêché, ms. 560-562. Voir *Catalogue général des manuscrits des Bibliothèques publiques de France. Départements.* XXXIV. *Carpentras*, par Duhamel, I, 345-353. Cette Bibliothèque contient de nombreux documents et travaux sur ce diocèse, voir t. III, p. 656 et s. — *Les évêques de Carpentras* par J. de Terris. Avignon, 1886, in-8. — *Histoire de Carpentras*, par Liabastre. Carpentras, 1891, in-fol. — *Gallia christiana*, I, 893-918. — Du Tems, II, 23-32. — Duchesne, II, 263. — Expilly, II, 84-106.
2. *Vie de saint Siffrein, évêque de Carpentras, avec pièces justificatives*, par Ricard. Carpentras, 1860, in-12.
3. *Dom Malachie d'Inguimbert, de l'ordre de Cîteaux, archevêque-évêque de Carpentras (1683-1757)*, par Dom Bérengier. Avignon, 1888, in-8, ext. *Semaine religieuse d'Avignon.* — Duhamel, *Catalogue.* Introduction.
4. 20 art. aux arch. départ. sér. G. (1454-1785). — Bib. Carpentras. Table. III, 671-673.
5. 21 art. aux arch. départ. sér. H (1503-1791). — Bib. Carpentras, Ibid. 665.
6. 7 art. Ibid. (1376-1791). — Bib. Carpentras, 665.
7. Bib. Carpentras, 691.
8. 6 art. aux arch. départ. sér. H (1617-1792). — Ibid. 661.
9. 1 art. Ibid., 662.

Carmélites (1627)¹, d'Ursulines (1632)², de Visitandines (1670)³, et du Refuge (1697)⁴; et des Dominicains, à Bédouin (1677) et à Sault (1658); des Franciscains à Monteux; des Récollets à Mazan (1611); des Cordeliers à Caromb (1616) ; des Ursulines à Caromb (1622) et à Pernes (1616) ; des Gardistes à Pernes (1728).

Monastères

NOTRE-DAME-DES-GRÈS et SAINT-JEAN-DU-BOURG⁵. — Les chanoines réguliers de l'ordre de Saint-Ruf avaient une maison à Notre-Dame-des-Grès, en dehors de Carpentras. Ils s'établirent à l'intérieur de la ville (1380) auprès de l'église de Saint-Jean-du-Bourg, qui avait été primitivement desservi par des Bénédictins. Ce prieuré fut, dans la suite, uni au collège des Jésuites d'Avignon.

ABBAYE DE SAINTE-MAGDELEINE⁶. — Ce monastère, fondé à Montéoux pour des Bénédictines par Jean Blanqui d'Avignon (1354), fut transféré à Carpentras au temps de l'antipape Clément VII (1379). On ne sait quand ni comment les Cisterciennes y furent introduites.

Prieurés

CARPENTRAS. Saint-Paul de la Quintine⁷, dépendant de Notre-Dame-des-Grès, uni au collège des Jésuites. Saint-Martin de Serres, uni à la dignité de chantre de la cathédrale.

---

1. Ibid. — *Bib. Carpentras*, 661.
2. Ibid. — *Ibid.*, 674.
3. 13 art. Ibid. (1604-1792). — *Ibid.*
4. *Ibid.*, Ibid., 670.
5. 97 art. aux arch. dép. de Vaucluse, sér. G. (1603-1791). — Pièces nombreuses à la Bib. Carpentras, voir *Catal.* III, 669 et 670. — Documents sur les prieurés que le collège des Jésuites d'Avignon possédait dans le diocèse de Carpentras, Bib. Avignon, ms. 3236. — EXPILLY, II, 100. — COURTET, 134.
6. 8 art. aux arch. départ. sér. H (1351-1783). — Bib. Avignon, ms. 798, f. 494 ; 1825, f. 83 ; 2385, f. 42 ; 2399, f. 337 ; 2632, f. 86 ; 2813, f. 182. — Bib. Carpentras, *Catal.* III, 667. — Supplique adressée à N. S. P. le Pape Pie VI par les religieuses de Sainte-Magdeleine de Carpentras. S. l. n. d., in-4. — *Gallia christiana*, I, 917. — EXPILLY, II, 102.
7. COURTET, 134.

Aurel, *Aurellus*[1]. Saint-Pierre, dépendant de Saint-André de Villeneuve. — Bédouin, *Bedoinum*[2]. Saint-Pierre de Monistrol ou Notre-Dame du Moustier, donné par Exmido à l'abbaye de Montmajour (v. 992). Saint-Etienne de Corcolèze, dépendant du même monastère. Saint-Blaise, uni au séminaire de Carpentras. Notre-Dame des Vans, attribué au théologal de Carpentras. — Blauvac, *Blauzacum*[3]. Saint-Etienne, dépendant de Saint-André, uni au collège des Jésuites d'Avignon par saint Pie V. — Caromb, *Carombus*[4]. Notre-Dame de Grâces ou Saint-Maurice, uni à la pénitencerie du chapitre cathédral de Carpentras. Saints-Innocents, dépendant de l'abbaye de l'Ile-Barbe à Lyon. — Crillon, *Credulio, Crillonium*[5]. Saint-Pierre de Vassols, donné quelquefois sous le titre de Saint-Jean, ancien monastère, réduit en prieuré de Montmajour et uni au couvent des Minimes d'Avignon. Saint-Romain, dépendant des Hospitaliers de Pont-Saint-Esprit, uni au précédent.

Flassan, *Flassanum*[6]. Notre-Dame, dépendant de Saint-Ruf, à la nomination du Pape, qui le donnait à un cardinal ou à un personnage ecclésiastique considérable. — La Roque-Alric, *Rupes Alarica*[7]. Saint-Michel, uni à la sacristie de Carpentras. — La Roque-sur-Pernes, *Rupes super Paternas*[8]. Saint-Pierre et Saint-Paul, à la nomination du

---

1. Cant. Sault, arr. Carpentras. — Procès de l'évêque de Carpentras contre le prieur d'Aurel (1704-1716), Bib. Carpentras, ms. 1417. — Mémoire instructif pour Dom J.-B. Alfant, prieur du prieuré régulier Daurel, appelant de sentence du lieutenant de la Comté de Sault, du 20 mars 1714, contre l'évêque de Carpentras. S. l. n. d., in-fol. — Avertissement pour Mr Abbaty, évêque de Carpentras, contre Dom Alphant, prieur d'Aurel. S. l. n. d., in-fol. — Courtet, 18. — Méritan, 25.

2. Cant. Mormoiron, arr. Carpentras. — Bibl. Carpentras. Catal. III, 613. — *Historia monasterii Montis Majoris*, par Chantelou, 41. — Achard, I, 331-334.

3. Cant. Mormoiron, arr. Carpentras. — Méritan, 26. — Courtet, 93.

4. Cant. et arr. Carpentras. — Inventaire des biens du prieuré de Caromb, Bib. Carpentras, ms. 1320, f. 143; 1538, 1545, f. 57; 1592. Catal. de la Bib. III, 655. — Expilly, II, 84. — Achard, I, 411-412.

5. Cant. Mormoiron, arr. Carpentras. — Arch. d'Avignon, sér. II, fonds des Minimes (1295-1781). Bib. Carpentras, III, 1063. — *Histoire de Saint-Pierre de Vassols*, par Constantin. Carpentras, 1884, in-4. — Expilly, II, 538-544. — Courtet, 157-159.

6. Cant. Mormoiron, arr. Carpentras. — Expilly, III, 170. — Courtet, 165.

7. Cant. Beaumes, arr. Orange. — Achard, II, 306.

8. Cant. Pernes, arr. Carpentras. — Livre des cens de ce prieuré, Bib. Carpentras, ms. 1737, f. 453. — *Histoire de La Roque-sur-Pernes*, par Constantin. — Achard, II, 307.

Souverain Pontife. Saint-Roman, uni à la cure de Vaucluse. — Le Baucet, *Baucetum*[1]. Saint-Gent, monastère fondé autour du tombeau de ce saint, mort en 1140, transformé plus tard en prieuré dépendant de l'évêque. Le Souverain Pontife s'en réserva la collation. — Les Méthamis, *Mometamii, Metamiæ*[2]. Saint-Denis, dépendant de Saint-André de Villeneuve, uni au collège des Jésuites d'Avignon. Sainte-Foi, uni à Notre-Dame des Grès. — Lioux, *Leucus*[3]. Notre-Dame de Bézaure, Saint-Lambert, dépendant de l'évêque de Carpentras. Saint-Pierre de Javon. — Loriol, *Auriolum*[4]. Saint-Pierre, uni à l'archidiaconat de Carpentras. Notre-Dame des Anges à Meyras, qui avait appartenu aux Templiers, uni à la sacristie de Sarrians.

Malemort, *Mala mors*[5]. Notre-Dame, ancien établissement de Templiers, uni au collège du Roure (1476). — Mazan, *Mazana*[6]. Saints Celse et Nazaire, ancienne commanderie de Templiers, uni par Jean XXII à la mense épiscopale de Carpentras. Saint-Donat, dépendant de Saint-Ruf. — Modène, *Mulina, Maudena*[7]. Notre-Dame, uni au chapitre cathédral de Carpentras (1298). — Monieux, *Monilli*[8]. Saint-Pierre, uni au chapitre cathédral. Saint-Michel, dépendant de Montmajour. — Monteux, *Montilium*[9]. Saint-Martin, dépendant de Montmajour, cédé

---

1. Cant. Pernes, arr. Carpentras. — *Histoire de Baucel-Saint-Gent et vie de Saint-Gent*, par Ollivier, revue par Prompsault. Lérins, 1877, in-12, et Nancy, 1885, in-8. — Achard, I, 314-315. — Courtet, 76-77.

2. Cant. Mormoiron, arr. Carpentras. — Arch. départ. sér. D, fonds collège Jésuites. — Expilly, IV, 706. — Courtet, 230. — Méritan, 32.

3. Cant. Sarrians, arr. Carpentras. — Bib. Carpentras, ms. 1376, 1729, 1734. — Expilly, IV, 166. — Courtet, 215.

4. Cant. Gordes, arr. Apt. — Achard, I, 602 ; II, 416.

5. Cant. Mormoiron, arr. Carpentras. — Inventaire du prieuré de Malemort. Bib. Carpentras, ms. 1320, f. 138. ms. 558, 1322. — Inventaire de tous les biens, rentes, fondations et plusieurs autres choses concernant ce prieuré. Bib. Avignon, ms. 1803. 2643. Bib. Aix, ms. 752. — Achard, II, 12. — Courtet, 221-222.

6. Cant. et arr. Carpentras. — Bib. Carpentras, ms. 558, 1741. — Bib. Avignon, ms. 3295, f. 102. — Achard, II, 115. — Courtet, 222-224.

7. Cant. Mormoiron, arr. Carpentras. — Bib. Carpentras, ms. 1738. — *Histoire de Modène*, par Prompsault. Carpentras, 1883, in-8.

8. Cant. Sault, arr. Carpentras. — Documents concernant le prieur, le curé et le vicaire de Monieux. Bib. Avignon, ms. 2911. — Etat des biens, fonds, rentes, revenus et charges du prieur. Bib. Carpentras, ms. 1545, f. 100. — Achard, II, 344-346. — Courtet, 237-239.

9. Cant. et arr. Carpentras. — Documents sur les dîmes et les droits du prieuré. Bib. Carpentras, ms. 1362, 1540, 1738. — *Histoire du diocèse d'Avignon*, par Granget, I, 566. — Achard, II, 145-147. — Courtet, 239-242.

quelque temps aux religieux de Saint-Antoine-en-Viennois pour revenir aux premiers propriétaires. Saint-Hilaire, dépendant des Bénédictines de Cavaillon, dont le monastère fut primitivement établi dans ces lieux (1351). — Mormoiron, *Murmurio*[1]. Saint-Laurent, dépendant du prieuré clunisiste de Pont-Saint-Esprit. — Murs, *Muri*[2]. Saint-Loup, uni au chapitre cathédral de Carpentras. Saint-Cernin *de Ferreriis*, dépendant de Saint-André de Villeneuve, cédé de bonne heure à l'abbaye de Sénanque.

Pernes, *Paternæ*[3]. Notre-Dame de Nazareth, de l'ordre de Saint-Ruf, dépendant de Notre-Dame des Grès à Carpentras, uni au collège des Jésuites d'Avignon. Saint-Pierre, donné à Montmajour par Guillaume, comte d'Arles (vers 992), occupé par les Jésuites. Saint-Victor et Saint-Philippe, unis à Notre-Dame des Grès. Saint-Barthélemy de Carausac, *Carossacum*, dépendant de Saint-André de Villeneuve, uni au séminaire de Carpentras. Saint-Gilles. — Saint-Didier, *S. Desiderius*[4], uni au capiscol de Carpentras. — Saint-Hippolyte[5]. — Sault, *Saltus*[6]. Notre-Dame, dépendant de Saint-André, ainsi que Saint-Sauveur et Saint-Martin. Saint-Jaumes ou Jacques, dépendant de Montmajour. Saint-Jean de Durfort, uni à l'évêché de Carpentras. Saint-Christophe, uni au collège des Jésuites d'Avignon. — Velleron, *Avellero*[7]. Saint-Michel. Notre-Dame de Nazareth, dépendant de Saint-

---

1. Chef-l. cant., arr. Carpentras. — Inventaire des revenus du prieuré. Bib. Carpentras, ms. 1362, f. 573; 1545, f. 135. — Achard, II, 158-159. — Courtet, 246-248.

2. Cant. Gordes, arr. Apt. — Inventaire des biens et revenus. Bib. Carpentras, ms. 1545, f. 102. Voir : ms. 1359, 2013. Bib. Avignon, ms. 2635, 2911. — Achard, II, 166. — Méritan, 36.

3. Chef.-l. cant., arr. Carpentras. — Pièces concernant Notre-Dame de Nazareth. Bib. Avignon, ms. 1595, 2098 et 3236. — Livre des reconnaissances. Bib. Carpentras, ms. 1572. Voir ms. 1541, 1560, 1740. Sur Saint-Barthélemy, ibid., ms. 1352, 1362, 1375, 1541. Inventaire des biens de Saint-Philippe, ibid., ms. 1545, f. 137; 1740. — *Histoire de la ville de Pernes*, par Constantin. Carpentras, 1896, in-8. — Achard, II, 205-209. — Courtet, 267-271.

4. Cant. Pernes, arr. Carpentras. — Achard, II, 475.

5. Cant. et arr. Carpentras.

6. Chef-l. cant., arr. Carpentras. — Bib. Avignon, ms. 2156, f. 21; 2903, f. 16; 2911, f. 299. — Bib. Carpentras. ms. 1417, 1543, 1738. — Achard, II, 343-344. — Expilly, IV, 675. — Courtet, 313-322. — Méritan, 38.

7. Cant. Pernes, ar. Carpentras. — Censes du prieuré. Bibl. Avignon, ms. 3418, f. 218, 415. Bib. Carpentras ms. 1537, 1367, 1376, 1738. — Courtet, 376-378.

Eusèbe d'Apt. — VÉNASQUE, *Venasca*[1]. Saint-Pierre *in vallibus*, uni au chapitre cathédral de Carpentras. Saint-Maurice, uni à la Chartreuse de Villeneuve (1356). — VILLES, *Villæ*[2]. Saint-Honorat, uni au collège du Roure (1496).

1. Cant. Pernes, arr. Carpentras. — Livre des reconnaissances des recteurs du prieuré de Saint-Pierre. Bib. Avignon, ms. 1829. Inventaire des revenus et des charges. Bib. Carpentras, ms. 1545, f. 122. Sur Saint-Maurice, Ibid., ms. 513. — COURTET, 376-386.
2. Cant. Mormoiron, arr. Carpentras. — Bib. Carpentras, ms. 1467, 1542, — *Manifestum prioratus de Villis*, Bib. Avignon, ms. 1836, f. 242. — COURTET, 390.

III

DIOCÈSE DE CAVAILLON [1]

L'église de Cavaillon, *Cabellio*, ne paraît pas remonter au delà du quatrième siècle. Genialis, qui assista au concile de Nîmes (396), passe pour le premier de ses évêques. Le plus célèbre est saint Véran, mort après 589 ; il est le patron de la ville. Ce diocèse, qui dépendait primitivement de la métropole d'Arles, fut rattaché à celle d'Avignon. L'église cathédrale fut consacrée en l'honneur de la Vierge (1251). Son chapitre se composait d'un prévôt, d'un archidiacre, de douze chanoines, de dix bénéficiers, de deux curés et de huit choristes [2]. Il y avait, en outre, une collégiale à l'Isle [3], Notre-Dame des Anges, fondée en 1212 par Bertrand, évêque de Cavaillon, avec un prévôt, dix chanoines et treize bénéficiers, et une autre, fondée à Oppède [4] par le baron du lieu, Jean de Meynier, avec un prévôt et cinq chanoines.

La ville possédait des couvents de Dominicains (1526), de Capucins (1594), d'Oratoriens (1611) remplacés par les Dominicains (1680) [5], de Carmes déchaussés (1697), de Carmélites (1666) [6] et d'Ursulines (1646) [7]. Il y avait des Carmes à Notre-Dame des Lumières, près de Goult [8], et à L'Isle, des Capucins, des Minimes [9], des Doctrinaires, des Clarisses, des Ursulines [10] et des Hospitalières. Les Chevaliers de Malte

---

1. Chef-l. cant., arr. Avignon, Vaucluse. — Aux arch. départ. de Vaucluse, sér. G, 8 art. (1171-1754). Cartulaire (1171-1639). — *Gallia christ.* I, 939-960. — Du Tems, 40-48. — Duchesne, I, 262. — Achard, I, 431-435. — Expilly, II, 128-132. — Courtet, 142-150.
2. 23 art. aux arch. départ. sér. G (1270-XVIII° s.) Répertoire général et cartulaire.
3. 2 art. aux arch. départ. (1516-1790).
4. 5 art., ibid. (1539-1790). — *Oppède au Moyen-Age et ses institutions*, par L. Gap, dans *Congrès des Sociétés savantes de Provence à Marseille (1907)*, 313, 359. — *Oppède et ses environs. Fragments d'archéologie et d'histoire du Comtat-Venaissin*, par Antonin Rousset. Marseille, 1902, in-8.
5. Quelques pièces aux arch. départ.
6. Ibid.
7. Ibid.
8. Ibid. (1405-1790).
9. Ibid.
10. Ibid.

avaient eu à Cavaillon la commanderie de Saint-Jean-Baptiste. Les Chartreux possédaient un monastère à Bonpas[1].

Monastères

SENANQUE. *Sinanca*[2]. — Abbaye de Cisterciens, sous le vocable de Notre-Dame, fondée, en 1148, par Alfant, évêque de Cavaillon. L'église, le cloître et la plus grande partie du monastère, fort bien conservés, sont un monument curieux de l'architecture cistercienne (XIIe s.).

SAINT-JEAN DE CAVAILLON[3]. Abbaye de Bénédictines, fondée primitivement à la campagne sous le vocable de Saint-Marcel-aux-Aiguillères,

---

1. Com. Caumont, cant. Cavaillon. — 190 art. aux arch. départ., sér. H — *La Chartreuse de Bonpas*, par GAZET, dans *Mém. Acad. Vaucluse*, V (1886), 64-92.

2. Com. et cant. Gordes, arr. Apt, Vaucluse. — Bibliographie : Les archives départementales de Vaucluse possèdent, entre autres débris du chartrier de cette maison, un inventaire (1736) et le cartulaire, 2 vol. in-4. Voir : *État général des archives*, 751. — Les cahiers, titres divers et dépenses, documents qui la concernent, à la bibliothèque d'Avignon se trouvent dans les ms. 1539, f. 4 ; 1541, f. 13 ; 2127, f. 18 ; 2385, f. 139 ; 2399, f. 151 ; 2487, f. 10 ; 2520, f. 5 ; 2582, 3240, f. 171 ; 3769, f. 208. Pour plus de détails, voir la table du *Catalogue des manuscrits d'Avignon*.
Valbonne, Aiguebelle, Senanque, Bonpas, La vallée de bénédiction, Notre-Dame de l'Ermitage, ou notices sur ces monastères, par AUG. CANRON. Avignon, 1850, in-12. — *L'abbaye de Senanque, diocèse d'Avignon, notice historique et archéologique*, par l'abbé MOYNE. Avignon, 1857, in-12. — *Lettre de M. le comte DE MONTALEMBERT au R. P. Supérieur de l'abbaye de Senanque, au sujet de l'histoire de Senanque (22 janv. 1857)*. Avignon, s. d., in-12. — *Pèlerinage à la nouvelle abbaye de Senanque*, par EUG. ROUX. Aix, 1861, in-12. — *Étude d'archéologie comparée : trois abbayes de l'ordre de Citeaux, l'abbaye de Silvacane, l'abbaye de Thoronet et l'abbaye de Senanque*, par L. ROSTAN. Paris, 1852, in-8, ext. *Bulletin monumental* (1852), 130-135. — *L'abbaye de Senanque*, par COURTET, dans *Revue archéol.* (1845), 37-46. — *Architecture romane dans le midi de la France*, par REVOIL, II, 7, pl. 8 et 9. — *Dictionnaire d'architecture*, par VIOLLET-LE-DUC, III, 419 ; V, 193. — *Restauration de l'abbaye de Senanque*. Paris, 1856, in-8, ext. *Ami de la Religion*. — *Le R^{me} Dom Marie Bernard, fondateur et premier vicaire général des Cisterciens de l'Immaculée-Conception de Senanque*, par Mgr REDON. Lérins, 1904, in-fol.
Gallia christiana, I, 961-964, instr. 155-157. — Du TEMS, II, 47-48. — BOUCHE, II, 116. — ACHARD, I, 569-570. — *Origines cisterciennes*, de JANAUSCHECK, 112. — *Fleurs monastiques*, par MAXIME DE MONTROND. — COURTET, 169-171.

3. 8 art. aux arch. départ., sér. H (1323-1789). Bib. Avignon, ms. 2385, f. 97 ; 2869, f. 631. — *Gallia christ.*, I, 963. — EXPILLY, II, 130. — *Constitutions tirées des anciens usages de l'abbaye de Saint-Benoît de Cavaillon*, par le P. DES GENEYS, S. J. Cavaillon, 1743, in-12. — *Vie du Vén. César de Bus,*

puis à Senas et aux Taillades. Jean XXII les plaça auprès de l'église de Saint-Jean, qui avait appartenu aux Chevaliers de Malte. Leur monastère fut transféré par Urbain V dans l'intérieur de la ville auprès de l'église Sainte-Catherine. César de Bus les réforma au XVIe s.

BERNARDINES [1]. — Fabrice de la Bourdesière, évêque de Cavaillon, fonda un monastère de Bernardines dans sa ville épiscopale (1641).

Prieurés

CAVAILLON [2]. Notre-Dame des Vignières. Saint-Sixte et Saint-Julien, unis au chapitre cathédral. Saint-Pierre, au pied du Léberon, et Saint-Phalet, sur cette montagne, unis à la mense épiscopale. Saint-Etienne. — CAUMONT, *Cavus mons* [3]. Saint-Symphorien, donné à Saint-Symphorien d'Autun (de 960 à 972) et uni plus tard à la Chartreuse de Bonpas, qui se trouvait sur ce territoire. — CHATEAUNEUF-DE-GADAGNE, *Castrum novum Giraudi amici* [4]. Saint-Jean-Baptiste, de l'ordre de Saint-Ruf, uni au collège de cet ordre à Montpellier. — GORDES, *Gordæ* [5]. Saint-Chaffre, dépendant de l'abbaye de ce nom au diocèse du Puy, uni au collège du Roure, le 14 sept. 1476. Saint-Trophime, uni à l'évêché. — GOULT, *Agullum* [6]. Saint-Michel et Notre-Dame, dépendant de Saint-Victor de Marseille. Saint-Véran et Saint-Pierre.

LE THOR, *Thorum* [7]. Notre-Dame et Saint-Pierre, dépendant de

---

fondateur de la Congrégation des Prêtres séculiers de la Doctrine chrétienne et de l'Institut des Ursulines de France, par CHAMOUX. Caromb, 1868, in-16.

1. EXPILLY, II, 130.
2. ACHARD, I, 433-434. — EXPILLY, II, 131.
3. Cant. Cavaillon, arr. Avignon. — Arch. dép. de Vaucluse, sér. II, fonds de Bonpas. — *Bords de la Durance. Chapelle Saint-Symphorien*, par DUHAMEL, dans *Le Monde illustré*, 22 août 1903. — ACHARD, I, 436. — COURTET, 139. — GRANGET, I, 278.
4. Cant. L'Isle, arr. Avignon. — Arch. dép. sér. G, fonds du chap. métrop. (1140-1780). — ACHARD, I, 451. — COURTET, 152-155. — GRANGET, I, 597.
5. Chef-l. cant., arr. Apt. — Arch. départ. sér. G, fonds év. de Cavaillon (1408-1705). — Union du prieuré au collège de Roure, Bib. Aix, ms. 752.
6. Cant. Gordes, arr. Apt. — *Cart. Saint-Victor*, I, 428-438; II, 618. Bib. Avignon, ms. 3566, f. 7; 3632, 3633, 3671, f. 35. — ACHARD, I, 576-580. — COURTET, 171-174.
7. Cant. L'Isle, arr. Avignon. — Arch. départ. Vaucluse, sér. II, fonds de Bonpas. — ACHARD, II, 495. — COURTET, 193-198. — MÉRITAN, 39. — *Un coin du Comtat-Venaissin : Le Thor, son église, ses remparts, les chapelles de Thouzon*, par DUHAMEL, dans *Le Monde illustré*, 14 février 1903.

Saint-André de Villeneuve, uni par saint Pie V au collège du Roure. Notre-Dame de Thouzon, donné à cette abbaye par Ingilramn, évêque de Cavaillon. Saint-Michel, uni au chapitre cathédral et Saint-Martin, à la chartreuse de Bonpas. — L'Isle, *Insula*[1]. Saint-Antoine de Ménémènes, dépendant de Montmajour, uni aux Célestins de Gentilly. Saint-Andéol de Vélorgues, uni au chapitre de Cavaillon, ainsi que Saint-Véran. Saint-Pancrace, uni à la sacristie de la collégiale du lieu. Notre-Dame de Sorguette, uni à l'évêché. La Trinité, uni au séminaire. Saint-Gervais, dépendant de Saint-André de Villeneuve.

Maubec, *Malibecum*[2]. Saint-Pierre, qui avait d'abord appartenu aux Templiers, semble-t-il. — Ménerbes, *Minerbia*[3]. Saint-Etienne, dépendant de Saint-Gilles, uni au chapitre de Saint-Agricol (1548), après la sécularisation de cetteabbaye.— Mérindol, *Merindolium*[4]. Saint-André, uni à la collégiale de Salon. — Robion, *Robio*[5]. Saint-Maurice, uni à l'abbaye de Saint-Jean de Cavaillon. Saint-Julien et Saint-Pierre, servant à constituer la prébende, chacun de deux chanoines de la cathédrale. — Saumanes, *Saumanæ*[6]. Saint-Trophime, uni à l'abbaye de Senanque par Sixte IV (1476). Saint-Julien, uni à la cure de Vaucluse. — Vaucluse, *Vallis clusa*[7]. Saint-Véran, donné à Saint-Victor de Marseille par Clément, évêque de Cavaillon (1040). Il y eut une communauté monastique jusqu'au XVe siècle.

1. *Mémoire du prieuré de Saint-Antoine de ce que nous avons souffert au temps des troubles* (v. 1565) *et raisons pour n'être pas taxés à la côte du clergé de Cavaillon*. Bib. Avignon, ms. 1607. — Courtet, 208. — Achard, I, 606. — Expilly, III, 852. — Méritan, 31.
2. Cant. Cavaillon, arr. Avignon. — Bib. Avignon, ms. 3222, 3250, 3339. — Achard, II, 114. — Expilly, IV, 629.
3. Cant. Bonnieux, arr. Apt. — Arch. départ. sér. G. (1321-1792), fonds Saint-Agricol. Bib. Avignon, ms. 1619, 2879. — *Saint-Agricol d'Avignon*, par un paroissien, 60-65. — Achard, II, 119-120. — Courtet, 225-228.
4. Cant. Cadenet, arr. Apt. — Achard, II, 124.
5. Cant. Cavaillon, arr. Avignon. — Achard, II, 287-288. — Courtet, 285-288.
6. Cant. L'Isle, arr. Avignon. — Achard, II, 347. — Courtet, 324.
7. Ibid. — *Amplissima Collectio* de Martène, II, 561-563. — *Cart. Saint-Victor*, I, 436. Arch. B.-du-Rh., sér. II, 1100 (1067-1732). — *Notice historique sur le tombeau de saint Véran à Vaucluse*, par André. Carpentras, 1852, in-8. — *Autel-table de l'église de Vaucluse*, dans Rev. Art. chrétien, II (1858), 110-111. — *Monuments et histoire de Vaucluse dans les temps antiques et au Moyen-Age*, par G. Bayle, dans Mém. Acad. Vaucluse, VIII (1889), 286-301. — Achard, II, 561-563. — Courtet, 365-374. — Bib. Avignon, ms. 2399.

IV

DIOCÈSE DE VAISON[1]

Ce diocèse dépendait de la métropole d'Avignon, après avoir fait partie de la province ecclésiastique d'Arles. Son église cathédrale était sous le vocable de Notre-Dame et de saint Quinin ; elle avait pour la desservir un chapitre composé de dix chanoines. Il y avait, dans la ville, des couvents de Cordeliers (1628) et de Dominicains (1672) ; à Valréas, des Franciscains (1251), des Antonins, des Capucins (1611) et des Ursulines ; à Malaucène, des Augustins et des Ursulines ; à Nyons, des Récollets (1642) ; à Buis, des Dominicains (1244) et des Ursulines (1643).

Monastère

Saint-André des Ramières, *Rameriæ*[2]. — C'était primitivement une dépendance de Montmajour. L'abbé l'abandonna aux moniales de Notre-Dame de Prébayon[3], qui s'y réfugièrent, en 963. Leur monastère aurait été fondé par sainte Germelia, disciple de sainte Radegonde. Une inondation les en avait chassées, en 962. Elles adoptèrent la règle cartusienne, en 1268. Leur abbaye fut supprimée (1766) après quelques

---

1. Chef-l. cant., arr. Orange, Vaucluse. — *De rebus gestis episcoporum Vasionensium libri IV*, auct. J. Columby. Lyon, 1656, in-4. — *Histoire de l'église cathédrale de Vaison, avec une chronologie de tous les évêques qui l'ont gouvernée et une chronologie*, par L. Boyer de Sainte-Marie. Avignon, 1731, 2 vol. in-4. — *La cathédrale de Vaison. Etude historique et archéologique*, par Labande, dans *Bul. monum.*, LXIX (1905), 253-321. — *L'arrondissement de Nyons*, par A. Lacroix. Valence, 1877-1885, in-8. — *Gallia christiana*, I, 919-940. — Voir : *Topo-Bibliographie*, par Ul. Chevalier, 3209. — *Vassionenses prioratus*, Bib. Avignon, ms. 2634, f. 200.

2. Com. Sablet, cant. Baumes, arr. Orange. — Bib. Avignon, ms. 2582. — *Histoire de ce monastère*, par Fréd. Coulombeau. Bib. Carpentras, ms. 1669. — *Sceau de la prieure (1266) et du monastère*, dans *Collection des sceaux*, par Douet d'Arcq, nos 9639, 9456. — Expilly, VI, 743. — Achard, II, 192, 350. — Courtet, 290, 328.

3. Com. Séguret, cant. Vaison, arr. Orange.

tentatives de réforme. Les biens furent attribués aux évêques d'Orange.

Prieurés

BEAUMONT-D'ORANGE, *Bellus Mons*[1]. Saint-Michel, dépendant de Montmajour. Notre-Dame de la Palud ou des Fourches, dépendant de l'Ile-Barbe. Il y avait un monastère de femmes, qui fut uni à Sainte-Croix d'Apt. — BEAUVOISIN, *Bellum vicinum*[2]. Saint-Simon et Saint-Jude, église dépendant de Saint-André de Villeneuve. — BÉNIVAY, *Benivayum*[3]. Saint-Antoine. — BUISSON, *Buissonum*[4]. Saint-Pierre-ès-liens, commanderie du Temple d'abord, puis de Saint-Jean, devenue prieuré dépendant du Souverain Pontife (1320).

CAIRANNE[5]. Saint-André et Saint-Genest, qui passa des Templiers à l'ordre de Saint-Jean et fut cédé à Jean XXII (1320). Saint-Andéol, dépendant de Montmajour. — CHATEAUNEUF DE BORDETTE, *Castrum novum de Bordetta*[6]. Saint-Michel. — CHESTET, *Crestetum*[7]. Saint-Sauveur, uni à l'évêché. — ENTRECHAUX, *Intercalles*[8]. Saint-Laurent, uni à l'évêché. — FAUCON, *Falco*[9]. Saint-Germain, dépendant de Tournus, après avoir appartenu aux Templiers. — LA FARE, *Fara*[10]. Saint-Christophe et Saint-Cirgue, dépendant de Saint-André de Villeneuve. — LA PENNE, *Penna*[11]. Notre-Dame des Aspirants ou d'Aspiran,

1. Cant. Malaucène, arr. Orange, Vaucluse. — Bib. Avignon, ms. 2869, f. 628. Arrentement de ce prieuré (1529), arch. not. de M° Giraudi. — ACHARD, I, 325. — *Histoire de la ville de Malaucène et de son territoire*, par SAUREL. Avignon, 1882, in-8.
2. Cant. du Buis, arr. Nyons, Drôme.— MÉRITAN, 26.— LACROIX, I, 108-112.
3. Cant. du Buis, arr. Nyons. — *Dictionnaire topographique de la Drôme*, par BRUN-DURAND, 31. — LACROIX, I, 119-122.
4. Cant. Vaison, arr. Orange, Vaucluse. — COURTET, 106.
5. Ibid. — ACHARD, I, 392-393. — COURTET, 119.
6. Cant. et arr. Nyons, Drôme. — *Diction. topogr.*, 76. — LACROIX, I, 211-216.
7. Cant. Vaison. — ACHARD, I, 488.
8. Cant. Malaucène, arr. Orange. — ACHARD, I, 526. — COURTET, 161.
9. Cant. Vaison. — Consultations pour le prieur de Faucon. Bib. Avignon, ms. 2634, f. 170. — *Histoire de Tournus*, par JUENIN, p. 145 et 176. — ACHARD, I, 535. — COURTET, 163-164.
10. Cant. Beaumes, arr. Orange. — MÉRITAN, 29.
11. Cant. du Buis, arr. Nyons, Drôme. — IBID., 34. — *Diction. topogr.*, 247.

Aspirannum, dépendant de Saint-André, auquel on avait uni Saint-Brice de la Penne et de Pierrelongue. — Le Barroux, *Albarussium, Alba Rufi*[1]. Saint-Jean-Baptiste. — Le Buis-les-Baronnies, *Buxum*[2]. Notre-Dame de Nazareth, ayant appartenu aux Templiers (1222), uni à la charge de capiscol du chapitre cathédral de Vaison (XVI° s.).

Malaucène, *Malausana*[3]. Saint-Michel, dépendant de Saint-Victor de Marseille. Notre-Dame de Grozel, *Grausellum*, ancien monastère, que l'on croit d'origine mérovingienne, donné aux moines de Saint-Victor par Pierre II, évêque de Vaison (1059); la vie conventuelle y dura jusqu'au XIV° siècle; on l'unit au chapitre métropolitain d'Avignon (1598). Sainte-Magdeleine, dépendant de l'Ile-Barbe. Notre-Dame de Vaux, *Vituli*, uni à l'église du lieu. Saint-Baudile. — Mirabel, *Mirabellum*[4]. Notre-Dame de Beaulieu, *Bellus locus*, dépendant de Saint-Victor et cédé aux Chevaliers de Saint-Jean (XIII° s.). — Mollans, *Mollani*[5]. Notre-Dame de la Lauze, *Lauza*. Saint-Michel, Saint-Pierre de Thoulourenc, donné en 1014 ; Saint-André et Saint-Marcel, dépendant de Saint-André de Villeneuve. — Nyons, *Nyon*[6]. Saint-Césaire, monastère de Bénédictines, dépendant de Saint-Césaire d'Arles, établi d'abord à Saint-Pierre et transféré dans l'intérieur de la ville (XIII° s.).

Piégon, *Podium Guiguo*[7]. Notre-Dame de Cadenet, uni au chapitre

---

1. Cant. Malaucène, arr. Orange.
2. Chef-l. cant., arr. Nyons. — *Notice sur le Buis*, par Vincent. Valence, 1858, in-12. — *Diction. topogr.*, 53. — Lacroix, I, 132-193.
3. Chef-l. cant., arr. Orange. — *Cart. Saint-Victor*, II, 27-30. — Arch. départ. Vaucluse, sér. G, fonds du chap. métrop., 7 vol. in-fol. (1529-1768). — Bib. Avignon, ms. 1594, 2158, 2635, 2648. — Bib. Aix, ms. 757. — *Histoire de la ville de Malaucène et de son territoire*, par Ferd. Saurel. Avignon, 1882, 2 vol. in-8. — *Abrégé de l'histoire de Malaucène*, par le même. Paris, 1885, in-16. — *Notice historique sur le sanctuaire de Notre-Dame de Groseau à Malaucène.* — *Annales Benedictini* de Mabillon, I, 700. — Achard, II, 9-10. — Expilly, IV, 504-506. — Courtet, 217-221.
4. Cant. et arr. Nyons, Drôme. — *Cart. Saint-Victor*, II, 30-32. — *Diction. topogr.*, 246. — *Notice historique sur Mirabel*, par Vincent. Valence, 1862, in-12.
5. Cant. du Buis, arr. Nyons. — Méritan, 33. — *Diction. topogr.* 221, 352, 357. — *Notice historique sur Mollans*, par Vincent. Valence, 1860, in-12.
6. Chef-l. ar., Drôme. — 1 reg. et 18 lias. aux arch. départ. de la Drôme. — *Dict. topogr.*, 248, 358. — Bib. Avignon, ms. 3705. — *Mémoires concernant ce prieuré*. Bib. Arles, ms. 110. — *Histoire de la ville de Nyons*, par Vincent. Valence, 1860, in-16. — *Monographie de la Ville de Nyons*, par Emile Remy. Grenoble, 1900, in-8.
7. Cant. et arr. Nyons. — *Diction. topogr.*, 269.

cathédral de Vaison. — Propiac, *Propriacum*[1]. Notre-Dame ou Saint-Denis de Proyas, dépendant de Saint-André de Villeneuve, uni au couvent des Dominicains du Buis (XVIᵉ s.). — Puymeras, *Podium Almeralium*[2]. Saint-Michel, uni à Saint-Romain en Viennois. Saint-Georges, ancienne dépendance de l'Ile-Barbe. — Roaix, *Royssium*[3]. Notre-Dame, dépendant des Templiers, uni à la Chambre apostolique.

Sablet, *Sabletum*[4]. Saint-Nazaire, uni à l'archidiaconat de Vaison. — Saint-Léger[5], dépendant de l'évêché de Vaison. — Saint-Maurice[6], prieuré séculier. — Saint-Romain-en-Viennois, *S. Romanus Viennesii*[7], dépendant de l'Ile-Barbe. — Saint-Romain de Malegarde, *S. Romanus Malaguardiæ*[8], ayant appartenu aux Templiers. — Séguret, *Securetum*[9]. Saint-Jean d'Olonne, dépendant de Montmajour, cédé aux Templiers, uni à la Chambre apostolique. Saint-Just et Saint-Pasteur, uni au chapitre cathédral de Vaison. — Tudette, *Tudeleta*[10], dépendant de Pont-Saint-Esprit. — Valréas, *Valriacum*[11]. Saint-Vincent, dépendant de l'Ile-Barbe, uni au collège du Roure à Avignon. — Venterol, *Venteriolum*[12]. Notre-Dame, dépendant de Saint-Ruf. — Vinsobres, *Vinsobrium*[13], uni au chapitre cathédral de Vaison.

1. Cant. du Buis, arr. Nyons. — *Ibid.*, 291. — Méritan, 34. — *Notice sur la commune de Propiac*, par Alf. Saurel. Avignon, 1862, in-12.
2. Cant. Vaison, arr. Orange. — Achard, II, 254-255.
3. *Ibid.* — Expilly, VI, 333. — Cartulaire de la Commanderie de Roaix. Bib. nat., ms. lat. 1082, et *Collection des cartulaires dauphinois*, par Ul. Chevalier, III, 59-136.
4. Cant. Beaumes, arr. Orange. — Courtet, 289-290.
5. Cant. Malaucène. — *Ibid.*, 300.
6. Cant. et arr. Nyons, Drôme. — *Dict. topogr.*, 350.
7. Cant. Vaison, arr. Orange. — Mémoire pour servir de réponse aux motifs de la sentence qui confirme le dévolu jetté par Mᵉ Brémond, capiscol de Vaison, sur le prieuré de Saint-Romain, légitimement occupé par Mʳ Artaud, appelant. S. l. n. d., in-fol. — Courtet, 302.
8. Cant. Vaison, arr. Orange. — Achard, II, 448.
9. *Ibid.* — *Notice sur Séguret*, par Daniel, Villedieu-Vaison, 1905, in-8. — *Essai sur l'administration municipale, judiciaire et militaire de Séguret*, par Lucien Gap, dans Bul. hist. et archéol. Vaucluse, VI (1884), 230, 291, 347, 419. — Achard, II, 350. — Expilly, VI, 743. — Courtet, 326-329.
10. Cant. Saint-Paul-Trois-Châteaux, arr. Montélimart, Drôme. — *Dict. topogr.*, 398. — *Notice historique sur Tulette*, par Vincent. Valence, 1861, in-12.
11. Chef-l. cant., arr. Orange, Vaucluse. — Bib. Avignon, ms. 858, f. 96. — *Notice historique sur la vallée et le canton de Valréas*, par Ed. Audenas. Paris, 1838, in-12. — Achard, II, 554. — Courtet, 359-365.
12. Cant. et arr. Nyons, Drôme. — *Diction. topogr.*, 409.
13. *Ibid.* — *Ibid.*, 418.

PROVINCE ECCLÉSIASTIQUE D'EMBRUN

I

DIOCÈSE D'EMBRUN[1]

[Ambrun, *Ebredunensis*, situé dans la ville du même nom en Dauphiné, près la Provence, sur la droite de la Durance, qui passe au pied..., est de l'exarchat des Gaules. On doute si elle était métropole des Alpes-Maritimes dès le cinquième siècle[2]. Quelques-uns

---

1. Chef-l. arr. Hautes-Alpes. — Aux arch. départ. 43 art. provenant de l'archevêché d'Embrun, et 153 du bureau ecclésiastique. — *Inventaire sommaire des archives départementales des Hautes-Alpes*, par Guillaume, sér. G, t. I. *Archidiocèse d'Embrun*. Gap, 1891, in-4, xxxiv-502. — *Dictionnaire topographique du département des Hautes-Alpes*, par J. Roman. Paris, 1884, in-4. — *Répertoire archéologique du département des Hautes-Alpes*, par le même. Paris, 1888, in-4. — *Tableau historique du département des Hautes-Alpes*, par le même. Paris, 2 vol. in-4, 1887 et 1890. — *Sigillographie du diocèse d'Embrun*, par le même. Paris, 1873, in-4. — *Recherches historiques sur les Hautes-Alpes, L'abbaye de Saint-Marcellin d'Embrun, La Novalaise et ses dépendances alpines*, par le même. Paris, 1881, in-8. — *Histoire géographique, naturelle, ecclésiastique et civile du diocèse d'Embrun* par Albert, curé de Seyne. S. l. (Embrun), 1783, in-8. — *Histoire ecclésiastique du diocèse d'Embrun pour servir de continuation à l'histoire générale du diocèse*, par le même. S. l., 1783, in-8. — *Histoire générale des Alpes-Maritimes ou Cotiennes et particulière de leur métropolitaine Embrun*, par le P. Marcellin Fornier. Paris, 1889-1890, 3 vol. in-8. — *Annales ecclesiastici sanctæ metropolitanæ Ecclesiæ Ebredunensis*, par le même. Bib. nat., ms. lat. 9123. Bib. Carpentras, ms. 512. — *Gallia christiana*, III, 1051-1107, inst. 177-208. — Du Tems, IV, 255-274. — *Bibliographie, Essai historique sur la ville d'Embrun*, par Sauret. Gap, 1861, in-8. — *Biographie et bibliographie du Briançonnais*, par Aristide Albert. Grenoble, 1887, in-8, continuée dans le *Bulletin de la Société d'études des Hautes-Alpes* (1888-1889). — *Annales de Notre-Dame du Laus*, com. en 1875 à Gap.
2. La métropole d'Embrun fut organisée à la fin du VIIIe siècle dans les limites de l'ancienne province des Alpes-Maritimes. *Les Fastes épiscopaux de l'ancienne Gaule*, par Duchesne, I, 139-140, 280. — *Juridictions métropoli-*

prétendent que l'évêque Ingénu céda son droit de métropolitain à saint Hilaire, évêque d'Arles. D'autres auteurs disent qu'on lui voulut contester son droit de métrople dans le cinquième siècle, mais que le pape saint Léon le lui conserva, et que, ayant été ensuite ruinée par les Sarrazins, elle ne se rétablit que vers le temps de Charlemagne. La ville d'Ambrun eut, au quatrième siècle, saint Marcellin pour apôtre et pour premier évêque, qui mourut vers l'an 372[1]. On prétend qu'il la rendit toute chrétienne.

L'archevêque d'Ambrun est seigneur temporel de la ville et a la justice en partage avec le roi. Il se qualifie prince, comte de Guillestre et de Beaufort. Il avait autrefois celui de triscamérier ou chambellan de l'Empire, avec droit de faire battre monnoye. Il a ses cinq suffragants en Provence : savoir les évêques de Digne, de Grasse, de Vence, de Glandèves et de Senez[2]. Il y a quatre-vingt et une paroisses dans ce diocèse, sans y comprendre celles qui sont dans la vallée de Barcelonnette[3]. Le palais archiépiscopal est magnifique, situé dans le plus haut de la ville, et défendu d'une forte tour, qu'on appelle brune, et près de laquelle il y a un puits taillé dans le roc, plus profond qu'elle n'est haute[4]. L'église cathédrale, consacrée à la Vierge, a été bâtie par Charlemagne ; elle peut passer pour une belle église dans le Dauphiné. Les collatéraux sont anciens. A côté de l'autel, il y a deux petites tribunes, comme deux chaires de prédicateur, dans lesquelles on chante l'épître et l'évangile[5].

taines des Alpes-Maritimes ou recherches historiques sur les ressorts ecclésiastiques et civils et les diverses transformations des diocèses d'Embrun et de Gap, par Chémias. *Gap,* 1860, *in-*8.

1. Mgr Duchesne qualifie la Vie de saint Marcellin, *Acta Sanct. april.*, II, 751 et s., « un document de bonne note ». *Ouv. cité,* 280.
2. Nice faisait partie de la province ecclésiastique d'Embrun.
3. L'archevêché d'Embrun comprenait en tout 98 paroisses, dont 62 en Dauphiné.
4. Le territoire sur lequel s'exerçait l'autorité seigneuriale des archevêques était l'Embrunois. La Tour brune est une construction du XIIᵉ s. ; les créneaux et les mâchicoulis sont du XVᵉ.
5. Notre-Dame, église cathédrale, est un monument du XIIᵉ s. ; les stalles, quelques vitraux, des peintures sont du XVᵉ s. — *Histoire de Notre-Dame d'Embrun ou la Vierge de la Réal*, par Gaillaud. Gap, 1862, in-8. — *Les orgues de Notre-Dame d'Embrun*, par Guillaume, dans *Réunion des Sociétés savantes*. Paris, 1886, p. 249. — *Date des orgues de Notre-Dame d'Embrun*, par Roman, *Ibid.*, 1887. — *Documents fixant la date de la construction des cathédrales de Gap et d'Embrun*, par le même. Nogent, 1884, in-8, ext. Bul. Soc. antiq. France. — *Les cathédrales du Dauphiné. Analyses archéologiques.*

Pendant les guerres civiles du quatorzième siècle, cette ville servit de proie aux soldats. Le grand capitaine et connestable de Lesdiguières l'ayant prise sur la fin de l'année 1583, la plupart des chefs et des soldats huguenots se jettèrent dans la cathédrale, où, parmi les beaux ornements, dont elle était enrichie, et qui furent enlevés, il y avait deux grandes images d'argent massif, d'un poids très considérable, l'une de la Vierge et l'autre de saint Marcellin[1]. Deux des sept paroisses qu'on y comptait ont été brûlées[2].

Un des archevêques de cette Église a été pape et dix ont été cardinaux. Le chapitre cathédral est le seul qu'il y ait dans ce diocèse. Il est composé des dignités de prévôt, de sacristain, affecté au plus ancien chanoine, de chantre, d'archidiacre et de dix-neuf canonicats[3]. Le premier canonicat est possédé par le Roy. Et Louis XIII, allant en Piémont, en 1629, prit séance dans cette église, en cette qualité[4]. Le second canonicat est uni à la mense archiépiscopale. [Le revenu de l'archevêque est d'environ dix-huit mille livres, en y comprenant ce qu'il retire de la vallée de Barcelonnette.]

Il y avait dans la ville épiscopale des Cordeliers, fondés vers la fin du XIII° s.[5], des Capucins (1633), des Jésuites (1582 et 1605), qui dirigeaient le séminaire[6], des Visitandines (1623)[7], des Hospitalières

---

Église cathédrale de Notre-Dame d'Embrun, par de Saint-Andéol. S. l. n. d. (1868), in-8. — *Histoire et description de Notre-Dame d'Embrun*, par Roman. Paris, 1884, in-8.

1. *Les guerres de religion et la société protestante dans les Hautes-Alpes*, par Charronnet. Gap, 1861, in-8. — *Actes et correspondances du connétable de Lesdiguières*, publiés par Douglas et Roman. Grenoble, 1878-1883, 3 vol. in-8. — *Histoire de la vie du connétable de Lesdiguières, avec toutes ses actions depuis sa naissance jusqu'à sa mort*, par Videl. Paris, 1628, in-fol. — *Deux récits des guerres de religion dans les Alpes*, par Roman. Embrun, 1886, in-8.

2. Les sept paroisses d'Embrun étaient : Saint-Marcellin, Saint-Hilaire, Saint-Pierre, Saint-Vincent, Saint-Donat, Sainte-Cécile et Notre-Dame. Il ne restait que les trois dernières au moment de la Révolution.

3. Le nombre des chanoines n'était que de seize. Il y avait, en outre, deux capiscols, deux diacres, deux sous-diacres, un maître de musique, un organiste et six enfants de chœur.

4. *Recherches sur le pèlerinage des rois de France à Notre-Dame d'Embrun*, par Fabre. Grenoble, 1859, in-8. — *Louis XI a-t-il été le premier roi de France chanoine d'Embrun ?* par Gaillaud, dans *Annales du Laus* (1880), 121. — *Relations de Louis XI et de Charles VIII avec Gap et Embrun*, par Guillaume, dans *Bul. hist. ecclés. Valence* (1881).

5. 6 art. aux arch. départementales.

6. 2 art., ibid.

7. 15 art., ibid.

Augustines (1748)[1] ; et à Briançon une collégiale, fondée avec quatre chanoines en 1746[2], des Cordeliers (1390), des Dominicains (1626), des Récollets (1642) et des Ursulines (1632).

Abbayes d'hommes

[BOSCAUDON ou BOSCODON[3], *Boscoldunum, Boscaudunensis, Boscodonum*, située sur une montagne à deux lieues d'Ambrun vers le midy, la rivière entre deux, dans une agréable solitude. Il y a douze anciens Bénédictins, qui vivent en commun dans un même réfectoire et couchent dans un même dortoir. Ils se lèvent à quatre heures, chantent en notes tout l'office, font ensuite une méditation et partagent le reste du temps entre la lecture et le travail manuel. Cette abbaye fut fondée l'an 1132, non pas pour des Chanoines réguliers, comme l'a écrit sans fondement le Père Fournier, mais pour des Bénédictins, qui suivaient l'institut de l'abbaye de Chalais, dont les anciens règlements sont imprimés au quatrième tome des *Anecdotes des Pères*

---

1. Voir le fonds de l'Hôpital général d'Embrun.
2. 2 art. aux arch. départ.
3. Com. et cant. Les Crottes, arr. Embrun, Hautes-Alpes. — **Bibliographie** : 45 articles aux arch. départ. sér. II (XIII-XVIIIe s.). Missel et lectionnaire du XIIe s. avec additions postérieures, au fonds de l'Hôpital d'Embrun. Ibid. — Inventaire des archives (1712), appartenant à M. J. Roman, ainsi que d'autres actes concernant cette abbaye. — *Invent. som. des arch. départ.* par GUILLAUME, t. V, sér. II sup., n° 63-66, p. 50-54. — *Recueil de chartes*, par DOM CHANTELOU, mon. bened. Bib. nat., ms. lat. 12663, f. 104. — Col. Moreau, 791. Ms. lat. 13.816, f. 204. — Bulle d'Eugène III (6 nov. 1145). Bib. Avignon, ms. 2487. — *Deux bulles inédites des papes Eugène III et Alexandre III en faveur de l'abbaye de Boscodon et du prieuré de Sainte-Colombe de Gap*, par GUILLAUME, dans *Annales des Alpes*, VIII (1904), 83-91. — *Sigillographie du diocèse d'Embrun*, par ROMAN, 82-88. — *Abbaye de Notre-Dame de Boscodon, près Embrun, règle de saint Benoît, chef d'ordre*, par PILOT DE THOREY. Grenoble, 1873, in-8. — *Inscription relative à l'église de Boscodon et au siège de la Rochelle (1628)*, dans *Bul. Soc. étud. Hautes-Alpes*, VI (1887), 71-72. — *L'église de Boscodon en 1599.* Ibid., VII, 136-138. — *Monographie de la commune des Crottes*, par J. ROMAN, Ibid., XXI (1902) et XXII. — *Histoire générale des Alpes-Maritimes*, par FOURNIER, 255-260, 689-697, 704-709. — *Notice sur le monastère de Boscodon*, rédigée par SAMUEL GUICHENON, sur les notes de MARCELLIN FORNIER. Bib. Grenoble, ms. 1419. — *Gallia christiana*, I, 1102-1107. — DU TEMS, IV, 275-277. — MABILLON. *Annales*, VI, 194. — BOUCHE, II, 118, 191. — *Histoire hagiologique du diocèse de Gap*, par DEPÉRY, 481-498. — *Tableau hist. du départ. des Hautes-Alpes*, par ROMAN, I, 29-30 ; voir tables de cet ouvrage. — *Catalogue du fonds dauphinois de la Bibliothèque de Grenoble*, par MAIGNIEN, I, 117.

Bénédictins. Le revenu de l'abbé est de quatre mille livres, toutes charges payées ; mais c'est en y comprenant le prieuré de Paillerols, qui est dans le diocèse de Riez et annexé à cette abbaye.] Cette abbaye fut supprimée, en 1769, par la commission des Réguliers ; on attribua ses biens partie à la mense archiépiscopale, partie à l'hôpital d'Embrun. Il ne reste que l'église et des ruines.

Il y avait, au XIII⁰ siècle, un monastère de femmes à Saint-Saturnin sous les murs d'Embrun [1].

Prieurés

Bayons, *Bayon*[2]. Notre-Dame, confirmé à l'Ile-Barbe, par le pape Lucius II (1183), abandonné par les moines au XVI⁰ s. — Briançon, *Brigantium*[3]. Notre-Dame, d'abord donné à l'abbaye de Novalaise, dépendant ensuite de la prévôté d'Oulx, ainsi qu'un grand nombre d'églises de cette vallée. — Chateauroux, *Castrum Rodulphi*[4]. Sainte-Croix, abbaye bénédictine de l'observance de Chalais, remontant au XII⁰ siècle, unie à celle de Boscodon (1293), réduite ainsi au rang de prieuré, attribué, après la suppression du monastère, au séminaire d'Embrun. Saint-André-des-Baumes, d'abord sous le vocable de Sainte-Marie, dépendant de Sainte-Croix puis de Boscodon, uni au collège d'Embrun (1584). — Chorges, *Caturrigæ, Cadurcum*[5]. Saint-Victor, donné à Saint-Victor de Marseille, par

---

1. Fornier, 253.
2. Cant. Turriers, arr. Sisteron, Basses-Alpes. — *Les fiefs du monastère de Saint-Martin de l'Ile-Barbe*, par Arnoux, dans Bul. Soc. ét. Basses-Alpes (1903), 21-24. — Même recueil (1888), 161-164. — *Souvenirs religieux des églises de la Haute-Provence*, par Féraud, 58. — Fornier, I, 729.
3. Chef-l. arr. Hautes-Alpes. — *Aperçu historique sur Briançon*, par Chabrand, dans Bul. Soc. étud. Hautes-Alpes, I (1882), 237-247 ; II, 21-33. — *Recherches historiques sur la belle Briançonne ou Notre-Dame du Château*, par Gaillaud. Gap, 1861, in-8. — *Biographie-bibliographie du Briançonnais, canton de Largentière ; canton de Briançon*, par Aristide Albert. Grenoble, 1891, 1895, in-8. — *Le pays briançonnais. Notes sur le canton de Largentière*, par le même. Grenoble, 1887, in-8. — *Monographie du mandement de Largentière*, par Roman. Paris, 1883, in-8. — Fornier, I, 667 et s. — Tableau histor., I, 6-8.
4. Cant. et arr. Embrun, Hautes-Alpes. — *Obituaire de Sainte-Croix*, Bib. nat., ms. lat. 5554. — *Hist. du dioc. d'Embrun*, par Albert. I, 139-140. — Fornier, I, 260-261, 668-670. — Tableau histor. I, 26-27.
5. Chef-l. cant. et arr. Embrun. — Cart. Saint-Victor, II, 41-43. Arch.

Rado, archevêque d'Embrun, et Isoard, vicomte de Gap (1020). Saint-Sépulcre, donné à Saint-Victor (1136), puis à Boscodon (1145). Saint-Denis, dépendant de Boscodon. Notre-Dame de la Blache, dépendant du même monastère. — EYGLIENS, *Eyglerii* [1]. Notre-Dame de la Chalp, *de Calma*, à Mont-Dauphin, appartenant à l'abbaye d'Oulx (1145), uni à l'hôpital du lieu (1693).

FAUCON, *Falconettum, Falco* [2]. Notre-Dame, fondé avec des religieux venus de Lavercq. — GIGORS, *Jugumæ, Gigorii* [3]. Notre-Dame et Saint-Jean, donné à Saint-Victor, par Pierre, vicomte de Gap (1045), figurant parmi les *cellæ* de l'abbaye (1079), ayant sous sa dépendance quatre cures, dont les titulaires prenaient le titre de prieurs : Gigors, Belle-Affayre, Turriers et Faucon-de-Turriers. — GUILLESTRE, *Guillestra* [4]. Notre-Dame de l'Aquilon, qui appartenait, avant 1118, à Saint-André de Villeneuve ; cette abbaye possédait dans le voisinage les églises de Ceillac et de Risoul.

LA BRÉOLES, *Bredula* [5]. Notre-Dame, qui figure parmi les *cellæ* de Saint-Victor, en 1079. — LA VALLOUISE, *Vallis puta, Vallis jarentonna* [6]. Donné par Abbon à son monastère de Novalaise (739), devenu, au XIe siècle, la propriété de l'abbaye d'Oulx. — LE MONESTIER DE BRIANÇON, *Monasterium de Brencione* [7]. Notre-Dame, donné à l'abbaye

Bouches-du-Rhône, sér. II, 868-869 (1066-1790). — ALBERT, I, 200. — *Tableau historique*, I, 46-47. — *Chorges*, par PILOT, dans *Album du Dauphiné*, I, 168.

1. Cant. Guillestre, arr. Embrun. — *Mont-Dauphin ; notes historiques*, par ALBERT. Grenoble, 1873, in-8. — *Mont-Dauphin*, par PILOT, dans *Album du Dauphiné*, I, 33. — *Tableau histor.*, I, 59. — FOURNIER, I, 261, 489, 496, 667. — *Essai historique sur Guillestre*, 81-90.

2. Cant. et arr. Barcelonnette, Basses-Alpes. — ACHARD, I, 297. — ALBERT, I, 381. — FÉRAUD, 56.

3. Cant. Turriers, arr. Sisteron, Basses-Alpes. — *Cart. Saint-Victor*, II, 32-38, 443-448. Arch. B.-du-Rh. II, 902-904 (1514-1789). — *Les possessions de Saint-Victor dans les Basses-Alpes*, par ARBAUD. — ACHARD, I, 575. — ALBERT, I, 512-513. — FÉRAUD, 35.

4. Chef-lieu cant., arr. Embrun, Hautes-Alpes. — *Guillestre*, par PILOT, dans *Album du Dauphiné*, I, 105. — *Essai historique sur Guillestre*, publié par *Annales des Alpes*, 81 et s. — ALBERT, I, 147-149. — *Tableau hist.* I, 54-55.

5. Cant. Le Lauzet, arr. Barcelonnette, Basses-Alpes. — *Cart. Saint-Victor*, II, 42, 219. — ALBERT, I, 488-489. — FÉRAUD, 35.

6. Cant. Largentière, arr. Briançon. — *Lettres sur la Vallouise*, par ROSSIGNOL. Turin, 1802, in-8. — *Tableau hist.*, I, 16.

7. Chef-lieu cant., arr. Briançon, Hautes-Alpes. — *Le Monêtier de Briançon*, par ALBERT. Grenoble. — *Le Casset*, par PILOT, dans *Album du Dauphiné*, I, 33. — *Recherches historiques sur les Hautes-Alpes*, par GUILLAUME, 73 et s. — ALBERT, I, 272-273. — *Tableau hist.* I, 9-10.

de Novalaise par Abbon, son fondateur (739), attribué à Cluny après la destruction de ce monastère, et, après 1280, au prieuré de Romette. — Le Sauze, *Salix, Salceti* [1]. Saint-Martin, dépendant de Boscodon, uni à la cure (XVIIe s.). — Les Vignaux, *Vignales* [2]. Notre-Dame, dépendant de Novalaise, puis de l'abbaye d'Oulx (1183).

Méolans [3]. Saint-Maurice de Laverecq, *Lavercum*, dépendant de Boscodon. — Montgardin, *Mons gardinus* [4]. Saint-Géraud, dépendant de l'abbaye d'Aurillac (XIIe s.), ruiné pendant les guerres de religion, uni à la cure après 1616. — Pontis [5], dépendant de Boscodon. — Prunières, *Prunerii* [6]. Saint-Michel de la Couche, donné à Saint-Michel de Cluse (XIe s.), dépendant de Boscodon (1140). — Remollon, *Romolonum* [7]. Saint-Pierre et Notre-Dame, appartenant à Boscodon. — Revel [8], Saint-Jacques, ancienne dépendance de Boscodon. — Saint-Etienne d'Avançon, *Avansonum* [9], dépendant de Boscodon, uni à la cure en 1516. — Saint-Martin-lez-Seyne, *Sazena* [10], dépendant de l'Ile-Barbe. — Savines, *Cugnum Pontis Salinæ* [11]. Saint-Florent. — Sellonet, *Salonum* [12]. Notre-Dame d'Entraygues, *inter aquas*, appar-

1. Cant. Savines, arr. Embrun. — *Tableau hist.* I, 31.
2. Cant. Largentière, arr. Briançon. — *Tableau hist.* I, 18. — Albert, I, 314.
3. Cant. Le Lauzet, arr. Barcelonnette, Basses-Alpes. — Albert, I, 421. — Féraud, 55-56. — Fornier, I, 694, 716.
4. Cant. La Bâtie-Neuve, arr. Gap, Hautes-Alpes. — *Saint-Géraud d'Aurillac et son illustre abbaye*, par Bouange, I, 559-569; II, 564-566. — Fornier, II, 81. — *Tableau hist.* I, 48.
5. Cant. Le Lauzet, arr. Barcelonnette, Basses-Alpes. — Achard, II, 237.
6. Cant. Chorges, arr. Embrun, Hautes-Alpes. — Albert, I, 192. — Fornier, I, 628-632, 638, 708, etc. — *Tableau hist.* I, 32.
7. Cant. Chorges. — *Tableau hist.*, I, 49-51.
8. Cant. Le Lauzet, arr. Barcelonnette, Basses-Alpes. — Féraud, 56.
9. Cant. La Bâtie-Neuve, arr. Gap, Hautes-Alpes. — *Tableau hist.* I, 56.
10. Cant. Seyne, arr. Digne, Basses-Alpes. — *Les fiefs de l'Ile-Barbe*, par Arnoux, dans *Rec. cité* (1903), 21-24. — Féraud, 48, 141. — *Essai sur l'histoire de Seyne-les-Alpes*, par J. Delmas, dans *Mém. Acad. Vaucluse* (1903), 21, 169.
11. Chef-l. cant. arr. Embrun, Hautes-Alpes. — *Tableau hist.* I, 34.
12. Cant. Seyne, arr. Digne, Basses-Alpes. — Achard, II, 334. — Albert, I, 478. — Féraud, 57-58. — *Les fiefs de l'Ile-Barbe*, par Arnoux, dans *Recueil cité*. — *Honoré Bonet, prieur de Salon*, par N. Valois, dans *Bib. Ec. des chartes*, LII (1891), 265-268. Cf. 481-482. — *Un ouvrage inédit de Honoré Bonet, prieur de Salon*, par N. Valois. Paris, 1890, in-8, ext. *Bul. an. soc. hist. de France*. *Au sujet de l'apparition de Jean de Meun ou le Songe du prieur de Salon*, par Honoré Bonet, prieur de Salon et docteur en droit (1378), publié par la *Société des Bibliophiles français*. Paris, 1845, in-4, xxiii-85 p. et 10 pl. — *Essai sur l'histoire de Seyne-les-Alpes*, par Delmas.

tenant à l'Ile-Barbe, uni à Boscodon (1511). — UBAYE, *Ubaya*[1]. Sainte-Madeleine ou Saint-Martin, dépendant de l'Ile-Barbe. — UVERNET[2], *Moulanès*, donné à l'abbaye de Boscodon avec le monastère de Lavercq.

1. Cant. Le Lauzet, arr. Barcelonnette, Basses-Alpes. — ALBERT, I, 500-501. — ACHARD, II, 569-571. — FÉRAUD, 57. — ARNOUX, *art. cité*.
2. Cant. Le Lauzet. — ALBERT, I, 390-391. — ACHARD, I, 296. — FÉRAUD, 56.

II

DIOCÈSE DE DIGNE[1]

[Digne, *Diniensis*, ville épiscopale des Alpes-Maritimes, et de l'exarchat des Gaules, dans la Haute-Provence, sur la rivière de Bléone, entre de hautes montagnes. Cet évêché, sous la métropole d'Embrun dès l'an 315, est à dix lieues du Piémont et autant du Dauphiné. La juridiction de la ville appartenait autrefois aux évêques et aux comtes de Provence, et celle du Bourg au prévôt de la cathédrale. Cette église, qu'on croit être du temps de Charlemagne[2], est sous l'invocation de Sainte-Marie du Bourg. Les Calvinistes l'ayant pillée, les chanoines furent obligés de se retirer dans la ville pour y faire l'office dans la paroisse de Saint-Jérôme, où ils sont encore à présent[3]. On y conserve le Saint-Sacrement, non au maître-autel, mais dans une chapelle. Dans l'ancienne cathédrale, il était dans une tour

---

1. Chef-lieu du département des Basses-Alpes. — **Bibliographie** : *Notitia Ecclesiæ Diniensis*, auct. GASSENDI. Paris, 1654, in-4 ; Digne, 1844, in-12, et traduit en français sous ce titre : *Notice sur l'église de Digne*, par FIRM. GUICHARD. Digne, 1845, in-12. — *Histoire religieuse et hagiologique du diocèse de Digne*, par le chan. CRUVELIER et l'abbé ANDRIEU. Aix, 1893, in-8. — *Histoire et géographie des Basses-Alpes*, par l'abbé FÉRAUD, 3ᵉ éd. Digne, 1890, in-8. — *Souvenirs religieux des Églises de la Haute-Provence*, par l'abbé FÉRAUD. Digne, 1879, in-8. — *Essai historique sur le cominalat dans la ville de Digne*, par FIRM. GUICHARD. Digne, 1846, 2 vol. in-8. — *Histoire générale des Alpes Maritimes ou Cotiennes*, par le P. MARCELLIN FORNIER. V. table gén., III, 107. — *Les possessions de l'abbaye de Saint-Victor de Marseille dans les Basses-Alpes*, par DAMASE ARBAUD, dans *Bul. Soc. Basses-Alpes* (1903), 36-64, 121-139, 189-203. — *Les fiefs du monastère de Saint-Martin de l'Ile-Barbe*, par J. ARNOUX, dans le même recueil (1903), 21-24.
Gallia christiana, III (Paris, 1876), 1108-1144 et instr. 209-210. — DU TEMS, IV, 278-287. — BOUCHE, I, 268-272. — PAPON, I, 389-403. — EXPILLY, II, 630-631.

2. C'est une construction des XIIᵉ et XIIIᵉ siècles, qui est encore conservée. *Notice sur l'église de Notre-Dame du Bourg à Digne, ancienne cathédrale*, par CRUVELIER, dans *Bul. hist. Dioc. Valence*, III, IV, V (1883-1885). — *L'autel mérovingien de Notre-Dame du Bourg, à Digne*, dans *Bul. Soc. scient. Basses-Alpes*, II (1884), 97-110.

3. Cette église de Saint-Jérôme, bâtie de 1490 à 1500, sert encore de cathédrale.

de bois, qu'on voit encore aujourd'hui. Le chapitre a été autrefois régulier de l'ordre de Saint-Augustin. Il est composé d'un prévôt, d'un capiscol, d'un archidiacre, d'un sacristain, de neuf autres chanoines et de huit bénéficiers[1]. Il y a dans le diocèse trente-trois paroisses, en y comprenant celle de la cathédrale. Saint Domnin a été le premier de ses évêques. Il vint d'Afrique avec Marcellin vers 315 et saint Vincent fut son successeur[2]. Les évêques de Digne se qualifient barons de Lauzière.] Ils jouissaient de 9.000 livres de revenus,[3] et ils payaient en cour de Rome une taxe de 400 florins. Il y avait dans la ville un couvent de Trinitaires, un de Cordeliers conventuels, fondé à la fin du XIIIe siècle, un de Récollets, fondé en 1495, un de Visitandines, établi en 1630, et un d'Ursulines, en 1642. Les Jésuites dirigeaient un collège depuis l'année 1652. Le séminaire ne fut fondé qu'en 1779.

Prieurés

DIGNE. Il y eut dans cette ville un monastère de Chanoinesses régulières, suivant la règle de saint Augustin sous le vocable de Sainte-Catherine, dont l'origine est inconnue. On l'unit, pour cause de pauvreté, au monastère de Sourribes (1430), puis avec ce dernier à Sainte-Claire de Sisteron (1440)[4]. Saint-Vincent-lès-Digne, uni au chapitre cathédral.

AINAC, *Ainacum*[5]. Notre-Dame de Salloc. — BEAUJEU, *Bellum*

1. Il y avait en outre deux chapelains, chargés du service de la paroisse, six vicaires, six clercs, un maître de chapelle et six enfants de chœur.
2. Saint Domnin est bien le fondateur de l'Église de Digne ; mais il n'est pas sûr qu'il ait été évêque. DUCHESNE, *Les fastes épiscopaux de l'ancienne Gaule*, I, 282-283. La date de 315 assignée pour la fondation de cette Église ne saurait être acceptée. Il faut se rapprocher davantage du milieu de IVe siècle.
3. EXPILLY parle de 12.000.
4. *Gallia christiana*, III, 1142-1144. — *Souvenirs religieux...*, par FÉRAUD, 73-75. — *Chapelle de Saint-Vincent à Digne*, par FLOUEST, dans *Bul. Soc. antiq. de France* (1882), 181-186. — *Note sur la chapelle de Saint-Vincent et sur quelques bas-reliefs du Moyen-Age provenant de cet édifice*, par C..., dans *Annales des Basses-Alpes*, I (1882), 200-211. — *Bas-reliefs de Saint-Vincent-lès-Digne*, par Jul. ARNOUX, dans *Bul. Soc. scienc. Basses-Alpes*, II (1886), 438-447.
5. Cant. et arr. Digne, Basses-Alpes. — *Histoire, géographie... des Basses-Alpes*, par FÉRAUD, 124.

*jocum*¹. La Celle-Saint-Pierre qui paraît avoir appartenu aux Chevaliers de Malte. — ENTRAGES². Saint-Michel de Cousson, *Mons Curso*, donné par Almerade à Saint-Victor de Marseille (1035). — GAUBERT, *Gaubertum*³. Saint-Pierre et Notre-Dame. — LA JAVIE, *Gevada*⁴. Notre-Dame et Saint-Apollinaire de Clochers, *Clocherium*, *Truchetum*, mis par saint Grégoire VII au nombre des *cellæ* de Saint-Victor (1079). Saint-Pierre et Saint-Martin de Chaudol, *Caldulus*, dépendant de Saint-Victor (XIᵉ s.). — LE BRUSQUET⁵. Mousteiret, dépendant de Lérins. — LE VERNET, *Vernedum*⁶. Saint-Clément, qu'Innocent II mit parmi les *cellæ* de Saint-Victor (1135). — MALEMOISSON, *Mannanum*⁷. Notre-Dame, appartenant à l'ordre de Cluny. — MARCOUX, *Marcosium*⁸. Saint-Raphaël, ayant autrefois dépendu de Lérins. — PRADS, *Prati*⁹. Notre-Dame de Faillefeu, *Falli-focus*, ancienne abbaye cistercienne, abandonnée peu après sa fondation, unie à Valbonne (1212), puis à Boscodon (av. 1285) et enfin au collège de Saint-Martial d'Avignon, réduit dès lors au rang de prieuré simple cluniste. — SAINT-JURSON, *S. Georgius*¹⁰, dépendant de Lérins, uni à Saint-Honorat de Clumane (1407). — THOARD, *Thoardum*¹¹. Saint-Etienne, dépendant de l'évêché de Digne ; Saint-Martin, de la prévôté de Chardavon.

1. Cant. La Javie, arr. Digne. — *Ibid.*, 127.
2. Cant. et arr. Digne. — *Cart. Saint-Victor*, II, 91-101. — *Gallia christ.*, III, instr. 209. — *Essai hist. sur le cominalat de Digne*, II, 9. — *Souvenirs religieux*, 23-25.
3. Com. Digne. — ACHARD, I, 569.
4. Ch.-l. cant., arr. Digne. — *Cart. Saint-Victor*, II, 83-90, 438-441. Arch. B.-du-Rh., II. 865 (1246-1701). — *Gallia christ.*, III, 1141 et inst. 209. — *Essai hist. sur le cominalat*, II, 10. — ACHARD, I, 499. — FORNIER, I, 537. — *Souvenirs religieux*, 22-23.
5. Cant. La Javie, arr. Digne. — *Inv. som. arch. des Alpes-Maritimes*, par Mouis, sér. II, n° 887, p. 147. — *Souvenirs religieux*, 47.
6. Cant. Seyne, arr. Digne. — *Cart. Saint-Victor*, II, 227.
7. Cant. et arr. Digne. — *Hist. et géogr. des Basses-Alpes*, 76.
8. *Ibid.* — *Ibid.*, 114. — ACHARD, II, 15.
9. Cant. La Javie, arr. Digne. — *Gallia christ.*, III, 1141. — *Souvenirs religieux*, 61-62. — *Hist. génér. des Alpes*, par FORNIER, I, 738-739.
10. Cant. Mézel, arr. Digne. — Bib. Avignon, ms. 3262, f. 187. — *Inv. som. arch. Alpes-Maritimes*, sér. II, 888, p. 147. — BOUCHE, I, 270.
11. Cant. et arr. Digne. — ACHARD, II, 294.

III

DIOCÈSE DE GLANDÈVES[1]

[Glandèves, *Glandatensis*, ville épiscopale des Alpes-Maritimes et de l'exarchat des Gaules, sur le Var, en Provence. Cet évêché est, dès l'an 417, sous la métropole d'Embrun. Il est situé proche le comté de Nice. Il était autrefois dans le lieu qui portait le nom de Glandèves ; mais, ayant été détruit, on le transféra dans la ville d'Entrevaux, éloignée d'un quart de lieue, où la plupart des habitants s'étaient retirés à cause des fréquentes inondations du Var[2]. *Fraternus*, le plus ancien de ses évêques dont nous ayons connaissance, souscrit à l'épître synodale des prélats du royaume au pape saint Léon[3]. Le chapitre cathédral a un prévôt, un archidiacre, un sacristain, un capiscol et cinq chanoines[4]. Ce diocèse contient cinquante-six paroisses, dont trente et une en Provence et vingt-cinq dans le comté de Nice.] L'évêque avait 11.000 livres de revenu ; sa taxe en cour de Rome était de 400 florins.

Il y avait primitivement un monastère chargé du service religieux de la cathédrale. Il disparut au Xe siècle. Après la restauration de Glandèves (XIe siècle), on le confia à des chanoines réguliers, qui furent sécularisés à une époque inconnue. Les prieurés simples du diocèse furent unis à la mense capitulaire par l'évêque Isnard, à la fin du

---

1. Com. et cant. Entrevaux, arr. Castellane, Basses-Alpes. — *Gallia Christiana*, III, 1236-1249. — Du Tems, IV, 319-323. — *Souvenirs religieux de la Haute-Provence*, 273-287. — Bouche, I, 279-283. — Papon, I, 438-449. — *Essai historique sur Entrevaux et sur les privilèges et franchises dont cette ville a joui jusqu'à la Révolution*, par Albin Bernard, 1889, in-12. — Les archives du département des Alpes-Maritimes possèdent 30 art. au fonds de cet évêché et 35 à celui de l'Officialité.
2. Il reste à Glandèves même des débris de l'ancienne cathédrale (XIe s.) et du palais épiscopal. L'église de Notre-Dame d'Entrevaux, qui tenait lieu de cathédrale, est du XVe et du XVIe siècle.
3. Il n'est pas certain que ce *Fraternus* fut évêque de Glandèves. Duchesne, *Les Fastes épiscopaux...*, I, 283-284.
4. Il y avait, en outre, deux curés perpétuels, quelques bénéficiers, un maître de musique et deux clercs.

XVIᵉ siècle. Ce diocèse n'eut son séminaire que peu d'années avant la Révolution (1775).

Monastère

BERNARDINES D'ENTREVAUX[1]. — Monastère fondé par Gaspard de Tressemanes de Brunet (1763), évêque de Glandèves, avec des religieuses venues de Manosque; elles s'occupaient de l'éducation des jeunes filles. Le successeur de l'évêque fondateur supprima cette maison.

Prieurés

AMIRAT, *Amiratum*[2]. Saint-Cassien, donné à Saint-Victor de Marseille, par Adelbert et sa femme Ermengarde (1043), mis par saint Grégoire VII au nombre des *cellæ* (1079). — ANNOT, *Anoth, Sigumanna*[3]. Saint-Pons, donné à Saint-Victor par Pons Silvain et sa famille (1042), mis par saint Grégoire VII au rang des *cellæ* (1079). Notre-Dame de Virimanda, dépendant de Saint-Pons de Nice (1247) et uni à la charge de prieur claustral (1610). — BRIANÇONNET, *Briançum, Briancionum*[4]. Notre-Dame, dépendant de Lérins. — ENTREVAUX. Saint-Michel, uni au chapitre cathédral. — GILETTE, *Gileta*[5]. Notre-Dame, uni au même chapitre. Saint-Pancrace. — GUILLAUMES[6]. Notre-Dame. LA ROCHETTE-CHANANT, *Rochetta*[7]. Saint-Saturnin et Saint-Martin, dépendant de Lérins. Notre-Dame de Paraus, uni à l'archidiaconat de Glandèves. — LE FUGERET, *Folgairetum*[8]. Saint-Pons, dépendant de

---

1. *Souvenirs religieux des églises de la Haute-Provence*, par FÉRAUD, 190. — ACHARD, I, 518.
2. Cant. Saint-Auban, arr. Grasse. — *Cart. Saint-Victor*, II, 129-130.
3. Chef-l. cant., arr. Castellane, Basses-Alpes. — *Ibid.*, 126-129. — *Les possessions de Saint-Victor dans les Basses-Alpes*, par ARBAUD. — *Cart. Saint-Pons*, 57, 439.
4. Cant. Saint-Auban, arr. Grasse. — *Cart. Lérins*, I, 202, 309; II, 50-58. — *Inv. som. arch. Alpes-Maritimes*, sér. II, 425-439, p. 87-88.
5. Cant. Roquesteron, arr. Puget-Théniers.
6. Chef-l. cant., arr. Puget.
7. Cant. Entrevaux, arr. Castellane, Basses-Alpes. — *Cart. Lérins*, II, 78. — *Inv. som.*, 91-92. — ACHARD, II, 289.
8. Cant. Annot, arr. Castellane, Basses-Alpes. — *Cart. Saint-Victor*, II, 639. — ACHARD, I, 557.

Saint-Victor. — Les Ferres[1]. Notre-Dame, donné à Lérins à une époque inconnue et uni au prieuré de Roquestéron (XIV° s.). Saint-Martin, du même monastère. — Les Majouls, *Mugili*[2]. Saint-Sépulcre, dont saint Grégoire VII fait une *cella* de Saint-Victor (1079). — Malaussène[3]. Saint-Pierre, uni au chapitre cathédral. — Méaille, *Medulie*[4]. Notre-Dame, dans la même condition. — Peyresq[5], uni à l'Évêché. — Puget-Figette, *Bonum Villare*[6]. Saint-Pierre, donné à Saint-Victor par Jean et ses fils (1044) et *cella* en 1079. — Puget-Théniers, *Pogit-Tenius*[7]. Notre-Dame et Saint-Martin, donné à Lérins par Ripert et sa famille (XI° s.).

Roquestéron, *Rocasteron*[8]. Notre-Dame, dépendant de Lérins, uni au prieuré claustral (1449). — Saint-Antonin[9], donné à Lérins par Boniface Malbec et ses frères (1091). — Saint-Benoit[10]. — Saint-Pierre[11]. Notre-Dame de la Penne, que saint Grégoire VII met au nombre des *cellæ* de Saint-Victor (1079).— Sallagriffon, *Sallagrifo*[12]. Saint-Pons, dépendant de Saint-Dalmace de Pedone. Sainte-Marguerite, uni à l'Évêché.— Sauze, *Salicæ*[13]. Saint-Pierre de Castellet, dépendant de Saint-Dalmace de Pédone. Notre-Dame de la Colle, dépendant de l'Évêché. — Toudon, *Todonum*[14]. Saint-Jean-Baptiste, donné à Lérins entre 1032 et 1050. — Tourrettes du Chateau[15]. Saint-Jean de Revest, donné à Lérins par Boniface Malbec et les frères Aldebert et Pierre (1091).— Ubraye, *Ubradia*[16]. Saint-Martin.

1. Cant. Courségoules, arr. Grasse. — *Cart. Lérins*, I, 183 ; II, 7, 77. — *Inv. som.*, 88.
2. Cant. Saint-Auban, arr. Grasse. — *Cart. Saint-Victor*, II, 219.
3. Cant. Villars, arr. Puget.
4. Cant. Annot, arr. Castellane, Basses-Alpes.
5. Cant. Saint-André-de-Méouilles, arr. Castellane.
6. Cant. Entrevaux, arr. Castellane. — *Cart. Saint-Victor*, II, 131-132. — Achard, II, 247. — *Souvenirs religieux*, 34.
7. Chef-l. arr. Alpes-Maritimes. — *Cart. Lérins*, I, 180-182, 186-188 ; II, 59-77. — *Inv. som.*, 88-89. — *Souvenirs religieux*, 49.
8. Chef-l. cant., arr. Puget. — *Cart. Lérins*, II, 77. — *Inv. som.*, 90-91.
9. Cant. Roquestéron, arr. Puget. — *Cart. Lérins*, I, 184-186.
10. Cant. Annot, arr. Castellane, Basses-Alpes. — Achard, II, 398.
11. Cant. Entrevaux, arr. de Castellane. — *Cart. Saint-Victor*, II, 431. — *Souvenirs religieux*, 34.
12. Cant. Saint-Auban, arr. Grasse, Alpes-Mar. — Achard, II, 329.
13. Cant. Guillaumes, arr. Puget.
14. Cant. Roquestéron, arr. Puget.
15. Ibid. — *Cart. Lérins*, I, 184-186.
16. Cant. Annot, arr. Castellane, Basses-Alpes.

IV

DIOCÈSE DE GRASSE[1]

[Grasse, *Grassensis*, ville épiscopale de la Haute-Provence. On y a transféré l'évêché d'Antibes[2], le 19 juillet 1245. Le pape Clément VIII le voulut unir à celui de Vence (1592), mais cette union ne put réussir. Son évêché est suffragant de l'archevêché d'Embrun. L'église cathédrale est dédiée à la Sainte Vierge, dont il y a une image à toutes les portes avec une lampe qui brûle devant, toute la nuit ; et tous les soirs on y chante les litanies. L'on dit que c'est un vœu de M. Godeau, qui, étant évêque de Grasse, mit la ville sous la protection de la Vierge et en ressentit les effets, lorsque les ennemis, s'étant présentés devant Grasse, se retirèrent au bout de trois jours, sans y faire de mal. Le chapitre de l'église cathédrale consiste en un prévôt, un archidiacre, un capiscol, un sacristain, un archiprêtre et sept ou huit autres chanoines[3]. Il y a dans le diocèse vingt-deux paroisses et l'abbaye de Lérins. Les revenus de l'évêché s'élèvent à 7000 livres et la taxe en cour de Rome est de 450 florins.]

La ville épiscopale possédait des couvents de Grands Augustins, fondé en 1259[4] ; de Dominicains, fondé en 1236[5] ; de Cordeliers con-

---

1. Chef-l. d'arr., Alpes-Maritimes. — **Bibliographie** : *Gallia christiana*, III, 1145-1211 ; instr. 209-232. — Du Tems, IV, 288-299. — Bouche, I, 287-298, — Papon, I, 403-425. — *Histoire civile et religieuse d'Antibes*, suivie d'une notice historique sur les monuments religieux détruits depuis 1789 dans l'arrondissement de Grasse, par Alex. Aubert. Antibes, 1869, in-8. — *Histoire d'Antibes*, par E. Tisserand. Antibes, 1877, in-8. — *Inventaire des archives municipales de Grasse*, par Sardou. Grasse, 1865, in-4. — *Grasse. Notes à la suite de l'inventaire des archives communales*, par Sénéquier. Grasse, 1893, in-8. — *Biographie et Bibliographie de l'arrondissement de Grasse*, par Robert Reboul. Grasse, 1887, in-8.
2. Chef-l. cant., arr. Grasse.
3. Le fonds de l'évêché d'Antibes et de Grasse aux archives départementales se compose de 224 art. ; il y en a 1978 provenant du chapitre cathédral ; 3, de l'officialité diocésaine, et 56, du séminaire.
4. *Inv. som. arch.*, série H, par Moris, I, 203-209. — Sénéquier, 102-105.
5. *Ibid.*, 189-198. — Sénéquier, 105-107.

ventuels, fondé en 1240[1]; de Capucins, en 1605[2]; d'Oratoriens, en 1631[3]; de Visitandines, établies dans une maison d'Ursulines qui embrassèrent leur genre de vie (1634)[4]. Il y avait des Cordeliers de l'observance à Antibes depuis l'année 1515[5], et à Cannes, des Capucins[6].

Lérins

Sanctus Honoratus Lirinensis.

[Cette abbaye est située dans l'île du même nom, dans un petit golfe, entre Antibes et Fréjus, ayant entre elle et le continent une autre île plus grande, nommé autrefois *Lero* et maintenant l'île Sainte-Marguerite, comme Lérins s'appelle l'île Saint-Honorat. Elle était d'abord du diocèse de Fréjus et par la suite elle s'est trouvée de celui d'Antibes, dont le siège a été depuis transféré à Grasse. La quantité de serpents la rendait entièrement déserte, lorsque saint Honorat s'y retira avec quelques compagnons. Il y fonda vers l'an 391[7] le célèbre monastère qui subsiste encore aujourd'hui, mais sous la règle de saint Benoît. Ce monastère fut, durant plusieurs siècles, le séminaire des évêques de la Provence et de plusieurs autres provinces de France et d'Italie. Entre tant de saints et savants prélats qui sortirent de cette école, les premiers furent saint Maxime de Riez, saint Hilaire d'Arles, saint Loup de Troyes, saint Jacques de Tarentaise, saint Eucher de Lyon, qui a fait un éloge particulier de cette maison.

La fête de tous les saints de l'île de Lérins se fait le 15 mai. On y compte trente-quatre saints évêques, dix abbés, quatre confesseurs et cinq cents martyrs[8]. Saint Caprais, ayant été le directeur de saint Honorat et son guide dans ses pèlerinages, se fit religieux dans Lérins

---

1. *Inv. som. arch.*, 199-202. — IBID., 99-102.
2. SÉNÉQUIER. 107-109.
3. *Inv. som.* 211-216. — SÉNÉQUIER, 109-111.
4. *Ibid.*, 222. — IBID., 112.
5. *Ibid.*, 217.
6. *Ibid.*, 218.
7. Ce serait dans les premières années du V⁵ siècle d'après TILLEMONT, *Mémoires*, XII, 473.
8. Nous ne garantissons point l'exactitude historique de ces chiffres, attestés seulement par une tradition locale.

sous lui[1]. Saint Loup[2], évêque de Troyes, exerça quelque temps la vie religieuse à Lérins, et son frère, saint Vincent, y passa le reste de ses jours. On croit que c'est celui qui est connu sous le nom de Vincent de Lérins[3]. Saint Virgile, évêque d'Arles, a été religieux à Lérins[4], de même que saint Attale, abbé de Bobbio en Italie[5]. Saint Césaire, qui fut évêque d'Arles au commencement du VIe siècle, avait été religieux de Lérins, d'où il n'était sorti que pour cause de maladie[6]. Saint Ayou ou Aigulphe, abbé de Lérins après Vincent vers l'an 668, fut tué en 675[7]. Saint Porcaire, second du nom, abbé de Lérins, fut massacré (731) par les Sarrazins avec tous les religieux de l'abbaye qui s'y rencontrèrent et qui montaient à près de cinq cents. Ils sont honorés comme martyrs le 12 d'août[8]. Saint Antoine, venu de l'Illyrie du temps du roi Théodoric, a été moine de Lérins[9], et saint Lambert, évêque de Vence au XIIe siècle, avait été longtemps religieux à Lérins[10], et plusieurs autres dont le nombre est trop grand pour être rapporté ici[11].

1. La fête de saint Caprais se célébrait le 1er juin. *Acta Sanctorum*, Jun. I, 75.
2. On célèbre sa fête le 29 juillet. Il mourut en 479. *Acta Sanctorum*, jul. V, 62-80. — TILLEMONT, *Mémoires pour servir à l'histoire ecclésiastique*, XVI, 126-139.
3. C'est une opinion abandonnée depuis longtemps. TILLEMONT, XV, 859.
4. Il est inscrit au martyrologe le 5 mars. Il mourut en 610.
5. Ce saint passa peu de temps à Lérins. A la discipline affaiblie de ce monastère, il préféra l'observance rigoureuse des disciples de saint Colomban à Luxeuil. Il mourut le 10 mars 627.
6. *S. Césaire, évêque d'Arles* (503-543), par l'abbé MALNORY. Paris, 1894, in-8.
7. C'est la date acceptée par Mabillon. *Acta Sanct. O. S. B.*, II, 627-637. *Acta Sanctorum*, Sept. I, 728-743.
8. MABILLON, *Acta Sanct. O. S. B.* III, II, 493-495 ; V, 787-788. *Acta Sanctorum*, Aug. III, 733-739.
9. Sa vie a été écrite par Ennodius de Pavie. *Magni Felicis Ennodii opera omnia*, éd. HARTEL, Vienne, 1882, in-8, 383-393.
10. *Acta Sanctorum*, mai VI, 311-313.
11. Nous empruntons à BOUCHE, I, 295, le *Catalogue des Saints qui ont vécu à Lérins et dont la fête se célèbre à jour certain* : SS. Honoré, 16 janvier ; Venant, 30 mai ; Just, évêque de Lyon, 2 sept. ; Caprais, abbé de Lérins, 1er juin ; Vincent, 24 mai ; Eucher, évêque de Lyon, 16 nov. ; Hilaire, évêque d'Arles, 5 mars ; Véran, évêque de Vence, 10 sept. ; Eude, 20 nov. ; Maxime, évêque de Riez, 27 nov. ; Loup, évêque de Troyes, 29 juil. ; Salvien, prêtre de Marseille ; Anatole, évêque, 25 sept. ; Salone, évêque de Vienne, 28 sept. ; Antoine, 28 déc. ; Fauste, évêque de Riez, 16 janv. ; Apollinaire, évêque de Valence, 5 oct. ; Jean, abbé de Réome, 28 janv. ; Eloi, 15 janv. ; Siffred, évêque de Carpentras, 29 nov. ; Césaire, évêque d'Arles, 28 août ; Germain, évêque de Paris, 28 mai ; Bonon, abbé de Lérins, 29 mai ; Attale, 6 mars ; Virgile, évêque d'Arles, 5 mars ; Arnoul, évêque de Metz, 18 juin ; Aigulphe,

Le corps de saint Honorat ou Honoré, archevêque d'Arles et fondateur de la célèbre abbaye, demeura à Arles, jusqu'à ce que, en 1392, il fut transporté dans l'île de Lérins, appelé depuis Saint-Honorat[1].]

Lérins[2] eut beaucoup à souffrir des incursions sarrazines, du VII° au X° siècle et plus tard encore. Les abbés se virent dans l'obligation de construire une tour fortifiée, qui reste debout. Saint Mayol réforma cette

abbé de Lérins, 3 sept. ; Amand, abbé, 18 nov. ; Agricole, évêque d'Avignon, 2 sept. ; Porcaire, abbé de Lérins, 12 août ; Bernaire, 2 janv. ; Lambert, évêque de Vence, 26 mai.

Catalogue de quelques autres saints Personnages, qui ont vécu à Lérins, et dont l'on n'y célèbre pas la fête. SS. Valère, évêque de Nice ; Vincent, évêque de Saintes ; Magonce, évêque de Vienne ; Sedast, id. ; Nazaire, évêque d'Arles ; Concorde, id. ; Thomas, évêque de Tarentaise ; Marin, abbé de Lérins ; Polème, id. ; Florent, id. ; Anselme, id. ; Nazaire, id. ; Ardème, Elibode et Evode, abbés ; Théodore, martyr ; Ferréol, moine. Il va sans dire que nous ne nous portons pas garant de toutes ces attributions.

1. Les revenus de l'abbé s'élevaient à 8000 livres. Il avait son palais abbatial à Vallauris. La taxe en cour de Rome était de 100 florins.

2. Arr. Cannes. — Bibliographie : Archives et Documents publiés : Les archives et les manuscrits de l'abbaye de Lérins sont conservés aux archives départementales des Alpes-Maritimes. On y trouve le cartulaire (XIII° s.), des bulles (1139-1598), des lettres patentes (1167-1583), des édits et arrêts du Conseil d'État (1503-1787), des registres de recettes et de dépenses (1495-1759), des hommages et dénombrements depuis 1399, un inventaire des archives avec table dressé en 1640, Ms. 4 vol. in-fol. — *Inventaire sommaire des archives départementales des Alpes-Maritimes*, sér. II, par Moris. Nice, 1893, in-4. — *Étude sur les archives de Lérins*, par l'abbé Barbe, dans *Bul. Soc. ét. Draguignan*, I (1856), 106-111. — *Inventaire des écritures et vieux titres du monastère Saint-Honorat de Lérins*, Ibid., VI (1866), 212-254 ; VII (1868), 91-100. — *Cartulaire de l'abbaye de Lérins*, par Moris et Edmond Blanc. Paris. t. I, 1883, in-4 ; II, 1905, in-4. — *Cartulaire de l'abbaye de Lérins*, par De Flammare. Nice, 1885, in-8. — *Le cartulaire de Lérins*, par l'abbé Barbe, dans *Bul. Soc. ét. Draguignan*, I (1856), 394 ; III (1860), 155, 169. — *Une note sur le cartulaire de Lérins*, dans *Annales Soc. Alpes-Maritimes*, VIII (1882), 268-271. — *Bulle du pape Alexandre IV, en faveur du monastère de Lérins (1259)*, par l'abbé Verlaque, dans *Revue Sociétés savantes (1878)*, I, 407-412. — Pièces concernant l'abbaye de Lérins. Bib. nat., ms. fr. 15721, 17662. *Monasticon*, ms. lat. 12675, f. 69. Collection Moreau, ms. 791, f. 181.

Le catalogue des manuscrits provenant de Lérins conservés aux archives des Alpes-Maritimes se trouve dans l'*Inventaire sommaire*, par Morris, p. 24-31, et dans le *Catal. des manuscrits conservés dans les dépôts des archives départementales*, p. 8-13. — *Psalterium Lyrinense : vide litanias post hymnos in fine codicis, ubi sancti Lyrinenses plerique et inter sanctos monachos Guillelmus et Willelmus, forte comites Provinciæ et monachi Cluniacenses et Montis-Majoris.* Petit in-fol., conservé à la Bib. nat., ms. lat. 767. *Manuscrits de la bibliothèque de Peyresc*, par Omont, dans *Annales du Midi*, I, 322. — *Obituaire*, voir : *les obituaires français*, par Molinier, n° 639, p. 280.

Pancarte des bénéfices dépendant du monastère de Lérins. Bib. Avignon, ms. 1751 ; Bulle de Célestin III au prieur et aux moines de Lérins (1191), Ibid. ms. 2754. Convention entre Louis de Broglie, évêque de Vence et abbé

abbaye (978), qui resta soumise à Cluny jusqu'au XIV⁰ siècle, époque où elle passa sous la dépendance de Saint-Victor de Marseille (1366). La réforme des monastères de Provence, qui eut pour promoteur principal Grimaldi, évêque de Grasse, au commencement du XVI⁰ siècle,

de Lérins, et les moines de cette abbaye (24 février 1593). Ibid. ms. 3339. — Pièces concernant le monastère de Lérins. Bib. Cannes, ms. 1, 10, 29, 31.

Note sur les dépendances de l'abbaye de Lérins au diocèse de Gap, par l'abbé Guillaume. Gap, 1883, in-8, ext. Bul. Soc. ét. Hautes-Alpes, II, 401-418.

Pour les œuvres des moines de Lérins et les documents sur ce monastère publiés par Migne, voir *Index monasteriorum*. Pat. lat., CCXX, 1088. — *Table chronologique des diplômes, chartes*, etc., par Bréquigny, I, 39, 41 ; II, 17, 122, 253, 264, 273, 531 ; III, IV ; VII, 230 ; VIII, 44. — *Acta regum et imperatorum Karolinorum*, de Sickel, II, 18, 428. — *Papsturkunden* von Wiederhold, IV, 13-54.

Inventaire des arrêts du Conseil d'État (règne de Henri IV), par N. Valois, n° 12403, t. II, 483. — Arrêt du Parlement d'Aix, du 21 mars 1623, par lequel l'évêque de Grasse est maintenu au droit de visiter les paroisses dépendant de Lérins, dans *Abrégé des mémoires du Clergé de France*, III, 710-713 ; VII, 88-91. Arrêt du Parlement d'Aix (8 mars 1660) par lequel le vicaire perpétuel de Cabris, dépendant de Lérins, est condamné de payer à l'évêque de Grasse 50 livres pour les frais de sa visite au dit lieu. Ibid., VII, 106-108. — Autre arrêt rendu en exécution du précédent, par lequel l'assignation donnée à l'évêque de Grasse, à la requête de l'économe de Lérins, pour comparaître en cour de Rome, est déclaré abusive. Ibid., 108-111. — Arrêt du Parlement d'Aix du 15 juin 1716 qui reçoit le Procureur général appelant d'abus du mandement de M. l'évêque de Grasse du 16 du mois de mai précédent. Paris, 1716, in-4.

Lettre de Louis XIII à M. le Maréchal d'Estrées, ambassadeur à Rome, pour être autorisé à remplacer à Lérins les Bénédictins du Mont-Cassin par les Bénédictins de Saint-Maur, 28 mars 1638, par l'abbé Tisserand, dans *Revue des Soc. savantes* (1870), I, 550-560. — Factum des religieux bénédictins de la congrégation de Sainte-Justine de Padoue, autrement du Mont-Cassin, pour la réunion de l'abbaye et monastère Saint-Honoré de Lérins à la dite congrégation, par D. Maynier. S. l., 1643, in-4. — Mémoire des religieux de Lérins, signifié le 15 sept. 1735, concernant le droit de nomination du roi à l'abbaye de Lérins. s. l. n. d. — Mémoire signifié pour Mgr Charles d'Antelmy, évêque de Grasse, demandeur, contre les religieux de l'abbaye de Lérins, défendeurs. Paris, 1735, in-4. — Au roi et à nosseigneurs de son conseil. Requête des religieux de l'abbaye de Lérins, prétendant au droit d'élection de leur abbé, contre l'évêque de Grasse, nommé par le roi. Paris, 1738, in-fol. — Observations de M. l'évêque de Grasse, nommé par Sa Majesté à l'abbaye de Lérins, sur la requête imprimée des religieux de cette abbaye, Paris, 1739, in-fol. — Extrait d'une délibération prise le 5 août 1745 par les religieux du monastère de Saint-Honorat de Lérins, qui justifie que ces mêmes religieux ont protesté et se sont opposés aux arrêts du Conseil rendus sur requête, aux mois de mai 1741, septembre 1742 et juin 1743, qui soumettaient ce monastère sous la juridiction de l'ordinaire. S. l. n. d., in-4. — Arrest du Conseil d'État du Roy du du 9 juillet 1756, qui confirme l'union du monastère de Lérins à l'ordre de Cluny, ancienne observance. Paris, 1756, in-4. — *Procès-verbal* d'une contribution que le monastère de Lérins fut obligé de payer, en 1746, au général austro-sarde et supplique du monastère de Lérins au roi, en 1749, ramena la vie régulière parmi les moines de Lérins, qui entrèrent bientôt dans la congrégarion italienne du Mont-Cassin (1516). Cette

relativement à la vicairie apostolique d'Antibes, publié par l'abbé Tisserand, dans *Revue des Soc. sav.* (1870), I, 477.

Histoire

Chronologia sanctorum et aliorum virorum ac abbatum sacræ insulæ Lerinensis, a D. Vincentio Barrali, monacho Lerinensi. Lyon, 1613, in-4. — *Varia venerandæ antiquitatis monumenta pro historia archisterii S. Honorati Lerinensis in chronico ejusdem domus* a D. Vinc. Barrali *aut omissa aut decurtata hic collecta studio* D. Cl. Estiennot, t. XII de ses *Fragmenta*. Bib. nat. ms. lat. 12775. — *Le trésor ou abrégé de la chronologie de l'abbaye et vénérable monastère de Saint-Honorat*, par Gaspar Auger. Aix, 1644, in-8. — *Deux documents relatifs à l'abbaye de Lérins*, par A. Sardou (*Le saint Thrésor de Lérins*, par Gaspar Auger, et *Recueil et inventaire de reliques*, 1636) dans *Ann. Soc. let. Alpes-Maritimes*, X (1885), 365-372. — *Mémoire concernant l'abbaye de Lérins*, par Ch. Antelmy. Paris, 1735, in-4. — *Les origines de Lérins. Défense de Joseph Antelmy*, par l'abbé D. — *Réponse au défenseur d'Antelmy*, par l'abbé Pierrugues. S. l. n. d., in-8, ext. Sem. relig. dioc. Fréjus (1875).

Histoire du monastère de Lérins, par l'abbé Alliez. Paris, 1862, 2 vol. in-8. — *Histoire de l'abbaye de Lérins*, par Moris, en cours de publication. — *Historia monasterii Lerinensis usque ad annum 731 enarrata*, auct. Silfverberg. Hauniæ, 1834, in-8. — *Abbaye de Lérins*, par P. Sénéquier, dans *Annuaire du Var.* — *Notice sur l'abbaye de Lérins*, par Honoré Tournaire. Marseille, 1850, in-8. — *Notice sur les îles de Lérins*, par de Laroche-Héron. Draguignan, 1859, in-8. — *Chronologie des abbés de Lérins*, par Tisserand, dans *Mém. Soc. Sciences de Cannes*, III (1873), 19-39, 135-153 ; IV, 61-125 ; V, 17-50. — *Sur les comtes de Vintimille et les abbés de Lérins*, par Carlone, dans *Congrès scientif. de France*, LVI (1866), 312.

Ecloga de laudibus insulæ Lerinensis, a Dionysio Faucherio, dans Vinc. Barral. — *De situ et laudibus insulæ Lerinæ*, a D. Cortesio. Paris, 1597, in-8. — *Mémoire sur les îles de Lérins*, par Lhuillier, dans *Revue médecine militaire*, 1824. — *Lerins and S. Patrick*, par Gallacher, dans *Catholci World*, XXXV, 45. — *Les îles de Lérins*, par Bourquelot. Moulins, s. d., in-8, ext. des *Arts en province*. — *Les îles de Lérins, Cannes et les rivages environnants*, par L. Alliez. Paris, 1860, in-8. — *Les îles de Lérins*, par Azaïs. Nîmes, 1862, in-8. — *Les îles de Lérins et le monastère de Saint-Honorat*, par J. Puverel. Antibes, 1869, in-16. — *Une visite archéologique à l'île de Saint-Honorat*, par G. Rohault de Fleury, dans *Mém. Soc. sciences de Cannes*, I (1868), 38. — *Une journée aux îles de Lérins*, par Alex. Aubert. Grasse, 1869, in-8. — *Les îles de Lérins*, par Dom Th. Bérengier, dans *Rev. Art chrétien*, XIV, 176-208. — *Courte notice sur les nouveaux moines de Lérins* (ordre de Cîteaux). Lérins, 1874, in-32. — *Guide topographique, archéologique et historique du visiteur à Lérins ou monographie de l'île Saint-Honorat*. Lérins, 1880, in-32. — *Souvenir des îles de Lérins*, par Louis Lafonge et J. Renou. Cannes, 1882, in-32. — *Lérins et Marmoutier, ou les deux centres missionnaires des Gaules*, par G. Appia. Paris, 1887, in-18. — *Le Révérendissime Dom Marie Bernard, fondateur et premier vicaire général des Cisterciens de l'Immaculée-Conception de Sénanque, abbé de Lérins*, par Mgr Redon. Lérins, 1904, in-fol.

Histoire de Cannes et de son canton, par Guigou, dans *Mém. Soc. sciences de Cannes*, VI (1876), passim. — *Cannes, vassale de Lérins*, par

dépendance de supérieurs étrangers fut pour eux une source de difficultés, surtout après la surprise de leur île par la flotte espagnole

Sardou, dans *Ann. Soc. let. Alpes-Maritimes*, X (1885), 335-372. — *Notice historique sur Cannes et les îles de Lérins*, suivie d'une dissertation sur l'*Homme au masque de fer*, par le même. Cannes, 1867, in-12. — *Biographie et bibliographie de l'arrondissement de Grasse*, par Reboul. Grasse, 1887, in-16, 195-205.
 Le souvenir de Michel-Ange à Cannes et à Lérins, par Doublet, dans *Bul. Soc. archéologique du Midi de la France* (1900-1901), 218-219. — *Remarques sur quelques monnaies rares ou inédites de la bibliothèque de Marseille*, décrites dans un article de M. Carpentin, par de Longpérier, dans *Revue française de numismatique* (1860), 57-61. — *De quelques imitations de la monnaie française du XIVe au XVIIe siècle. Monnaies des abbés de Saint-Honorat de Lérins*, par de Longpérier. *Ibid.* (1866), 453-472. — *Sur le droit de monnayage du monastère de Saint-Honorat*, par Gallois-Montbrun, dans *Congrès scientifiques*, 33e session, LVI (1866), 304. — *Il feudo di Seborga*, par Ambrosoli, dans *Gazetta numismatica*, IV (1884), 11, 11-13. — *La fin du monnayage des abbés de Lérins à Sabourg*, par Maurice Raimbault. Paris, 1898, in-8, ext. *Gazette numismatique française* (1898), 60-68.
 Chroniques générales de l'ordre de S. Benoît, par Dom Yepès, traduites par Dom Martin Rethélois, I, 270-285. — *Annales Ordinis S. Benedicti*, par Mabillon, voir table générale de chaque volume. — *Anales ecclesiasti Francorum*, par Le Cointe, même remarque. — *Histoire des ordres religieux*, par Hélyot, V, 116-125. — *Gallia christiana*, III, 1188-1209. — Du Tems, IV, 299-307. — *Histoire de la Provence*, par Bouche, I, 293-296, 551 ; II, 44, 110-112, 191, 421, 426, 515, 839, 899-909. — *Nouvelle description de la France*, par Piganiol de la Force, V, 374-390. — *Architecture romane dans le midi de la France*, par Revoil, I, 5-8, pl. 1 ; II, 11-14, pl. 12, 13. — *Architecture monastique*, par Lenoir, I, 64. — *Dictionnaire d'architecture*, par Viollet-le-Duc, VII, 131. — *Iconographie des sceaux et des bulles conservés aux archives dép. des Bouches-du-Rhône*, par Blancard, I, 227 ; II, pl. 92, n° 2, 3.

Particularités historiques

 Relacion de la nueva victoria que han tenido el marques de Santa-Cruz y el marques de Villafranca, duque de Fernandina, general de las galeras de España en la costa de Francia, de la toma de las dos islas y fortalezas de Santa-Margarita y San-Honorato, en 13 de settiembre deste año 1635. Barcelona, 1635, in-4. — *L'ordre et l'attaque à l'isle de Saint-Marguerite par l'armée navale de France selon qu'il avait esté concerté*. Aix, 1637, in-12. — *La prise des isles et forts de Sainte-Marguerite et Saint-Honorat par l'armée du roy (Louis XIII) et les capitulations faites aux ennemis*. Lyon, 1637, in-8. — *Relation de ce qui s'est passé en la reddition du fort réal de l'isle Sainte-Marguerite par les Espagnols suivant les articles accordés par la capitulation*. Aix, 1637, in-12. — *Articles accordés à la garnison espagnolle sortant de l'isle de Sainte-Marguerite et Saint-Honorat de Lérins*. Aix, 1637, in-8. — *Lettres du Roy à M. l'archevêque de Bordeaux sur l'attaque des isles de Sainte-Marguerite et de Saint-Honorat de Lérins*. Aix, 1637, in-8. — *Panégyrique à Mgr le comte de Harcourt sur la reprise des îles de Lérins*, par François de Meaulx. Aix, 1639, in-fol. — *A Monsieur de Meaulx pour son Panégyrique à Mgr le comte de Harcourt sur la reprise des îles de Lérins*, par François Marchéty. Aix, 1639, in-fol. Ode. — *Reprise des îles de Lérins sur les Espagnols (1635-1637)*, par J. A. Aubénas, dans *Bul. Soc. études*. Draguignan, XVIII (1890), 97-189. — *La reprise des îles de Lérins, mars-avril 1637*, par

(1635). Il fut alors question de les incorporer à la congrégation de Saint-Maur. Cette union dura peu de temps. Les moines de Lérins

L. Pélissier, dans *Rev. hist. Provence* (1901), 585, 666. — *Prise des îles de Lérins par les Espagnols*, par M. Bertrand, dans *Congrès des Sociétés savantes de Provence à Marseille* (1907), 297-311. — *Histoire des canons de l'abbaye de Saint-Honorat de Lérins. Épisode du XVI° siècle*, par Ch. Barneaud, dans *Bul. Soc. niçoise*, II (1880), 212. — *Un épisode de l'histoire du sacré monastère de Saint-Honorat de Lérins*, par Gallois-Montbrun. Marseille, 1866, in-8.

Hagiographie et histoire littéraire

Abrégé de la vie des saints du célèbre monastère de Lérins et de tous les abbés qui l'ont gouverné jusqu'en l'année 1505, par Dom Delisle, prieur et religieux du dit célèbre monastère de Lérins. Bib. Grasse, ms. 23. — *Recueil et inventaire des corps saints et autres reliques qui sont au pays de Provence*, par G. Augeri, Aix, 1622, in-12; 1636, in-12. — *Lérins au cinquième siècle*. Thèse présentée à la Faculté des lettres de Paris, par l'abbé Goux. Paris, 1856, in-8. — *De Schola Lerinensi ætate merovingica*, Thesim Facultati litterarum burdigalensi proponebat P. Lahargou. Paris, 1892, in-8. — *Saint Honoré, abbé de Lyrin, archevesque d'Arles*, par Augeri. Aix, 1654, in-12. — *La vida de sant Honorat, légende en vers provençaux du XIII° s.*, par Raymond Féraud, niçois et moine de Lérins. *Analyse et morceaux choisis avec la traduction textuelle, la biographie du vieux poète et une notice historique sur Saint-Honorat et les îles de Lérins*, par A. L. Sardou. Paris, 1858. in-8. Nice, 1875, in-8, ext. *Ann. Soc. lettres Alpes-Maritimes*, III, Nice, 1880, in-8. — *La vie latine de saint Honorat et Raimont Féraut*, par Paul Meyer. Paris, 1880, in-8, ext. *Romania*, VIII. — *Recherches sur les légendes du cycle de Guillaume d'Orange*, par Bédier, dans *An. du Midi*, XIX (1907), 153-205. — *Saint Honorat et son monastère*, par de Galbert, dans *Bul. Acad. Delphinale* (1896), 97-110. — *La légende dorée des Gaules. Légende de saint Honorat et de l'abbaye de Lérins*, par C. Florisoone, dans *La Quinzaine*, 1905, 1er mars. — *Processus translationis corporum SS. Honorati, archiepiscopi Arelatensis, et Alphonsi abbatis, ad monasterium Lerinense (1353). Remarques faites sur une prétendue procédure de la translation des reliques de saint Honorat, archevêque d'Arles, et Alphonse, abbé, faite en 1353*. Bib. Arles, ms. 108. — *Abrégé de la vie de saint Ayoul, abbé de Lérins et martyr, avec un office pour sa fête et celle de ses compagnons aussi martyrs*. Paris, 1698, in-12. — *La fin de Lérins ou le martyre de cinq cents moines et de leur abbé*, par l'abbé Pierrugues. Paris, 1883, in-8. — *Saint Agricol, moine de Lérins, évêque et patron d'Avignon*, par l'abbé Paul Terris. Fréjus, 1876, in-8. — Voir : *Bibliothèque historique de la France*, par Lelong, I, 751-752. — *Topographie des Saints*, par Baillet, 135-136 [1].

Nous ne pouvons donner que des indications incomplètes sur chacun des écrivains de l'abbaye de Lérins. On pourra les compléter aisément par la *Bibliotheca Medii Ævi* de Potthast. — S. Honorat : *Histoire littéraire de la France*, II, 156-161. *Histoire des auteurs sacrés*, par Dom Cellier, VIII, 440-452. — Saint Hilaire : *Pat. Lat.* L. 1249-1293. *Hist. lit. de la France*, II, 262-275. Dom Cellier, VIII, 433-452, 610-613. Tillemont, XV, 36-97, 842-846. *Les Pères de l'Église*, par Bardenhewer. Paris, 1899, in-8, II, 472-473. — Saint Eucher : *Pat. Lat.* L, 701-1249. *S. Eucherii Lugdunensis opera*

---

[1]. Pour compléter ces indications, il suffit de recourir aux Répertoires bibliographiques de Chevalier, de Potthast et des Bollandistes.

firent partie de la Congrégation Cassinienne, jusqu'en 1756, époque où on les fit entrer dans l'ancienne observance de l'ordre de Cluny.

Cette abbaye possédait un grand nombre de prieurés dans les divers diocèses de la Provence. Ils étaient occupés par des moines jusque vers le XVe siècle. Elle exerçait par ce moyen une influence considérable sur toute la région.

Les moines de Lérins furent dispersés par la Révolution. Les Bernardins réformés de Sénanque ont restauré leur monastère.

BERNARDINES D'ANTIBES [1]. — Le monastère de ces religieuses fut fondé, le 15 novembre 1634, sous le vocable de saint Bernard.

omnia, éd. CAROLUS WOTKE, Vienne, 1894, in-8. Hist. lit. de la France, II, 275-294. DOM CELLIER, VIII, 432-458. TILLEMONT, XV, 120-136, 848-857. BARDENHEWER, II, 469-471. De vita et scriptis S. Eucherii Lugdunensis episcopi, auct. A. MELLIER. Lyon, 1878, in-8. S. Eucher, Lérins et l'Eglise de Lyon au Ve siècle, par A. GOUILLOUD. Lyon, 1881, in-8. — VINCENT DE LÉRINS : Pat. Lat. L., 637-686. Commonitorium..., éd. KLUEPFEL. Vienne, 1890, in-8. Hist. lit. de la France, II, 305-316. DOM CELLIER, VII, 456-468. TILLEMONT, XV, 143-146, 859-862. BARDENHEWER, II, 474-476. De utroque commonitorio Lirinensi dissertatio, auct. M. POIREL. Nancy, 1895, in-8. — FAUSTE : Pat. Lat. LVIII, 738-890. Fausti Reiensis præter sermones pseudo-Eusebianos opera, ed. ENGELBRECHT. Vienne, 1891, in-8. Hist. lit. de la France. II, 585-619. DOM CELLIER, X, 391-397, 420-437. TILLEMONT, XVI, 408-436, 773-778. BARDENHEWER, III, 94-101. Etude sur saint Fauste, par l'abbé EDMOND SIMON. Toulon, 1882, in-8. Saint Fauste, évêque de Riez. Monographie historico-dogmatique, par ANT. KOCH. Stuttgart, 1895, in-8. — SAINT CÉSAIRE, Pat. Lat. LXVII, 1041-1162. BARDENHEWER, III, 121-124. Césaire d'Arles et l'Eglise gauloise de son temps, par ARNOLD. Leipzig, 1893, in-8. S. Césaire évêque d'Arles, par l'abbé MALNORY. Paris, 1895, in-8. — S. Césaire, évêque d'Arles, par l'abbé LEJAY. Paris, 1897, in-8. — Lérins et la légende chrétienne, par DUFOURCQ, dans Comptes rendus des séances de l'Académie des Inscriptions et Belles-Lettres (1905), 415-423. Cf. Analecta bollandiana, XXV (1906), 201-203. — Etude sur les « Gesta martyrum » romains, par DUFOURCQ, t. II, Le mouvement légendaire lérinien. Paris, 1907, in-8. Cf. Rev. Bénéd., XXIV (1907), 537-546; Anal. bolland., XXVII, 215-218.

Libellus de auctoritate sacri concilii generalis. Libellus adversus hæreses Bohemorum, par GEOFFROY II, abbé de Lérins (1420-1431). Bib. Mazarine, ms. 1687, n°^s 3, 4, 16. — Le R. P. Denis Faucher, prieur de Lérins au XVIe siècle, par HENRI TOURNAIRE, dans Mém. Soc. sciences de Cannes, III (1873), 39-63. — Etude sur Denis Faucher, moine de Lérins (1487-1562), par MOUAN, dans Mém. Acad. Aix, VI (1845), 203-237.

Note de Calvet sur un manuscrit de Lérins, par PÉLISSIER, dans Rev. des bibliothèques, I (1891), mai. — Le moine des îles d'or, par CHABANEAU, dans Ann. du Midi, XIX (1907), 364-372. — Le théâtre au monastère de Lérins sous Louis XIV, par DOUBLET, dans Bul. hist. et phil. du Com. trav. hist. (1904), 525-537.

1. Inv. som. des archives du département des Alpes-Maritimes, sér. H, 1486-1495, par MORRIS, 220-221. — Inv. Arch. com. de Grasse, par SARDOU, 4.

Prieurés

GRASSE[1]. Saint-Honorat, donné par Geoffroy de Grasse (1078) aux moines de Lérins, qui eurent, en outre, dans cette ville un hospice connu sous le nom de Prieuré de l'Infirmerie. Saint-Honorat fut cédé aux Oratoriens (1628). Saint-Laurent de Magagnosc, dépendant de l'évêché. Saint-Pancrace de Placassier, dépendant du Chapitre cathédral.

ANTIBES, *Antipolis*[2]. Saint-Jean, donné à Lérins par l'évêque Aldebert (1028-1041) avec les églises de Saint-Michel et Saint-Martin. Saint-Maxime de Revest, *Revestum*, donné à Lérins par le même évêque et doté par Guillaume et sa femme Adhois (1030-1046). — BIOT, *Bisotum*[3]. Sainte-Madeleine, dépendant de l'évêché. — CANNES, *Cannia*[4]. L'abbaye de Lérins possédait la seigneurie du lieu, qui lui fut confirmée par Raymond Bérenger (1131). Saint-Etienne d'Arluc, *Aureus locus*, *Auri lucus*, monastère de femmes, fondé par saint Nazaire, 14º abbé de Lérins, qui existait encore à l'époque où Lérins fut soumis à Cluny (979). L'abbaye reçut ce village de Guillaume, au moment de sa profession monastique (v. 990), d'Aldebert, évêque d'Antibes (1026-1069) et d'autres bienfaiteurs. Saint-Martin, dépendant de l'évêché. La Sainte-Trinité. — CHATEAUNEUF, *Castrum novum*[5]. CIPIÈRES, *Ciperiæ*[6]. Saint-Mayeul, dépendant du Chapitre cathédral.

ESCRAGNOLLES, *Sclangola*[7]. Saint-Clair, uni à l'évêché de Grasse. Saint-Florent de Canaux, *Canals*, de l'abbaye de Lérins, uni au prieuré

---

1. *Cart. Lérins*, I, 109-116; II, 87-92. — *Inv. som.* sér. II, 160-189 et 1078, p. 107-120 et 168. — *Inv. arch. Grasse*, par SARDOU, 4. — *Grasse*, par SÉNÉQUIER, 232-234, 293. — *Histoire de Grasse*, par MASSA. Cannes, 1878, in-8.

2. Chef-l. cant., arr. Grasse. — *Cart. Lérins*, I, 93, 125-129; II, 107-109. — *Inv. som.*, p. 121-122. — *Histoire... d'Antibes*, par AUBERT. Antibes, 1869, in-8. — *Histoire d'Antibes*, par TISSERAND. Antibes, 1877, in-8.

3. Cant. Antibes.

4. Chef-l. cant., arr. Grasse. — *Cart. Lérins*, I, 69-90; II, 79-84. — *Inv. som.* 92-97. — *Gallia Christiana*, III, 1209-1210. — BOUCHE, I, 297. — *Arluc ou Saint-Cassien*, par A. SARDOU. Nice, 1892, in-8; ext. *Ann. soc. scient. Alpes-Maritimes*, XIV. — *Histoire de Cannes et de son canton*, par GUIGOU, 225-230. — *Les Iles de Lérins*, par ALLIEZ, 286-299.

5. Cant. Le Bar.

6. Cant. Coursegoules. — ACHARD, I, 459.

7. Cant. Saint-Vallier. — *Cart. Lérins*, I, 115; II, 88. — ACHARD, I, 522.

Saint-Honorat de Grasse (1344). — Gourdon, *Gordonum*[1]. Saint-Vincent, dépendant du Chapitre de Vence. Saint-Ambroise, cédé par l'abbaye de Lérins à la cathédrale de Grasse (1303).

Le Bar, *Albarnum*[2]. Saint-Jacques, dépendant de l'évêché. Saint-Michel-entre-deux-Eaux, appartenant à l'ordre de Saint-Ruf (XIIe s.) — Le Tignet, *Antiniacum*[3]. Saint-Hilaire, dépendant de l'évêché. — Mouans, *Mohani*[4]. Saint-André, dépendant de l'évêché. Saint-Martin de Sartoux, *Sartobolum*, donné à Lérins par Belieldis et uni au prieuré de Saint-Honorat de Grasse (1344). — Mougins, *Moginum*[5]. Saint-Pierre, donné par Geoffroy, évêque d'Antibes, à Lérins (1083), qui tenait de Gauceran la seigneurie du lieu. Saint-Martin, dépendant de Saint-Victor de Marseille (1079), uni à la sacristie. — Opio[6]. Saint-Trophime, uni au Séminaire.

Pégomas, *Pegomacium*[7]. Notre-Dame et Saint-Pierre, dépendant de Lérins, qui possédait la seigneurie du lieu. — Roquefort, *Rocafors*[8]. Saint-Pierre d'*Ulmo*, dépendant de Lérins. Saint-Michel d'Aspres, *Asperi*, appartenant à la même abbaye, uni au prieuré Saint-Honorat de Grasse (1344). — Saint-Vallier[9], dépendant du Chapitre cathédral. — Valbonne, *Vallis Bona*[10], ancienne abbaye cistercienne, fondée sous le vocable de Notre-Dame par Olivier (1199), évêque d'Antibes, soumise à Saint-André de Villeneuve (1297), puis unie à Lérins et réduite à la

---

1. Cant. Le Bar. — *Cart. Lérins*, II, 128. — Achard, I, 581.
2. Chef.-l. cant. — Achard, I, 281.
3. Cant. Saint-Vallier. — *Ibid.*, II, 201. — *Cabris et Le Tignet*, par Sénéquier. Grasse, s. d., in-8.
4. Cant. Cannes. — *Cart. Lérins*, I, 103 ; II, 134. — *Inv. som.* p. 117-120. — *Histoire de Cannes*, par Guigou, 255. — *Mouans-Sartoux*, par Sénéquier. Grasse, 1887, in-8.
5. Cant. Cannes. — *Cart. Lérins*, I, 89-92 ; II, 97-100. — *Inv. som.*, 169. — *Cart. Saint-Victor*, II, 219, 227. — *Histoire de Cannes*, 250. — *Les Iles de Lérins*, 284.
6. Cant. Le Bar.
7. Cant. Grasse. — *Cart. Lérins*, II, 100-103. — *Inv. som.* 114-117, 169.
8. Cant. Le Bar. — *Cart. Lérins*, II, 89, 103-107. — *Inv. som.*, 120-121.
9. Chef-l. cant. — Achard, II, 458. — *Saint-Vallier*, par Sénéquier. Grasse, 1891, in-8.
10. Cant. Le Bar. — *Cart. Lérins*, II, 109-131. — *Inv. som.*, 122-131, 168-169. — *Acte par lequel Bertrand, abbé de Valbonne, soumet son monastère à celui de Saint-André (1297)*. Bib. Avignon, ms. 2399, f. 216. — *Étude sur les abbés de Saint-André-de-Villeneuve*, par Méritan, 46. — *Gallia christiana*, III, 1210-1211. — *L'Abbaye de Valbonne, au diocèse d'Antibes*, par Verlaque. Paris, 1887, in-8 ; ext. *Bul. hist. com. trav. hist.* (1886), 269-277.

condition de prieuré (1303). Villebruque, *Villabrusqua,* dépendant de Lérins. — VALLAURIS, *Vallis Aurea*[1]. Monastère de femmes, fondé en 1227 par les moines de Lérins sur des terres leur appartenant depuis l'année 1038, réduit plus tard à la condition de prieuré, dans lequel résidaient l'abbé et une communauté de religieux.

1. Cant. Antibes. — *Cart. Lérins,* I, 116-125; II, 131-136. — *Inv. som.,* 131-141, 169. — *Gallia christiana,* III, 1210. — ACHARD, II, 553. —*Fondation d'un monastère de femmes à Vallauris en 1227,* par H. DE FLAMARE, dans *Bul. Soc. niçoise des sciences,* I (1878), 33. — *Les Iles de Lérins,* par ALLIEZ, 267-273.

V

DIOCÈSE DE NICE[1]

Les deux diocèses de Cimiez (*Cemenelum*) et de Nice (*Nicæensis*), distincts sous l'Empire, n'en firent plus qu'un vers la fin du VIe siècle. Le comté sur lequel s'étendait le diocèse de Nice resta soumis aux comtes de Provence jusqu'en l'année 1388, époque où les princes de Savoie en devinrent les souverains. Il a été depuis annexé à la France (1860). La cathédrale, qui se trouvait d'abord dans l'église de Notre-Dame, fut ensuite transférée dans celle de Sainte-Réparate. Elle avait pour la desservir un chapitre de vingt-quatre chanoines réguliers, suivant la règle de Saint-Augustin. Il se compose depuis sa sécularisation d'un prévôt, d'un archidiacre, d'un sacristain et de sept chanoines, dont l'un remplissait les fonctions de curé. Deux paroisses de la ville étaient desservies par des couvents de Grands Carmes et de Grands Augustins[2], fondés en 1405. Il y avait en outre, dans la cité, les faubourgs et sur le territoire, des maisons de Dominicains (1243)[3], d'Ob-

---

1. Chef-lieu du dép. des Alpes-Maritimes. — **Bibliographie** : *Nicæa civitas sacris monumentis illustrata*, a PETRO JOFFREDO. Turin, 1658, in-fol. — *Histoire civile et religieuse de la cité de Nice et du département des Alpes-Maritimes*, par TISSERAND. Nice, 1862, 2 vol. in-8. — *Cartulaire de l'ancienne cathédrale de Nice*, par CAIS DE PIERLAS. Turin, 1888, in-4. — *Le XIe siècle dans les Alpes-Maritimes*, par LE MÊME. Turin, 1889, in-4. — *La ville de Nice pendant le premier siècle de la domination des princes de Savoie*, par LE MÊME. Turin, 1898, in-8. — *La province des Alpes-Maritimes : anciens comtés de Nice, de Vintimille et de Tende, baronnie de Beuil et principauté de Monaco*, par URBAIN BOSIO. Nice, 1902, in-8 de 318 p.
Gallia Christiana, III, 1267-1302, instr. 199, 237-252. — BOUCHE, I, 298-305. — PAPON, I, 463-478. — *Dictionnaire administratif et historique des communes des Alpes-Maritimes*, dans *Annuaire des Alpes-Maritimes*, publié par la Société des lettres, sciences et arts des Alpes-Maritimes, 1869, 1-134. — *Bibliographie générale du département des Alpes-Maritimes*, par LIZAN. Nice, Barma, 1900, in-8. — *Inventaire des archives départementales, Alpes-Maritimes*, sér. H, par H. MORIS. Nice, 1893, in-4, XXVI-248.

2. Arch. dép., sér. H, 1391-1406. Inv. som., 209-210. Le couvent a été transformé en caserne. — *Notes historiques sur la paroisse de Saint-Martin et l'ancien couvent des Augustins*, par ARÈNE. Nice, 1908, in-8.

3. Arch. dép., sér. H, 1105-1220. *Ibid.*, 172-188; cf. p. XV-XVI. Le palais de justice occupe l'emplacement du couvent.

servantins (1250), de Minimes (1632) et de Théatins (1693), de Récollets (1543), de Capucins (1552), d'Augustins reformés (1632), de Carmes déchaussés (1652), de Clarisses (1603)[1] et de Visitandines (1635 et 1669).

Monastères

Saint-Pons, *S. Pontius Nicæensis*[2]. — Une tradition locale attribuait la fondation de cette abbaye à Siagrius (777), qui en fut le premier abbé, avant de devenir évêque de Nice. Les comtes de Nice lui prodiguèrent les marques de leur bienveillance généreuse au XIe siècle. Elle posséda de nombreux prieurés dans le diocèse de Nice et les diocèses limitrophes. Pour remédier à une décadence, qui avait commencé au XIIIe siècle, Urbain V la soumit à Saint-Victor de Marseille (1366); ce qui amena des conflits, un siècle plus tard, avec l'évêque de Nice. Celui-ci tenta, à maintes reprises, sans succès définitif, d'unir la mense abbatiale à la sienne. L'abbaye de Saint-Pons fut détruite pendant la Révolution et les archives furent dispersées.

Bernardines de Nice[3]. — Les Bernardines d'Antibes fondèrent à Nice le monastère de Sainte-Agnès (1663), avec le concours des Pères Jésuites.

Prieurés

Nice[4]. Sainte-Réparate, donné à l'abbaye de Saint-Pons (1075), érigé plus tard en paroisse, échangé avec la paroisse Saint-Jacques (1531-1576) pour être transformé en cathédrale. Notre-Dame de Cimiez, dépendant de la même abbaye (1267).

---

1. *Arch. dép.*, sér. II, 1505. *Ibid.*, 222.
2. *Chartrier de l'abbaye de Saint-Pons-hors-les-Murs de Nice*, publié par le comte Cais de Pierlas, continué et augmenté d'une étude et de tables par Gustave Saige. Monaco, 1901-1903, in-4. — *Cartulaire de l'ancienne cathédrale de Nice*, par Cais de Pierlas. Turin, 1888, in-4, n°s 28, 53, 72-75, 77, 80, etc. — *Gallia christiana*, III, 1297-1302, instr. 237-252.
3. *Inv. som. arch. Alpes-Marit.*, sér. II, 1494-1503, vi, p. 221-222.
4. *Cart. Saint-Pons*, xxiii et chartes diverses; voir table, p. 537, où se trouve une liste des prieurs mentionnés au cartulaire.

Aspremont, *Aspremum, Asperus mons*[1]. Notre-Dame de Salettes, appartenant à Saint-Pons (1247). — Bairols, *Bairolii*[2]. Saint-Martin, appartenant à Lérins (1259), qui avait des domaines et des droits en ce lieu, dès le milieu du XIe siècle. — Beaulieu, *Bellus locus*[3]. Notre-Dame, dépendant de Saint-Pons (1247), qui l'avait reçu de l'évêque de Nice, Archambauld (1078). — Belvédère, *Bellum videre*[4], appartenant au Chapitre cathédral. — Berre, *Berra*[5]. Saint-Valentin, dépendant de Saint-Pons (1247).

Chateauneuf, *Castrum novum*[6], Notre-Dame de Villevieille, *Villa vetula*, possession de l'abbaye de Saint-Pons, reçue de Pons, évêque de Nice, cédé aux chanoines de la cathédrale de Nice (1142). — Coaraze, *Caudaraza*[7]. Saint-Jean, donné à Saint-Pons avec des terres par Pons, évêque de Nice (1030). — Contes, *Comes*[8], donné au Chapitre cathédral.

Durannus[9]. Roquesparvière, *Roccasparaveria*[10], appartenant à la cathédrale. — Eze, Saint-Laurent, donné à Saint-Pons par les fils de Raimbauld et Rostaing (1075). — Falicon, *Faliconum*[11]. Notre-Dame, dépendant de Saint-Pons (1247), uni à l'office de camérier. Au même lieu, cette abbaye possédait Saint-Michel de *Barbalata*. — Ilonse, *Ilonza*[12]. Saint-Laurent, dépendant de Lérins. — Isola, *Insula*[13]. Saint-Pierre, appartenant au Chapitre cathédral.

La Bollène, *Abolena*[14]. Notre-Dame de Gardolon, donné à Saint-

---

1. Cant. Levens, arr. Nice. — *Cart. Saint-Pons*, 57 ; 464, où liste des prieurs.
2. Cant. Le Villars, arr. Puget-Théniers. — *Cart. Lérins*, I, 313-315 ; II, 7. — *Inv. som.*, p. 142.
3. Cant. Villefranche, arr. Nice. — *Cart. Saint-Pons*, 22, 45, 57 et 469, où liste des prieurs.
4. Cant. Saint-Martin-Vésubie, arr. Nice. — *Cart. cathédrale*.
5. Cant. Contes, arr. Nice. — *Cart. Saint-Pons*, 57.
6. Ibid. — *Ibid.*, 9-11, 27. — *Cart. cathédrale*, 4, 5. — *Le fief de Châteauneuf*, par Cais de Pierlas. Turin, 1892, in-8.
7. Ibid. — *Cart. Saint-Pons*, 9-11. — *Cart. cathédrale*.
8. Chef-l. cant., arr. Nice. — *Cart. cathédrale*, 1, 3.
9. Cant. Levens, arr. Nice.
10. Cant. Villefranche, ibid. — *Cart. Saint-Pons*, 19-20.
11. Cant. et arr. de Nice. — *Cart. Saint-Pons*, xix, xx, 21, 57, 489, où liste des prieurs.
12. Cant. Saint-Sauveur, arr. Puget-Théniers.
13. Cant. Saint-Étienne, arr. Puget.
14. Cant. Lantosque, arr. Nice. — *Cart. Saint-Pons*, 19-20, 496 où liste des prieurs.

Pons par les fils de Raimbauld et de Rostaing, son frère (1075). — Lantosque, *Lantoscum*[1]. Loude, *Loda*, appartenant au Chapitre cathédral. — La Roquette du Var, *Rocheta*[2]. Saint-Martin, donné à Saint-Pons par Gisbern et sa femme, Adalaix (1028). — La Tour, *Turris*[3], appartenant au Chapitre cathédral. — L'Escarène, *Scarenna*[4]. Saint-Pierre, donné à Saint-Pons par les fils de Raimbauld et de Rostaing (1075). L'abbaye possédait en ce lieu les églises de Saint-Martin et de Sainte-Hélène. — Levens, *Lentium*[5]. Notre-Dame-des-Prés, donné à Saint-Pons par les mêmes bienfaiteurs (1075). Saint-Blaise-des-Prés et Saint-Antoine. — Lieuche, *Licucha*[6]. Saint-Ferréol, uni à Saint-Dalmace de Pédone. — Luceram[7]. Notre-Dame, donné à Saint-Pons par les fils de Raimbauld et de Rostaing (1075), uni plus tard à l'infirmerie du monastère. Braous, *Bravo*, appartenant au Chapitre cathédral. Saint-Pierre de Bonvillars, dépendant de Saint-Pons.

Marie, *Maria*[8], appartenant au Chapitre cathédral. — Massoins, *Mansuini*[9], de la même dépendance. — Monaco[10]. Notre-Dame, appartenant au Chapitre cathédral. Sainte-Dévote, donné à Saint-Pons par les fils de Rimbauld et de Rostaing (1075). Saint-Martin (1247). — Peille, *Pilia*[11]. Notre-Dame et Saint-Siméon de Ongran, *Oira*, donnés à Saint-Pons par les mêmes bienfaiteurs, cédés aux chanoines de la cathédrale (1142), dépendant de l'Ordre de Saint-Ruf. — Peillon[12], Sainte-Tècle-sur-Drac, donné à Saint-Pons par les mêmes et cédé à la même époque que le précédent au Chapitre cathédral.

Rimplas, *Raymplatium*[13], appartenant au Chapitre cathédral. —

---

1. Chef-l. cant., arr. Nice. — *Cart. cathédrale*, XXIX, 48-49.
2. Cant. Levens, arr. Nice. — *Cart. Saint-Pons*, 7-8, 20.
3. Cant. Villars, arr. Puget.
4. Chef-l. cant., arr. Nice. — *Cart. Saint-Pons*, 19, 487, où liste des prieurs.
5. Chef-l. cant. arr. Nice. — *Ibid.* 19, 57 et 506.
6. Cant. Villars, arr. Puget-Théniers.
7. Cant. L'Escarène, arr. Nice. — *Cart. Saint-Pons*, XX, 20, 507, où liste des prieurs. *Cart. cathédrale*, 86.
8. Cant. Saint-Sauveur, arr. Puget-Théniers.
9. Cant. Villars, arr. Puget. — *Cart. Lérins*, I, 314 ; *Inv. som.*, p. 142.
10. Principauté de Monaco. — *Cart. Saint-Pons*, 20, 536, où liste de prieurs. *Documents historiques sur la principauté de Monaco*, par Saige, III, XLIII.
11. Cant. L'Escarène, arr. Nice. — *Cart. Saint-Pons*, 21, 27, 520, où liste des prieurs.
12. Ibid. — *Ibid.*
13. Cant. Saint-Sauveur, arr. Puget.

Roquebillière *Roccabigliera*[1]. Saint-Julien. Saint-Michel du Gast, donné à Saint-Pons par les fils de Raimbauld et de Rostaing (1075), cédé plus tard aux Chevaliers de Saint-Jean de Jérusalem (1141). — Roure, *Rora*[2], appartenant au Chapitre cathédral.

Saint-André[3]. Saint-Martin de la Roque, dépendant de Saint-Pons, dont les moines reçurent des domaines sur ce territoire de Miro et d'Odila, sa femme (999). — Saint-Blaise[4]. Dépendant de Saint-Pons (1247). — Saint-Dalmas-le-Selvage[5], appartenant au Chapitre cathédrale. Saint-Honorat, appartenant à Lérins. — Saint-Etienne de Tinée[6], appartenant au Chapitre cathédral. — Saint-Martin de Vésubie[7]. Saint-Nicolas d'Andobie, *Andobium*, donné à Saint-Pons vers 1060. Notre-Dame des Fenêtres, donné au Chapitre cathédral en 1335. — Saint-Sauveur[8], appartenant au Chapitre cathédral. — Sospel, *Sospitellum*[9]. Saint-Michel, dépendant de Saint-Pons (1229) ainsi que Saint-Nicolas (1247). Notre-Dame de Verx, dépendant de Lérins.

Thiéry, *Therium*[10]. Notre-Dame, dépendant de Lérins (1259). — Touet de Beuil, *Thoetum*[11]. Notre-Dame, appartenant au même monastère (1259). — Touet de l'Escarène, *Thoetum*[12], appartenant au Chapitre cathédral. — Tournefort, *Tornafort*[13], propriété de la même église. — Tourette de Levens, *Torreta*[14], même dépendance. — Utelle,

1. Cant. Saint-Martin-de-Vésubie, arr. Nice. — *Cart. Saint-Pons*, 21.
2. Cant. Saint-Sauveur, arr. Puget. — *Cart. cathédrale*, 11.
3. Cant. et arr. Nice. — *Cart. Saint-Pons*, 2, 17.
4. Cant. Levens, arr. Nice. — *Ibid.* 57, 531, où liste de prieurs.
5. Cant. Saint-Étienne, arr. Puget. — *Cart. Lérins*, II, 138. — *Inv. som.*, 142.
6. Chef-l. cant., arr. Puget.
7. Chef-l. cant., arr. Nice. — *Cart. Saint-Pons*, 14, 15. — *Cart. cathédrale*, 11, 31. — *Le glorie di Maria Santissima nel prodigioso simolacro que si venera nel santuario di Finestre descritte da un sacerdote di Lei divoto.* Nizza, 1764, in-12. — *Les Alpes-Maritimes et la vallée de la Vésubie. La Madone des Fenêtres*, par Ernest Michel, dans *Semaine religieuse de Nice* (1872), 389, 401. — *Sanctuaire de Notre-Dame-des-Fenêtres*, *Ibid.* (1889), 613-616.
8. Chef-l. cant., arr. Puget.
9. Chef-l. cant., arr. Nice (Anc. dioc. Vintimille). — *Cart. Saint-Pons*, 48, 57, 541, où liste des prieurs. *Inv. som.*, 157-158. — *Istoria della citta di Sospelo*, par Alberti. Turin, 1728, in-4.
10. Cant. Villars, arr. Puget. — *Cart. Lérins*, II, 7.
11. *Ibid.* — *Ibid.* — *Inv. som.*, 28, 42.
12. Cant. L'Escarène, arr. Nice. — *Cart. cathédrale*, 1, 3.
13. Cant. Villars, arr. Puget.
14. Cant. Levens, arr. Nice.

Uelz[1]. Revest, *Revestum*, donné à Saint-Pons par Léger et sa femme Odila (1029).

Val-de-Blore, *Vallis de Blora*[2], appartenant au Chapitre cathédral. Saint-Dalmas du Plan, *Planum*, dépendant de Saint-Pons. — Venanson, *Venazo*[3], appartenant au Chapitre cathédral. — Villars, *Vilarium*[4]. Saint-Jean et Notre-Dame de Cians, dépendant de Lérins. — Villefranche[5], Saint-Hospice, donné à Saint-Pons par les fils de Raimbauld et de Rostaing (1075). Notre-Dame d'Olivula, donné à la cathédrale.

1. Chef-l. cant., arr. Nice. — *Cart. Saint-Pons*, 8.
2. Cant. Saint-Sauveur, arr. Puget. — *Cart. Saint-Pons*, 15, 203. — *Cart. cathédrale*, 1, 3.
3. Cant. Saint-Martin-Vésubie, arr. Nice.
4. Chef-l. cant., arr. Puget. — *Cart. Lérins*, II, 7, 138. — *Inv. som.*, 142.
5. Chef-l. cant., arr. Nice. — *Cart. Saint-Pons*, 21. — *Cart. cathédrale*, 7.

VI

DIOCÈSE DE SENEZ[1]

[Senez, *Senecensis*, ville épiscopale de Provence, sur le bord de la rivière d'Asse, entre celle de Verdon et celle d'Asse, dans des montagnes très rudes. L'évêché suffragant d'Embrun peut avoir environ quarante-deux paroisses, dans un pays très désert. Son église cathédrale est sous l'invocation de la Vierge[2]. Le plus ancien de ses évêques qui nous soit connu est Ursus, qui souscrivit à l'épître synodale des prélats des Gaules, sous le pape saint Léon[3]. Le Chapitre, qui fut sécularisé l'an 1650 par le pape Innocent X[4], est composé d'un prévôt, d'un archidiacre, d'un sacristain et de cinq autres chanoines, outre un curé et trois autres ecclésiastiques. Le palais épiscopal est sur une éminence, à un quart de lieue de la ville, ou, pour mieux dire, village, tant elle est affreuse.] Le revenu de l'évêché s'élevait à 10.000 livres et la taxe en cour de Rome était de 300 florins.

Le séminaire diocésain, fondé en 1644 par Louis Duchaine, évêque de Senez, fut dirigé jusqu'au moment de la Révolution par des Pères de la Doctrine chrétienne. Il y avait à Castellane un couvent de Grands Augustins, fondé en 1281, un autre de religieux de la Merci et une communauté de Visitandines, fondée en 1644. Quelques évêques préférèrent le séjour de Castellane à celui de Senez ; il fut même question à diverses reprises d'y transférer le siège épiscopal.

---

1. Chef-l. cant., arr. Castellane, Basses-Alpes. — Bibliographie : *Gallia christiana*, III, 1250-1266, instr. 234-238. — Du Tems, IV, 324-329. — Bouche, I, 272-279. — Papon, I, 450-463. — *Souvenirs religieux des Eglises de la Haute-Provence*, 252-272. — Voir Bibliographie du diocèse de Digne.
2. Elle fut construite de 1160 à 1176 et consacrée en 1242, peut-être après une reconstruction.
3. Il n'est pas certain que cet Ursus ait gouverné l'Eglise de Senez. Duchesne, *Les fastes épiscopaux...*, I, 283.
4. Il se composait depuis un temps immémorial d'une communauté de chanoines réguliers suivant la règle de saint Augustin.

Prieurés

ALLONS, *Alontium, Alonz*[1]. Saint-Martin, confirmé à Saint-Victor de Marseille par Adelbert, évêque de Senez (1122). — ANGLES, *Angli*[2]. Notre-Dame et Saint-Honorat, dépendant de Lérins, uni au prieuré de Vergons (1454). — ARGENS, *Argentium*[3]. Notre-Dame de Beaulieu, uni à l'évêché et à un canonicat de la cathédrale. — BARRÊME, *Barrema*[4]. Saint-Jean-Baptiste, dépendant de l'évêché. Saint-Jacques-lès-Barrême, prévôté de chanoines réguliers (XIIe s.) sous la dépendance du Chapitre de Senez, détruite pendant les guerres de religion.(1570). — BLIEUX, *Bleus, Blevi*[5]. Saint-Symphorien et Pons, confirmé à Saint-Victor de Marseille par l'évêque Adelbert (1122). Lérins avait un prieuré sur ce territoire.

CASTELLANE, *Petra Castellana, Cimira*[6]. Notre-Dame du Roc et Saint-André, donné à Saint-Victor de Marseille vers 962. Notre-Dame du Plan, fondé par Saint-Victor, au siècle suivant, pour le service religieux de la nouvelle ville de Castellane, établie dans la plaine. Saint-Victor, fondé par la même abbaye pour le service religieux du

---

1. Cant. S. André-de-Méouilles, arr. Castellane, Basses-Alpes. — *Cart. Saint-Victor*, II, 122-124. — *Gallia christiana*, III, instr. 236. — *Souvenirs religieux*, 33. — ACHARD, I, 209.
2. Ibid. — *Cart. Lérins*, II, 163-165. — *Inv. som. arch. dép. Alpes-Maritimes*, sér. H, par MORIS, 148-149. — *Histoire de l'abbaye de Lérins*, par ALLIEZ, II, 292. — *Souvenirs religieux*, 48.
3. Ibid. — ACHARD, I, 227.
4. Chef-l. cant., arr. Digne. — *Prévôté de Saint-Jacques de Barrême*, dans *Annales des Basses-Alpes*, I (1881), 62-69, 118-130, 345-357, 412-421. — *Histoire de Barrême*, par CRUVELIER. Calais, 1889, in-8. — BOUCHE, I, 277-278. — PAPON, I, 462. — ACHARD, II, 407. — *Souv. relig.*, 89-91, 254-255.
5. Cant. Senez, arr. Castellane. — *Cart. Saint-Victor*, II, 122, 416-418. — *Gallia christiana*, III, instr. 239. — *Cart. Lérins*, II, 165-167. — *Souv. relig.*, 34.
6. Chef-l. arr., Basses-Alpes. — On conserve aux archives départementales de Digne, sér. H, quelques documents provenant du prieuré Saint-Victor. — *Cartulaire de Saint-Victor*, II, 104-105, 113-124. — *Gallia christiana*, III, instr. 234-236. — *Histoire de Castellane ou connaissance exacte des changements survenus à cette ville, des différentes parties qui la composent, des lieux qui en dépendent et des évènements qui la concernent par rapport au gouvernement ecclésiastique et séculier, avec une suite chronologique et historique des évêques de Senez*, par le prieur LAURENSI. Castellane, 1898, in-8. — BOUCHE, I, 275. — PAPON, I, 460. — *Souvenirs religieux des Eglises de la Haute-Provence*, 30-32. — *Les possessions de Saint-Victor dans les Basses-Alpes*.

nouveau bourg. Ce dernier fut le plus important des prieurés victorins ; la vie conventuelle s'y conserva jusqu'au XVIIe s. Saint-Pierre du Bourget, dont la possession fut confirmée à Saint-Victor par l'évêque Adelbert (1122). Saint-André, dépendant de l'évêché. Notre-Dame de la *Breya*. — Castillon, *Castillonum*[1]. Saint-Etienne, dépendant de l'évêché. — Chasteuil, *Castellium*[2]. Saint-Martin, dépendant de l'évêché. — Chaudon, *Caldonum*[3]. Notre-Dame du Plan, uni au Chapitre, de Senez. — Clumane, *Clumanus*[4]. Saint-Honorat, donné à Lérins par Pons et ses frères (1046-1066). Saint-Benoît, uni au précédent. Notre-Dame, dépendant de l'évêché. Notre-Dame du Mont, *Mons Romaldi*, au Roubauld, appartenant à Saint-Victor (1122). — Colmars, *Collis martis*, *Colmartium*[5]. Saint-Martin, uni à la charge de prévôt de la cathédrale Saint-Jean.

Demandolx[6]. Saint-Julien, uni à la sacristie de la cathédrale. Saint-Pierre, dépendant de l'évêché. — La Garde, *Guardia*[7]. Notre-Dame, dépendant de l'évêché. — La Mure, *Mura*[8]. Notre-Dame, donné à Saint-Victor par Meynard, au moment de sa profession religieuse, uni à Notre-Dame du Plan de Castellane. L'abbaye possédait la seigneurie du lieu. Notre-Dame de Vauvert, *Vallis viridis*, dépendant de Saint-Victor. — Moriez, *Morerii*[9]. Notre-Dame de Serret, donné par Bellielda et et ses fils (XIe s.) à Lérins, qui possédait encore les églises de Saint-Martin et de Saint-Maximin, uni à l'infirmerie du monastère (1310). Sainte-Magdeleine et son annexe Saint-Pierre de Courchons, dépendant de l'évêché.

Peyroules, *Petrolæ*[10]. Saint-Pons, dépendant de l'évêché. Saint-Jean du Foux, *Fos*, appartenant à Lérins. — Saint-Auban[11]. Saint-Etienne,

1. Cant. et arr. Castellane. — Achard, I, 431.
2. Ibid. — Achard, I, 447.
3. Cant. Barrème, arr. Digne. — Ibid. 455.
4. Ibid. — *Cart. Lérins*, I, 238-239. — *Inv. som.*, 149-150. — *Cart. Saint-Victor*, II, 122, 416-418. — *Gallia christiana*, III, instr. 236. — Achard, I, 464. — *Souv. relig.*, 48.
5. Chef-l. cant., arr. Castellane. — Achard, I, 466.
6. Cant. et arr. Castellane. — Ibid., II, 410-413.
7. Ibid. — Ibid., I, 520.
8. Cant. Saint-André-de-Méouilles, arr. Castellane. — *Cart. Saint-Victor*, II, 111-113. — Achard, II, 165. — *Souv. relig.*, 32-33.
9. Ibid. — *Cart. Lérins*, I, 236-238 ; II, 171. — *Invent. som.*, 151-152. — *Souv. relig.*, 48-49. — Achard, II, 156.
10. Cant. et arr. Castellane. — *Cart. Lérins*, II, 6. — Achard, II, 220.
11. Chef-l. cant., arr. Grasse, Alpes-Maritimes. — Achard, II, 397.

dépendant de l'évêché. — Saint-Julien du Verdon[1], appartenant à Lérins. — Saint-Lyons, *S. Leontius*[2]. — Soleilhas, *Soleilhascum*[3]. Notre-Dame du Plan, uni à un canonicat de Senez. — Tartonne, *Tartona*[4]. Notre-Dame d'Entraigues, *Inter aquas*, uni à la cure du lieu. Saint-Gervais de la Penne. — Thorame, *Thoramina*[5]. Notre-Dame et Saint-Etienne, appartenant à Saint-Victor (XIe s.), soumis au prieuré du Fugeret. — Vergons[6]. Notre-Dame de Valvert, *Vallis viridis*, appartenant à Lérins.

1. Cant. et arr. Castellane. — *Cart. Lérins*, II, 172-177.
2. Cant. Barrême.
3. Cant. et arr. Castellane. — *Ibid.*, II, 387.
4. Cant. Barrême, arr. Digne. — Achard, II, 484.
5. Cant. Colmars, arr. Castellane. — *Cart. Saint-Victor*, II, 104-108. — *Gallia christiana*, III, 237. — Achard, II, 496. — *Souv. relig.*, 33.
6. Cant. Annot, arr. Castellane. — *Cart. Lérins*, II, 163-165. — *Inv. som.*, 148-149. — *Histoire de l'abbaye de Lérins*, par Alliez, II, 292. — *Notice sur Vergons, ancien monastère de religieux de Lérins. Chapelle de Notre-Dame de Valvert*, dans *Semaine religieuse du diocèse de Digne* (1881), 15, 65. — *Souv. relig.*, 48.

VII

DIOCÈSE DE VENCE[1]

[Vence, *Venciensis*, ville épiscopale de l'exarchat des Gaules, en Provence. Cet évêché est suffragant d'Embrun dès l'an 374. Clément VIII le voulut unir à Grasse et le roi Louis XIII y avait consenti[2], mais les habitants ont empêché que cela n'ait réussi. Le premier évêque de Vence, dont on ait connaissance, est saint Eusèbe, qui vivait l'an 374[3]. Saint Véran, fils de saint Eucher, évêque de Lyon, fut fait évêque de Vence un peu avant le milieu du V⁰ siècle, et saint Lambert, moine de Lérins, le fut en 1114, après la mort de Pierre, et mourut l'an 1154, le 25 de mai. La cathédrale est consacrée à la Vierge; l'on croit que c'était un ancien temple[4]. Il y a dans le chapitre de cette église un prévôt, un archidiacre, un capiscol, un sacristain, un théologal, cinq chanoines et huit bénéficiers, deux desquels font les fonctions de curés[5]. Il n'y a

---

1. Chef-lieu de cant., arr. Grasse, Alpes-Maritimes. — **Bibliographie**: Aux Arch. départ. 403 art. au fonds de l'évêché de Vence avec un pouillé du diocèse; 289 à celui du chapitre cathédral; 26 à celui de l'officialité. — *Histoire de Vence, cité, évêché, baronnie, de son canton et de l'ancienne viguerie de Saint-Paul du Var*, par E. TISSERAND. Paris, 1860, in-8. — *Monographie des paroisses du canton de Vence*, par DOUBLET, dans *Ann. Soc. Alpes-Maritimes*, XVII (1901), 137-188. — *Monographie de celles des paroisses des cantons de Coursegoules, Saint-Auban et le Bar, qui firent partie du diocèse de Vence*, par DOUBLET. Nice, 1903, in-8. — *Gallia christiana*, III, 1212-1235, instr. 231-234. — DU TEMS, IV, 308-318. — BOUCHE, I, 283-287. — PAPON, I, 425-438.
2. On avait tenté déjà sous le pape Eugène IV de l'unir à l'évêché de Senez (1472) et à l'évêché de Grasse (1562).
3. Il n'est pas sûr que ce saint Eusèbe ait été évêque de Vence. DUCHESNE, *Les fastes épiscopaux de l'ancienne Gaule*, I, 284-285.
4. Elle porte aujourd'hui le titre de saint Martin. Ses constructions appartiennent aux X, XI, XII, XV et XVI⁰ siècles. On y voit encore le sarcophage de saint Véran. *La cathédrale de Vence, Notes historiques et archéologiques*, par EDM. BLANC, dans *Bul. monum.* (1877), 603-622. *Monographie de l'ancienne cathédrale de Vence*, par G. DOUBLET, dans *Ann. soc. let. Alpes-Maritimes*, XVI (1899), 159-205.
5. Il y avait, en outre, un maître de musique et six clercs de chœur.

que vingt-trois paroisses dans ce diocèse, vingt en Provence et trois dans le comté de Nice. Le domaine temporel est partagé entre l'évêque et le baron de Vence. M. Godeau, de l'Académie française, aussi illustre par sa piété que par ses écrits, qui l'ont rendu un des plus grands ornements de son siècle, a été évêque de Grasse et de Vence ; il mourut le 21 d'avril 1672. Il fut nommé à l'évêché de Grasse en 1636 et sacré à Saint-Magloire, au mois de décembre. Il réunit à l'évêché de Grasse, par droit de patronage, l'église d'Antibes, qui, depuis que le siège épiscopal en avait été transféré à Grasse, n'avait été d'aucun diocèse. Il obtint d'Innocent X des bulles d'union de l'évêché de Vence avec celui de Grasse (1640), comme son prédécesseur, Guillaume Le Blanc, en avait obtenu de Clément VIII. Cette union paraissait bien fondée, parce que ces deux évêchés ensemble n'étaient que de 10.000 livres de revenus, qu'ils n'avaient que trente paroisses et que les villes de Vence et de Grasse n'étaient éloignées l'une de l'autre que de trois lieues ; cependant après avoir reconnu que le peuple et le clergé de Vence s'opposaient à cette union, il aima mieux céder son droit que de poursuivre un procès, et se contenta de l'Église de Vence], dont les revenus annuels s'élevaient à 5150 livres. Les Pères de la Doctrine chrétienne, établis à Vence (1669), furent appelés à diriger le séminaire (1681)[1]. L'église de Saint-Paul-du-Var fut érigée en collégiale (1667) avec un doyen, un capiscol, cinq chanoines et deux vicaires[2].

Prieurés.

VENCE. Notre-Dame de Pitié, à l'Arrat, fondé par Pierre du Vair dépendant du Chapitre cathédral. Notre-Dame de Crotons, *Crotoni*, à Malvans, *Mali vini*, donné à Saint-Victor de Marseille par Durand, évêque de Vence (1040) et enrichi par les donations de Lambert et de sa femme Austrude (1043)[3].

ANDON, *Andonum*[4]. Saint-Hilaire, uni à un canonicat de la cathédrale.

1. *Arch. départ.*, sér. II, 1479-1483. *Inv. som.*, p. 219.
2. Cant. Cagnes, arr. Grasse. — 15 art. aux arch. dép. — *Le trésor d'orfèvrerie de Saint-Paul-du-Var*, par DOUBLET, dans *Bul. archéol. com. trav. hist.* (1898), 49-61. — *La collégiale de Saint-Paul*, par LE MÊME, dans *Ann. Soc. lettres... des Alpes-Marit.*, XVII (1899).
3. *Cart. Saint-Victor*, II, 137, 146-148. — TISSERAND, 25-26, 271, 286.
4. Cant. Saint-Auban, arr. Grasse. — ACHARD, I, 215.

Notre-Dame du Désert à Thorenc, uni à l'évêché. — BEZAUDON, *Besaudunum*¹. Notre-Dame du Peuple, uni à l'évêché. Saint-Antonin, donné aux Doctrinaires. — BOUYON, *Boyo*². Saint-Trophime, uni à l'évêché. — CAGNES, *Cagna*³. Saint-Pierre, uni à l'évêché et au chapitre. Saint-Veran, plus connu sous le nom de Notre-Dame la Dorée, *B. M. Deaurata*, monastère que l'on prétend remonter à Charlemagne, rétabli, vers 1010, avec des moines venus de Saint-Eusèbe d'Apt, uni à Lérins, vers 1050, par l'abbé Pons et réduit dès lors au rang de prieuré. — CAILLE, *Callia*⁴. Saint-Étienne, uni à un canonicat de la cathédrale. — CARRES, *Carrocium*⁵. Notre-Dame, dépendant de l'évêché, ainsi que Notre-Dame de Séoules. — COURMES, *Corma*⁶. Sainte-Madeleine, uni à un canonicat. — COURSÉGOULES, *Corsicula*⁷. Sainte-Madeleine, uni à un canonicat de la cathédrale.

GATTIÈRES, *Galeriæ*⁸. Saint-Nicolas, dépendant de l'évêché. Saint-Étienne, donné à Saint-Victor par Amicus et son frère Lambert (1037). Notre-Dame, dépendant de Saint-Pons de Nice (1247) et uni, dans la suite, au prieuré de Sainte-Réparate. — GRÉOLLIÈRES, *Graoleriæ*⁹. Saint-Étienne de Gréollières-Hautes et Saint-Pierre de Gréollières-Basses, unis à deux canonicats de Vence. Notre-Dame de Verdelay, donné à Saint-Victor par Étienne et ses frères Guillaume et Ingilran (1047), compté, en 1079, parmi les *cellæ* de l'abbaye. — LA GAUDE, *Alagauda*¹⁰. Saint-Pierre, uni au Chapitre et à l'évêché. — LE BROC, *Brocum*¹¹. Saint-Pierre de Gilete, *Gelata*, mis par saint Grégoire VII au nombre des *cellæ* de Saint-Victor de Marseille (1079). Saint-Pierre d'Olive, *Oliva*,

---

1. Cant. Coursegoules, ibid.
2. Ibid.
3. Chef-l. cant., arr. Grasse. — *Cart. Lérins*, I, 133-148. — *Inv. som.*, 152. — *Chronologia Lerinensis*, 360 et s. — *Gallia christiana*, III, inst. 231-232. — BOUCHE, I, 286; II, 56. — PAPON, I, 437.
4. Cant. Saint-Auban, arr. Grasse.
5. Cant. Vence, ibid.
6. Cant. Le Bar, ibid.
7. Chef-l. cant., arr. Grasse.
8. Cant. Vence, ibid. — *Cart. Saint-Victor*, II, 140. — *Cart. Saint-Pons*, xx, 57, 494, où liste des prieurs. — *Gattières, une enclave italienne sur la rive française du Var*, par DOUBLET, dans *Ann. Soc. let. Alpes-Maritimes*, XXIX (1905), 1-76 et XXX.
9. Cant. Coursegoules. — *Cart. Saint-Victor*, II, 139.
10. Cant. Vence.
11. Ibid. — *Cart. Saint-Victor*, II, 219. — *Cart. Saint-Pons*, 57, 518, où liste des prieurs.

dépendant de Saint-Pons de Nice (1247). Saint-Jean-Baptiste des Deux-Frères.

Saint-Laurent[1]. Notre-Dame la Major, dépendant de l'évêché de Vence. Jean XXII unit à la mense épiscopale, en en faisant un prieuré, l'ancien hôpital Saint-Laurent d'Agremont (1327), qui remontait au XIIe siècle. — Saint-Paul[2]. Notre-Dame de la Visitation du Canadel, à la Colle, donné à Notre-Dame la Dorade, vers 1012, par Pierre et sa femme Hermengarde, uni à la mense épiscopale (1055). — Tourettes-lès-Vence, *Turreta*[3]. Saint-Martin de la Pelotte, acquis de Saint-Victor de Marseille par l'évêque de Vence (1544). — Villeneuve-Loubet, *Villa nova*[4]. Saint-Marc, uni au Chapitre cathédral. La Trinité.

1. Cant. Cagnes. — Achard, II, 416-418. — Tisserand, 32, 49.
2. Achard, II, 433. — Tisserand, 275.
3. Cant. Le Bar. — Tisserand, 286.
4. Cant. Cagnes. — Tisserand, 292-294. — *Villeneuve-Loubet et ses seigneurs*, par le Mis de Panisse-Passis. Paris, 1892, in-4.

APPENDICE

Diocèse de Fréjus

TITULAIRES DES PRIEURÉS[1]

Ampus (p. 36)

1094 Ebrald, présent au synode de Fréjus ;
1248 Fulco ;
1492 Jean de Montaigu ;
1505 Nicolas de Fiesque, évêque de Fréjus ;
1517 Philippe de Fiesque ;
1534 Augustin de la Trémoille, cardinal ;
1554 Balthasar de Villeneuve, archidiacre de Fréjus ;
1561 Jean-Jacques de Villeneuve ;
1563 François de Villeneuve ;
1570 Balthazar de Villeneuve ;
1652 Balthazar de Villeneuve, neveu du précédent ;
1660 Joseph de Villeneuve, prieur de Bargemon ;
1710 Christophe de Villeneuve ;
1756 Barthélemy-Joseph de Villeneuve.

---

1. Les listes de prieurs, que nous publions, ont été dressées par le chanoine Espitalier, curé de Gonfaron et historiographe du diocèse. Il les avait mises à notre disposition, avant sa mort. Grâce à l'intervention de M. le chanoine Arnaud, supérieur du Grand Séminaire, de M. le chanoine Boyer et de M. le chanoine Daniel, nous avons pu dépouiller les manuscrits laissés par ce prêtre laborieux. Ils ont été remis ensuite soit à l'évêché de Fréjus, soit aux archives départementales à Draguignan.

Notre-Dame de Spéluque (p. 36)

1506 André de Mandolis;
1506 Bertrand Néron, archidiacre;
1554 François de Villeneuve, présent à l'assemblée du clergé diocésain.

Saint-Maurice de Reynier (p. 36)

1537 Georges Fénilis, prévôt de la cathédrale;
1541 Pierre Lieutaud;
1563 Jean-Pierre Giraud;
1597 Mathieu Giraud, de Flayosc;
1629 Jean Giraud, de Flayosc.

Bargème

Prieurs de Saint-Laurent (p. 37)

† 1510 Bertrand Audoard.
   1510 Etienne Dilles, prêtre de Barjols;
   1515 Honorat Roque, bénéficier de la cathédrale;
   1515 Marc Faissolle, clerc de Draguignan;
† 1534 Guillaume Achard;
   1534 François Millon, prêtre de Draguignan;
† 1560 Vincent Ranc, clerc de Pierrelate;
1560-1573 Jean de Berton, clerc d'Avignon;
   1573 François Guérin;
1573-1578 Jacques Flotte, de Seillans;
1578-1579 Langier de Candia, clerc de Salernes;
1579-1596 Marc-Antoine Sirlot, de Fayence;
1596-1602 Jehan Héraud, prêtre de Flayosc;
1602-1603 Pierre Héraud, de Draguignan;
1603-1622 Jean Laurent, de Draguignan;
1623-1624 Jacques Laurent;
1624-1686 Balthazar Flotte d'Agoult;
1686-1747 Joseph de Flotte, bachelier en théologie;
1747-1771 Clément Pauvert, du diocèse de Grasse;
   1771 Jacques Cauvin.

Bargemon

Prieurs de Saint-Etienne (p. 37)

1276-1280 Isnard Rabardoni;
1280-1320 Raymond de Fayence;
1320-1330 Raybaud de Roumoules, abbé de Lérins;
1330-1339 Geoffroy Latil;
1339-1350 Jacques Boissier;
1350-1355 Jacques Arnaud;
1355-1364 Jacques Veyrier;
1364-1366 Jean de Nice;
1366-1368 Guillaume Dominici;
1368-1377 Bertrand Rostagny;
1377-1395 Raymond de Guillelmi;
1395-1443 Jean de Castello;
1443-1480 Antoine Tholozan; il assiste le 16 avril 1453 au chapitre général de Lérins;
1480-14.. Urbain de Fiesque, évêque de Fréjus;
14...-1506 André de Mandolis;
1506-15.. Nicolas de Fiesque, évêque de Fréjus;
   1514 Jean Bocqui, qui fonde la chapelle des onze mille vierges;
1520-1530 Alexandre Argulus, vicaire général de Franciot des Ursins;
1546-1562 Claude de Mandolis;
15..-1565 Jean Bocqui;
1562-1592 Honorat Bocqui, qui fonde le vicariat en 1580;
1592-1595 D. Aurélien de Scillans, religieux de Lérins;
1595-1638 Balthazar de Villeneuve, prieur de N.-D. *de Plebe*, d'Ampus et, en 1612, de N.-D. du Chemin à la Motte;
1638-1660 Balthazar de Villeneuve, neveu du précédent;
1660-1710 Joseph de Villeneuve, prieur de N.-D. *de Plebe*;
1710-1756 Christophe de Villeneuve;
1756- Barthélemy-Joseph de Villeneuve, prieur d'Ampus en 1783.

Prieurs de N.-D. de Plebe (p. 37)

1477-1507 Honorat Audibert-Caille;
1507-1543 Gabriel Digne, docteur *in utroque*, chanoine de Fréjus 1583;
1546-1562 Etienne Digne; il embrassa la réforme et fut interdit par le vicaire général Boniface Pignoli;

1562-1565 Jean Guigonis, religieux et aumônier de Saint-Victor ;
1565-1606 Louis Chatranet ;
1606-1629 Jean Chatranet-Moréri, ordonné prêtre aux Quatre-Temps de l'Avent 1610 ;
1629-1660 Balthazar de Villeneuve, prieur de Saint-Michel de Favas et d'Ampus ; il fonde le vicariat en 1638 ;
1660-1710 Joseph de Villeneuve ;
1710-1764 Christophe de Villeneuve ;
1764-1782 Charles de Sade, prévôt de l'église collégiale de Saint-Victor et abbé séculier de N.-D. d'Issoudun ; il résigne, le 15 avril 1782 ;
1784- Jean-Paul de Villeneuve, chanoine de Saint-Victor.

Callas (p. 35)

1475-1512 Barthélemy Delphin ;
15..-1577 Honorat-Gaspard Delphin ; il assiste en 1553 et 1554 à l'assemblée du clergé. Par son testament de 1553, il lègue aux églises de Callas et de Callian les biens qu'ils possède ;
1577-1590 Charles de Malespine, religieux de Saint-Victor ;
1590-1604 Jean Martin, religieux de Saint-Victor ;
1604-1607 Jean Altovitis, religieux de Saint-Victor ;
1607-1621 Ascagne Martin, religieux de Saint-Victor, neveu du précédent ;
1621-1637 Jean-Ascagne Martin, religieux de Saint-Victor ;
1637-1641 Paul Martin, religieux de Saint-Victor ;
1641-1677 Lazarin de Gérente, religieux de Saint-Victor ;
1677-1688 François de Gérente, religieux de Saint-Victor ;
1688-1692 Augé de Foresta de Collongue, prêtre de Marseille ;
1692-1694 Jean de Foresta, prêtre, docteur en théologie ;
1694-1697 Jacques Tiran, prêtre de Toulon, religieux profès de l'ordre de Saint-Benoît ;
1697-1705 Jacques Tiran, neveu du précédent ;
1705-1740 Joseph Tiran.

Prieurs de Notre-Dame de Favas

1366 Guillaume Dominici ;
1444 Honoré Espitalier ;
1546-1565 Girard Boqui ;

1565-1574 Gautier-François Boqui ;
1574-1586 Melchior Geoffroi Delphin Gansard, capiscol d'Aix ;
1586 Hugues de Valbelle, religieux de Saint-Victor ;
1648-1650 François de Valbelle ;
1650-1655 Jacques Talent ;
1655-1658 Jacques Camelin, prêtre de Fréjus ;
1658-1660 Louis Espitalier, recteur de Saint-Louis et Saint-Raphaël ;
1660-1667 Honoré Espitalier, clerc de Fréjus ;
1667-1671 Honoré Emeric, moine et sacristain de Saint-Victor ;
1671-1685 Pierre-Antoine Murris, docteur en théologie, moine de Saint-Victor ;
1685-1694 Marcellin d'Audiffred, clerc de Marseille ;
1694-1748 Melchior Robert, prêtre jadis de l'ordre des Frères Prêcheurs, maintenant de l'ordre de Saint-Benoit ;
1748-1757 Antoine Chautard ;
1757-1771 Antoine Chautard, neveu du précédent ;
1771 Joseph Chieuse, chanoine de Lorgues.

Saint-Ausile

1546 Thomas Mège.

Prieurs de Pennafort (p. 38)

1444 Pierre Thomas, archidiacre de Fréjus ;
1444 Raphaël de Triatoris, chapelain de Saint-Martin de Fréjus, vicaire de Mons ;
1505 Louis de Candia ;
1585 Hercule Bomport ;
1585 Jean Authoard, bénéficier de Saint-Sauveur d'Aix ;
1603 André Borelly ;
1603-1610 Nicolas Borelly, clerc d'Aix ;
1610-1614 Jacques Ravel, bénéficier de Fréjus ;
1614-1650 Joseph Mosson, chanoine de Fréjus ;
1650-1661 Nicolas Vaixière ;
1661-1664 Jacques Caille ;
1664-1669 Honoré Caille ;
1669-1704 Louis Guigues ;
1704 Joseph Vairac, supérieur du grand séminaire, chanoine de la cathédrale.

Callian (p. 38)

1095 Gérard, religieux de Lérins, assiste au synode tenu à Fréjus au mois de mai par l'évêque Bérenger ;
1299 Jean de Grimaldi ;
1347 Guillaume de Solethatius ;
1512-1562 Barthélemy-Honorat et Gaspard Delphin ;
1562-1582 Balthazard Delphin ;
1582 Melchior Delphin :
1599 Jean Raimbaud ;
1599-1644 Antoine Tardieu, vicaire de Saint-Etienne de Bargemon, plus tard vicaire de Grasse ;
1644-1664 Honoré Tardieu, prêtre de Grasse ;
1664-1689 François Vitalis, prêtre de Grasse, syndic du clergé en 1675 ;
1689-1690 Balthazar Gaytte ;
1690-1729 Anselme de Verrayon, religieux de Lérins, bachelier en théologie ;
1729-1733 Casimir de Raousset, religieux de Lérins ;
1733-1760 Joseph de Mazier ;
1760-1772 Pierre Taxil ou Tassy, doyen de la collégiale de Salon ;
1772-1785 Joseph-Christophe-Henri Porre, de Montmeyan ;
1785-1786 Balthazar de Sabran, chanoine comte de Saint-Victor ;
1786 Honoré-Donat Gaytte, recteur de Saint-Jean du Puget, assiste à l'assemblée de 1789.

Carcès (p. 38).

Prieurs

1406 Raymond de Saint-Christophe ;
1515 Nicolas de Fiesque, évêque de Fréjus ;
1518 Guillaume de Laval ;
15. .-1562 Honoré Mège ;
1562-1572 Durand Mège ;
1572-1584 Boniface Serre ;
1584-1589 Bernard Tornus, d'Auriol ;
1589-1612 Honorat de Cuers, prêtre d'Ollioules, créé le vicariat ;
1612-1624 Guillaume de Rivière, clerc de Marseille, neveu du précédent ;

1624-1650 Antoine Borrely, vicaire de Cotignac ;
1650-1680 Louis-Marie-Armand de Simiane, évêque de Langres ;
1680-1704 Simon Aubert, chanoine de Langres, docteur en théologie, né à Carcès ;
1704-1736 Louis Paul, vicaire de Correns ;
1736-1772 Honoré Paul, neveu du précédent ;
1772-1790 Michel Chrétien, du diocèse de Blois, chanoine de Sens.

Châteaudouble

Prieurs de Saint-Martin

1507 Jacques Durand ;
1507 André Calvin ;
1548-1572 Paul Perrache, vicaire de Fayence ;
1572-1576 Honoré Perrache, vicaire de Fayence ;
1576-1578 Pierre Giboin ;
1578-1622 Jean Giboin ;
1622-1646 Antoine Bonnet, clerc de Castellane ;
1646-1668 Balthazar d'André ;
1668-1678 Louis Picot ;
1678-1699 Honoré de Raphelis de Broves ;
1669-1721 Jean de Laugier, du diocèse de Riez ;
1721 Jean François de Laugier de Verdache, frère du précédent ;
1741-1747 Henri de Castellane de la Valette ;
1747 Clément Pauvert ;
1747-1784 Jacques Cauvin, aumônier de l'évêque ;
1784-1790 Joseph Pautrat, chanoine de Pignans ;
1790 François Pautrat, chanoine de Pignans.

Saint-André de la Garde

1554 Barthélemy Portalenqui, évêque de Troie ?

Cogolin

Prieurs de Saint-Sauveur (p. 38).

1438 Pierre Aycard ;
1462 Jacques du Puget, prieur des Garcinières ;

1499 Antoine Guiramand, évêque de Digne, prévôt de Barjols ;
1510-1523 Pierre Boyer, chanoine de Fréjus ;
1523-1553 Jacques Boyer, frère du précédent ;
1577 Frédéric de Ragueneau, évêque de Marseille et prieur des Garcinières ;
1579-1583 Antoine Raynaud, chanoine de Marseille ;
1583-1591 Michel Abraham, prieur des Garcinières ;
1591-1600 Raynaud Roux ;
1600-1614 Honoré d'Estienne, religieux de Saint-Victor ;
1614-1633 Henri Fournier, religieux de Saint-Victor ;
1633-1686 François de Jarente, clerc de Marseille, camérier de Saint-Victor ;
1687-1717 François de Jarente, chevalier de Saint-Jean de Jérusalem, neveu du précédent ;
1717-1732 Lazare Victor de Jarente, archidiacre de Carpentras en 1725 ;
1733-1759 Joseph de Jarente ;
1761-1765 Antoine Chautard ;
1765-1783 Antoine Chautard ; curé de Bagnols, neveu du précédent ;
1783 César de Montgrand, vicaire général en 1787.

Prieurs de Notre-Dame des Salles

1442 Constant Revel, chanoine de Pignans ;
1540 Pierre Boysson, clerc de Fréjus ;
1548-1565 Jean Boniot ;
1583 Honoré Gattus ;
1583-1592 Pierre Gattus ;
1592-1606 Honoré Boutin, chanoine de Pignans ;
1606-1621 Bernardin Gaston, chanoine de Pignans ;
1621-1628 Arnaud Gattus, prieur du Luc ;
1628-1651 Jean Veyrier, chanoine de Pignans ;
1659-1670 Louis Desparra, chanoine infirmier de Pignans ;
1670-1676 Blaise Desparra ;
1676-1682 Jean-Baptiste Desparra ;
1682-1695 Louis Desparra, frère du précédent, acolythe de Brignoles ;
1695-1736 Joseph Sermet, clerc tonsuré du Val, chanoine de Pignans ;
1736-1783 Louis Renoux, prieur du Val, chanoine de Pignans ;
1783 Jean-Baptiste Guérin, vicaire de Pignans ; en 1781, il refuse la cure de Bargème ;

Saint-Jacques des Garcinières

1234 Gauffred de Cagnosc ;
1438 (ou 1538) Antoine Raynaud, chanoine de Pignans ;
1462 Jacques de Puget ;
1503 Antoine Guiramand :
1546 Jacques Boyer ;
1591 Raymond Rouve.

Comps

Commandeurs

1283 Montréol ;
1550 Jacques de Grasse ;
1582 Claude de Roquemartine ;
1609 Balthazar d'Agoult ;
1652 Annibal de Blacas.

Cotignac (p. 39).

1502-1503 Jean Marin, chanoine de Fréjus ;
1546-1581 Balthazar Ferrier, sacristain de Riez ;
1581-1608 Rollin Ferrier ;
1608-1624 Gaspard Ferrier, sacristain de Riez ;
1624-1645 Gaspard Ferrier, neveu du précédent, prieur de Saint-Michel de Roquefort ;
1645-1684 Balthazar Ferrier, prieur de Saint-Michel de Roquefort ;
1684-1715 Gaspard Ferrier d'Auribeau ;
1715-1745 Henri Gaspard Ferrier d'Auribeau ;
1746-1760 Marc Antoine de Gautier d'Aiguines ;
1760-1778 Jean Baptiste de Gautier d'Aiguines ;
1779-1789 Antoine Gerbaud, prêtre du diocèse de Riez ; il fait unir le prieuré à la vicairie ;
    1789 Antoine Gal, prêtre du diocèse d'Aix ; il prête, puis rétracte le serment.

Draguignan

Prieurs de Saint-Hermentaire (p. 39).

1497-1514 Jean Grailler ;
1544-1559 Jacques Blanc, professeur de théologie ;
1559   François Poulle ;
   1567 Claude Blanc ;
1567-1613 Thomas de Villeneuve, professeur de théologie ;
1613-1622 Guillaume André ;
1622-1667 Esprit de Mainier, religieux de Saint-Victor ;
1667-1689 Pierre de Mainier, religieux de Saint-Victor ;
1689-1690 Charles Celebrin, infirmier de Saint-Pons de Nice ;
1690-1732 Jean-Louis de Laugier, acolythe de Grasse, bénédictin en 1725 ;
1732-1760 Honoré Mossony ;
1760-1770 Joseph Latil, prêtre de la Doctrine chrétienne ; il assiste à l'assemblée de 1789.

Entrecasteaux (p. 40).

1438 Raymond Raynier, qui fonde la chapelle de Sainte-Madeleine à Flayosc ;
1441 Jean Guès ;
1476 Jacques Fournier ;
1512 Pierre Rostaingt ;
1545-1554 Philippe Costerellis, clerc de Fréjus ;
1554-1562 Honorat Cotte, prieur de Biot ; il est suspendu en 1562 par le vicaire général, à cause de son immoralité ;
1584-1587 Pierre Marron, prêtre de Chateaudouble ;
1587-1595 Jacques Avril ;
1595-1600 André Andric, vicaire de Pontevès ;
1600-1607 Annibal de Blacas ;
1607-1610 Marcel Chalatin, prêtre de Pontevès ;
1610-1624 Honoré Bagnoly, chanoine de Barjols ;
1624-1652 Monteil de Grignan ;
1652-1661 Augustin de Gauthier ;
1661-1715 Dominique de Gauthier ;
1715-1745 Joseph-Dominique de Gauthier.

Prieurs de Saint-Thomas d'Avaye.

1575 Christophe Capus, chanoine de Marseille;
1575-1579 Jean Angiés, bénéficier de la cathédrale;
1579-1604 Barthelemy de Camelin;
1604-1605 Jean de Camelin;
1605 Pierre de Camelin, archidiacre, évêque de Fréjus;
1650-1656 Jean de Camelin;
1657-1667 Pierre de Camelin;
1719 Pierre de Camelin, chanoine de Fréjus;
1766 Jacques François, capiscol de Pignans;
1778 Pierre-François-Gabriel-Raymond-Ignace-Ferdinand de Baussel, clerc du diocèse de Bourges.

Figanières

*Prieurs de Saint-Blaise (40)
uni en 1618 à la collégiale de Lorgues*

1561 Augustin Guillon; il fut déclaré indigne pour cause d'hérésie par le vicaire général Boniface Pignoli;
1561-1565 Boniface Boysson;
1565-1578 Jacques Boysson;
1578-1582 Jean Sassy, clerc d'Aups;
1582-1615 Jean Gros;
1615-1649 André Gros;
1649 Jacques Rabins;
1685 Honoré Camelin.

Flassans

Prieuré de Notre-Dame (p. 40)

1540-1544 Antoine d'Oraison;
1559-1560 Antoine Provincial, clerc du diocèse d'Apt;

1560-1572 Magdelon de Vintimille, prévôt de Riez;
1572-1576 Aymard Baussel, de Bormes; il fonde, en 1578, la vicairie;
1576-1590 Balthazar (ou Gaspard) Paris du Revest, chanoine de Toulon;
1590-1592 Pierre Bermond, bénéficier de Toulon;
1592-1597 Honorat de Caen, chanoine de Toulon;
1597-1637 Horace de Paris du Revest, protonotaire apostolique, recteur de Notre-Dame de Consolation de Flassans, prévôt de Riez;
1637-1654 Hubert de Vintimille, des comtes de Marseille;
1654-1680 Jean de Vintimille, docteur en théologie, prévôt de Riez, frère du précédent;
1680-1732 Charles-Gaspard-Guillaume de Vintimille, neveu du précédent. Chanoine sacriste de Toulon, il devient évêque de Marseille, archevêque d'Aix, puis de Paris;
1732-1763 Jean-Baptiste-Gaspard-Hubert de Coriolis d'Espinouse, prieur du Luc;
1774 Jean-Baptiste-François Ganier, du diocèse d'Aix, docteur en théologie. Ordonné prêtre à Marseille en 1771, il est nommé en 1787 capiscol de Lorgues, mais il refuse; vicaire général de Fréjus en 1785.

Fox-Amphoux

Prieurs de Notre-Dame de Cléoux (p. 40)

1576-1600 Antoine Siméon, chanoine de la collégiale de Saint-Pierre d'Avignon;
1600-1647 Joseph Fournier;
1647-1657 Louis Fournier;
1657-1666 Pierre Fournier, de Seillans; secondaire de Bagnols en 1680;
1666 Jean Fournier;
1743-1748 Joseph Fournier;
1748-1789 Joseph-Gaspard Rossely, clerc de Seillans.

Gonfaron

Prieurs du Saint-Sépulcre (p. 41)

1415 Jean Bernard assiste au chapitre général de la collégiale de Pignans;

1533 Georges Imbert, clerc du Luc, fils d'Amédée Imbert, conseiller au Parlement d'Aix, frère d'Antoine Filholi, archevêque d'Aix, prieur de Saint-Pierre et de Sainte-Catherine du Luc;
1550-1552 Jacques Botry;
1552-1582 Pierre-Théodoric Ragueneau, évêque de Marseille, prieur de Cogolin; il fonde le vicariat perpétuel en 1572;
1582-1586 Philippe Bosquet, chanoine d'Aix;
1586-1592 Nicolas de Brange;
1592-1599 Jean Raynaud;
1599-1605 Martin Durand, religieux de Saint-Victor;
1605-1622 Charles Grisolle, de Garéoult;
1622-1625 Jean-Louis Valeran;
1625-1652 Honoré Durand, religieux de Saint-Victor;
1652-1688 Pierre de Barbaroux, religieux de Saint-Victor; il établit la confrérie de la Charité;
1688-1726 Jacques-Claude de Ricouard;
1726-1760 Jacques-Joseph de Ricouard;
1760-1770 Henri-François de Damion (?), curé de Brignoles;
1770-1790 François-Paul-Barthélemy d'Holtemar, chanoine de Pignans.

Prieurs de Notre-Dame du Figuier

1415 Constant Reyelly, chanoine de Pignans;
1568-1573 Louis Berard, chanoine de Pignans;
1573-1590 Gaspard Berard, prieur claustral;
1590-1624 Gaspard Turrel, chanoine de Pignans;
1624 Pierre Amus (?), prêtre de Toulon;
1683-1689 Jean Jonquier, prêtre de Toulon;
1689-1690 Pierre de Vallavielle, clerc de Toulon et chanoine de la collégiale d'Hyères;
1690-1693 Joseph Portalis, docteur en théologie, chanoine d'Hyères;
1693-1756 Jean-Baptiste Laurent, clerc d'Hyères, prêtre de l'Oratoire;
1756 Joseph Bellon.

Prieurs de Saint-Jean de Cagnosc

1246 Pierre de la Tour;
1415 Antoine Raynaud, chanoine de Pignans;
1565-1586 Balthazar (ou Barthélemy) Martin, chanoine de Pignans;

1586-1593 Jean Gayrard, chanoine de Pignans ;
1593-1594 Laurent Chambeiron, chanoine de Pignans ;
1594-1606 François Boutin, recteur de Notre-Dame des Salles de Gogolin ;
1606-1612 Honoré Boutin ;
1612-1626 Jean-Louis Valeran, docteur en théologie ;
1626-1628 Henri Valeran ;
1628-1652 Jean Mège, chanoine de Pignans ;
1652-1697 Honoré Ricard, chanoine de Pignans ;
1697-1747 François Ferand, clerc de Brignoles ;
1747-1756 Jacques Fanton, chanoine théologal d'Avignon ;
1758 Louis-Henri Fanton, de Brignoles, frère du précédent ;

Prieurs de Saint-Jacques de Cagnosc

1581 Jean-Baptiste de Vins, prévôt de Pignans ;
1581 Honoré Verdillon ;
1596 Dominique Thomas, chanoine de Pignans ;
1596 Guillaume Dupie, capiscol de Pignans ;
1668 Balthazar André ;
1668 Louis Puech, clerc d'Aix.

Grimaud (p. 41)

1119 Bérenger ;
1185 Pierre de Cervière ;
1513-1532 Augustin de Grimaldy, évêque de Grasse ;
1548-1562 Pierre-Vincent de Cavalieris, noble romain ;
1562-1582 Ascagne de Cavalieris, noble romain ;
1583-1589 Guillaume Tournier ;
1589-1594 Antoine Canigiani, neveu de l'archevêque d'Aix ;
1594-1596 Hercule de Montargis ;
1596-1597 Charles de Saint-Marc ;
1597-1634 Louis de Vento, protonotaire apostolique ;
1634-1646 Lazarin de Vento ;
1646-1652 François de Piquet, clerc du diocèse de Soissons ;
1652-1661 Grégoire de Piquet, qui entra à la Grande-Chartreuse ;
1661-1662 Geoffroy de Piquet, clerc de Lyon ;
1662-1680 François de Piquet devient évêque de Césaropolis *in partibus*, vicaire apostolique de Babylone ;
1680-1689 Etienne Pallu, docteur en théologie, du diocèse de Tours ;
1689-1691 Charles Sevin, qui permute avec le suivant pour le prieuré de Saint-André de Ramatuelle ;

1691-1697 Joseph Antelmy, prieur de Saint-Tropez et de Saint-André de Ramatuelle ;
1697-1724 Charles-Léonce-Octavien Antelmy, dernier prieur commendataire. Le prieuré fut uni au grand séminaire.

La Garde de Freinet

Prieur-curés (p. 41)

1438 Etienne Amat ;
1544 Claude Passéati ;
1561-1576 Jacques Gairard ;
1576-1600 Jean de la Palud ;
1600-1632 Antoine Serret ;
1632-1677 Louis-Honoré Serret ;
1677-1703 Louis Berard, bachelier en théologie, frère de Jacques Berard, vicaire de Grimaud ; il laisse au séminaire un capital de 5ooo livres pour dire une messe tous les jours ;
1703-1725 Melchior de Bergue, docteur en théologie, vicaire du Val ;
1725-1761 Joseph de Bergue, du Val ;
1761-1762 Antoine Court ;
1762-1777 Jean-Joseph Basset, prieur de Notre-Dame des Salles à Roquebrune ;
1777- Jean-Honoré Chabriel, qui assiste à l'assemblée de 1789.

La Motte (p. 41)

1208 Raymond Faraudi, prévôt du chapitre ; il signe, sous ce titre, une charte d'Ildefonse II, en faveur des évêques de Fréjus ;
1505-1515 Louis de Candie, prieur de Pennafort ;
1542 Boniface Pignoly ;
1542 Louis Lycel, prêtre de Riez ;
1548-1560 Antoine d'Oraison ;
1560-1561 Jean Vien ;
1561-1568 Laugier Caussemille ;
1568-1587 Honoré Caussemille ;
1587-1612 Jacques Figuière, de Draguignan ;

1612-1639 Pierre d'Ollières, religieux de Saint-Victor, fonde le vicariat en 1619, passe au convent en 1635 ;
1639-1663 Christophe d'Authier de Sisgau, évêque de Bethléem ;
1663-1665 François Bataillier, religieux de Saint-Victor, docteur en théologie ;
1665-1668 François-Octave d'Authier de Sisgau ;
1668-1698 Balthazar d'Authier de Sisgau, prieur-curé de Saint-Didier d'Avignon ;
1698-1711 Jean de Durand ;
1711-1724 Jean de Lieutaud ;
1724-1730 Jean-François Sarion (?), de Marseille ;
1730-1751 Thomas Le Fournier ;
1751-1755 Louis-Hippolyte Le Blanc ;
1755-1762 Louis-René Vaille de Vellarna, du diocèse d'Auxerre ;
1762-1785 François Vaille de Vellarna ;
1785 Jacques-Edmond-Jean Maurel, du diocèse d'Auxerre,

Prieuré de Saint-Roman d'Esclans

1501 Jean de Bo..., clerc de Pierrefeu ;
1532 François Bonaud ;
1560 Joseph Porre ;
1560-1588 Helias Mosson, clerc de Draguignan ;
-1622 Jean Vaille ;
1628-1637 Pierre Peyron ;
1637-1642 Jean Raynaud, clerc de Fréjus ;
1642-1662 André Leget, vicaire de Fréjus ;
1662-1665 Marcel Leget, frère du précédent ;
1665-1718 Anselme Leget, vicaire de Fréjus ;
1718-1747 Jean Bellissen ;
1747-1755 Bernard Bernard, Père de la Doctrine chrétienne ;
1755-1761 Joseph Feru, bénéficier de Lorgues ;
1761-1783 Vincent Pons, curé de Riez ;
1783-1785 Louis Chautard ;
1785- Joseph Michel, recteur du Saint-Esprit à Draguignan.

La Moure (p. 41)

1561 Honorat Pansart ;
1561-1568 Jean Audibert, d'Hyères, recteur des cinq chapellenies des Acoules à Marseille, etc. ;

1568- Antoine Serre, prêtre de Toulon ;
1581-1628 Pierre Viallis, docteur en théologie, prévôt d'Hyères ;
1628-1651 Charles Viallis, qui obtient aussi la prévôté d'Hyères ;
1651-1659 Charles Viallis, clerc d'Hyères, docteur en droit, neveu du précédent ;
1659-1663 Charles Viallis, du diocèse de Toulon ;
1663-1697 Joseph Viallis, prévôt d'Hyères ;
1697-1700 Jean-François Ricaud, prêtre d'Aix ;
1700-1702 Jean-Baptiste Bourol, du diocèse de Nice, demeurant à Paris ;
1702-1717 Nicolas Percheron, prêtre de Paris ;
1717-1730 François-Alexandre Percheron, docteur en Sorbonne ;
1730-1736 Antoine Boyer ;
1736-1748 Antoine Courbon, prévôt d'Aups ;
1748-1761 Pierre Courbon ;
1761-1768 Jean-Augustin de Seguiran, chanoine sacriste de Riez, qui résigne en faveur de son frère ;
1768-1771 Marc-Antoine de Seguiran ;
1771- Emmanuel-François-Paul-Gabriel-Hilaire de Bausset-Roquefort, clerc du diocèse de Marseille.

La Napoule (p. 41)

1095 Pons de Callas, moine de Lérins, assiste au synode diocésain de Fréjus ;
1348 Guillaume de Blevis, abbé de Lérins ;
1437-1476 Jean Jordany, procureur du monastère, en 1437 ; il assiste au chapitre de 1453 ;
1554 F. Vinant Roquemaure, prieur de Lérins ;
1648 Jérôme de Beaufort, prieur claustral de Lérins ;
1669 D. Maur de Guérin ;
1688 D. Félix, cellérier de Lérins ;
1738-1743 François Jordany, ancien abbé de Lérins ;
1743-1745 Germain Ravel d'Esclapon, religieux de Lérins ;
1745- Antoine Moricaud ;
1779-1789 Barthélemy Moricaud.

La Roche-Esclapon

Pieurs de Saint-Nicolas (p. 41)

1520 Pierre Bogno, chanoine de Fréjus ;
1543 Boniface ;

Firmin Gachon ;
1564 Barthélemy Bausset, chanoine de Fréjus et de Barjols ;
1582-1609 Claude de Perrussi ;
1609-1621 Antoine de Bausset, chanoine de Fréjus, prévôt de Marseille ;
1621-1692 Philippe de Bausset ;
1692-1736 Joseph de Bausset, neveu du précédent ;
1736-1785 Nicolas Mordelli, clerc de Riez ;
1785-1786 L'abbé de Montgrand ;
1786- Joseph-Marie de Bausset-Roquefort, qui se fait représenter à l'Assemblée du Tiers État (1789).

Prieurs de Saint-Eloi.

1304 Amand Roude ;
1589 Jean Tarde.

Le Cannet

Prieurs de Saint-Maxime (p. 42)

1462 Jean Rodulphe, professeur de théologie, vicaire général de Fréjus ;
1514 Baptistin Pontat, archidiacre de la cathédrale de Toulon ;
1537 Jean-Baptiste d'Auraison, évêque de Senès ;
1573-1582 Jean Seguin ;
1582-1592 Pierre Escarrat, prêtre de Flassans ;
1592-1598 Jean Vidal, prieur du Revest de Toulon, archidiacre de Toulon ;
1598-1634 François de Thomas, protonotaire apostolique ;
1634-1665 Claude-Thomas de Pierrefeu, clerc et plus tard chanoine d'Aix ;
1665-1669 Jean Amalric, vicaire du Cannet ;
1669-1691 Joseph ... Marguerite de Rascas, âgé de huit ans ;
1691-1715 Joseph Issaurat, clerc de Salernes ;
1715-1732 Balthazar Issaurat, clerc de Salernes ;
1732-1773 Ignace de Mouriès, prieur-curé de Draveil au diocèse de Paris et doyen de Lorgues ;
1773-1783 Jean-Baptiste de Mouriès, prêtre, religieux profès de l'abbaye de Saint-Martin du Canigou en Roussillon ;
1783 Jean-Charles Moriez, qui assiste à l'assemblée de 1789.

Le Luc

Prieurs de Saint-Pierre et de Sainte-Catherine (p. 42)

1426   Jean de Ferrier, dans l'affaire des deux évêques de Toulon durant le schisme, soutient le faux évêque ;
1437-1448 Guillaume Cordell ;
1462   Sauveur de Bras ;
1478   Jean Rodulphe, distinct de l'archidiacre ;
1519   François Hugolin ;
1558-1561 Honorat Hugolin ;
1561-1582 Gaspard Hugolin, prieur claustral de Pignans ;
1582-1596 Pierre Blancard ;
1596-1600 Gaspard Bérard ;
1600-1611 Balthazar Olivier, qui permute avec le suivant ;
1611-1648 Jacques Ravel, chanoine de Fréjus, prieur de Saint-André de Ramatuelle, recteur de Notre-Dame de Pitié à Cogolin ;
1648-1669 Laurent Ravel ;
1669-1672 Jean Ravel, clerc de Vidauban ;
1672-   Joseph Ravel ;
1692   François Vallavieille, prêtre de Toulon ;
1692-1732 Charles-Gaspard-Guillaume de Vintimille, évêque de Marseille, archevêque d'Aix en 1708, puis archevêque de Paris ;
1732-1760 Gaspard Norbert de Coriolis d'Espinouse ;
1760-1790 Auguste-Jean-Baptiste-Pierre-Marie d'Hottemar, clerc du diocèse d'Avignon, qui assiste à l'Assemblée de 1789.

Le Muy

Prieurs de Saint-Cassien (p. 42)

1517   Pierre de Millau ;
1545-1578 Jean Vaille ;
1578-1592 Guillaume Tournier ;
1592-1595 Jean Poesy, moine de Saint-Victor ;
1595-1596 Nicolas Antelmy ;
1596-1599 Hugues de Valbelle ;

1599-1602 Madelon de Lacépède, religieux de Saint-Victor ;
1602-1650 François de Valbelle ;
1650-1656 Pierre de Povrade ;
1656-1695 Jacques Rambert ;
1695 Roland Turles ;
1695-1726 Pierre de Lambre, clerc de Vidauban, religieux de Saint-Victor ;
1726-1783 Esprit-Honoré Robert ;
1783- Antoine-Félix Mourre, clerc de Lorgues.

Les Arcs

Prieurs de N.-D. de Beauvoir et Saint-Pierre (p. 42)

1212 Aldebert Bailé ;
15.. Jean Lombard ;
1531 Barthélemy Lombard, neveu du précédent.
1562 Honoré Richelmy, installé le 7 mars, qui a pour compétiteur Jean Francolis ;
1562 Antoine Manfred Besson, docteur en droit, qui demande à la sénéchaussée des lettres de sauvegarde ;
1565 Barthélemy Lombard, fils de Jean, de Six-Fours, tonsuré à Six-Fours par Barthélemy Portales... le 2 août 1551 ; se marie avant d'être dans les Ordres, en 1573 ;
1573 Gérard Bellanger, chanoine de la métropole d'Aix, évêque nommé de Fréjus, docteur *in utroque*, fait prendre possession par Donat Gilly, le 21 janvier ;
1578 Jean Lieutaud, clerc de Six-Fours, recteur de Sainte-Cécile ;
1581 Hercule de Vintimille ;
1584 Gaspard de Pontevès ;
1586 Pierre-Antoine Guillaume, dit Colloms ;
1596 Annibal de Pontevès ;
1611 Jean-Gaspard d'Albertas ;
1614 François-Boniface de la Môte ;
1630 Louis Boniface, oncle du précédent ;
1634 Charles de Villeneuve, prieur de Collobrières ; compétiteur : Pierre de Margalet, seigneur de Collobrières ;
1660 François de Thomassin ;
1662 Louis de Thomassin, docteur en droit et en théologie, évêque de Vence (1677), de Sisteron (1681) ;

Prieurs de Sainte-Cécile (p. 43)

1718   Joseph d'Astre, prêtre du diocèse de Sisteron ;
1723   Gaspard d'Ansoni, prêtre d'Avignon.

Prieurs de Sainte-Cécile (p. 43)

1461   Fulchron Baudoin ;
1500   Bertrand Pierrugues ;
1505   Jean Fronton, clerc de Fréjus ;
1562   Barthélemy Lombard ;
1578   Jean Lieutaud ;
1582   Gaspard Boyer ;
1614   Jean-Antoine Carlon, bénéficier de Fréjus ;
1660   Jacques de Rasty ;
1663   Jacques Ferry ;
1667   René le Mussier.

Mons

Prieurs de Saint-Marcellin (p. 43)

1562   François Nansi ;
1562-1587 Jean Sardou ;
1587-1635 Jean Sardou, neveu du précédent ;
1635-1655 Honoré Sardou ;
1655-1676 Barthélemy de Villeneuve, clerc et seigneur de Beauregard ;
1676-1679 Balthazar Carnier, de Saint-Tropez ;
1679-1704 Jean Porre, prêtre de Mons, vicaire de Vissouls, diocèse de Paris ;
1704-1705 Antoine Merle, prêtre de Callian, docteur en théologie, directeur du petit séminaire de Fréjus ;
1705   Joseph Jourdan.

Prieurs de Saint-Jean-Baptiste de Gaud

1521   Jérôme Pagani ;
1542   Jean Visiliz ;
1542-1578 Joseph Porre ;

1582 Barthélemy Cavalier;
1595 Michel Rebuffel;
1595-1600 Jean Rebergne;
1600-1601 Jacques Ravel, bénéficier de la cathédrale;
1601-1621 Jean Antoine, abbé de Bagnols;
1621-1641 Guillaume Sardou;
1641-1655 Honoré Sardou;
1655-1656 Barthélemy de Villeneuve, clerc de Beauregard;
1656-1675 Honoré Sardou;
1675-1677 Joseph Sardou;
1677-1732 François Jordany;
1732-1769 Jacques, abbé de Fayence;
1769- Antoine-Boniface Mougins de Roquefort, curé de Grasse. Il se fait représenter à l'Assemblée de 1789 par le curé de Callian.

Montferrat

Prieurs de Saint-Etienne et de Saint-Pons (p. 43)

1622-1637 Antoine de Tabartelis;
1637-1639 Malhiet Pascalis;
1639- Jacques Talent;
1698 Jacques Pascalis;
1698 Claude Pascalis.

Montfort

Prieurs de Spéluque (p. 43)

1246 Noël Fouques;
1561 Louis Suat;
1561-1575 Joachim de Montaigu, chanoine de la collégiale de Saint-Gal à Langeac, diocèse de Saint-Flour;
1575-1576 Claude de Chavaignac, de Saint-Georges d'Aurac, diocèse de Saint-Flour;
1576 Claude de Lorme, diocèse de Saint-Flour;

1576-1602 Honoré Boyer, d'Ollioules ;
1602-1604 André Boyer, clerc d'Ollioules ;
1604-1620 Charles Gautier, vicaire général ;
1620-1626 Guillaume Augery, sacriste de Fréjus ;
1626-1632 Honoré Imbert, prêtre de l'Oratoire de Cotignac ;
1632 Bernard Rambert, prêtre de l'Oratoire.

Ramatuelle

Prieurs de Saint-André

1561 Geofroy Mosson ;
1561- Hélias Mosson ;
1601 Jean Maitre, de Saint-Tropez ;
1607- Jean Marquesy, vicaire ;
1612 Jacques Ravel ;
1612-1618 Balthazar Olivier, bénéficier de Lorgues ;
1618-1621 Pierre Constant, de Biot ;
1621-1624 Balthazar Borrely, prieur de Saint-Tropez ;
1624 Jean Coste, de Saint-Tropez ;
1682 Joseph Antiboul ;
1682-1691 Joseph Antelmy, mis en possession à 22 ans ;
1691- Charles Sevin, prêtre de Paris ;
1722 François Brunet ;
1722-1737 Jean Bellissen, prêtre de Callian ;
1737-1762 François Giraud, de Montauroux ;
1762-1784 François Genis ;
1784 François-Nicolas Moret, vicaire de Villecroze ;
1789 Jean-Joseph Rey, qui se fait représenter à l'Assemblée de 1789.

Roquebrune

Prieurs de Notre-Dame des Salles

1475-1506 Guillaume Gilet, chanoine de Fréjus ;
1506 Augustin de Fiesque, chanoine de Gênes ;
1517-1553 Honorat Clément, capiscol de Lorgues ;
1554 François Boutin ;

1559-1565 Jean Grany, chanoine de Fréjus ;
1565 Jean Ginoard :
1579 François Brunel ;
1579-1602 Gaspard Brunel ;
1602-1604 Honoré de Villeneuve de Lascaris ;
1604-1612 Claude Bernard, de Grasse ;
1612-1626 Alexis Mouton, capiscol de Grasse ;
1626-1657 Alexis Aillaud, docteur en théologie et prévôt de Grasse ;
1657-1692 Honoré Deboul ;
1692-1708 Jean-Baptiste Pagnani ;
1708-1717 Jacques Gazan ;
1717-1736 Jacques Neyrin ;
1736 Joseph-Ignace Olivier ;
1736-1762 Joseph Brunet ;
1762-1768 Antoine Court ;
1768-1769 Emmanuel-François-Paul-Hilaire de Baussel-Roquefort, du diocèse de Marseille ;
1769-1778 Jacques Cauvin ;
1778-1779 Joseph Pautrat ;
1779 Joseph Gros ;
1779 Jean-Baptiste-Charles d'Astier, chanoine de Lorgues.

Prieurs du Revest

1521 Honorat Clément, capiscol de Lorgues ;
-1541 Jean Maurel ;
1541-1543 Boniface Pignoli ;
1543-1559 François Bonaud ;
1559-1571 Pierre Bonaud ;
1571-1599 Joseph de Roman, prévôt de Glandèves ;
1599-1613 Nicolas Antelmy ;
1613-1652 Pierre Camelin, archidiacre, puis évêque de Fréjus ;
1652 Jean Camelin, fils de Pierre, avocat, prieur de Saint-Thomas d'Avaye, petit-neveu de l'évêque Pierre ;
1683-1691 Honoré Brunel ;
1691 Henri d'Authier de Sigaud, clerc de Draguignan.

Saint-Tropez (p. 45)

1234 Durand, qui passe avec les habitants une transaction, le 24 février 1234 ;

.... Jean Millon ;
1532-1555 Jean Gaudemard, recteur de Notre-Dame de la Queste ;
1555-1562 François Antiboul ;
1562-1573 Jean Sereize, a contre lui Honoré Mathei ;
1573-1586 Jules Talamer ;
1586-1591 Jean Sereize ;
1591-1594 Jacques Martin, religieux de Saint-Victor ;
1594-1640 Charles Antiboul, chanoine de Sisteron, a pour compétiteur Jean Vaille, vicaire de Fréjus ; il fonde le vicariat, en 1639 ;
1640-1663 Charles Antiboul ;
1663-1676 Pierre Antiboul ;
1676-1682 Joseph Antiboul ;
1682-1697 Joseph Antelmy ;
1697-1734 Honoré Augier, de Bargemon. En 1703, il obtient un arrêt qui oblige les consuls à lui fournir une maison claustrale pour le logement des prêtres.
1739-1752 Pierre-Marc-Antoine Augier, neveu du précédent ;
1752-1754 Barthélemy Bérard, docteur en Sorbonne, premier vicaire de la Madeleine de Paris ;
1754-1757 Honoré Ricard, prêtre de Callian, docteur en théologie, maître ès arts et gradué de l'Université de Paris ;
1757-1765 Pierre Paul, prêtre de Callian, chapelain de Saint-André des Arts à Paris ;
1765-1789 Jean-Joseph Garcin ;
1789 Antoine Chautard, bénéficier de la cathédrale, recteur des SS. Antoine et Etienne de Bargème, de Notre-Dame de Rosans et Saint-Honorat de Callian, prieur-curé d'Escragnolles. Il assiste à l'assemblée de 1789.

Seillans (p. 45)

1403 Raymond Durand ;
1540-1575 Jean Ragnoard, ordonné sous-diacre à Aups, le 18 septembre 1540, par Barthélemy Portalenqui ;
1575-1614 Joachim Ragnoard ;
1614-1652 Jacques Ragnoard, recteur de Saint-Jean-Baptiste à Ampus ;
1652-1667 Jean-Honoré Gautier ;
1667-1671 Laurent Courtes, vicaire de Claviers ;
1671-1673 François Lombard ;
1673-1683 Laurent Courtès ;

1683-1713 Pierre Abeille, sous-diacre de Claviers;
1713-1744 François-Emmanuel Raphelis, sacriste de Draguignan;
1744-1776 Jean-Drac Renom, prêtre de Draguignan;
1776-1784 François Renou;
1784- Thomas-Auxile Pellicot, assiste à l'assemblée de 1789; mort, le 7 juin 1837, chanoine honoraire de Notre-Dame de Paris.

Prieurs de Saint-Martin

1501 Jean Dubourg, clerc de Pierrefeu:
1540 Honorat Perrache;
1540-1586 Jacques Avril, prêtre de Senés;
1586-1596 Hélias Mosson;
1596-1608 Pierre Mosson;
1608-1631 Joseph Moret, bénéficier de Fréjus;
1631-1636 Guillaume Garcin, docteur en théologie, bénéficier de Fréjus;
1636-1637 Pierre Barboux;
1637-1691 Pierre de Bausset, prévôt de la cathédrale de Marseille;
1691-1695 Joseph de Bausset, acolythe de Marseille;
1695-1711 François-Bernard de Bausset, clerc tonsuré de Marseille;
1711-1750 Pierre de Bausset, clerc de Marseille;
1750-1774 Lazare-Victor de Jarente, chanoine trésorier de Saint-Victor;
1774-1782 Antoine Peyron, de Toulon;
1782- Pierre-André Peyron, tonsuré en 1769, minoré le 1er avril 1775, sous-diacre le 11 mai 1776, diacre le 20 novembre de la même année.

Seranon

Prieurs-curés de Saint-Michel (p. 45)

1511 Honoré Ribergue;
Benoît de Sanctis, secrétaire du cardinal Nicolas de Flesque;
1532 Boniface Pignols;
1542-1546 Jean Roslan;
1559-1567 Roslan Garnier;

1577-1580 Claude Reboul ;
1580-1582 Louis de Saint-Bonnet ;
1582-1593 Georges de l'Orme ;
1593-1633 Pierre Tardieu ;
1633-1661 Jacques Caille ;
1661-1666 Nicolas Vaixière, prieur de Pennafort ;
1666-1675 Jacques Sassy, qui meurt en 1677 ;
1675-1679 Louis de Thorigny, curé de Troie, diocèse de Langres ; il accompagne l'évêque Antoine de Clermont dans sa visite de 1677, comme maitre des cérémonies et confesseur ;
1679 Antoine Porre ;
1679-1680 Honoré Raybaud, vicaire de Bagnols ;
1680-1700 André Jourdan ;
1700-1714 Joseph Jourdan, qui permute avec le suivant ;
1714-1745 Honoré Gandolbert, recteur de l'église des dix-mille vierges des Arcs ;
1745-1760 Antoine-Ignace Gandolphe ;
1760-1761 Joseph Chautard, capiscol de Lorgues ;
1761-1767 Jacques Revel, bachelier en droit civil et canonique, sacriste de Lorgues ;
1767 André Bérard, présent à l'assemblée de 1789.

Prieurs de Notre-Dame de Gratemoine

1560 Laurent Isnard ;
1560-1568 Jacques Boysson, clerc d'Aix ;
1568-1582 D. Maxime de Colmars, religieux de Lérins ;
1582-1615 D. Marc-Antoine de Cannes, religieux de Lérins ;
1615-1624 D. Antoine de Grasse, religieux de Lérins ;
1624-1657 D. Benoit d'Aix, religieux de Lérins ;
1657 D. Théodoric-Félix d'Aix, religieux de Lérins ;
1722 D. Hilaire de Gastadu, religieux de Lérins ;
1722- D. Anselme de Verrayon, religieux de Lérins ;
1759- D. Louis-Honorat Raymbert, religieux de Lérins.

Prieurs de Saint-Benoît

1438 Philippe Pardigon ;
1582-1628 Jean-Honorat Dominicy ;

1628-1636 Charles Dominicy ;
1636-1646 Henri Dominicy ;
1646- Claude Raibaud, clerc de Glandève ;
-1659 Charles Raybaud ;
1659-1705 Claude Raybaud ;
1705-1736 Joseph Boyer ;
1737-1781 Guillaume-François-Isidore Pellegrin ;
1781-1789 Louis Chautard, prieur-curé d'Escragnolles, de Notre-Dame d'Embrian ;
1789 Antoine Chautard, prieur de Saint-Tropez.

Tanneron

Prieurs de Tournon et de Tanneron, sous le titre de Notre-Dame d'Embrian et de Saint-Cassien (p. 45)

1532 Philippe Néron, chanoine de Fréjus ;
1532- Etienne Néron, clerc de Grasse ;
1557-1564 Barthélemy Néron, chanoine de Grasse ;
1564-1614 Jacques Mérigon, archidiacre de Grasse ;
1614-1616 Honoré de Robert d'Escragnolles ;
1616-1626 Jacques Mérigon, archidiacre de Grasse ;
1626-1636 Jean Mérigon, de Grasse ;
1636-1639 Jacques Mérigon, archidiacre de Grasse ;
1639-1650 François Christian, clerc de Grasse ;

(Prieurs de Notre-Dame d'Embrian[1])

1650-1656 Scipion de Castellane ;
1656-1660 François de Castellane ;

---

1. A partir de 1650, les deux prieurés n'ont plus les mêmes titulaires.

Prieurs de Saint-Cassien

1650-1659 Antoine Christian ;
1659-1718 François Christian ;
1718-1728 Claude Christian ;
1728-1748 Jean Bellisset ;
1748-1780 Joseph Mazardi, acolythe de Callian ;
1780- Alexandre Gardiol, curé de Callian ;
1789- Louis-Antoine-Gabriel Ferri, acolythe.

1660-1667 Henri Brémond, prêtre de Montauroux ;
1667-1682 Joseph de Castellane, clerc de Draguignan ;
1682 Elzéar Tardieu, clerc de Draguignan ;
1691 Jean de Grasse ;
1691 Pierre-Antoine d'Aquin ;
1718-1727 François de Castellane ;
1727-1728 Jean Albin, clerc de Fréjus ;
1728-1730 François Gaytte ;
1730-1734 Jean Belissen ;
1734-1742 Joseph Espitalier, recteur de Notre-Dame et de Saint-Pierre de Callian ;
1742-1748 Louis de Bompard ;
1748 Paul de Carpillet, de Grasse ;
1748-1764 Honoré Pugnaire ;
1764-1771 François Poulle, curé de Montauroux ;
1771 Jacques Cauvin ;
1771-1774 Joseph Bellisset, *alias* Pellissier ;
1774-1789 Louis Chautard.

Taradel

Prieurs de Saint-Martin (p. 45)

1514 Honoré Vaysson ;
1546-1563 Jean-Baptiste Robert ;
1563 Honorat Mainier, chanoine sacriste de Grasse ;
1588 Jean Léonard ;
1588-1606 Jean Fauchier ;
1606-1648 Jean Bermond ;
1648-1679 Claude Bermond ;
1679-1700 Jean-André Bernard, vicaire d'Ongles (Sisteron) ;
1700-1701 Pierre Eymard, clerc de Forcalquier ;
1701-1710 Louis Eymard ;
1710-1731 Pierre Dille ;
1731-1747 Jean-Baptiste Sallier, chanoine de Barjols.
1747 François Sallier.

Tourettes

Prieurs de Saint-Siméon

1561 Pierre Tournon-Perrache ;
1561 Antoine Prunery, curé de Fréjus ;

1561-1562 Jean de Villeneuve ;
1562-1563 Toussaint Durand ;
1563-1565 Gabriel Gourdon ;
   1582 Jean de la Garde, prévôt de Fréjus ;
1614-1617 Jean Sénéquier ;
   1617 Guillaume Sénéquier ;
   1682 Honoré Gourdon ;
1682- Gaspard Gourdon ;
1705-1740 Jacques Méro ;
1740-1771 Clément Pauvert, aumônier de l'évêque, pourvu en régale ;
1771-1782 Jacques Cauvin, aumônier de l'évêque, chanoine de Pignans ;
1782-1789 Honoré-Étienne Carlavan, recteur de Saint-Martial de Fréjus et directeur du grand séminaire ;
1789- Etienne Sisteron.

Tourtour (p. 45)

   1227 Bernard, l'un des procureurs de l'abbé de Saint-Victor dans sa transaction passée entre ce monastère et le seigneur de Salernes, Boniface de Castellane ;
   1246 Pierre d'André, témoin à une délimitation de territoire ;
   1452 Durand Fabre, qui emprunte 25 florins à Arnaud de Villeneuve et donne en garantie 113 porcs.
   1461 Bernardin de Candie, protonotaire du Saint-Siège ;
   1478 Pierre Raynaud ;
   1560 Julien Raynon, religieux de Saint-Victor ;
   1562 Jean-Antoine de la Tour, seigneur de Cogolin ;
1568-1602 Esprit du Puget ;
1603-1607 Jean du Puget ;
1607-1612 Henri Lambert, bénéficier de Saint-Pierre d'Avignon, qui fonde le vicariat, en 1611 ;
1612-1621 André Bonfils ;
1621-1624 Jean-Baptiste Bonfils ;
1624-1631 François Bonfils ;
1631- Honoré Bonfils ;
1659-1660 Charles de Boyer ;
   1660 Pierre Desparre, clerc de Brignoles ;
   1688 Pierre-Dominique Desparre ;
1692-1698 Elzéar-Charles Desparre ;
1698-1705 Joseph-Sauveur Desparre ;

1705-1708 Philippe Lhéritier, clerc du diocèse d'Évreux ;
1708-1715 Balthazar Gaitte ;
1715-1716 Antoine Giraud, de Montauroux ;
1716-1732 Henri Giraud, neveu du précédent ;
1732-1753 Jean-Etienne de Bernardy, docteur en théologie, chanoine de Saint-Sauveur à Aix ;
1753- Jacques-Louis-Auguste de Thomassin de Peynier.

Trans

Prieurs-curés de Notre-Dame des Aires et de Saint-Victor (p. 45)

1319 Bertrand Aunel, chanoine de Pignans ;
1500 Nicolas Jobite ;
1546-1561 Armand Jobite ;
1561-1565 Raymond Jobite, chanoine de Pignans ;
1565-1609 Paul Geoffroy ;
1609-1655 Barthélemy Geoffroy ;
1655-1668 Charles Goiran, prieur de Saint-Tropez ;
1668-1711 Claude Goiran ;
1711-1720 Joseph Goiran ;
1720-1760 Jacques-Philippe Louïe ;
1760-1769 Bernard Louïe ;
1769- Alexandre-Honoré Allaman, prêtre de Lorgues, un des rédacteurs du cahier de doléances (1789) et qui prêta serment.

Prieurs de Notre-Dame de Vallauris

1319 Jacques Spoli, chanoine de Barjols ;
1463 Barthélemy Fassy ;
1553-1561 Pierre Perrache, bénéficier de Fréjus ;
1561-1572 Antoine Brunier, curé de Fréjus ;
1572-1577 Luc Dolle, docteur en droit ;
1577-1582 Longier de Candia ;
1582-1585 Antoine Courdouan ;
1585-1590 Joseph Segond, clerc de Draguignan et de la cathédrale ;
1590-1603 Jean Moret ;

1603-1608 Honoré Broc, vicaire de Châteaudouble;
1608-1637 Pierre Francolis, bénéficier de Fréjus ;
1637-1657 Jean Francolis ;
1657-1667 Jacques Camelin, clerc de Fréjus;
1667-1719 Pierre Camelin, chanoine du chapitre ;
1719-1734 Jacques-Pierre-François Attanoux, chanoine de Fréjus ;
1734-1736 Jean-Joseph Attanoux ;
1736-1774 Jean-Baptiste Bousquet, vicaire de Montferrant ;
1774-1784 Jacques Cauvin, secrétaire de l'évêque;
1784- Joseph Pautrat, chanoine de Pignans.

Prieurs de Saint-Vincent

1540 Jean Vincent ;
1540- Antoine Lombard ;
1577 Pierre Maunier ;
1577-1582 Antoine Courdouan ;
1582-1601 Jean Longier ;
1601-1611 Pierre Saurin ;
1611-1622 Scipion Charlan ;
1622-1639 Pierre Durand ;
1639-1652 Antoine Durand, de la ville d'Aix ;
1652-1654 André Durand ;
1654-1669 Richard Asse ;
1669-1689 Melchior Gérard ;
1689-1718 Pierre-Antoine d'Aquin ;
1718-1727 François de Castellane;
1727-1741 Jean-Charles Albin, prévôt de Fréjus;
1741-1767 Marc-Antoine Albin, chanoine de Fréjus ;
1767-1784 Jacques Saline, bénéficier de Fréjus ;
1784 Jacques Cabanon :
1784 Jean-Joseph Audibert, qui assiste, à ce titre et comme vicaire général, à l'assemblée du Tiers-État de 1789.

Vidauban (p. 46)

1582 Jean de Glandève ;
1659 Paul de Forbin, chevalier de Saint-Jean de Jérusalem, commanderie de Marseille.

Villecroze (p. 46)

1064-1079 Hugues (*Cartul. de Saint-Victor*, ch. 486).
1182 Michel (*Ibid.*, ch. 223).
1212 Rodulphe de Moreriis (*Ibid.*, ch. 1003).
1231 Raimond de Mimet, témoin à une donation (*Ibid.*, ch. 1034).
1244 Bernard, qui passe une convention avec Boniface de Castellane (*Ibid.* ch., 1031).

Vins (p. 46)

1549 Antoine Sartol;
1562-1565 Pierre Patron;
1565-1601 Antoine de Bergue, religieux de Mont-Majour;
1601-1618 Jean Laurent, prêtre de la Roquebrune, vicaire de Forcalqueiret;
1618-1636 Olivier Maifredy, qui fonde le vicariat, en 1631;
1636-1652 Pierre Barrel, vicaire de Vins;
1652-1670 Jacques Chabert;
1670-1672 Joseph Gaillard, clerc d'Aix;
1672-1680 Guillaume Gaillard, sacriste de la cathédrale de Digne;
1680-1687 Pierre Guillaume, prêtre de Brignoles, docteur en théologie, recteur de la chapellenie Saint-Joseph de Vins, de Sainte-Anne et Saint-Etienne de Brignoles;
1687-1718 Charles Gazille, clerc d'Aix;
1718-1741 Claude-François de Fulconis, capiscol de Pignans, recteur de Sainte-Catherine de Brignoles et de Saint-Loup de Cabasse;
1741-1744 Nicolas Chabaud de la Fosse, chanoine d'Amiens;
1744-1745 Jean Heurtaud, prêtre du diocèse de Bourges;
1745-1752 Pierre Donadieu, prêtre du diocèse d'Alais;
1752-1779 Jean-François Dupin, clerc du diocèse d'Alais;
1779- Jean-François Chabot, prêtre du diocèse d'Alais.

TABLE ALPHABÉTIQUE DES MONASTÈRES

A

Abelliis (de), 87.
Abolena, 119.
Acana. Cf. Sanc.
Acu : St-Romain, 88.
Aculea. Cf. Eguilles.
Adan : N.-D., 88.
Adana. Cf. Dane.
Agnières : N.-D. de Grace, 50.
Agultum, 155.
Aiguebelle, 118.
Aiguines : St-Jean-B., 61.
Ainac, 170.
Alagauda, 199.
Alamanum, 142.
Alansonum. Cf. Lançon.
Albaretum, 144.
Albarnum, 185.
Albaron : St-Vincent, 88.
Albarussium, 159.
Albiosc : St-Pierre, 61.
Alcnum. Cf. Alleins.
Alignosc : St-Martin, 61.
Allan : N.-D., 119.
Allauch : St-Sébastien, 110.
Alleins, 10.
Allineo : Cf. Liniens.
Alliracum, 142.
Allons : St-Martin, 194.
Almanarre : St-Pierre, 125.
Almæ, 111.
Alondus, 119.

Amantius (S.), 91.
Ambiez : Ste-Cécile, 128.
Amirat : St-Michel, 17 ; St-Cassien, 173.
Ampus : St-Victor, St-Michel, 36 et 201.
Andoanense monasterium, 133.
Andobic : St-Nicolas, 191.
Andon : St-Hilaire, 198.
Angles : N.-D., St-Honorat, 194 ; St-Pierre, 142.
Annot : St-Pons, 173.
Ansouis : St-Maurin, 11.
Antibes : St-Jean, 184.
Antiniacum, 185.
Antonaves : St-Pierre, 50.
Antonins : à Gap, Déoules, Veynes, Bannes, Esparron, 49 ; Marseille, 95 ; Avignon, 131 ; Cavaillon, 154.
Antraix : N.-D. de Bethléem, 50.
Antravenæ. Cf. Entrevennes.
Apt : St-Michel, Saint-Nicolas, 27.
Aquariæ, 142.
Archinosc : St-Pierre, 64.
Les Arcs : St-Pierre, Ste-Cécile, N.-D., 42, 220.
Arela-Cella, Arcella. Cf. Celle.
Ardane : St-Victor, 12.
Ardène : N.-D., 73.
Areæ, 124.
Aregrandis. Cf. Lagrand.
Areolæ. Cf. Beynes.
Argence : St-Denis, 88.

Argens, 194.
Argentil : St-Martin, 12, 39.
Arles : St-Césaire, 85 ; St-Honorat, St-Geniès, St-Isidore, etc., 86-88.
Arluc : St-Etienne, 184.
Arpavon : St-Étienne, 70.
Artignosc : St-Martin, N.-D., St-Pierre, 61.
Artigues : Ste-Foy, 11.
Asperellum. Cf. Esperel.
Aseduna. Cf. Sahune.
Aspiran : N.-D., 158.
Aspremont, 189.
Aspres : St-Michel, 185.
Aspres-lès-Veynes : St-Géraud, St-Sépulcre, 51.
Asse : St-Julien, 64.
Aubagnans, 116.
Aubagne : St-Michel, 29, 110 ; St-Mitre, 110.
Aubenas : N.-D., 70.
Aubignan : St-Victor, St-Sauveur, 115.
Aubignosc : St-Julien, 70.
Aubune : N.-D., 115.
Augès : St-Georges, 70.
Augustins : à Aix, 7 ; Brignoles, 7 ; Aups et Draguignan, 33 ; Bargemon, 35 ; Valensoles, 59 ; Arles, 80 ; Marseille, 95 ; Toulon, 124 ; Avignon, 131 ; Tarascon et Frigolet, 133 ; Malaucène, Grasse, 175 ; Nice, 187, 188 ; Senez, 193.
Augustines : Aix, 7 ; Saint-Remy, 81 et 133 ; Marseille, 96.
Aumades, 28 et 30.
Aups, 36 ; St-Martin, 52 et 56.
Aureille : N.-D., 88.
Aurel : St-Pierre, 149.
Auriac : St-Étienne, 12.
Auribeau : Ste-Croix, 27.
Auriol : St-Pierre, Ste-Catherine, 110.
Auriolum, 150.

Avancon : St-Étienne, 167.
Avaye : St-Thomas, 40 et 211.
Avellero, 151.
Avignon : Ste-Croix, 140.
Avinio : Cf. La Napoule.
Avisanum, 122.

B

Bairols : St-Martin, 189.
Balmelæ, 126.
Banon : N.-D., St-Juste, 27.
Le Bar : St-Jacques, 185.
Barbalata : St-Michel, 189.
Barbentane : N.-D., 141.
Bargème : St-Pierre, St-Laurent, 36, 202.
Bargemon : St-Étienne, 37, 203.
Barnis : St-Sauveur, 44.
Barrême : St-Jean-Baptiste, St-Jacques, 194.
Barret-le Bas : St-Michel, 51.
Le Barroux, 159.
Barry, 119.
Basset : N.-D., 20.
La Bastide-des-Jourdans : St-Pierre, 14.
La Batie-Mont-Saléon, 52.
Le Baucet, 150.
Baudinard : St-Jacques, 61.
Bauduen : St-Pierre, 61.
Baulæ. Cf. Volx.
La Baume, 69.
La Baume-de-Transit, 120.
Les Baux : St-Vincent, St-André, 90.
Bauzun : St-Blaise, 119.
Bayda : St-Antonin, 18.
Bayons : N.-D., 165.
Beaucaire : N.-D., 88.
Beaujeu : St-Pierre, 57, 170.
Beaulieu : N.-D., 159, 189, 189.
Beaumes-de-Venise : 114, 115.

La Beaumette : St-Sépulcre, 54.
Beaumont d'Apt, 11.
Beaumont d'Orange, 158.
Beaumont de Pertuis : N.-D., 11.
Le Beausset : St-Pierre, St-Sacrement, 111.
Beauvezer : N.-D., 90.
Beauvoir : N.-D., 11, 28, 64, 111 ; St-Étienne, 11.
Beauvoisin : St-Simon et St-Jude, 158.
Bédarrides : St-Étienne, 141.
Bédouin, 149.
Belcodènes : St-Pierre, St-Jacques, 11.
Belgencier : St-Barthélemy, N.-D., 126.
Bellis : N.-D., 87.
Belveder : N.-D., 14.
Belvédère, 189.
Belvézer : N.-D., 54.
Bénédictines : à Blanquefort, 11 ; Fréjus, 32 ; Manc, 69 ; etc.
Bénivay : St-Antoine, 158.
Bergamonum. Cf. Bargemon.
Bernardines : à Aix, 10 ; Brignoles, 10 ; Fréjus, 35 ; Lorgues, 36 ; Manosque, 70 ; Marseille, 108 ; Cuers et Toulon, 125 ; Cavaillon, 155 ; Entrevaux, 173 ; Antibes, 183 ; Nice, 188.
Berre : N.-D., 88 ; St-Valentin, 189.
Besse : St-Pierre, St-Benoît, 11.
Beynès : St-Martin, St-Maxime, 61.
Bezaudon : N.-D. du Peuple, St-Antonin, 199.
Bitturita, 141.
Biot : Ste-Madeleine, 184.
La Blache : N.-D., 61, 166.
Blanquefort : N.-D., 40.
Blauvac : St-Étienne, 149.
Blauzac, 149.
Blieux : St-Symphorien, St-Pons, 194.

Bobbio, 177.
Bodonense. Cf. Val-Benoît.
Bois : N.-D., 16.
Boissel : St-Jean, St-Pierre, 29.
Bollène : St-Martin, 119.
La Bollène, 189.
Bonnieux : St-Sauveur, St-Marcel, St-Symphorien, 27.
Bonsel : St-Pierre, 13.
Bonum Villare, 174.
Bonvillars : St-Pierre, 190.
Bormes : St-Trophime, St-Clair, St-Pierre, 136.
Boscaudon, 164.
Boschetum, 119.
Boscodon, 23, 68.
Bouc : St-André, 12.
Bouchet, 119.
Boulbon : St-Marcellin, 141.
Boulinette, 25.
Bourg : St-Julien, 87.
Bourg-de-Saint-Pierre, 110.
Bourget : St-Pierre, 195.
Bouyon : St-Trophime, 199.
Bramegean : St-Michel, 15.
Braous, 190.
Bras *Bracco*, 11.
Bras d'Asse : St-Nicolas, 61.
Braug : St-Pierre, 68.
Brencio, 166.
La Bréoles : N.-D., 166.
Bressonum. Cf. Pibreisson.
La Breya : N.-D., 195.
Brezançon : St-Georges, 126.
Briançon : N.-D., 165.
Briançonnet, 173.
Brignoles, 12.
La Brillane, 71.
Le Broc, 199.
Bromes : St-Martin, 64.
Broves : St-Pierre, 37.
Bruc, *Brusa* : N.-D., 12.
Bruis : St-Michel.
Brunet : St-Martin, 61.

Bruoux : N.-D., 28.
Le Brusquet, 171.
Le Buis-les-Baronnies, 159.
Buisson, 158.

C

Cabasse : N.-D., 37.
Cabestagnum. Cf. Chabestan.
Cabries : St-Raphaël, 12.
Cadenet : St-Jean, St-Etienne, St-Césaire, 12 ; N.-D. des Anges, 12 et 159.
Caderoche : St-Michel, 16.
Caderot : N.-D., 89.
Caderousse : St-Martin, St-Trophime, 115.
La Cadière : St-Damien, 111.
Cadureum, 165.
Cagnes : St-Pierre, St-Veran, 199.
Caille : St-Etienne, 199.
Cairanne : St-André, St-Genest, St-Andéol, 158.
Calars. Cf. Callas.
Calissane : N.-D., 15.
Callas, 35, 204, 38.
Callian : St-Léonce, N.-D., 38, 206.
Camaret : St-Andéol, 115.
Campdumy, 38.
Camps : N.-D., 12.
Canadel : N.-D., 200.
Canaux : St-Florent, 184.
Candau : St-Etienne, 146.
Cannes : St-Martin, la Trinité, 184.
Le Cannet du Luc, 42, 218.
Cannois : St-Vincent, 90.
Canons : St-Pierre, 11.
Caprerium. Cf. Cabries.
Capucins : à Aix, Pertuis et St-Maximin, 7 ; Apt, 24 ; Draguignan, St-Tropez et Lorgues, 33 ; Gap, 49 ; Riez, 59 ; Sisteron, 67 ; Manosque, 67 ; Arles, 80 ; Tarascon,

Salon, Ferrières-les-Martigues et Jonquières, 81 ; Marseille, 95 ; La Ciotat, 96 ; Orange, 114 ; Toulon, 124 ; La Seyne et Solliès, 124 ; Avignon, 131 ; Montfavet et Tarascon, 133 ; Carpentras, 147 ; Cavaillon, 153 ; L'Isle, 153 ; Valréas, 157 ; Embrun, 163 ; Grasse, 176 ; Cannes, 176 ; Nice, 188.
Capucines : à Brignoles, 7 ; Marseille, 95.
Caramy : N.-D., 38 ; St-Jean, 12.
Carausac : St-Barthélemy, St-Gilles 151.
Carcès : Ste-Marguerite, 38, 206.
Carluce : N.-D., 28.
Carmélites : à Aix, 7 ; Arles, 80 ; Marseille, 95 ; Avignon, 131 ; Carpentras, 148 ; Cavaillon, 153.
Carmes : à Aix, 6 ; Pertuis, 7 ; Istres, 7 ; Barjols et Luc, 33 ; St-André d'Estoublon, 59 ; Manosque, 67 ; Arles, 80 ; Marseille, 95, 96 ; Mazargues, 96 ; Aygalades, 96 ; Orange, 114 ; Toulon, 124 ; Avignon, 131 ; Carpentras, 147 ; Cavaillon, 153 ; N.-D. des Lumières près Goult et Nice, 187, 188.
Carniol : St-Vincent, 28.
Caromb : N.-D., 149.
Carres : N.-D., 199.
Carrier : N.-D., 15.
La Castagne : Ste-Madeleine, 126.
Le Castellard : Ste-Madeleine, 53.
Castellane : N.-D., St-André, St-Victor, 194.
Le Castellet : Ste-Croix, 28 ; St-Pierre, 62 et 174 ; St-Michel, 16 ; N.-D., 111.
Castillon : St-Martin, 29, 91 ; St-Etienne, 195.
Caudaraza, 189.
Caudus longa. Cf. Collongue.
Caumont : St-Symphorien, 155.

Cavaillon : St-Jean, 154 ; St-Sixte, St-Julien, St-Pierre, St-Phalet, 155.
Calconum. Cf. Saléon.
Célestins : Avignon et Gentilly, 136-138.
La Celle, 9-10.
Celle-Roubaud, 43.
Celle : St-Pierre, 43.
Ceredum. Cf. Serres.
Cereste, *Cederesta* : St-Sauveur, 28.
Cersors, 120.
Ceyreste : N.-D., 110.
Chabestan : N.-D., 51.
Chabottes : N.-D., 51.
Chalais, 49.
La Chalp : N.-D., 166.
Chamaret : St-Barthélemy, 119.
Chantemerle : St-Maurice, 119.
Chardavon, 50.
Chartreux : à Aix, 6 ; La Verne, 33 ; Durbon, 49 ; Marseille, 95 ; Montrieux, 96 ; Villeneuve, 132 ; Bonpas, 154.
Chasteuil : St-Martin, 195.
Château-Arnoud, 70.
Châteaudouble : St-Martin, 38, 207.
Châteauneuf, 184 ; St-Pons, 61 ; N.-D., 71.
Châteauneuf-Calcernier, 141.
Châteauneuf de Bordette, 158.
Châteauneuf de Gadagne, 155.
Châteauneuf du Rhône, 120.
Châteauneuf-le-Charbonnier, 70.
Châteauneuf-le-Rouge, 13.
Châteauneuf-les-Martigues, 89.
Châteauneuf-Miravail, 70.
Châteaurenard : St-Pierre, St-Honorat, St-Sulpice, 141.
Château-Redon, 61.
Château-Royal : St-Paul, 126.
Châteauroux : Ste-Croix, St-André, 125.
Châteauvert : St-Sauveur, 13.
Châteauvieux, 92.
Chaudol : St-Pierre, St-Martin, 171.
Chaudon : N.-D., 195.
Chauvet : St-Pierre, 61.
Chemin : N.-D., 41.
Chenevilles : St-Flaurent, 61.
Chorges : St-Victor, St-Sépulcre, St-Denis, 165.
Cians : N.-D., 192.
Cigoterium. Cf. Sigotier.
Cigoerium. Cf. Sigoyer.
Cilianum. Cf. Seillans.
Cimira, 194.
Cimiez : N.-D., 188.
La Ciotat : N.-D., 111.
Cipières : St-Mayeul, 184.
Citharista, 110.
Claire-Combe, 49.
Clansayes : St-Michel, 120.
Clarisses : à Aix, 7 ; Apt, 24 ; Manosque, 67 ; Arles, 80 ; St-Remy et Tarascon, 81 ; Marseille, 95 ; St-Cannat, 95 ; Toulon et Hyères, 124 ; Avignon, 131 ; St-Remy, 133 ; L'Isle, 153 ; Nice, 188.
Clars : N.-D., 45.
Clausonne : N.-D., 49.
Cléoux : N.-D., 40, 212.
Clermont : N.-D., 27.
Clocher : St-Etienne, 38.
Clochers : N.-D., St-Apollinaire, 171.
Clumane : St-Honorat, St-Benoit, St-Augustin, 61, 195.
Coaraze : St-Jean, 189.
Codous : St-Martin, 45.
Cogolin : St-Sauveur, 38, 207.
Colle : N.-D., 174.
Collobrières : St-Pons, N.-D., St-Martin, 126.
Collongue : *Caudus longa* : St-Pierre, 19.
Colmars : St-Martin, 195.
Colonzelle : St-Pierre, 120.
Comes, 189.

Comps : N.-D., 89, 39.
Contes, 189.
Corbières : St-Sébastien, 13.
Cordeliers : à Aix, Brignoles et Istres, 7 ; Apt, 24 ; Draguignan, Fréjus, Carcès et Ste-Catherine des Arcs, 33 ; Gap, 49 ; Riez, 59 ; Sisteron et Forcalquier, 67 ; Manosque, 67 ; Orange, 114 ; Hyères et Ollioule, 124 ; Avignon, 131 ; Barbentane et Noves, 132 ; St-Remy et Tarascon, 132 ; Carpentras, 147 ; Caromb, 148 ; Vaison, 157 ; Embrun, 163 ; Briançon, 164 ; Digne, 170 ; Grasse, 175 ; Antibes, 176.
Corei, 226.
Cornillon : St-Michel, 51 ; N.-D., 89.
Correns : N.-D., 89.
La Coste : N.-D., St-Trophime, 28.
Costebelle : St-Marcel, 116, 69.
Cotignac : N.-D., St-Martin, 39, 209.
La Couche : St-Michel, 167.
Coudonier : N.-D., 40.
Courmes : Ste-Madeleine, 199.
Courségoules : Ste-Madeleine, 199.
Courthézon : St-Martin, 141.
Courtines : N.-D., 54.
Cousson : St-Michel, 171.
Crau : St-Martin, 91.
Credulio, 149.
Creisset : Ste-Magdeleine, 62.
Crestet : St-Sauveur, 158.
Crillon : St-Romain, 149.
Croagnes : St-André, 30.
Croc : St-Martin, 120.
Crotons : N.-D., 198.
Cruis, 68.
Cucurron : Saint-Victor, Saint-Cyr, 13.
Cuers : St-Martin, St-Laurent, 123, 126.
Cugnum, 167.

D

Dalmas-le-Selvage, 191.
Dane, *Adana* : St-Victor, 14.
Dauphin : St-Patrice, St-Sauveur, 70.
La Daurade : N.-D., 43.
Demandolx : St-Julien, 195.
Descensa : N.-D., 127.
Deux-Frères : St-Jean-Baptiste, 200.
Digne : St-Vincent, 170.
Doctrinaires : à Aix, 7 ; Draguignan et Saillans, 34 ; Orange, 114 ; Avignon, 131 ; Bédarides et Tarascon, 133 ; L'Isle, 153 ; Senez, 193 ; Vence, 198.
Dominicains : à Aix, 6 ; Cadenet, 7 ; Fréjus et Draguignan, 33 ; Gap, 49 ; La Baume-lès-Sisteron, 67 ; Arles, 79 ; Tarascon, 81 ; Marseille, 95 ; St-Zacharie et Ste-Baume, 96 ; Orange, 114 ; St-Paul-Trois-Châteaux, 118 ; Visan, 118 ; Avignon, 131 ; Carpentras, 147 ; Bedouin, 148 ; Sault et Cavaillon, 153 ; Vaison, 157 ; Buis, 157 ; Briançon, 164 ; Grasse, 175 ; Nice, 187.
Dominicaines : à Aix, 7 ; St-Maximin, 7 ; Fréjus, 34 et 35 ; Marseille, 96 ; Avignon, 131.
Donzère : N.-D., 120.
La Dorée : N.-D., 199.
Douzard : St-Pierre, 57.
Draguignan : St-Hermentaire, St-Etienne, N.-D., 39, 210.
Dromons : St-Géniès, 51.
Dujon, 136.
Durban : St-Michel, 115.
Durfort : St-Jean, 151.

E

Edena. Cf. Ardane.

Eguilles, *Arquilla* : St-Jean, St-Julien, N.-D. de Pitié, 13.
Embrian : N.-D., 43, 228.
Embrun : St-Saturnin, 165.
Empuriæ. Cf. Ampus.
Entrages, 171.
Entraigues : St-Pierre, 142 ; N.-D., 196.
Entraygues : N.-D., 167.
Entrecasteaux : St-Antonin, N.-D., 40, 210.
Entrechaux : St-Laurent, 158.
Entremont : St-Pierre, 89.
Entrevaux : St-Michel, 173.
Entrevennes : N.-D., St-Pierre, 62.
Eoures : N.-D., 109.
L'Epine, 53.
L'Escale : N.-D., 53 ; St-Michel, 87.
L'Escarène : St-Pierre, 190.
Esclans : St-Romain, 37, 216.
Esclapon : St-Nicolas, 43, 217.
Escragnolles : St-Clair, 184.
Esparron : St-Paul, 51.
Esparron de Pallières, 13.
Esparron de Verdon, 62.
Espavant : N.-D., 56.
L'Espeil : N.-D., 28.
Espeluche : St-Etienne, 120.
Esperel : Ste-Madeleine, 43.
L'Espinar : N.-D., 37.
L'Espinassole : N.-D., 42.
Espinousse : N.-D., 51, St-Jacques, 62.
L'Estang : N.-D., 15.
Estelle : St-Denis, 65.
Estoublon : St-Pierre, 62.
Etoile : St-Antoine, 52.
Evenos : St-Martin, 126.
Eygualières : St-Laurent, 142.
Eyguians, 52.
L'Eyguières : N.-D., 54 ; Ste-Magdeleine, 142.
Eyragues : Ste-Maxime, 142.
Eze : St-Laurent, 189.

F

Fabrèges, 36.
Faillefeu : N.-D., 171.
Falicon : N.-D., 189.
La Fare : St-Cristophe et Cirgue, 158.
Faucon : N.-D., 166 ; St-Germain, 158.
Favaric : St-Pierre, 18.
Favas : N.-D., 204 ; St-Michel, 37.
Fayence, *Favantiæ* : N.-D., 40.
Felauria, 91.
Fenêtres : N.-D., 191.
Les Ferres : N.-D., St-Martin, 174.
Ferrières : St-Louis, 90.
Feuillants : à Aix, 8 ; Marseille, 109.
Figanières : St-Blaise, 40, 211.
Fiossac : St-Martin, 17.
Flassan : N.-D., 149.
Flassans : N.-D., St-Bernard, 40, 211.
Flayosc : St-Laurent, St-Pierre, N.-D., 49.
Floresia. Cf. Thoronet.
Floriège, 34.
Fodilz : St-Jean, 71.
Folyairetum, 137.
Fontienne : St-Pierre, 70.
Fontvielle : St-Victor, 89.
Fontvineuse : N.-D., 55.
Forcalquier : SS. Promasse, Maurice et Romain, 71.
Fos-sur-Mer, 89.
Fourques : St-Geniès, St-Martin, 89.
Fours : N.-D., 145.
Foux : St-Jean, 195.
Franciscains : à Reillane, Tourves, La Tour d'Aigues, St-Pierre de Canon et Trets, 7 ; Draguignan, 40, Arles, 79 et 80 ; Salon, St-Remy et Tarascon, 81 ; Marseille, 95 ; Aubagne, 96 ; Avignon, 131 ; Monteux, 148 ; Valréas, 157.

Franciscaines : à Pertuis, 7 ; Villeneuve, 133.
Freinet, *Fraxinum* : St-Pons, St-Martin, 41, 215.
Fréjus : St-Raphaël, 40.
Frigolet : St-Michel, 141.
Le Fugeret : St-Pons, 173.
Fucellum. Cf. Fuveau.
Fuveau : St-Michel, 13.

G

Gailet : N.-D., 19.
Ganagobie : 15, 69.
Gap : St-André, St-Arey, St-Mains, 50.
Garcinières : St-Jacques, 39.
Gardane : St-Pierre, St-Baudile, 14.
La Garde, 29 ; N.-D., 109, 195 ; St-André, 38, 207 ; St-Michel, 121.
La Garde-Adhémar, 121.
La Garde-Paréol, 116.
Gardolon : N.-D., 189.
Garéoult : N.-D., St-Médard, St-Antoine, St-Étienne, 14.
Gargas : St-Pierre, 28.
Gargaya. Cf. Jarjayes.
Gassin : St-Laurent, 41.
Gast : St-Michel, 191.
Gattières : St-Nicolas, St-Étienne, N.-D., 199.
Gau : St-Jean-Baptiste, 43, 221.
Gaubert : St-Pierre, N.-D., 171.
La Gaude : St-Pierre, 199.
Gazan : St-Pierre, 145.
Gémenos : St-Pons, 107, 111.
S. *Georgius*, 171. Cf. St-Juers.
Gerles : N.-D., 14.
Gevada, 171.
Gignac : N.-D., St-Romain, 28 ; St-Michel, 89.
Gigognan : St-Martin, St-Vincent, 145.

Gigors : N.-D., St-Jean, 166.
Gilete : St-Pierre, 199.
Glandèves, 172.
Goiron : St-Michel, 14.
Gonfaron : St-Pons, 41, 212.
Gontard : St-Victor, 15.
Gordes : St-Chaffre, St-Trophime, 155.
Goult : St-Michel, N.-D., St-Veran, St-Pierre, 155.
Gourdon : St-Vincent, St-Ambroise, 185.
Grainanum, 120.
Grambois : St-Christophe, St-Pancrace, St-Léger, 14.
Grangoune : St-Michel, 39.
Graniceriæ. Cf. Garcinières.
Grans : St-Pierre, 86.
Grasse : St-Honorat, 184.
La Grasse, 59.
Gratemoine : N.-D., 45, 227.
Graveson : N.-D., 142.
Gréasque, 14.
Gréollières, 199.
Gréoult : N.-D., 62.
Grès : St-Étienne, 91 ; St-Jean, 89.
Grignan, 120.
Grillon, 120.
Grimaud : St-Michel, St-Pons, 41, 214.
Grozel : N.-D., Ste-Magdeleine, St-Baudile, 159.
Guarimbodium. Cf. Grambois.
Guillestre : N.-D., 166.

H

Heraz, 126.
Horts : St-Martin, 56.
Huveaune : N.-D., 106.
Hyères, 123 et 126.

I

Insula, 156.

Ilon : St-Laurent, 189.
L'Isle : St-Véran, St-Pancrace, La Trinité, St-Gervais, 156 ; St-Victor, 128.
Isola : St-Pierre, 189.
Istres : St-Pierre-de-la-Mer, 14.

J

Jarjayes : St-Pierre, St-Martin, 52.
Jarnèges : St-Antoine, 145.
La Javie : N.-D., 171.
Javon : St-Pierre, 150.
Jésuites : à Aix, 7 ; Apt, 24 ; Fréjus, 33 ; Arles, 80 ; Marseille, 95, Toulon, 124 ; Avignon, 131 ; Carpentras, 147 ; Embrun, 163 ; Digne, 170.
Jonquerettes : St-Martin, 142.
Jonquières : St-Geniès, 90.
Jonquières-Saint-Vincent, 90.
Jouques : St-Pierre, 14.
Jovina, Joyna. Cf. Vaugines.
Jujon, 136.
Julians : St-André, 112.

L

Ladier : St-Pierre, 52.
Laguenis : St-Julien, 65.
Lagnères, 65.
Lagrand : N.-D., 52.
Lagrenas : N.-D., 12.
Lambesc : La Trinité, SS. Gervais et Protais, 14.
Lançon : St-Cyr, 15.
Lansac : St-Pierre, St-Gabriel, St-Philippe, 90.
Lanson : St-Pierre, 121.
Lantosque, 190.
Laupjubeo : St-Léger, 55.
La Laure : N.-D., 42.

Lauris, N.-D., St-Projet, 15.
La Lauzade : N.-D., 42.
La Lauze : N.-D., 159.
Laval : N.-D., 92.
Lavelan : N.-D., 12.
Lavercq : St-Maurice, 167.
Lazaristes : à Manosque et Lure, 67 ; Avignon, 131.
Lazer : St-Georges, 53.
Lemps, Lencium, 53.
Lentium, 190.
Leonica. Cf. Lorgues.
Lérins, 32, 176-183.
Lespinasse : N.-D., 55.
Leucus, 150.
Levenon : St-Donnin, 45.
Levens : N.-D.-des-Prés, St-Blaise, St-Antoine, 190.
Levens : St-Barnabé, 63.
Lieuche : St-Ferréol, 190.
Liniens, N.-D., 20.
Lioux : N.-D., St-Lambert, 150 ; St-Roman, 29.
Lirac : St-Pierre, 142.
Lorgues : St-Barthélemy, St-Ambroise, St-Martin, 43.
Loriol : St-Pierre, 150.
Loude, 190.
Lourmarin, Lucus Marinus, 15.
Le Luc : Ste-Catherine, St-Pierre, St-Jean, Ste-Magdeleine, 42, 219.
Luceram : N.-D., 190.
Lure, 67.

M

Magagnosc : St-Laurent, 184.
Maillane : St-Pierre, N.-D., 90.
Majastres : St-Pierre, 63.
Les Majouls : St-Sépulcre, 174.
Malaucène : N.-D., 159.
Malaussène : St-Pierre, 174.
Malavieille : St-Martin, 42.
Malefougasse : St-Jean-Baptiste, 71.

Malemort : N.-D., 150.
Malemoisson, 171.
Mallemort : N.-D., 15.
Malvans, 198.
Manancha, 25.
Mandauois : N.-D., 53.
Mane, 69 ; St-André, St-Laurent, 71.
Mannamum, 171.
Le Manon, 142.
Marcoux : St-Raphaël, 171.
Marices : Cf. Meyrigues.
Marie, 190.
Marignane : St-Victor, 90.
Marseille : St-Sauveur, 106 ; Ste-Cécile, Ste-Marguerite, St-Giniez, St-Julien, St-Just, St-Laurent, St-Lazare, etc., 109.
Martigues, 90.
Massoins, 190.
Maubec : St-Pierre, 156.
Mausolée : St-Paul, 144.
Maussane, 91.
Mazan : St-Donat, SS. Celso et Nazaire, 150.
Mazauges : N.-D., St-Christophe, 15.
Méaille : St-Pierre, 174.
Medena : St-Pierre, 115.
Meduhlio : Cf. Mévouillon.
Medullæ, 174.
Les Mées, *Mediæ*, 63.
Mégerest : N.-D., St-Pierre, 15.
Meireste : St-Maurice, 62.
Méjanes : N.-D. 145 ; St-Pierre, 88.
Melve : N.-D., 53.
Ménémènes : St-Antoine, 156.
Menerbes, 25, 156.
Méounes : N.-D., 112.
Merci (Religieux de la) : à Aix, 7 ; Marseille, 96 ; Toulon, 124 ; Senez, 193.
Les Méthamis : St-Denis, Ste-Foi, 150.
Mévouillon : St-Arey, 53.
Meynes, 90.

Meyrargues : St-André, 15.
Meyras : N.-D. des Anges, 150.
Meyreuil, *Mirolium*, 15.
Meyrigues : N.-D., 30.
Mézargues : St-Pierre, 141.
Mézel : St-Vincent, 63.
Mimet : St-Sauveur, N.-D. des Anges, 15.
Minimes : à Aix, 6 ; Pourrières, 7 ; Fréjus et Draguignan, 32 ; Fayence, 33 ; Mane, 67 ; Arles, 80 ; Marignanes, 81 ; Marseille, 95 ; La Ciotat, 96 ; Aubignan, 114 ; Toulon, Borme et Valette-du-Var, 124 ; Avignon, 131 ; L'Isle, 153 ; Nice, 188.
Mirabeau : St-Michel, 16 ; St-Jean, 53.
Mirabel, 159.
Miramas : St-Pierre, 41, 90.
Miravals : St-Clément, 41.
Mison : N.-D. de la Baume, 53.
Mizons : N.-D., 17.
Modène : N.-D., 150.
Moissac : N.-D., 63.
Mollens : N.-D., St-Michel, St-André, St-Marcel, 159.
Mollèges : N.-D., St-Pierre, 86, 26.
Molnæ, 112.
Momelanii, 150.
Monaco : N.-D., Ste-Dévote, St-Martin, 191.
Monasteriolum. Cf. Castillon.
Mondragron, 114, 116.
Le Monestier de Briançon, 166.
Le Monetier-Allemont, 53.
Monieux : St-Pierre, St-Michel, 150.
Monistrol : St-Pierre, 149.
Mons : St-Marcellin, St-Martin, 43, 221.
Mons Romaldi : N.-D., 195.
Monsalliers, 27.
Mont : N.-D., 110.
Montagnac : N.-D., 63.

Montauban : N.-D. de St-Quentin, 63.
Montault : N.-D., 146.
Montauroux : St-Barthélemy, St-Michel, 45.
Montbrand : St-Georges, 53.
Montéglin : Ste-Marguerite, 54.
Monteux : St-Hilaire; St-Martin, 150.
Montfaucon : St-Gilles, 143.
Montfavet : N.-D., 143.
Montferrat : St-Michel, 43, 222.
Montfort, 69, 72.
Montfroc, 72.
Montfuron, 16.
Montjay : N.-D., St-Martin, 54.
Montjoyer : St-Paul, 121.
Montlaux : St-Jacques, St-Christophe, 72.
Montmajour, 82.
Montmaur : St-Pierre, 54.
Montmeyan : N.-D., 15.
Montsalier, 72.
Montségur : St-Amand, St-Jean, 121.
Mont-Sion, 107.
Morianum. Cf. Istres.
Moriez : St-Martin, St-Maximin, Ste-Magdeleine, 195.
Morières : St-André, 143.
Mormoiron : St-Laurent, 151.
Mornas : N.-D., 116.
La Mote d'Aigues : St-Jean, 15.
La Motte, 41, 119, 121, 215.
Mouans : St-André, St-Martin, 185.
Mougins : St-Pierre, St-Martin, 185.
Moulanès, 168.
La Moure, *Mola* : N.-D., 41, 216.
Mouriès : St-Jacques, N.-D., St-Romain, 91.
Mousteiret, 171.
Moustier : N.-D., 149.
Moustier-Sainte-Marie, 63.
Mugili, 174.

La Mure : N.-D., 195.
Murmurio, 151.
Murs : St-Loup, 151.
Mulina, 150.
Le Muy, *Modium* : St-André, St-Cassien, St-Léonce, 42, 219.

N

Nans : SS. Sébastien et Laurent, 112.
La Napoule, *Avinio* : N.-D., St-Pierre, 41, 217.
Natx, 112.
Nazareth : N.-D., 16.
Néoules : St-Jean, 127.
Ners, 112.
Nice : Ste-Réparate, 188.
Niozelles : St-Marcellin, 72.
Nonnula, 127.
Nossage, 52.
Notre-Dame-des-Grès, 148.
Noyers : N.-D., St-Nazaire, St-Julien,
Nyons : St-Césaire, 159.

O

Oira, 190.
Olive : St-Pierre, 199 ; N.-D., 63.
Olivula : N.-D., 192.
Ollières : Ste-Anne, 16.
Ollioules : St-Laurent, St-Jacques, St-Joseph, St-Nazaire, 127.
Olonne : St-Jean, 160.
Ongran : St-Siméon, 190.
Opio : St-Trophime, 185.
Orange : St-Eutrope, St-Florent, Ste-Eulalie, St-Quartillo, 115 ; N.-D. du Puy, 26.
Oratoriens : à N.-D. des Anges, Pertuis et Aix, 7 ; Cotignac et Aups, 34, 36 ; Arles, 80 ; Salon, 81 ; Marseille, 95 ; La Ciotat, 96 ; Toulon, 124 ; Cavaillon, 153 ; Grasse, 176.

Orgon : N.-D., 143.
Orpierre : St-Martin, St-Vincent, 54.
Ourbès : St-Martin, 63.

P

Palais : St-Pierre, 120.
Palayon : N.-D., 44.
Palleirosc : St-Blaise, 63.
Pallières : St-Martin, 18.
La Palud : St-Pierre, 121. Cf. 91.
Parans : N.-D., 173.
Palernæ, 151.
Pégomas : N.-D., St-Pierre, 185.
Peille : N.-D., 190.
Peillon : Ste-Tècle, 190.
Peipin, *Podium pini*, 72.
Pélissane : St-Laurent, 16.
Pelonne : Ste-Appollonie, 54.
La Pelotte : St-Martin, 200.
Pennafort, 38, 205.
La Penne : St-Gervais, 106 ; N.-D., 158, 174.
Les Pennes, 111.
Pernes : N.-D., St-Pierre, St-Victor, St-Philippe, 151.
Pertuis : St-Pierre, St-Nicolas, N.-D. des Prés, St-Martin, 16.
Petrolæ, 195.
Peuple : N.-D., 37.
Peynier, *Podium nigrum* : St-Julien, 16.
Peypin, 69, 112.
Peyresq, 174.
Peyroules : St-Pons, St-Jean, 195.
Peyruis, 69, 72.
La Piarre : N.-D., 52.
Pibreisson : SS.-Philippe et Jacques, 45.
Pichauri, 112.
Picpuliens : à Aix, 7 ; Avignon, 131.
Piégon, 159.
Pierrefeu : St-Jean, St-Colomban, 127.

Pierrelatte : St-Jean, Ste-Foy, 121.
Pierrevert : N.-D., St-Michel, St-Jean, Ste-Marguerite, 72.
Pignans, 35.
Pilia, 190.
Pin : St-Pierre, 12 ; N.-D., 51.
Piol : N.-D., 126.
Piolenc : St-Pierre, 116.
Placassier : St-Pancrace, 184.
Plaisians : St-Blaise, 54.
Plan : N.-D., 15, 40, 63, 64, 192, 194, 196.
Le Plan d'Aups : St-Jacques, 111.
Plèbe : N.-D., 203.
Pleins-Champs : N.-D., 63.
Podiolanum, 116.
Podium Almeratium, 160.
Podium Altum, 143.
Podium auri, 112.
Podium Guigo, 159.
Podium pini, 112.
Le Poët-Sigillat, 71.
Pogit-Temas, 174.
Le Poil, *Pirus* : St-Laurent, 62.
Pomeirol : N.-D., 14.
Pommerol : St-Pierre, St-Roman, 54.
Pommiers : N.-D., 53.
Ponteves : SS.-Gervais et Protais, 44.
Pontis, 167.
Pourcieux, *Porcilii*, 16.
Pourrières : St-Trophime, 17.
Propriac : N.-D., 160.
Proyas : St-Denis, 160.
Prunières, 167.
Psalmodi, 67.
Puget-Figette : St-Pierre, 174.
Le Puget-près-Cuers, 127.
Puget-Théniers, 174.
Pujaut : St-Jacques, St-Verédème, 143.
Puy : St-Jean, 19.
Puygiron : St-Bonnet, 121.

Puyloubier : *Podium Imperium*, 17.
Puymeras : St-Michel, St-Georges, 160.
Puyricard : N.-D., St-Jacques, 17.
Puy-Servier : N.-D., 56.

Q

La Queste : N.-D., 41.
La Quintine : St-Paul, 148.
Quintiniacum. Cf. Cotignac.

R

Rac : St-Jean-Baptiste, 121.
Raillerne : St-Suffren, 20.
Ramières : St-André, 157.
Raymplatium, 190.
La Réale : N.-D., 15.
Réauville : Ste-Madeleine, 121.
Récollets : à Aix, 7 ; Apt, 24 ; Bonnieux, 24 ; Forcalquier et N.-D. des Anges près Cuers, 67 ; Marseille, 95 et 96 ; Bollène, 118 ; Toulon, 124 ; Hyères et Cuers, 124 ; Eyguières, Roquemaure et Villeneuve, 132 ; Mazan, 148 ; Nyons, 148 ; Briançon, 164 ; Digne, 170 ; Nice, 188.
Redons, 110.
Reilhanette : St-Michel, St-Hippolyte, 54.
Reillane : St-Mitre, St-Pierre, St-Denis, 17 ; St-Maurice, 18.
Remollon : St-Pierre, N.-D., 167.
Renacas : St-Martin, 73.
Revel : St-Jacques, 167.
Revest : St-Jean, 174 ; St-Maxime, 184 ; N.-D., 13, 72 ; St-Pierre, 44, 192, 224.
Revest-Enfangat : St-Martin, 72.
Le Revest de Toulon : St-Antoine, 127.

Reynier : St-Maurice, 36, 202.
Rians : N.-D., 17.
Ribalus, 112.
Riboux, 112.
Richerenches : N.-D., 121.
Riez : St-Etienne, 64.
Rimplas, 190.
Roaix : N.-D., 160.
Robion : St-Trophime, 64 ; St-Maurice, St-Julien et St-Pierre, 156.
Roc : N.-D., 194.
La Roche des Arnauds : St-Pierre, 52.
Rochefort : St-Bertulfe, N.-D., 143 ; St-Blaise, 122.
La Roche-Giron, 71.
Rochegude : St-Julien, St-Denis, 116.
La Roche-sur-Buis, 53.
La Rochette-Chanant, 173.
Rognac : Ste-Magdeleine, 91.
Rognes, *Ronhæ*, 17.
Rognonas : St-Pierre, 144.
Romegas : N.-D., 15.
Romette : St-Pierre. **55**.
Romigier : N.-D., 71.
La Roque : St-Sixte, 88 ; N.-D., 14 ; St-Martin, 191.
La Roque-Alric : St-Michel, 149.
Roquebillière : St-Julien, St-Michel, 191.
Roquebrune : St-Pierre, N.-D., St-Martin, 44, 223.
Roquebrussanne, 17.
La Roque-Esclapon : Ste-Marguerite, La Bastide, St-Éloi, 42.
Roquefavour : St-Honorat, 20.
Roquefort, 185 ; St-Jean, N.-D., 112.
Roquefur : N.-D., 27.
Roque-Martin, 142.
Roquemaure, 144.
La Roque-sur-Pernes, 149.
Roquetaillade : St-Victor, 44.
Roquevaire : St-Vincent, 112.

Roquesparvière, 189.
Roquestéron : N.-D., 174.
La Roquette : Ste-Tècle, 64.
La Roquette du Var, 190.
Rorabelle : N.-D., 53.
Rosans : N.-D., St-André, 55.
Rouet : N.-D., 110.
Rougon : St-Cyr, 64.
Roumoulès : St-Pierre, 64.
Roure, 191.
Roussas, 122.
Roussel : St-Privat, 17 ; St-Pierre 62.
Roussillon : St-Michel, 29.
Rustrel : St-Romans, St-Julien, 26.

S

Sablet : St-Lazare, 169.
Sadum, 145.
Sahune : St-Pierre, St-Jean, 172.
Saint-Agricole, 144.
Saint-Andéol, 144.
Saint-André, 191, 139?
Saint-André-des-Baumes, 165.
Saint-Antonin, 174.
Saint-Auban, 195, 72.
Saint-Ausile, 205, 38.
Saint-Benoit, 174.
Saint-Blaise, 191.
Saint-Bonnet en Champsaur, 55.
Saint-Cannat, 18, 112.
Saint-Cernin, 151.
Saint-Chamas, 91.
Saint-Cristol, 29.
Saint-Cyrice, 55.
Saint-Didier, 151, 29.
Saint-Eusèbe, 23, 24.
Saint-Eutrope, 136.
Saint-Firmin, 55.
Saint-Geniès de Comolas, 144.
Saint-Genis : N.-D., 55.
Saint-Gent, 150.

Saint-Gilles, 25.
Saint-Hippolyte, 151.
Saint-Jaumes, 151.
Saint-Jean de Malte (Chevaliers) : à Aix, 7 ; Gap, Remollon et Tallard, 49 ; Arles, 81 ; Avignon, 131 ; Cavaillon, 154.
Saint-Jean-du-Bourg, 148.
Saint-Jeannet, 64.
Saint-Juers, 54.
Saint-Julien-le-Montagner, 64.
Saint-Jurson, 171.
Saint-Laurent, 138, 210.
Saint-Laurent-des-Arbres, 144.
Saint-Léger, 160.
Saint-Lyons, 196.
Saint-Maime, 73.
Saint-Marcel-aux-Aiguillères, 154.
Saint-Martial, 138.
Saint-Martin, 25.
Saint-Martin-lez-Seyne, 167.
Saint-Maximin, 18.
Saint-May, *Marius*, 73.
Saint-Michel, 73.
Saint-Mitre, 18, 91.
Saint-Pantaléon, 122.
Saint-Paul, 200.
Saint-Paul-les-Durance, 18.
Saint-Pierre-du-Puy, 114.
St-Pierre en Demueys, 38.
Saint-Pons, 188.
Saint-Pons de Nice, 23.
Saint-Raphaël, 122.
Saint-Remy, 81.
Saint-Restitut, 122.
Saint-Restitut de Gelline, 39.
Saint-Romain-en-Viennois, 160.
Saint-Saturnin d'Apt, 29.
Saint-Saturnin-lez-Avignon, 144.
Saint-Sauveur, 73, 191.
Saint-Savournin, 18.
Saint-Symphorien, 55.
Saint-Trinit, 73.
Saint-Tropez, 44, 224.

Saint-Vallier, 185.
Saint-Véran, 139.
Saint-Victor de Marseille, 96-106.
Saint-Vincent, 73.
Saint-Zacharie, 18, 108, 112.
Sainte-Anastase, 127.
Sainte-Catherine, 140.
Sainte-Catherine d'Apt, 26.
Sainte-Croix d'Apt, 26.
Sainte-Croix de La Lauze, 18, 30.
Sainte-Magdeleine, 148.
Saintes-Maries, 91.
Sainte-Paule, 106.
Sainte-Tècle-sur-Drac, 190.
Sainte-Tulle, 72.
Selangola, 184.
Selannum : Cf. Esclans.
Seignon : N.-D., St-Donat, 29.
Saisini : Cf. Seyssons.
Salagon : N.-D., 71.
Salceti, 167.
Saléon : St-Sauveur, 55.
Salernes : St-Pierre, Ste-Catherine, St-Antoine, St-Trophime, N.-D. de Pitié, 44.
Sales : N.-D., 60 ; St-Jean, 17.
Salctes : N.-D., 189.
Salignac : St-Clément, 55.
Salins d'Hyères, 127.
La Sallade : N.-D., 128.
Sallagriffon : St-Pons, Ste-Marguerite, 174.
La Salle, 109.
Salles : N.-D., 38, 208.
Salleta : Cf. Verdon.
Salloc : N.-D., 170.
Salon, 81, 92.
Sambuc : St-Lambert, 20.
Sanes, 20, 11.
Sarrians, 115, 116.
Sarson : St-André, 120.
Sartoux : St-Martin, 185.
Saujan : St-Jacques, 89.
Sault : N.-D., 17.

Saumane : St-Pons, 73.
Saumanes : St-Trophime, St-Julien, 156.
Sauvecane : Cf. Silvacane.
Sauveterre : St-Jean-Baptiste, St-Agricole, 144.
Le Sauze : St-Martin, 167.
Savines : St-Florent, 167.
Saze, 145.
Sazena, 166.
Séderon : N.-D. la Brune, 56.
Séguret : St-Just, St-Pasteur, 160.
Seillans : N.-D., St-Martin, 44, 225.
Seillons : St-Pierre, 19.
Sellonet, 167.
Sénanque, 136, 154.
Senas : St-André, 145, 155 ; St-Laurent, 19.
Sénos : St-Pierre, 119.
Séon-Saint-André, 110.
Séoules : N.-D., 199.
Séramon : St-Michel, Ste-Catherine, 45, 226.
Serignan : St-Étienne, St-Marcel, 116.
Serre : N.-D., 54.
Serres : St-Martin, 148 ; St-Arey, 56.
Serret : N.-D., 195.
Serrières : St-Jacques, 52.
Servites : à Aix, 7 ; Lorgues, 33 ; Marseille, 95 ; La Ciotat, 96.
Sevenon : N.-D., 40.
Seyssons, *Saisini* : St-Pierre, 18.
Siège, *Segia* : St-Jean, 19.
Signe, 112.
Sigonce, 69, 73.
Sigotier : St-Laurent, 56.
Sigoyer : St-Laurent, 56.
Sigumanna, 173.
Silvacane, 4 (note), 7, 25.
Silvéréal, 86.
Siniane : St-Pierre, 30 ; N.-D., 19.
Sivergues : St-Trophime, 30.
Six-Fours, 123, 127.

Soleilhas : N.-D., 196.
Solliès-la Farlède, 128.
Solliès-Pont : Ste-Trinité, St-Nicolas, St-Michel, 128.
Sorgues : N.-D., 145.
Sorguettes : N.-D., 156.
Sorps, 60.
Sospel, 191.
Sourribes : St-Pierre, 50, 170.
Sousquières : N.-D., 12.
Spéluque : N.-D., 36, 43, 202, 222.
Suane : N.-D., 51.
Sueuil : St-Martin, 61.
Suze-la-Rousse, 122.

T

Taillades, 155.
Taillas : St-Pierre, 62.
Tallard : St-Grégoire, 56.
Tanneron : St-Cassien, 45, 228.
Taradel : St-Martin, 45, 229.
Tarascon : Ste-Marthe, 81 ; St-Honorat, 139 ; St-Nicolas, St-Aloan, St-Lazare, 145.
Tavels : St-Ferréol, 145.
Tavernes : St-Cassien, St-Maxime, 64.
Temple : St-Étienne, 17.
Terme : St-Pierre, 140.
Thèse : N.-D. de Bellevue, 56.
Thiéry : N.-D., 191.
Thoard : St-Etienne, St-Martin, 171.
Le Thor : N.-D., St-Pierre, St-André, St-Michel, St-Martin, 155.
Thoranne : N.-D., St-Etienne, 196.
Thorenc : N.-D., 199.
Le Thoronet, 34.
Thoulourenc : St-Pierre, 159.
Thoussis : St-Pierre, 30.
Thouzon : N.-D., 156.
Le Tignet : St-Hilaire, 185.
Tinée : St-Etienne, 191.
Torcular, 144.

Torrivi. Cf. Tourves.
Torundam : Cf. Thoronet.
La Touche : St-Jean, 121.
Toudon : St-Jean-Baptiste, 174.
Touet de Beuil, 191.
Touet de l'Escarène, 191.
La Tour, 190.
Tourette de Levens, 191.
Tourettes : SSts-Simon et Jude, 45, 229.
Tourettes-les-Vences, 200.
Tournefort, 191.
Tournefort : Ste-Marie, 52.
Tourrettes : St-Pierre, 27 ; St-Esprit, 120.
Tourtour : St-Denis, 45, 230.
Tourves, *Torrivi* : St-Maurice, St-Etienne, St-Jean, St-Probace, 19.
Tragilæ : Cf. Taillas.
Tralans : St-Martin, 13.
Trans : St-Victor, 45, 231.
Travaillans, 116.
Tresclcoux, 56.
Trets, *Trilum* : La Trinité, N.-D., St-Pierre, St-André, Ste-Cécile, 19, 17.
Trinitaires : à Aix, 6 : St-Quinis, 7 ; Lambesc, La Verdière et Brignoles, 7 ; Lorgues et Luc, 33 ; Arles, 79 ; Marseille, 95 et 96 ; La Cadière, 96 ; Avignon, 131 ; St-Rémy et Tarascon, 133 ; Digne, 170.
Trivolaneis : Cf. Tralans.
Truchelum : 171.
Truel : St-Sauveur, 144.
Tudette, 160.

U

Ubaye : Ste-Magdeleine, 168.
Ubraye : St-Martin, 174.
Uchaux : St-Michel, 116.
Ulmalum : Cf. Aumades.
Ulmetum, 86.

Ulmo : St-Pierre, 185.
Umbrianus : Cf. Embrian.
Upaix : St-Andriol, St-Jacques, 56.
Ursulines : à Aix, Pertuis, Brignoles et Lambesc. 7; Apt, 24; Pignans, Barjols, Aups, Lorgues, Draguignan, 34 ; Gap, 49; Riez, 59; Valensoles, 59; Sisteron, 67, Arles; 80 ; Marseille, 96; La Ciotat, 96 ; Aubagne, 96; Bollène, 118 ; Toulon, 124; Cuers, 124; Avignon, 131 ; St-Rémy et Tarascon, 133 ; Carpentras, 148 ; Caromb, 148 ; Pernes, 148; Cavaillon, 153 ; L'Isle, 153; Valréas, Malaucène et Buis, 157; Briançon, 164 ; Digne, 170 ; Grasse, 176.
Urtis : St-Maxime, 56.
Utelle, 191.
Uvernet, 168.

V

Vabonette, *Vallis bonita*, 13.
Vachères : St-Christophe, St-Gilles, St-Laurent, Ste-Eulalie.
Vacqueyras : St-Barthélemy, 116.
Val : N.-D., 19.
Valar : St-Paul, 88.
Valauric : St-Martin, 122.
Valavoire : N.-D., 73.
Valbelle : St-Sauveur, 73.
Val-Benoît, 67.
Valbonne, 185.
Val de Blore, 192.
Val de Grâce (à Paris), 10.
Val de Roure : St-Benoît, 45.
Valensoles, 59.
Valernes : St-Arey, 56.
La Vallette : St-Jean, Ste-Cécile, 127.
Vallauris : N.-D., 45, 186, 231.
Vallis læta, 127.

Vallis puta, jarentonna, 160.
La Vallouise, 166.
Valmoissine : N.-D., 36.
Valréas : St-Vincent, 160.
Valsainte, 13, 25.
Valserres : St-Maurice, 56.
Valvert : N.-D., 196.
Vans : N.-D., 149.
Vaquières : Ste-Foi, 91.
Varages : St-Pierre, 65.
Vassols : St-Pierre, 149.
Vaucluse : St-Véran, 156.
Vaugines, *Vallis Jovina*, 20.
Vauvert : N.-D., 195.
Vaux : N.-D., 159 ; St-Pierre, 28.
Vedènes : St-Thomas, 145.
Vélaux : N.-D., 92.
Velleron : St-Michel, N.-D., 151.
Velorgues : St-Andéol, 156.
Venanson, 192.
Vénasque : St-Pierre, St-Maurice, 152.
Vence : N.-D. de Pitié, 198.
Venel : St-Pierre, St-Germain, 19.
Venelles, *Velenna nova* : St-Hippolyte, 20.
Ventabren : St-Denis, 20.
Ventavon : St-Laurent, 56.
Venterol : N.-D., 160 ; St-Crépin, 56.
Véras : St-Pierre, 54.
Verdelay : N.-D. 199.
Verdon : Ste-Croix, 64; St-Julien, 196.
Vergons, 196.
Verignon : St-Pierre, 65.
Le Vernel : St-Clément, 171.
Verquières : St-Sépulcre, 146.
Verunis : N.-D., 12.
Verx : N.-D., 191.
Veynes, *Venetium* : N.-D., St-Sauveur, 57.
Vésubie : St-Martin, 191.
Vidauban, 232, 46, 232.

Viens : St-Ferréol, St-Laurent, St-Amance, St-Jean, 30.
Les Vignaux, 167.
Vignières : N.-D., 155.
Vilhosc : St-Gervais, 57.
Villard : N.-D., 52.
Villars : N.-D., St-Jacques, 30 ; St-Jean, N.-D., 192.
Villebruque, 186.
Villecroze : N.-D., 233.
Villefranche : St-Hospice, N.-D., 192.
Villemus, 16, 20.
Villeneuve, 73 ; St-Césaire, 88.
Villeneuve-Loubet : St-Marc, La Trinité, 200.
Villeneuve-St-André, 133.
Villepeys : St-Michel, 44.
Villes : St-Honorat, 152.
Villesèche : St-André, 73.
Villevieille : N.-D., 189, 11.
Vins, Vicini : St-Vincent, 46, 233.
Vinsobre, 160.

Virimanda : N.-D., 173.
Visan : St-Martin, 122.
Visitandines : à Apt, 24 ; Draguignan, 34 ; Sisteron et Forcalquier, 67 ; Arles, 80 ; Tarascon, 81 ; Marseille, 95, 96 ; Toulon, 124 ; Avignon, 131 ; Tarascon, 133 ; Carpentras, 148 ; Embrun, 163 ; Digne, 170 ; 176 ; Nice, 183 ; Senez, 193.
Vitroles : St-Michel, 57.
Vitrolles-lès-Luberon : St-Etienne 20.
Vitrolles : St-Gérard, N.-D., St-Barduffe, 92.
Vituli, 159.
Volx, 67.

Y

Yssarts : St-Julien, 142.
Yvelina, 106.

TABLE DES MATIÈRES

Province ecclésiastique d'Aix

Aix	1
Apt	21
Fréjus	31
Gap	47
Riez	58
Sisteron	66

Province ecclésiastique d'Arles

Arles	75
Marseille	93
Orange	113
Saint-Paul-Trois-Châteaux	117
Toulon	123

Province ecclésiastique d'Avignon

Avignon	129
Carpentras	147
Cavaillon	153
Vaison	157

Province ecclésiastique d'Embrun

Embrun	161
Digne	169
Glandèves	172
Grasse	175
Nice	187
Senez	193
Vence	197
APPENDICE. — Titulaires des prieurés du diocèse de Fréjus	201
TABLE ALPHABÉTIQUE DES MONASTÈRES	235

IMPRIMERIE E. AUBIN

Ligugé (Vienne)

ARCHIVES DE LA FRANCE MONASTIQUE

ABBAYES ET PRIEURÉS DE FRANCE
NOTICES HISTORIQUES ET BIBLIOGRAPHIQUES

Recueil historique des archevêchés, évêchés, abbayes et prieurés
Par Dom BEAUNIER
Nouvelle édition revue et complétée par les Bénédictins de Ligugé

INTRODUCTION
Congrégations monastiques et canoniales.
1 vol. in-8, xxxii-352 p. ..... 10 fr.

TOME PREMIER
Provinces ecclésiastiques de Paris (Diocèses de Paris, Chartres, Blois, Orléans et Meaux).
1 vol. in-8, xxiv-396 p. ..... 10 fr.

TOME DEUXIÈME
Provinces ecclésiastiques d'Aix, Arles, Avignon et Embrun. ..... 10 fr.

TOME TROISIÈME
Provinces ecclésiastiques d'Auch et de Bordeaux. (En préparation.)

TOME QUATRIÈME
Provinces ecclésiastiques de Narbonne et de Toulouse. (En préparation.)

LES MOINES DE L'ANCIENNE FRANCE

TOME PREMIER
Période gallo-romaine et mérovingienne, par le R. P. Dom Besse.
1 vol. in-8, xii-571 p. ..... 12 fr.

L'Académie française a décerné à cet ouvrage le prix du baron de Courcel (1907).

TOME DEUXIÈME
Période carolingienne, par le R. P. Dom Besse.

Les Dépendances de l'Abbaye de Saint-Germain-des-Prés
Par Dom ANGER

TOME PREMIER
Seine-et-Marne.
1 vol. in-8, vii-362 p. ..... 10 fr.

TOME DEUXIÈME
Seine-et-Oise.
1 vol. in-8, viii-324 p. ..... 10 fr.

TOME TROISIÈME ET DERNIER (sous presse)

DOCUMENTS ET MÉLANGES MABILLON
Publiés à l'occasion du deuxième anniversaire séculaire de sa mort
1 volume in-8 de xlviii-376 p. ..... 10 fr.

Pour paraître en 1909 :

HISTOIRE DE L'ABBAYE DE SAINTE-CROIX DE BORDEAUX
Par M. CHAULIAC

www.ingramcontent.com/pod-product-compliance
Lightning Source LLC
Chambersburg PA
CBHW060129190426
43200CB00038B/1899